# आलोचना से आगे

[ आलोचना ]

# आलोचना से आगे

(उत्तर-आधुनिकतावादी और उत्तर-संरचनावादी विमर्श)

सुधीश पचौरी

राधाकृष्ण प्रकाशन

ISBN 978-81-7119-568-8

आलोचना से आगे


**पहला संस्करण :** 2000
**तीसरा संस्करण :** 2019

**मूल्य :** ₹595

**प्रकाशक**

राधाकृष्ण प्रकाशन प्राइवेट लिमिटेड
जी-17, जगतपुरी, दिल्ली-110 051

**शाखाएँ :** अशोक राजपथ, साइंस कॉलेज के सामने, पटना-800 006
पहली मंजिल, दरबारी बिल्डिंग, महात्मा गांधी मार्ग, इलाहाबाद-211 001
36 ए, शेक्सपियर सरणी, कोलकाता-700 017

वेबसाइट : www.radhakrishnaprakashan.com
ई-मेल : info@radhakrishnaprakashan.com

**मुद्रक**

बी.के. ऑफसेट
नवीन शाहदरा, दिल्ली-110 032

AALOCHANA SE AAGE
*Criticism* by Sudhish Pachauri

# उत्तर

उत्तर-आधुनिकता, आधुनिकता का विस्तार भी है और अंतिम बिंदु भी है। वह 'अनुपस्थित' की उपस्थिति है। वह प्रतिनिधित्व-रहित की उपस्थिति है।

उत्तर-आधुनिकता आधुनिकता की तरह ही एक यूरोपीय 'उत्तर-इतिहास' है। वह यूरोप के केंद्र को एकमात्र केंद्र नहीं रहने देती, वह बहु-केंद्रीय अवस्था है।

वह पश्चिम की आधुनिकता के जरायु हो उठने की पीड़ा है और अपना बोझ न सँभाल पाने की विवशता है। (आज हम उस आधुनिकता की सीमाएँ अच्छी तरह देख सकते हैं।)

वह एक भूमंडलीय अवस्था है जिसमें हम सब शामिल हैं। वह 'ज्ञान की अवस्था' के बदल जाने की आत्मस्वीकृति है। वह हमारे बोध के रूप में बदल जाने का लक्षण है। वह हमारे सांस्कृतिक व्यवसाय के बदल जाने का नाम है।

कहीं वह नीत्शे का (अथवा हिंदुओं का ?) शाश्वत पुनर्जन्मवाद (ईटर्नल रिटर्न) है, कहीं वह महावृत्तांत (इतिहास) का अंत है, कहीं वह आधुनिकता के केंद्रवाद का अपकेंद्रण है, कहीं वह उत्पादन से उपभोक्ता की ओर अपसारण है, कहीं वह देश का अंत है, कहीं वह काल की स्थिति है। कहीं वह राष्ट्र-राज्यों की सांस्कृतिक सीमाओं का विगलन है, कहीं वह एक साथ भूमंडलीयता और स्थानीयता है, कहीं वह आत्म का लौटना है। कहीं वह माध्यमीकृत यथार्थ है, कहीं वह बोध न होने की अबोधता है...वह नितांत चंचल श्रेणी है इसीलिए उसकी एक निश्चित व्याख्या और संरचनावादी ढंग का ऐतिहासिक सूत्रीकरण असंभव है। वह खुद एक उत्तर की उत्तर-संरचना है। विखंडन का विखंडन है।

अनेक लोग उसे तकनीक के दबाव के आगे मनुष्य के पराजय-बोध का पर्याय मानते हैं। कुछ उसे पश्चिम का नया वैचारिक अस्त्र मानते हैं जिसे वह आधुनिकता की जगह बेचने निकल पड़ा है। ऐसे लोग जब इसका विरोध करते हैं तो वे पुराने ढंग के 'आधुनिक' यानी 'यूरोपीय' ही नजर आते हैं। वस्तुतः वे विरोध नहीं कर पाते हैं।

यूरोपीय एवं अमरीकी बौद्धिक जगत में आज उत्तर-आधुनिकता के आकलन पर सुदीर्घ बहसें जारी हैं। उत्तर-आधुनिकता की अवस्था (युग) ने इतिहास-बोध और देरिदा, जेमेसन, बौद्रीआ ने संस्कृति-बोध के प्रचलित पैमानों (पेराडाइम) को बदल दिया है। हिंदी में अभी कांट वाले 'तर्कवाद' की कुंजी ही स्वीकृत है और तमाम बहसें आधुनिकता के भीतर ही केंद्रित हैं। हिंदी में जो मार्क्सवाद आया वह मार्क्स का न होकर पश्चिम

के अनेक पॉजिटिविस्ट (प्रतिबिंबवादी) समाजशास्त्रियों का था। वह मार्क्सवाद न था, न है। इस अर्थ में हिंदी में सभी मार्क्सवादी हैं। हिंदी में 'कुछ होने' के लिए कोई परीक्षा नहीं देनी पड़ती। यह हमारी अपनी तरह की उत्तर-आधुनिकता है, शुद्ध नकल पर चलती हुई।

अपने आसपास की उत्तर-आधुनिक स्थितियों के प्रति हिंदी में अधिक-से-अधिक एक सतही हिकारत और फैशनेबुल उत्सुकता है। यत्र-तत्र देखने में आ जाती टिप्पणियाँ उसे जाने बिना मारे गए हाथ-पैर नजर आते हैं। जिस तरह आधुनिकता, उसी तरह उत्तर-आधुनिकता पश्चिम के समाज और दर्शन की एक इतिहास-यात्रा है। लेकिन उत्तर-आधुनिकता के सूत्रों को समझे बिना हम अपने समय को नहीं समझ सकते क्योंकि हमारे न चाहने पर भी वह हमारे बोध में सक्रिय है। वह हमारी इच्छा से नष्ट नहीं होने वाली। वह एक विश्व-स्थिति है।

तकनीक और भूमंडलीय पूँजीवाद ने दुनिया के तमाम देशों की भौगोलिक सीमाओं को हिलाना शुरू कर दिया है और सांस्कृतिक सीमाओं में घुसपैठ कर दी है। कल तक उपलब्ध हमारे ज्ञान के तमाम उपकरण पुराने पड़ चले हैं। संस्कृति के क्षेत्र में यह खास नजर आता है।

माध्यमों ने यथार्थ के साथ हमारे संबंध को बदल दिया है। हम सीधे ऐंद्रिक बोध से पुष्ट यथार्थ को ग्रहण नहीं करते, उसके माध्यमीकृत रूप (दृश्य अथवा श्रव्य अथवा पाठ्य रूप) को ग्रहण करते हैं। तकनीक ने सूचना का अतिबोध बढ़ा दिया है। हम एक साथ स्थानीय हो उठे हैं और भूमंडलीय भी। 'दूसरी प्रकृति' (संस्कृति) पहली प्रकृति को ढके जा रही है। हमारी भाषा बदल रही है। हमारे प्रतीक बदल रहे हैं। हमारे ढंग बदल रहे हैं।

हमारे विकास के आधुनिक केंद्रीकृत तरीके बदल रहे हैं। कल्याणकारी राष्ट्र-राज्य अपनी जिम्मेदारियाँ छोड़ रहा है और बहुराष्ट्रीय निजी पूँजी जीवन के हर क्षेत्र में प्रवेश कर रही है। 'ज्ञान' की जगह 'उपभोग' विकास का औजार बन रहा है।

विचारधारात्मक केंद्रवाद विशृंखलित हो रहा है। नए केंद्र बन रहे हैं। कहीं वे हिंदू, मुस्लिम, सिख धार्मिक रूपों के केंद्र हैं, कहीं जाति रूपों के, कहीं स्त्री रूप के, कहीं दलित, कहीं सांस्कृतिक पहचान के। वे पुराने आधुनिक शक्ति संतुलन को अपने ढंग से बदलने को उद्यत हैं। वे कहीं पर्यावरण के रूप में उभर रहे हैं।

हम ऐसे ही एक नितांत चंचल और पकड़ में आकर फिसल जाने वाले अस्थिर अतियथार्थ में रह रहे हैं। हमारा आधुनिक 'ज्ञानोदय' बाजार में आकर पण्य बनकर बिखर गया है। हम न दर्शन देख पा रहे हैं, न रचना अनुभव कर पा रहे हैं, न समीक्षा हो पा रही है।

कुछ लोग उत्तर-आधुनिकता को अतीतोन्मुखी कहते हैं। ऐसे लोग उत्तर-उपनिवेशवादी विमर्शों को उत्तर-आधुनिकतावादी समझने की भूल करते हैं, उन्हें दोनों का फर्क ज्ञात नहीं। वे नहीं समझते कि आधुनिकता अतीत की पुनर्व्याख्या कर उसे अपने अनुकूल

बना सकती थी, लेकिन उत्तर-आधुनिकता इस पुनर्व्याख्या को भी एक खिलौना बना डालती है। यह अतीत में जाने की छूट तो देती है लेकिन अतीत को मनोरंजक बनाते हुए, पण्य और उपभोग की सामग्री बनाने के लिए। वह अतीत का पुनरुत्पादन संभव करती है लेकिन उसकी भव्यता और महावृत्तांतता को नष्ट करते हुए। उत्तर-उपनिवेशवाद 'राष्ट्रवाद' और स्थानीयतावाद के केंद्र बनाता है। उत्तर-आधुनिकता उसे भी समस्याग्रस्त करती है।

उत्तर-आधुनिकता हर महानता को विदाई देती है और एक सामान्यता या न्यूनतम्यता सबको संभव करती है। विचारों की समग्रता की जगह वह आंशिकता संभव करती है, रचना को विज्ञापन बनाती है, समीक्षा को प्रायोजित बनाती है। आधुनिकता के तमाम महान मनोरथ यहाँ आकर दीन और आनंददायक बन जाते हैं। संरचनाएँ खुल जाती हैं। शब्दार्थ में अनेकांत पैदा होते हैं। अनेक चैनल, अनेक अर्थ, अनेक सत्ता केंद्र—एक निरंतर अनेकांतता ने आधुनिकता की नींव को हिला दिया है।

यह भूमंडलीय समय है। मनुष्य एक साथ ही विश्व नागरिक है और स्थानीय है।

अपने समाज में मौजूद उपद्रव बहुत कुछ आधुनिक और उत्तर-आधुनिक की टकराहटों का नतीजा हैं। अपने यहाँ बहुत कुछ पूर्व-आधुनिक स्थितियाँ भी मौजूद हैं। इसलिए यह तिहरी गाँठ है जो खुल रही है। आधुनिकीकरण की योजना अपने यहाँ अंग्रेजों के जमाने से शुरू हुई थी जिसे आजादी के बाद अखिल भारतीय स्तर पर लागू किया गया। उसके सामने स्वयं अपनी प्रकृति को पहचानने की चुनौती उठ खड़ी हुई है। बहुत से पूर्व आधुनिक क्षेत्र उसने नष्ट किए हैं और कर रही है। लेकिन इस विकास की पुड़िया को वह जहाँ से (पश्चिम से) लाती रही है वहीं विकास के नमूने पर प्रश्नचिह्न लग रहे हैं। अपनी आधुनिकता अचानक अनाथ हो उठी है। हमारे समय में अवसाद, निराशा और भविष्यहीनता का अहसास इसीलिए अधिक दिखलाई पड़ता है।

यह 'अनाथत्व' हमारी अपनी उत्तर-आधुनिकता का प्रस्थान-बिंदु है जो विकास के समूचे नक्शे पर पुनर्विचार माँगता है, जो कभी खुले बाजार, कभी स्थानीयतावाद में भटकता है। अब तक हमारी प्रतिश्रुति का क्षेत्र यूरोप था, पश्चिम था, अब समूचा भूमंडल है जिसमें हम भी शामिल हैं।

वृद्ध-पूँजीवाद (लेट-कैपीटलिज्म) अपने चरम पर पहुँच गया है, जहाँ उसने धरती का हर क्षेत्र रौंद डाला है। वह हमारे अवचेतन और प्रकृति को भी नियंत्रित करने में संलग्न है। उत्तर-आधुनिकता इस वृद्ध-पूँजीवाद का एक सांस्कृतिक तर्क है। यहाँ से पूर्व-पूँजीवाद में लौटा नहीं जा सकता और आगे आने की राह उतनी ही बचती है जितनी कि खुद बनाई जा सके।

अरसे से हिंदी में उत्तर-आधुनिकतावाद की अनुगूँजें सुनाई पड़ती रही हैं। (मनोहर श्याम जोशी के 'कुरु कुरु स्वाहा' को उत्तर-आधुनिक उपन्यास कहकर विज्ञापित किया गया था।) किसी उत्तर-आधुनिक स्थिति की तरह ही उसका कोई स्थिर रूप नहीं है।

न उसकी कोई एक व्याख्या है। उत्तर-आधुनिक स्थितियों ने ज्ञान के निर्माण के लिए जिस उत्तर-संरचनावाद को अपने साथ-साथ विकसित किया, जिस विखंडन को प्रेरित किया, वह भी किसी एक व्याख्या की दादागीरी को असंभव करता है।

मार्क्स ने अपने 'ग्रंड्रिसे' (1857) ग्रंथ में भूमंडलीय पूँजीवाद का एक नक्शा बनाया था जिस पर पिछले लगभग डेढ़ सौ साल में बहुत कम सोच-विचार हुआ। और तब भी नहीं हुआ जब 'कम्युनिस्ट मेनिफेस्टो' की डेढ़ सौवीं वर्षगाँठ मनाई गई। आज हम उसे पहले से अधिक सत्य पाते हैं। आज का भूमंडलीय पूँजीवाद मार्क्स के उस भूमंडलीय पूँजीवाद से काफी मिलता-जुलता है जो उन्होंने 1857 में सोचा था।

'ग्रंड्रिसे' विकसित आधुनिकता का एक नक्शा यों पेश करता है :

'विकसित आधुनिकता में श्रम साधन होता है, व्यक्ति की चेतना और पूँजी एकमेक हो जाती है। धन एक समाज से स्वतंत्र एक प्रतीकात्मक संहिता बन जाता है, धन स्वयं एक संवाद बन जाता है। धन 'मूल्य' का एक स्वायत्त प्रतिनिधि बन जाता है। धन एक स्वायत्त गति प्राप्त कर लेता है। धन भाषा की तरह संवाद बन जाता है। स्वतंत्र और गतिमय। निर्बंध। वह एक भूमंडलीय बाजार को जन्म देता है। यह भूमंडलीय बाजार व्यक्तियों की इच्छा और ज्ञान से एकदम स्वायत्त स्वतंत्र हो उठता है। धन का पहला प्रकार्य मूल्य विनिमय है, आखिरी प्रकार्य में आते-आते वह समूह या व्यक्ति की जगह खुद बैठ जाता है।'

'ग्रंडिसे' में धन पर मार्क्स के विचारों को पढ़ते हुए लगता है कि पूँजीवाद के भविष्य की कल्पना करते हुए और भविष्य के पूँजीवाद का नक्शा बनाते हुए मार्क्स उत्पादन संबंधों से सामाजिक संबंधों, सामाजिक रूपों की स्वायत्तता की परिकल्पना करने लगे थे।

जॉन रंडैल ने मार्क्स और समाज की उत्तर-आधुनिक परिकल्पना (मार्क्स एंड द पोस्टमॉडर्न इमेज ऑफ सोसाइटी) में बताया है कि 'ग्रंड्रिसे' में मार्क्स द्वारा किए गए पूँजी के विश्लेषण में और बहुत से उत्तर-आधुनिक व्याख्याताओं तथा हैबरमास, जेमेसन और बौद्रीआ आदि के विचारों में समानता नजर आती है।

उत्तर-आधुनिकता के केंद्र में पूँजी की भूमंडलीयता है (हम 'गैट' और विश्व व्यापार संगठन-घोषणा देख सकते हैं)। इस तरह पूँजीवाद ने स्वयं को एक विश्व-व्यवस्था सिद्ध किया है। उत्तर-आधुनिकता उसका एक विशेषण-भर है, उसके वृद्ध और विस्तृत होते जाने का। जाहिर है यहाँ सृष्टि समाप्त नहीं हो जाती बल्कि नए ढंग से भविष्य में जाती है। नए ढंग के पूँजीवाद का विकल्प पुराने ढंग का समाजवाद नहीं हो सकता। वह नए ढंग का ही हो सकता है, उत्तर-आधुनिक स्थितियाँ इसे संभव बनाती हैं।

यों उत्तर-आधुनिकता पर जिस गति से विचार हो रहा है, जिस रफ्तार से साहित्य (अंग्रेजी में) आ रहा है उसे देखकर लगता है कि कोई भी अध्ययन योजना उसकी मुकम्मल तसवीर नहीं खींच सकती। जब तक आप एक लाइन खींचेंगे तब तक वह आगे चला जाएगा। उत्तर-आधुनिकता अपनी संपूर्ण व्याख्या खुद बना करती है। इसलिए

उसकी कोई संपूर्ण व्याख्या और संपूर्ण पुस्तक कहीं नहीं लिखी जा सकती। हरेक की अपनी उत्तर-आधुनिकता है और हो सकती है। फिर भी ल्योतार, जेमेसन और बौद्रीआ को इसका मौलिक व्याख्याकार कहा सकता है।

हिंदी में उत्तर-आधुनिक स्थितियों की पहचान के लिए आवश्यक अवधारणाओं और विचारबिंदुओं को एक उपयोगी क्रम में प्रस्तुत करना एक दुस्साहस का कार्य था और है। अनेक नए शब्द जो अंग्रेजी में फ्रेंच या जर्मन भाषा में आए हैं, उनका समानार्थी हिंदी में खोज पाना कई बार कठिन लगा है। इसलिए यहाँ लेखक ने नितांत अपने पाठ को निर्णायक माना और मक्खी पर मक्खी मारने की जगह, लेखकों के आशय को संचारित करने की कोशिश की है। इस कोशिश में लेखक ने अपने वर्तमान में मौजूद उत्तर-आधुनिक पाठ को भी पढ़ने की कोशिश की है। लेखक का मानना है कि भारतीय समाज उत्तर-आधुनिक स्थितियों में दाखिल हो चुका है। हमारे अनुभव उत्तर-आधुनिक बन रहे हैं। हमारी बहसों में अचेत रूप में हमारे बदलते हुए जगत के चित्र आने लगे हैं। (प्रभाष जोशी का गद्य एक उत्तर-आधुनिक गद्य है। वीरेन्द्र जैन का उपन्यास 'डूब' इस मामले में एक महत्त्वपूर्ण संकेत है कि कैसे हमारी आधुनिकता की विकास योजना हमारे अनुभव क्षेत्र में हाशिए पर चली आई है। 'डूब' के बाद इस क्रम में सुरेन्द्र वर्मा का 'मुझे चाँद चाहिए' और मनोहर श्याम जोशी का 'हरिया हरकुलीज की हैरानी' नए उत्तर-आधुनिक प्रमाण कहे जा सकते हैं।)

आधुनिकता और उत्तर-आधुनिकता में एक संवाद इन लेखों में बराबर मौजूद है। आधुनिकता एक ऐतिहासिक मूल्यबोध और वातावरण के रूप में विज्ञान, योजना, सैक्युलरिज्म और प्रगतिकेंद्र जैसे विशेषणों को अर्थ देती रही है, उत्तर-आधुनिकता इनके सीमांतों का नाम है। इसलिए विज्ञान के मुकाबले अनुभव की वापसी, योजना की जगह बाजार की वापसी, सैक्युलरिज्म की जगह धार्मिक पहचानवादी, जातिवादी, स्त्रीवादी उपकेंद्रों की वापसी और मनुष्य-केंद्रित प्रगति की जगह प्रकृति-केंद्रित विकास के बीच लगातार बहस जारी है।

उत्तर-आधुनिकता की पहली परिकल्पना आर्नल्ड टायनबी ने की। लेकिन इस शब्द का चलन बाद में आया। एडोर्नो-होर्खिमार ने इसे नए दार्शनिक अर्थ दिए। बाद में फ्रांसीसी दार्शनिक ल्योतार ने इसे बाकायदा इस स्थिति के रूप में स्थिर करने का प्रयत्न किया।

इतिहास में उत्तर-आधुनिक विशेषण का पहला प्रयोग अमरीकी उपन्यासकार जॉन बार्थ ने 1967 में 'द लिटरेचर ऑफ ऐक्सॉशन' नामक प्रथम लेख में सार्थक ढंग से किया तथा बाद में अन्य लेख 'द लिटरेचर ऑफ रिप्लैनिशमेंट' में इसे और विस्तार दिया। पहले लेख में उसने उद्धरणों, इधर-उधर की जोड़गाँठ और पैरोडी को रूप की तरह इस्तेमाल करने वाले बोर्खेज और नोबोकोव के उपन्यासों को देखकर लिखा और उसे 'थकान' का साहित्य कहा। दूसरे लेख में उसने मारखेज को उदाहरण बनाया, इसके बाद यह पद तेजी से चलन में आया।

उत्तर-आधुनिकतावाद के साथ उत्तर-संरचनावादी विमर्श के पदों को यहाँ इसलिए साथ-साथ रखा गया है ताकि उनमें मौजूद परस्परता और पार्थक्य साफ हो सके। अनेक हिंदी विद्वज्जन उत्तर-आधुनिकतावाद और उत्तर-संरचनावाद को समानार्थियों की तरह समझते हैं जबकि ऐसा है नहीं। उत्तर-आधुनिकता एक 'ज्ञान दशा' या 'जीवन दशा' है। उत्तर-संरचनावाद भाषा के 'पाठ' की 'रणनीति' का नाम है। दोनों एक समय में संभव हुए विमर्श हैं : वे 'परस्पर' देखे पढ़े जाते हैं लेकिन दोनों अलग भी हैं।

हिंदी में 'उत्तर-आधुनिकतावाद' और 'उत्तर-संरचनावाद' के बारे में 'पहली सूचना' देने का जो अपराध इस लेखक ने किया था उसके नतीजे बड़े दिलचस्प रहे हैं। हिंदी में 'उत्तर युग' की शुरुआत अब मानी जाने लगी है। इन पदों के चलन में आते ही पहली प्रतिक्रिया प्रगतिशील समीक्षा और नव्यसमीक्षा के खर्च हो चुके उस्तादों में दिखी। वे खिसियाए परेशान हुए और फिर इसके खिलाफ खड़े हो गए। लेकिन बिना उसे जाने, बिना उसे पढ़े। मनोरंजक सूचना यह है कि पिछले बरसों लगातार कई-कई परशुराम अपने फरसे को दिखाते रहे लेकिन नई स्थितियों, नई सिद्धांतिकियों के बारे में उन्होंने न तब जाना पढ़ा, न अब; जबकि जीवन में वे आकंठ उन्हीं 'उत्तर-दशाओं' में डूबे हैं।

दूसरी प्रतिक्रिया, जो कुछ अरसे बाद हुई नई 'उत्तर-आधुनिकता' को 'अपना बनाने' की रही और कहा जाने लगा कि यह कोई 'नई बात नहीं'।

तीसरी प्रतिक्रिया एकदम उत्तर-आधुनिक किस्म की रही। कई कविताओं-कहानियों में 'उत्तर-आधुनिकता' पद पर ऐसी फब्तियाँ कसी गईं मानो वह सड़क पर पड़ी कोई कुतिया हो जिसे हर शोहदा लात मारकर निकलना जरूरी समझता है। वह प्रायः मजाक का विषय बनी। यह उसकी स्वीकृति से ज्यादा उसके महत्त्व का स्वीकार था। चौथी किंतु सर्वाधिक दयनीय प्रतिक्रिया उन रणबाँकुरों की रही जो बताने लगे कि उत्तर आधुनिकता तो पश्चिम में मर चुकी है। इस लेखक ने कहा कि जब 'मर चुकी' है तो आप क्यों नाहक परेशान होते हैं ?

उर्दू और पंजाबी भाषा में जहाँ उत्तर-आधुनिकता और उत्तर-संरचनावाद को लेकर एक व्यापक उत्सुकता और स्वीकार का भाव दिखाई दिया, हिंदी में उसके मुकाबले उपलब्ध प्रतिक्रिया 'प्रतिक्रियावादी' ही कही जाएगी। अचानक स्पष्ट हुआ कि हिंदी के तमाम प्रगतिशील आचार्य 'उत्तर-पदों' के आगे संघी भाईचारे जैसी ही प्रतिक्रियावादी पोजीशन लिये हुए है। बहरहाल, हिंदी की एकदम युवतर पीढ़ी ने उत्तर-आधुनिकतावाद में अपने लिए स्पेस बनाया है और वह जिज्ञासु हुई है।

जो हो, इक्कीसवीं सदी का आरंभ 'उत्तर-पदों' के स्वीकार से ही हो रहा है।

**–सुधीश पचौरी**

# क्रम

# आधुनिकता

आधुनिकता ज्ञानोदय है, रूपांतरणकारी आदर्शवाद है, वीरता है, उत्साह है, सृजन है।

आधुनिकता एक यूरोपीय स्थिति और अवधारणा है। यूरोप के औद्योगिकीकरण और साथ-साथ उपनिवेश (बाजार) ढूँढ़ने की 'इच्छाओं' ने जहाँ उपनिवेश स्थापित किए, वहाँ यह आधुनिकता एक अतिचारी विचार के रूप में पहुँची और सक्रिय रही। आज जिन्हें हम गैर-यूरोपीय या तीसरी दुनिया (अमेरिका, जापान को छोड़कर) के 'देश' कहते हैं, उनमें 'आधुनिकता' उस उपनिवेशवाद का अस्त्र बनकर ही आई है जो यूरोपीय औद्योगिक क्रांति का एक संस्कार था।

कहने की जरूरत नहीं कि भारत यूरोपीय आधुनिकता की एक बड़ी प्रयोगशाला रहा है। हमारा जनतंत्र, हमारी शिक्षा-प्रणाली, हमारे विकास का नक्शा सबकुछ यूरोप-केंद्रित आधुनिक नक्शा रहा है। हमारी आधुनिकता पर यूरोपीय आधुनिकता की छाया रही है। जो यूरोप में है सो हमारे यहाँ था (या है) का क्षतिपूर्तिवाद; 'जो हमारे यहाँ है, वह यूरोप में नहीं' है का अहम्मन्य कूपमंडूकतावाद, अथवा 'अंग्रेजी पूँजी ने हमारे समाज को तहस-नहस कर दिया' जैसा पराजय का आभ्यंतरीकरण—सभी विमर्श मूलतः आधुनिकता के विमर्श हैं क्योंकि वे या तो यूरोप होना चाहते हैं या यूरोप का कूड़ाघर। आधुनिकता का विमर्श आज एक गोल घेरे में बंद है।

यूरोपीय बौद्धिक जगत में आजकल इस बात का अहसास बढ़ चला है कि आधुनिकता की महान सभ्यतावादी योजना में कुछ भीतरी बीमारियाँ हैं और वह अहसास तब बढ़ा है जब आधुनिकता के तमाम किले फतह कर लिये गए हैं, पूँजीवाद साम्राज्यवादी चरण से आगे निकलकर 'वृद्ध-पूँजीवाद' (लेट कैपीटलिज्म) में बदल गया है। इस अर्थ में आधुनिकता कुल मिलाकर एक साम्राज्यवादी योजना भर नजर आती है। यदि ऐसा न होता तो साम्राज्यवादी विकास के चरण में विकसित हुई आधुनिकता उत्तर-साम्राज्यवादी दौर में स्वयं को संकटग्रस्त नहीं पाती।

आज आधुनिक केंद्रीकृत व्यवस्था और स्वायत्त मनुष्य, अपने अंतिम रूप में व्यर्थ होने लगे हैं। आधुनिकता का सत्य ही संकटग्रस्त हो गया है। आधुनिक बोध बेकार हो गया है।

आधुनिकता की विचार-व्यवस्था इस प्रकार चलती है : राष्ट्र-राज्य जो एक समाज का अंतिम रूप है, जो केंद्रीकृत अधिरचना है, वह एक सामूहिक और आधुनिक सभ्यता

की अनिवार्य इच्छा है, वह एकाधिकारी है, वही प्रतिनिधि है, वह ईश्वर की जगह ले लेती है, वह तर्क की श्रेष्ठतम स्थिति है, वह इतिहास का अंतिम निचोड़ है, इसमें विश्वास की जगह प्रकृतिविज्ञान है, रहस्य खत्म हो चले हैं। प्रकृत्या सब बराबर हैं, सभी की मुक्ति है, सभी को अभिव्यक्ति है, सभी व्यक्ति आत्मनिर्णय का अधिकार रखते हैं, सभी की स्वतंत्र इच्छा है, स्वतंत्र बाजार और विनिमय है, नागर सभ्यता है।

तीसरी दुनिया में ये विचार समाज-सुधार के रूप में आए, अतिचार के रूप में आए। तब इनके औचित्य पर जो बहसें हुईं वे इनकी प्रतिक्रिया और दबाव में हुईं और इसीलिए वे दब गईं।

आज जब यह आधुनिक सभ्यता-योजना स्वयं जर्जर होने लगी है, तो उन अँधेरों की ओर झाँका जा सकता है, जो आरंभ में नहीं देखे जा सके थे। आज भी हमारे विश्वविद्यालयों में दिया जाने वाला ज्ञान यूरोपीय ज्ञानोदय (ऐनलाइटिनमेंट) काल के विचार का ज्ञान होता है। विभागों में अभी आधुनिकता की समस्याएँ जन्मी ही नहीं हैं, आई ही नहीं हैं। लेकिन यूरोप में कुछ गंभीर प्रश्न उठ खड़े हुए हैं। जहाँ से ये प्रश्न खड़े हुए हैं, उन बिंदुओं को हम उत्तर-आधुनिक विखंडनात्मक बिंदु कह सकते हैं।

आधुनिकता की अवधारणा के मूल में 'मनुष्य' था। प्रकृति में मनुष्य श्रेष्ठ था। यहीं से यूरोपीय मानवतावाद जन्मा जिसने दुनिया को अधिक 'मानवीय' बनाया और कहीं-कहीं तो इतना मानवीय कि बाद में मानव ने 'जबर्दस्ती' दूसरे को मानवीय बनाया।

देकार्त ने जिस दिन अपने दर्शन से सिद्ध किया कि मनुष्य की मुक्ति 'प्रकृति पर स्वामित्व' में निहित है, संभवतः उसी दिन मानववाद एक आक्रामक विचार बना और धरती के, प्रकृति के फल खाने के लिए निकल पड़ा। आधुनिक विज्ञान यहीं से प्रकृति के ख़िलाफ एक युद्ध बन गया। 'ज्ञान का वृक्ष' (देकार्त) फला तो बिजली, इंजन और उद्योग बने। यंत्र ने मनुष्य से बाहर 'खड़ी' प्रकृति की नाक में नकेल डालनी शुरू की।

'ज्ञानवृक्ष' से 'ज्ञानोदय' हुआ। यूरोप में उन्नीसवीं सदी के मध्य में पहले साहित्य में फिर शास्त्रों में नए विचार पैदा होने लगे। लगभग 'अमर' और 'सुरक्षित' ईश्वर की 'मृत्यु' शुरू हुई। आधुनिकता के इस नए आत्मविश्वास में एक 'नया संकट' साथ-साथ चला। अजनबीपन का सतत अहसास। संकट। यह आज भी जारी है।

मनुष्य 'स्वयंभू' है और 'स्वयंज्ञानी' है। वह आत्मनियंत्रित है, बाहर की किसी भी शक्ति पर निर्भर नहीं है, वह ज्ञान पर निर्भर है। ज्ञानी और स्वयंभू। आधुनिक मनुष्य की ये दो चरित्रगत विशेषताएँ हैं। आधुनिक शिक्षा हमें अंततः ऐसा ही बनाती है। वह हमें जगतज्ञान देकर, उसे अनुशासन में करना सिखाती है। वह हमें आत्मज्ञान देकर आत्मानुशासन सिखाती है। यही विचारधारा आदमी को ईश्वर की जगह पधराती है।

ज्यों-ज्यों आधुनिक मनुष्य ज्ञान के इस सीमांत तक पहुँचता गया त्यों-त्यों वह आत्मचेतना के अंतिम बिंदुओं तक पहुँचता गया। लेकिन आधुनिक विचारधारा की जबर्दस्त जकड़बंदी ने किसी भी 'संशयालु' को मध्यकालीन, पिछड़ी बुद्धिवाला कहकर हाशिए पर डाल दिया। आधुनिक विचार की विशेषता यह हो गई कि वह अपने विरुद्ध

कोई प्रश्न सुनने को तैयार नहीं थी। (जिस तरह अपने यहाँ आज भी पुराने देवी-देवताओं को याद करने वाले को रूढ़िवादी या कट्टरपंथी कहकर धिक्कारने का रिवाज है, यूरोप में भी ऐसा रहा है।)

बुर्जुआ वर्ग द्वारा लाई गई वह आधुनिकता और ज्ञानोदय पर सबसे पहली टीका बौदलेयर ने की और उसे प्रश्नांकित किया। वेबर ने तो 'आधुनिक ब्रह्मांड' को एक 'लौह पिंजरा' तक कहा, जहाँ मनुष्य अपने किए की कैद में ही जीने लगता है। 'आत्मरहित' होने का यह अहसास आधुनिकता की पहली पहचान है।

आधुनिकता की दूसरी पहचान राजनीतिक अथवा भौगोलिक कही जा सकती है। यह है आधुनिकीरण और पश्चिमीकरण का एकमेक हो जाना। आधुनिकता—यहीं एक भूमंडलीय विचार बनी। वह पश्चिम के देशों के शक्तिपरीक्षण और उपनिवेशवाद का वैचारिक औजार बनी। एशिया, अफ्रीका और दक्षिणी अमरीकी देशों ने यह बहुत बाद में जाना कि ज्ञानोदय एक नई गुलामी है, उन विचारधाराओं की गुलामी जो कहीं बाहर बनी हैं। ये तमाम विचारधाराएँ एक दमनात्मक अस्त्र के रूप में प्रकट होती और जीवन को अनुकूलित करती हैं। नया विज्ञान, नई तकनीक, नई शिक्षा, नए विचार जितना देते हैं उससे अधिक नई समस्याएँ पैदा करते हैं। विकास करते हैं तो प्रदूषण होता है। शुद्ध तर्कवाद में परंपरा और मिथक या तो इतिहास (डाक्यूमेंटेशन) बन जाते हैं या त्याज्य हो जाते हैं, तर्कवाद, व्यवस्थान (रैशनलाइजेशन), उत्पादकता, निजता, स्पर्धा अंततः सबको पूँजी का दास बना डालते हैं।

जिन देशों में इस बुर्जुआ आधुनिकता का प्राथमिक अनुभव हुआ, (फ्रांस, इंगलैंड) और जिन समाजों में यह दूसरे दर्जे का अनुभव बनाई गई (जैसे कि भारत) उनके आधुनिक (अथवा उत्तर-आधुनिक) होने में एक मौलिक फर्क रहा। सबसे बड़ा और पहला फर्क यह कि दोनों अनुभवों में सौ साल का अंतराल है। भारत जैसे अनेक देश आधुनिकता की सौ साल पुरानी उतरन पहनते रहे हैं। (उत्तर-आधुनिकता का विचार भी चूँकि पश्चिम से ही शुरू हुआ इसलिए हम फिर कह सकते हैं कि एक नई उतरन पहन रहे हैं) लेकिन, यह उतरन जरा भिन्न किस्म की है। पिछली पश्चिमी उतरन (आधुनिकता) के पीछे एक आर्थिक, तकनीकी एवं औद्योगिक परिकल्पना थी। एक विचारधारा की शक्ति थी, व्यवस्थान की विचारधारा, हर चीज को तर्कसंगत बना डालने की प्रचंड अहंकारपूर्ण शक्ति। अब यह शक्ति अपने सीमांत पर पहुँचकर एक आत्मविस्फोट में बदलने लगी है। (उत्तर-आधुनिकता इसका आत्मविस्फोट ही है। इसलिए, उत्तर-आधुनिकता की उतरन और आधुनिकता की उतरन में फर्क है। वह चार सौ साल में बनी, और टिकी। यह एक दिन टिकने से पहले सतत परिवर्तनशील है। उसमें केंद्रवाद था, इसमें विकेंद्रण प्रमुख है जैसा कि हम आगे देखेंगे।)

इस प्रसंग में आधुनिकता के वैचारिक परास को देखना जरूरी है। (हिंदी में आधुनिकता से व्यक्तिवाद, नगरबोध और अजनबीपन का अभिधार्थ लेकर उसके दार्शनिक-सामाजशास्त्रीय अनुरोधों को छोड़ दिया जाता है। हिंदी का आधुनिक लेखक

आधुनिकता के सुख का भोग करता हुआ जिस वेदना और पीड़ा की बात करता है वह उसके उत्स नहीं समझता। वह इस तरह आधुनिकता की वैचारिक परिधि और परास को नहीं समझता। जब वह विचारधारा और प्रतिबद्धता को हाँकता है तो वह नहीं जानता कि वह आधुनिकता में एक अस्त्र के रूप में शामिल हो रहा है और जिस वेदना (अकेलेपन) को वह महसूस कर रहा है, उसे वह आधुनिकता से दबा रहा है। वह विकास के लिए प्रतिबद्ध होता है लेकिन जीवन-भर, प्राप्त वेदना और विकास के बीच मौजूद संबंध को नहीं निभा पाता। मुक्तिबोध इसके सच्चे उदाहरण हैं। वे जिस आधुनिक विकास (क्रांति) की कामना करते हैं, यह समझकर करते हैं कि उन्हें मुक्ति मिल जाएगी, जबकि सच यह है कि उनका हेतु ही उनकी पीड़ा का जनक है। इसका कारण यह है कि आधुनिकता के सामाजिक पक्ष को और उसके व्यापक दार्शनिक फलक को आधुनिक (खासकर तीसरी दुनिया के देशों के स्थानीय मध्यवर्गीय) बुद्धिजीवियों ने कभी देखने की कोशिश नहीं की। उन्होंने नहीं जाना कि जिस आधुनिकता का वे वरण कर रहे हैं, वही अंततः एक बंद गली में बदल जाती है। यूरोप में एडोर्नो-होर्खिमार, वाल्टर बैंजामिन ने जिसके अवरोध को जान लिया, उसे हमारे यहाँ पिछले पचास साल में आदर्श की तरह अपनाया गया है और यह मानकर चला गया कि यहाँ से सीधे (धीमे से या तेजी से) समाजवाद में जाया जा सकता है। शीतयुद्धीय विचारधारात्मक वातावरण ने यह जानने ही नहीं दिया कि पूँजीवाद और समाजवाद आधुनिकतावादी वैचारिक योजना के ही दो संस्करण हैं।)

ज्ञान के क्षेत्र में, दर्शन के क्षेत्र में आधुनिकता की अपनी 'समस्या' शुरू से रही है, जो एक हद तक विकास (उपनिवेश बनाने, उनके लिए दो युद्ध करने आदि) के एक चरण के बाद प्रकट हुई है। उत्तर-आधुनिकता यहीं से शुरू होती है। आधुनिकता के समस्या-बिंदु उत्तर-आधुनिकता के उत्स-बिंदु हैं।

आधुनिकता की बुनियादी समस्या का केंद्रबिंदु बुर्जुआ स्वतंत्रता और बुर्जुआ सामाजिक संगठन के बीच के अंतर्विरोध में निहित है। इस अंतर्विरोध के चलते बुर्जुआ समाज अपनी 'वैधता' सिद्ध नहीं कर पाते। इसीलिए वे इसे विचारधारा की निर्णायक शक्ति सार्वभौमिकता में ढूँढ़ते हैं।

(आधुनिकता जिस समाज को बनाती है, उसमें वह तब तक वैधता नहीं पा सकती जब तक कि वह अपने औचित्य और अद्वितीयता का दर्शन न बना ले। यूरोप में यह दर्शन कांट से शुरू होता है और हीगेल पर खत्म होता है। मार्क्स इस आधुनिकता के विखंडन के कुछ बिंदु-भर देखते हैं। विश्व पूँजीवाद संबंधी उनके विचार उत्तर-आधुनिक विचारों के केंद्र में झलकते हैं।)

कांट और हीगेल के दर्शन में अतीत से एक निर्मम 'टूटन' का अहसास है। ज्ञान के क्षेत्र में विश्वास की जगह तर्क, ऐंद्रिक प्रमाण (प्रामाणिकता) और इतिहास (ऐतिहासिकता) आ जाती है। उन्नीसवीं सदी के उत्तरार्द्ध और बीसवीं सदी के अंत तक आधुनिकता की तमाम विचार-यात्रा के अंतिम पड़ाव (अस्तित्ववाद) तक आधुनिकता 'अतीत' की

'मृत्यु' और 'विस्मृति' को अपनी एक उपलब्धि और ताकत बताती है, वह यथार्थ को खोलने, यथार्थ की खोज करने, पद्धतियाँ विकसित करने में यकीन करती है। वह अस्तित्व और अस्मिता के प्रति सचेत करती है। तमाम नया ज्ञान मिलकर मनुष्य को मध्यकालीन मनुष्य से एकदम पृथक कर देते हैं। यही है 'अतीत' से 'स्पष्ट' पार्थक्य। विज्ञान यानी विशेष ज्ञान। वह 'पूर्वज्ञान' को बेदखल करता चलता है। परंपरागत विज्ञान एवं प्रकृति को परंपरा में सुरक्षित रखना असंभव हो जाता है। लोग अपने प्रतीकों, मिथों में तर्क का प्रवेश पाने लगते हैं और उनका रूपांतरण होने लगता है। स्कूल पढ़ा-लिखा व्यक्ति ही पढ़ा-लिखा ज्ञानी होता है। 'अनुभव' का ज्ञान से रिश्ता जो शुरू में आधुनिकता का एक महत्त्वपूर्ण अस्त्र था, अंत तक आते-आते बेड़ी बन जाता है। हर चीज का व्यवस्थान अनुभव को व्यर्थ करता चलता है।

आधुनिकता का एक महत्त्वपूर्ण दार्शनिक पहलू 'इतिहास' की खोज है। इतिहास की खोज से पूर्व जीवन का वृत्तांत सीधा-सादा मिला करता था। सर्वसत्ता ऊपर है। नीचे मनुष्य है। बीच में प्रकृति है। बीच में माया है। धर्म सीढ़ी है। इस वृत्तांत की वैधता 'ईश्वर' के होने में निहित है। यहाँ अनुभव से व्याख्या हो सकती है, तर्क से नहीं।

आधुनिकता ने ईश्वर और प्रकृति की जगह जब 'मनुष्य' को रखा तो सबसे बड़ी समस्या 'इतिहास निर्माण' की, और फिर 'व्याख्या' की हो गई। ('आर्य भारत में बाहर से आए थे या यहीं के आदिवासी थे' में विभक्त धर्मनिरपेक्ष और सांप्रदायिक बहसें अपने यहाँ आधुनिकता की बहसें ही हैं। वे आधुनिक होने की बहसें हैं। दोनों अपना-अपना इतिहास बना रहे हैं।) ऐतिहासिक हो उठने के बाद आधुनिकता 'आत्मज्ञान की चरम सीमा' बन गई क्योंकि उसने इतिहास का निर्माण करके मनुष्य को एक देश-काल में स्थापित कर दिया।

कांट ने पूर्ववर्ती ऐंद्रिकता और अनुभववाद को तर्कवाद की शिला पर घिस दिया। कांट के 'ज्ञान' में, तर्क अब हर चीज को वैधता देता था। (ईश्वर है तो सिद्ध करो कि है ! हर प्रश्न अंकगणित की प्रमेय बना। जब तक सिद्ध न हो तब तक वह नहीं है। सारी कलाएँ इसी तर्क से मनुष्य की सिद्धि की कलाएँ बनाई गईं।) कांट का तर्क अपनी सिद्धि स्वयं था। तर्क ही प्रकृति था। तर्क ही वातावरण। यदि सिद्धि नहीं हुई तो हम जगत के प्रति अज्ञानी हैं। हर 'ज्ञेय' स्थिति 'शुद्ध तर्क' तक पहुँचती है। यही कानून है। यहाँ भाववादी नैतिकता की कोई जगह नहीं।

तर्कवाद से मनुष्य (प्रकृति) को नियंत्रित किया जा सकता है। वे अपने भावक्षेत्र, बुद्धिक्षेत्र, व्यवहार और कल्पना को नियंत्रित कर सकते हैं। वे अपने आचरण को चुन सकते हैं। यह उनका 'आत्मनिर्णय' है।

अज्ञान गुलामी है। ज्ञान मुक्ति है। ज्ञानोदय (आधुनिकता) मुक्ति का युग है।

तर्कवाद और व्यवस्थानीकरण (रेशनलाइजेशन) ने ज्ञान दिया कि यह ब्रह्मांड एक व्यवस्था रखता है, यह अपने आप में स्वयं चालित है, स्वयंभू है, आत्म-उद्दिष्ट है। इस तरह व्यक्ति तभी स्वतंत्र कहला सकता है, जब वह इस व्यवस्थान का एक हिस्सा

बनकर जिए। बाहरी बंधनों से मुक्ति तभी मिलती है जब जरूरतें पूरी हो जाएँ। यह तभी संभव है जब एक विराट् व्यवस्थान में वह अपनी जरूरतें पूरी करने लायक स्वायत्त भी रहे। वही मनुष्य मुक्त है जो अपनी वास्तविक जरूरतों के जगत को जानता है। जानता है यानी जो उस जरूरत को व्यक्त करता है और इस तरह अपनी प्रकृति और अस्मिता को पाता है। (मुक्तिबोध की 'अँधेरे में' कविता में यही स्वयं को पाने की यात्रा है। वह आधुनिकता की अंतिम बड़ी कविता है। वह कांट के तर्कवाद से बाहर नहीं है। वह मार्क्सवाद नहीं है जैसाकि कई लोगों ने खोजा है। वह एक असंभव आधुनिकता की संभव कविता है।)

कांट के तर्क की मुक्ति हीगेल में आकर 'परम-मुक्ति' में बदल गई। मुक्ति को परम स्वरूप दे दिया गया। यही आदर्श था। यही बाद में आदर्शवाद कहलाया। आदर्श यानी परम इच्छा। परमेश्वर की इच्छा। परम विचार की इच्छा।

(कांट और हीगेल के मुकाबले अनुभव-जगत को खोजने वाले नीत्शे और हीडेगर ने आधुनिकता के इस आदर्शवाद को लगातार प्रश्नांकित किया। ल्योतार, जेमेसन इसी क्रम में आते हैं जबकि हैबरमास, रोर्ती, तोलमान, टेलर आधुनिकतावादियों की कोटि में, जिनमें से कुछ की चर्चा आगे आएगी।)

इस तरह आधुनिकता एक ऐतिहासिक श्रेणी है। वह इतिहास का निर्माण करते हुए स्वयं बनी है और अपने लिए हमेशा एक इतिहास चाहती है।

आधुनिकता, जिस 'माडर्निटी' शब्द का हिंदी है, वह अंग्रेजी में ग्रीक 'मोडो' (क्रियाविशेषण) से आया है जिसका अर्थ है हाल-फिलहाल, अभी का, आज, इस समय का समकालीन। यह 'पुराने' का विलोम है। यह वर्तमान है। अतीत से पृथक। इसीलिए सारी समस्या अतीत को 'वर्तमान' बनाने की बन जाती है। 'तब' को 'अब' बनाने की। जब 'अब' एकदम नया मान लिया गया तो 'तब' को 'अब' में बदलने की समस्या और भी जटिल हो गई। (भारत में आर.एस.एस. इन दिनों यही करता है। ईरान या पाकिस्तान में इस्लाम यही करता है। अतीत में आधुनिकता से पहले ईसाइयत ने भी यही किया है लेकिन यह काम धीरे-धीरे हुआ, झटके से नहीं हुआ। जूडा धर्म खासकर ईसाइयत को अपनी प्रकृति ने इसे संभव होने में मदद की। ईसाइयत में ईश्वर मनुष्य से बाहर, प्रकृति से बाहर पहले से ही मौजूद था।)

यूरोप में पुनर्जागरण काल में 'इतिहास' का निर्माण शुरू हुआ। चौदहवीं सदी के आसपास आधुनिक होने का अहसास हुआ। अतीत खोला जाने लगा। आधुनिकता के उपद्रव ने अतीत को लौटाना शुरू किया। अतीत को 'वर्तमान' बनाया जाना ही पुनर्जागरण कहलाया। वर्तमान चूँकि खुद अतीत बनने लगा था इसलिए महान अतीत का सहारा ढूँढ़ निकाला गया।

यूरोप में सत्रहवीं सदी तक आते-आते 'ईसाइयत' का पुनरुत्थान शुरू हो गया था। 'तब' 'अब' बनाया जाने लगा था। ईसाइयत का आधुनिकीकरण किया जाने लगा। प्राचीन साहित्य और नए की मुठभेड़ इस काल में बहुत हुई। शास्त्र और नए के झगड़े

बहुत हुए। परंपरा और प्रयोग के झगड़े (जो हिंदी साहित्य में आज तक जारी हैं) उन दिनों बहुत होते थे।

नए विचार पैदा हुए। बेकन और देकार्त ने नए सूत्रों को दिया। प्रकृति नियंत्रण योग्य है। कारण-कार्य श्रृंखला अनंत है, ज्ञान लक्ष्य को निर्धारित करता है, लक्ष्य हैं स्वास्थ्य, आनंद, दुःख से छुटकारा। दुःख का कारण क्या है ? अभाव ! यही अन्याय का कारण है। 'अभाव' को दूर किया जा सकता है। ज्ञान का यह आधुनिक मार्ग सत्रहवीं-अठारहवीं सदी में बना। विकास की अवधारणा यहीं से आई। आधुनिकता की यह योजना मानवता की तमाम जरूरतों को पूरा कर सकती थी।

यहीं से आधुनिकता की वैधता की बहसें शुरू हुईं। तर्क और शोध से जो जाना जा सकता है, वही लोगों की 'जरूरत' बनने लगा। जो लोगों की जरूरत थी, वही तर्क बनने लगी। जरूरत और आपूर्ति—यही इतिहास की स्वायत्तता हो गई।

आधुनिक युग ने अतीत से एक पार्थक्य पैदा किया। 'पार्थक्य' को देखना हो तो दार्शनिक देकार्त में देखें। वह विश्वास, आस्था, अधिकार, परंपरा, सहज ज्ञान सभी को संदेह की नजर से देखता है। (यह भौतिक विज्ञान में प्रकाश, गति आदि को खोजे जाने का वक्त है, खगोलशास्त्र के खोजे जाने का वक्त है।) जो सीधे दिखता है, विश्वास में होता है, सत्य उससे परे माना जा रहा है। सभी चीजों को सिद्ध होना है। यही ज्ञान है।

क्या यथार्थ का 'विज्ञान' संभव है ? देकार्त ने इस प्रश्न को पूछकर मानो आधुनिकता के दर्शन की मूल समस्या पर उँगली धर दी। देकार्त ने इस प्रश्न का उत्तर दिया कि हाँ, यह संभव है, लेकिन 'एक पद्धति' चाहिए। यदि हमें 'सही पद्धति' मिल जाए तो हम एक विज्ञान संभव कर सकते हैं। इस तरह 'पद्धति' विज्ञान बन गई। यदि हम ऐसे नियमों की संरचना कर सकें तो निश्चित परिणाम देने वाले हों, जो सार्वभौमिक हों, जो सार्वकालिक हों, तब हम रहस्यमय, कभी पकड़ में न आने वाली प्रकृति को नाथ सकते हैं। इस पद्धति का आधार है कि मनुष्य एक विचारशील प्राणी है। वह जानता है कि वह क्या सोचता है। मनुष्य की यह विचारशीलता ही उसकी 'पद्धति' का आधार बन गई। देकार्त ने इन विशेषताओं को 'स्पष्टता' और 'विशिष्टता' कहा। सचेतन मनुष्य अपने विचार की सार्वभौमिक व्यवस्था कर सकता है, परिणामों को जाँच सकता है, पद्धति विकसित कर सकता है। उसका विचार 'स्पष्ट' और 'विशिष्ट' होना चाहिए। स्पष्ट और विशिष्ट यानी एकदम अंकगणितीय ढंग की स्पष्टता। नए विचार नई पद्धति, नई पद्धति नया विचार। इस क्रम में पद्धति और विचार 'सत्य' के पर्याय बन गए। यह आधुनिकता का एक अंतर्विरोध था। साध्य साधन को सिद्ध करने लगा।

आधुनिकता का अगला समस्या-बिंदु 'सैक्युलराइजेशन' या 'धर्मनिरपेक्षण' था। वाल्टेयर से लेकर मार्क्स तक यूरोपीय विचार के केंद्र में प्रगति की ऐसी अवधारणा की खोज रही जिसमें ईसाइयत का सैक्युलर रूप बने। सैक्युलरीकरण का विचार आधुनिक ईसाई प्रगति (ईसाई तर्कवाद) का विचार है। कार्ल लोवेथ की 'मीनिंग ऑफ हिस्ट्री'

(1948) में वाल्टेयर से मार्क्स तक प्रगति का विचार मूलतः इसी तरह के सैक्युलरीकरण का विचार है। प्रगति के ऐसे विचार आधुनिकता को वैधता देने वाले विचार हैं क्योंकि ये स्वयं को ईसाइयत से श्रेष्ठ कहते हैं।

प्रगति का यह विचार मैक्स वेबर में पूँजीवाद के सार के अध्ययन में अच्छी तरह प्रकट हुआ है। वह मार्क्स के 'अंतिम फैसला' (लास्ट जजमेंट, कयामत का दिन) के वर्गरहित समाज की परिकल्पना में भी स्पष्ट हुआ दिखाई पड़ता है। यह विचार आधुनिकता के ऐतिहासिक बोध का विचार है। इतिहास की प्रगति इसी क्रम में संभव है। पश्चिमी विचार में यह इतिहास ईश्वर की इच्छा की जगह रख दिया गया। इसी कारण आधुनिक विचारधारा इतिहास में दैनिक होकर अपनी वैधता पाती है। वह रोजमर्रा की समस्याओं को हल करते हुए अपनी वैधता सिद्ध करती है। प्रकृति पर क्रमिक अधिकार प्राप्त करते हुए वह कारण-कार्य-व्यापार पर नियंत्रण दिखाती है। यही पर्याप्त तर्कवाद है।

आधुनिकता का तीसरा बिंदु 'संकट' का सतत अनुभव है। यह संकट अनुभव के क्षेत्र में सर्वाधिक नजर आता है। संकट का घनीभूत अहसास और संकट को दूर करने का तर्कवादी प्रयत्न आधुनिकता के मूल उपक्रम हैं। संकट है तो समाधान है। यह आधुनिकता का ज्वलंत तत्त्व है।

इससे आधुनिकता में प्रातिनिधिकता का तत्त्व आता है। प्रातिनिधिकता की जगह बदल जाती है। वह मध्यवर्ग और बुद्धिजीवियों में आ जाती है। कवि दुनिया का अचिह्नित विधायक हो जाता है। वह यथार्थ का प्रतिनिधि हो जाता है। वह संकट को हल करने वाला हो जाता है।

अठारहवीं सदी के अंत में साहित्य-संस्कृति में आधुनिकता का प्रवेश होता है। बौदलेयर, फ्लॉबेयर साहित्य में आधुनिक प्रातिनिधिकता को लाए। अतीत से पार्थक्य और कलाओं की स्वायत्तता के रूप यहाँ से आरंभ होते हैं। लेकिन बहुत जल्दी, प्रातिनिधिकता का संकट ढूँढ़ लिया गया। नए अनुभव को कहने का 'तनाव' संकट बना। ज्ञानोदय के दौर की आधुनिकता में 'नायक' थे। बाद की आधुनिकता में नायक स्वायत्त होता गया। वह प्रातिनिधिक हो गया। वह स्वयं को बदलकर समाज को बदलने की सोचता था। नया नायक आधुनिकता का नया विचार है। संकट और हल—नए नायक की यात्रा यहीं तक है। विद्रूप में रूप पैदा करना, अभाव में भाव पैदा करना कलाकार का काम है। यहीं आधुनिकता के द्वारा किए गए नए सवालों का तीखा अहसास होता है। आलोचनात्मकता शुरू होती है।

आधुनिक बोध का एक अन्य पहलू 'विडंबना' का अनुभव है। अपने आधुनिकीकरण के उलझाव में विडंबना का अनुभव एक आधुनिक मूल्य है। जो समाज बना है वह मुक्त (ईश्वर से) समाज है लेकिन जब वह बन गया तो वह एक विराट मशीन बन गया। व्यक्ति की स्वतंत्रता उसमें नहीं बची। स्वतंत्रता की इच्छा और दमन विडंबना को बार-बार पैदा करता है। अकेलेपन के संत्रास को झेलना उसकी नियति है।

आधुनिकता की यह अस्तित्ववादी विडंबना उसमें आरंभ से रही है जिसे सार्त्र ने सबसे तीखे ढंग से अनुभव किया और बताया।

आधुनिकता जिस तर्कवाद पर आधारित है उसमें कांट, देकार्त, ह्यूम, हीगेल जैसे जबर्दस्त विचारक शामिल हैं। कांट ने 'क्रिटीक ऑफ प्योर रीजन' में आधुनिकता को तर्क का 'आधार' दिया। वह अपने बाद अपनी सिद्धि के लिए किसी महाविचार पर निर्भर नहीं रही। वह स्वयंभू, स्वतःसिद्ध हो गई। यहीं से व्यक्ति, व्यक्तित्व और व्यक्तिवाद का अनुभव केंद्र में आया। तर्क की प्रामाणिकता आई। 1784 में काट ने अपने प्रसिद्ध निबंध 'ज्ञानोदय क्या है' (व्हाट इज एन एनलाइटिनमेंट) में कहा कि ज्ञानोदय 'साहस' का पर्याय है क्योंकि वह स्वार्जित ज्ञान से परिचालित होता है। (पढ़िए सरदार पूर्णसिंह के निबंध अथवा रामचंद्र शुक्ल के निबंध।) यह साहस उसके अंदर 'आत्मनिर्भर' होने से आता है। आत्मनिर्भरता 'ज्ञान' से आती है। यह ज्ञान एक वातावरण बनाता है और धीरे-धीरे समाज का नायक हो जाता है। (जनविज्ञान जत्था, साक्षरता अभियान में वैज्ञानिक सोच की बात, 'आप अपने भाग्य के विधाता हैं' जैसे विचार अपने यहाँ ज्ञानोदय आधुनिकता की योजनाएँ ही हैं जो आज भी जारी हैं।)

कांट आधुनिक विचार के सबसे सुसंगत दार्शनिक हैं। वे आधुनिकता को 'आदर्शवाद' (परम विचार, ईश्वरवाद) के ठीक विलोम में देखते हैं और उसे एक मनोवैज्ञानिक या दार्शनिक स्थति नहीं मानते बल्कि एक आलोचनात्मक प्रवृत्ति मानते हैं। यह पूर्ण आलोचना ही पूर्ण अस्मिता की प्राप्ति है। मार्क्स ने कहा है कि आलोचना का आरंभ ही धर्म की आलोचना से शुरू होता है। वस्तु को तद्रूप में कांट ने इसीलिए संभव किया क्योंकि उन्होंने 'वस्तु' को 'स्वायत्त' बना दिया। यह 'आलोचना' से ही संभव हुआ। आलोचनात्मकता, आधुनिक तर्कवाद का एक औजार ठहरा। (साहित्यालोचना इसीलिए एक आधुनिक विचार हुआ। आधुनिकता से पहले साहित्यालोचना असंभव थी।)

कांट के 'ज्ञानोदय' में 'ज्ञान की अनुभव से सिद्धि' होती है। हम चीजों को अनुभव से जान सकते हैं (साहित्य में अनुभव-ग्रहण पर जोर आधुनिकता का तत्त्व है, नई कहानी की अनुभव की प्रामाणिकता का नारा एक आधुनिकता का नारा है।) हमारे अनुभव और हमारे ज्ञान अलग हो जाते हैं। यदि दोनों एक होते तो फिर अनुभव को अलगाना संभव नहीं। इसलिए अनुभव से ज्ञान की सिद्धि आवश्यक है। कांट के हिसाब से हर चीज 'ज्ञान' का निर्माण है, यदि वह अपनी सिद्धि अपने तर्क से स्वयं करती है। (बाद में संरचनावाद ने कांट के इस विचार को समाजशास्त्र में लागू करके एक नए ज्ञान 'निर्माणशास्त्र' को जन्म दिया।) कांट ने, देकार्त के चक्करदार अनुभववाद को भी प्रश्नांकित किया। उन्होंने कहा कि एक क्षणिक मानसिक अवस्था तब तक 'मानसिक' नहीं है जब तक कि व्यक्ति उसके होने के बारे में सचेत नहीं है। इस तरह अनुभव काफी नहीं (वह पशुओं को भी होता है), अनुभव का सचेत ज्ञान भी जरूरी है। इससे देकार्त के चक्करदार अनुभववाद का जादू टूटा। हमारा मन कोई अक्रिय पदार्थ नहीं है, सिर्फ जड़ प्रतिबिंब नहीं है, वह एक 'स्वतःस्फूर्त' स्वयंक्रियमाण तत्त्व है। वह एक

स्व-निर्णयकारी क्रिया है। वह 'निश्चित' नहीं है बल्कि 'निश्चयात्मक' है।

पूर्व-आधुनिक स्थिति 'अनालोचनात्मक स्थिति' है। अनालोचनात्मक यानी जो है उसे वैसा ही स्वीकार कर लेना। एक तरह की यथास्थिति। यथाभाग्य। कांट अपने 'निश्चयात्मक ज्ञान' की स्वतःस्फूर्तता से इस 'पूर्व आधुनिक' को चुनौती देते हैं। यह निश्चयात्मक ज्ञान वस्तु में रूपभेद सिद्ध करता है, उन्हें जोड़ता-घटाता है, उन्हें एक वर्गीकरण देता है, एक व्यवस्था देता है। (इसका सबसे अच्छा उदाहरण है हमारी आधुनिक शिक्षा।) तर्क इसी व्यवस्था का नाम है। यह तर्कवाद का एक तरह का आदेश (कमांड) है। यही प्रकृति को आदेश देती है, व्यवस्थित करती है। इस तर्क की वैधता वह स्वयं है। अपनी सिद्धि के लिए उसे किसी से मुहर नहीं लगवानी है।

कांट द्वारा ज्ञान की स्वतःसंपूर्णता का यह संबंध व्यक्ति के स्वायत्त जगत से जुड़ा है। बाद में अनेक आधुनिक दार्शनिकों ने इस स्वायत्तता और स्वतंत्रता के विचार को उनके चरम बिंदुओं तक बढ़ाया। कुछ ने तर्क और व्यवस्थानीकरण की ओर यात्रा की, कुछ ने परम स्वतंत्रता की ओर।

कांट ने स्वतंत्रता के बारे में रूसो की मान्यता को सुधारते हुए कहा कि 'मैं एक तर्कवादी व्यक्ति के रूप में ही स्वतंत्र हो सकता हूँ। मैं अपने तर्क के अनुसार कार्य करने को निर्बंध हूँ, इसलिए मैं 'स्वतंत्र' हूँ। मुझे अपने उद्देश्य के लिए काम करना चाहिए। यह उद्देश्य मेरा चुनाव है। जब अपने तर्क के लिए कार्य करता हूँ तभी मैं स्वतंत्र हूँ।' 'तर्क के लिए' यानी उस तर्क-व्यवस्था के लिए जो अन्य तर्कों से संगति में चले। वह एक स्वतःसंपूर्ण व्यवस्था देने वाला हो।

'बिलीफ एंड नॉलेज' (आस्था और ज्ञान) नामक निबंध में हीगेल कांट को सुधारते हुए कहते हैं कि ज्ञान और तर्क की विजययात्रा उस आस्था के विरुद्ध यात्रा है जिसे उसने 'आस्था' का 'विश्वास' समझा। यह विजय यही सिद्ध करती है कि तर्क ने भी स्वयं को 'अतर्क' बना डाला। ज्ञानोदय का ज्ञान और आधुनिकता के कांटीय तर्क का कोई एक केंद्र नहीं है। वह एक नकारात्मक क्रिया है। धर्म न हो तो वह भी न हो। उसके होने के लिए पूर्व-आधुनिक आस्था जरूरी है। यह मिलती है तर्क के परम केंद्र में जो सब तर्कों को वैधता देता है। एक परम विचार, एक परम अवस्था। एक परम तर्क। यही असली सत्य का अधिकारी है। हमारा ज्ञान इस परम विचार के इतिहास में ही मिलता है। इसलिए हमारा अनुभव द्वंद्वात्मक है, तार्किक नहीं। हीगेल के लिए आधुनिकता इस परम विचार का एक पड़ाव है। इतिहास में मानवीय समग्रता है। यह उस समग्रता का एक अंश है। इससे बाहर हर चीज 'आस्था' है, 'विश्वास' है।

स्पष्ट है कि आधुनिकता की अवधारणा की एक लंबी विचार-यात्रा रही है। आरंभ में आधुनिक विचार अंकगणितीय परिणामवादी थे। हमारी आधुनिकता का आधार ये ही विचार थे क्योंकि वे उन्हीं दिनों यूरोपीय मार्ग से यहाँ आए। प्रकृतिविज्ञान की सर्वश्रेष्ठता और क्षमता, जरूरतों की आपूर्ति की योजना क्षमता, उदार जनतंत्रात्मक संस्थानों की व्यवस्था—आधुनिकता के ये तीन मुख्य आधार रहे हैं। आधुनिकता की

यह विजय-यात्रा, 'दासता' से मुक्ति की यात्रा है (हमारी आजादी भी ऐसी ही यात्रा थी और हमारी गुलामी भी। गुलामी अंग्रेजों की यात्रा थी। बाद में आजादी हमारी आधुनिक यात्रा बनी। आधुनिकता ने इसे अंग्रेज बना दिया।)

हीगेल ने और बाद में मार्क्स ने आधुनिकता की जो द्वंद्वात्मकता विकसित की उसमें वैज्ञानिक तर्कवाद के प्रति आस्था और आधुनिकता के भीतर आने वाली समस्याओं को फिर से पुनराधुनिक ढंग से ठीक करने की जिद छिपी है।

जैसा कि हम आगे देखेंगे, आधुनिकता के अँधेरे कोनों की सबसे प्रखर समीक्षा एडोर्नो-होर्खिमार में विकसित हुई जिन्होंने 'डाइलेक्टिक्स ऑफ एनलाइटिनमेंट' लिखकर बताया कि आधुनिकता के अवरोधी बिंदु क्या हैं ?

हीगेल के विचार और व्यवस्था (तर्क) के समग्रीकरण (टोटलाइजेशन) और तर्क के औजार बनाने के खिलाफ एडोर्नो और होर्खिमार ने जो समीक्षा पेश की उससे आधुनिकता की भीतरी समस्याएँ सामने आ गईं। उन्होंने आधुनिकता की योजना को अपने ही हेतुओं के विरुद्ध खड़ा पाया। यह एक नई अवधारणा थी जहाँ से उत्तर-आधुनिकता की अवधारणा का अहसास तेज हुआ। उन्होंने पाया कि आधुनिकता अपने चरम विकास की स्थिति में 'ज्ञान-सर्वनाश' करने पर तुल जाती है।

एडोर्नो-होर्खिमार के विचारों का सार यों कहा जा सकता है :

ज्ञानोदय की योजना प्रकृति पर अधिकार करने के इरादे से जिस तर्कवाद को जरूरी समझती है, वह अंततः उसी को 'अवैध' ठहराता है, वह अपने 'नियंत्रणवाद' का औचित्य नहीं दे पाती, वह खुद एक 'मिथ' बन जाती है, एक तर्क-असंगत (इरैशनल) व्यवस्था बन जाती है, वह जिसे मुक्ति देती है (प्रकृति के भय से) उसमें अपना 'भय' बिठा देती है। वह एक हाथ से देती है (मुक्ति) तो दूसरे (तानाशाही) से छीन लेती है।

मनुष्य के कर्म की अथवा फल की वैधता 'अधिकाधिक व्यवस्था' पर निर्भर होती जाती है। एक समग्र व्यवस्था में 'तर्क' भी स्वायत्त नहीं रहता। राज्यसत्ता की समग्र उपस्थिति में निजी स्वायत्तता खो जाती है। व्यवस्था का परम रूप आधुनिक राज्यसत्ता ही है। यहीं से यूरोपीय 'ज्ञानोदय के सीमांत' शुरू होते हैं।

# यूरोपीय ज्ञानोदय के सीमांत

उत्तर-आधुनिक स्थितियों का एक बड़ा हस्तक्षेप 'व्यवस्थित' दुनिया में 'अव्यवस्थित' की 'उपस्थिति' कहा जा सकता है। 'व्यवस्थित' यहाँ सुविधा के लिए अंग्रेजी के 'रैशनल' का रूपांतर है। हम चाहें तो इसे 'युक्तिसंगत' या 'तर्कसंगत स्थिति' भी कह सकते हैं।

पश्चिम में विकास के सिद्धांत का निचोड़ व्यवस्थानीकरण (रैशनलाइजेशन) है। समाजशास्त्री मैक्स वेबर ने इसे इसकी समाजशास्त्रीय ऊँचाइयों तक पहुँचाया। आधुनिक समाजों का स्वरूप-विकास इसी व्यवस्था का परिणाम है। व्यवस्थान यानी एक पूर्ण व्यवस्था, जहाँ पहुँचकर समाज उन दुखों से, उन जरूरतों से मुक्त हो जाता है जो उसे आधुनिकता के पूर्व काल (सामंतीय युग) से तंग कर रही हैं।

पश्चिम में विकास (आधुनिक विकास) का लक्ष्य सामाजिक जीवन में एक ऐसी पूर्ण तर्कसंगत और न्याय्य अवस्था खोजना था जो 'ज्ञानोदय' (एनलाइटिनमेंट) के काल से बड़ी तेजी से ढूँढ़ी जाने लगी थी। इमैनुअल कांट ने दर्शन में और बाद में मैक्स वेबर ने समाजशास्त्र में इस न्यायसंगत और पूर्ण व्यवस्था की खोज बड़ी मेहनत से की। इसे लोग जर्मन दर्शन का विकास भी कहते हैं जिस पर मार्क्स ने 'जर्मन दर्शन : दर्शन का अंत' नामक लंबा लेख लिखा था। उसका सार भी ज्ञानोदय का विकास ही था।

आपसी भिन्नताओं के बावजूद कांट, मार्क्स, वेबर एक क्रम में आते हैं। कांट ने 'क्रिटीक ऑफ प्योर रीजन' में जीवन में कार्य-कारण को निर्णायक मानकर कहा : 'हमारा हेतुवाद (रीजन) 'प्रकृति के पास जिज्ञासु के रूप में जाना' होना चाहिए। किंतु उसे ऐसे शिष्य के रूप में नहीं जानना चाहिए जो अपने गुरु की हर बात चुपके से मान लेता है, बल्कि ऐसे निर्णायक के रूप में जानना चाहिए जो अपने गुरु को सही उत्तर देने को बाध्य कर दे।'

कांट की योजना में इस तरह विश्वसनीय ज्ञान मिल सकता है। कांट के आगे विज्ञान का इतिहास है। वह विज्ञान और दर्शन का मेल करके 'एपिस्टीमोलोजी' (ज्ञान-मीमांसा) नामक नया वैचारिक स्कूल खड़ा करता है। कांट के पास विज्ञान को ही दर्शन सिद्ध करने के लिए अद्‍भुत तर्क और प्रमाण हैं।

कांट के दर्शन से प्रेरित और समाज के विकास सिद्धांतों से परिचालित वेबर ने इसी न्याय को 'ऐतिहासिक' फल बताया जो मनुष्य जाति को प्राप्त होता है।

जर्मन विचारक हैबरमास ने आधुनिकता की टीका करते हुए सबसे बड़ा और महत्त्वपूर्ण काम वेबर की 'न्याय व्यवस्था' को फिर से प्रस्तुत कर किया। जर्मन विचार में यहीं से आधुनिकता की समीक्षा शुरू हुई।

परंपरागत समाज से 'आधुनिक' रूपांतरण की प्रक्रिया औद्योगिक युग से बहुत पहले शुरू हो गई थी और हम कह सकते हैं कि आज भी सक्रिय है।

मार्क्स में विकास की प्रक्रिया उत्पादन की प्रक्रिया का पर्याय है। मैक्सवेबर का मानना है कि यूरोप के मध्यकालीन समाज परंपरागत समाज थे जो अठारहवीं सदी तक अपनी व्यवस्थाएँ ढूँढ़ते रहे । इस काल में समाजों में औद्योगिकीरण, संस्थानीकरण बढ़ा और इस तरह समाज नए ढंग से व्यवस्थित हुए। बेवर के अनुसार यह संगठन तीन प्रक्रियाओं से होकर गुजरा :

(क) प्रोटेस्टेंट नीति का विकास,

(ख) विज्ञान, धर्म और कला के क्षेत्रों में सुस्पष्ट विभाजन का होना, और

(ग) आधुनिक कानून का विकास।

(आधुनिकता के दीवाने अपने समाज में सक्रिय बहुत-सी बातें इन तीन प्रक्रियाओं में देखी जा सकती हैं। यूरोप, अमेरिका में भले यह अब वैसा होता न दिखे लेकिन हमारे यहाँ यह आज भी दिखता है।)

आधुनिकता की व्यवस्था का पहला आधार 'प्रोटेस्टेंट नीति' थी। धर्म की समाजशास्त्रीय व्याख्या करने वाले वेबर ने ईसाई धर्म में लूथर और काल्विन के धर्मसुधारों को इस नीति का प्रस्थान-बिंदु माना। वेबर ईसाई मत के इस प्रोटेस्टेंटवाद को अन्य धर्मों के मुकाबले (चीन अथवा भारत के धर्मों के मुकाबले) क्रांतिकारी मानते हैं क्योंकि उनकी अवधारणा यही थी कि चीन अथवा भारत के धर्म परंपरागत स्थिरता वाले हैं जबकि ईसाई प्रोटेस्टेंट ने परंपरा के बंधनों को तोड़ दिया है और दुनिया के कार्यव्यापार और व्यवहार को बदल दिया है। वेबर मानते हैं कि ऐसा इसलिए हुआ कि ईसाई धर्म के भीतरी तर्क ने उसे बदला।

प्रोटेस्टेंट धर्म नीति ने अनुशासित, व्यवस्थित और चित्त की अभंग एकता को पैदा किया जो एक ओर कर्म की ओर प्रवृत्त करती थी, दूसरी ओर धार्मिक मुक्ति का संदेश देती थी। यह भीतरी मुक्ति कई विशेषताओं वाली थी जो किसी अन्य धर्म में नहीं है। यह ईसाई से ब्रह्मचर्य की माँग नहीं करती थी बल्कि आनंदोपभोग के खात्मे की बात करती थी। गरीबी की, दीनता की माँग नहीं करती थी बल्कि निठल्लेपन और आनंदोपभोग और मुफ्तखोरी को खत्म करने की माँग करती थी और तमाम सामंतीय मूल्यों से बचने की बात करती थी। संपत्ति की जीवनदायिनी शक्ति की बात करती थी, वह संन्यास देकर जीवित मृत्यु की बात नहीं करती थी बल्कि एक आत्मानुशासित व्यवहार की माँग करती थी, और संसार के सौंदर्य के आगे सब कुछ भूल जाने को मना करती थी। इस नीति का लक्ष्य साफ था : व्यवहार का पूर्ण अनुशासन। इसका प्रतिनिधि 'कर्मयोगी' ही हो सकता है। इसके फलस्वरूप सामाजिक संबंधों का एक न्यायसंगत और कार्य-प्रवण

ढाँचा पैदा होता था।

मार्क्सवादी व्याख्या के अनुसार, इसमें इतना और जोड़ दें कि यह सब स्वयमपि नहीं हो रहा था बल्कि सामाजिक स्थितियों का प्रतिफल था। वेबर इस विकास को विश्वासों का विकास कहता है।

'जीवन का, सामाजिक संबंधों का बाकायदे अनुशासन' वेबर के आधुनिकीकरण की पहली स्थापना है। यह न्याय की सर्वोच्च स्थिति है। पश्चिमी व्यवस्था की यह जान है। इसी से देश-काल की उनकी अवधारणाएँ बनी हैं। यही व्यावहारिक न्याय है। आधुनिकता का निचोड़ है यह। यही अंतिम रूप है। उद्देश्य और विधेय यहाँ एक हैं। सार्वजनिक सार्थकता वाली एक अभंग दुनिया है यह।

वेबर के 'विकास' में दूसरा तत्त्व है—सांस्कृतिक क्षेत्र के कार्यव्यापार में 'विभेदीकरण' का होना। यह धर्मनिरपेक्षता की अवधारणा के उत्स को समझने के लिए, कलाओं के सैक्युलर होने को समझने के लिए उपयोगी बिंदु है।

मध्यकाल से ज्यों-ज्यों मोहभंग होता है त्यों-त्यों दुनिया की रहस्यवादी व्याख्याएँ टूटती हैं। ईश्वरीय कल्पना का जादू टूटने लगता है। तर्क, प्रमाण और सिद्धि उसका आसन ले लेती हैं। इसके फलस्वरूप विभेदीकरण पैदा होता है, सांस्कृतिक क्षेत्र में और जीवन मूल्यों के क्षेत्रों में सुस्पष्ट विभाजन होने लगता है। विशेषीकरण, विशेषज्ञता शुरू होती है। राजनीति, कला, धर्म, बौद्धिक व्यवस्था, अर्थ और आनंद (मनोरंजन) पृथक-पृथक विभाग बन जाते हैं। ये तमाम सांस्कृतिक क्षेत्र स्वायत्त होने लगते हैं। इस तरह ज्ञान का वातावरण बदल जाता है, अवधारणाएँ और मान्यताएँ बदलती हैं, वे एक-दूसरे को नियमित करती चलती हैं। संस्थानों (धार्मिक, आर्थिक, राजनीतिक) में सुस्पष्ट पार्थक्य पैदा होता है, मूल्यों की सरणियाँ और श्रेणियाँ बनती हैं।

हैबरमास की व्याख्या उधार लें तो वेबर के आधुनिकीकरण के तीन चरण यों होते हैं :

(क) लक्ष्यों की बाकायदा प्राप्ति के प्रयत्न यथार्थ को स्पष्टतर करते जाते हैं, अनुशासित होते जाते हैं और मनुष्य की योजनानुसार चलने लगते हैं। इससे साइंस और तकनीक विकसित होती है, विश्वविद्यालय और शिक्षा विकसित होती है।

(ख) ऐसा ही विकास नैतिकता (नीति) और सामाजिक व्यवहार में नजर आता है। जादुई चमत्कारी ईश्वरीय रहस्यमयता और परंपरागत पर्दे हट जाते हैं और नैतिकता तर्कसंगत हो उठती है। परंपरागत रूढ़ियाँ, कर्मकांड, आस्थाएँ, आचरण के आदर्श, विधि-निषेधों की जगह नए आचरणमूलक रूप (नागरिक विधान) ले लेते हैं। कानून निजी (पर्सनल कानून) बन जाते हैं।

(ग) कलाएँ और साहित्य भी धर्म एवं परंपरा से उच्छिन्न हो जाते हैं। धर्म और विज्ञान के समांतर ये स्वायत्त हो उठते हैं। मनुष्य के सौंदर्य का क्षेत्र संस्थानीकृत होता है। कलाएँ बाजार में बेची-खरीदी जाने योग्य हो जाती हैं और इसलिए वे स्कूल-कॉलेजों-विश्वविद्यालयों में पढ़ाई जाने लगती हैं। उनके स्वायत्त शास्त्र विकसित होने लगते हैं।

यह कलाओं की तर्कसंगत 'व्यवस्था' है।

आधुनिकीकरण के लिए वेबर का महत्त्वपूर्ण तत्त्व है—कानून एवं न्याय की नई व्यवस्था का संभव होना। वेबर धर्म के समाजशास्त्र की व्याख्या करते हुए नतीजा निकालता है कि कानून सांस्कृतिक विकास से तथा चर्च से स्वायत्तता प्राप्त कर लेता है और पेशेवर न्याय न्यायाधीशों द्वारा संभव किया जाता है। न्यायशास्त्र के इस तरह संस्थानीकृत हो जाने के बाद वह विद्या बन जाता है और वह समाज का प्रतिबिंब बन जाता है। धीरे-धीरे तमाम जड़ सूत्रबद्ध परंपराएँ, रीति-रिवाज, धार्मिक तत्त्व इस न्यायशास्त्र में समाहित होने लगते हैं। इस तरह हर चीज वैधता प्राप्त करती है जो न्याय संस्थान से मिलती है। इसी अर्थ में आधुनिक राज्यसत्ता का अर्थ वैधानिक सत्ता है।

वेबर इसके बाद समाजों की विकास-यात्रा में उस 'लौह पिंजड़े' को बनता हुआ देखता है। प्रोटेस्टेंट विकास अंततः पूँजीवाद के लौह-पिंजड़े का निर्माण कर देता है। यहीं से वेबर में आधुनिकता के अंतिम बिंदुओं के प्रति घोर निराशा पैदा होती है।

ज्ञानोदयी धर्म ने अपने विकासक्रम में दुनिया के व्यवहार को निर्धारित करना शुरू किया, उसने आधुनिक आर्थिक व्यवस्था का निर्माण किया। यह व्यवस्था मशीनी उत्पादन करनेवाली आर्थिक और तकनीकी व्यवस्था थी जो आज हर व्यक्ति के जीवन को नियंत्रित करती है जो इसमें रहता है। जब तक धरती का अंतिम कोयला तक नहीं जल जाता, यही चलेगा।

यही लौह-पिंजड़ा है आधुनिक न्याय-व्यवस्था का, आधुनिक जीवन का। एक आर्थिक आधार सक्रिय होने लगता है। नौकरशाही मजबूत होती है। सब चीजें पूर्व-आकलित होने लगती हैं। ऐसी राज्यसत्ता आती है जो आकलित करके नियंत्रण संभव कर सके। समाज मशीन की तरह चलाया जाने योग्य हो उठता है। अब राज्य अपनी तर्क-संगति की प्रक्रिया को स्वतंत्र कर लेता है। इससे नैतिक, बौद्धिक, आध्यात्मिक शून्य पैदा होने लगता है। धार्मिक या नैतिक मूल्य 'शुद्ध उपयोगितावाद' में खो जाते हैं। हर चीज बेची-खरीदी जाने योग्य बन जाती है।

इसीलिए बाद में इस स्थिति को देखकर तर्क-संगति या व्यवस्थानीकरण को 'अर्थ' और 'स्वतंत्रता' की हानि कहा गया। वेबर के आगे ये निष्कर्ष फ्रैंकफुर्ट संप्रदाय ने निकाले। आधुनिकता की अवधारणा के संकट को समझने के लिए फ्रैंकफुर्ट संप्रदाय की कुछ अवधारणाओं का संक्षेप में उल्लेख करना यहाँ जरूरी है।

फ्रैंकफुर्ट संप्रदाय के तमाम पूर्व चिंतक (जॉर्ज लूकाज, कोर्श्च, ग्राम्शी) मूलतः मार्क्सवादी चिंतक थे और उनका एक बड़ा बौद्धिक झगड़ा पुराने ढंग के मार्क्सवाद से था। पुराने ढंग के मार्क्सवाद में कहा जाता था कि आर्थिक स्थितियाँ स्वयमपि क्रांति पैदा कर देंगी। इनका कहना था कि ऐसे चिंतक समाज में व्यक्ति की चेतना की भूमिका की उपेक्षा करते हैं। इन तीनों चिंतकों ने कहा कि वास्तविक क्रांतिकारी स्थितियों के बावजूद यदि क्रांति नहीं हो रही तो इसका कारण क्रांतिकारी चेतना का अभाव है। इसका हल क्रांति करके सीधे समाजवाद कायम करना नहीं है। असल मुद्दा दर्शन और

मार्क्सवाद के बीच नए रिश्ते बनाने का है।

फ्रैंकफुर्ट संप्रदाय में पाँचवें दशक में एडोर्नो और होर्खिमार प्रमुख भूमिका में रहे। उन्होंने आगे चलकर उत्पादक शक्तियों और सामाजिक चेतना की गति (फासिज्म और स्तालिन के उभार के संदर्भ में) जाँची-परखी और पाया कि स्तालिनवाद के अपराधों को उचित ठहराने के लिए मार्क्सवाद एक आसान दर्शन बन चुका था। इसीलिए, बाद में इन्होंने समाज के आलोचना सिद्धांत गढ़ने के लिए मार्क्सवाद को स्वीकृत किया और उसे सिर्फ आर्थिक सिद्धांत-भर नहीं कहा जो अंततः सर्वसत्तावाद की तरफ समाज को लाता है।

सामाजिक सुव्यवस्था फ्रैंकफुर्ट संप्रदाय की प्रमुख चिंता रही। इस क्षेत्र में होर्खिमार और एडोर्नो ने बहुत काम किया। वेबर से इन्होंने बहस की। वेबर सामाजिक विकास की अवस्था में तकनीकी और वैज्ञानिक प्रगति के प्रभावों तथा परंपरागत समाजों की सांस्कृतिक संरचनाओं पर अपनी व्याख्याओं में पूरा ध्यान देते हैं।

वेबर के अनुसार औद्योगिकीकरण तथा शहरीकरण की प्रक्रिया—प्रगति, तर्कसम्मत निर्णयों के लिए नए सामाजिक क्षेत्रों का खुलना जैसे कि निजी कानून, आर्थिक कार्य तथा नौकरशाही आदि, परंपराओं का अवमूल्यन तथा परंपरागत जीवन-रूपों का ह्रास, सांस्कृतिक धर्मनिरपेक्षता का विकास तथा फलस्वरूप इहलोक से मोहभंग की प्रक्रिया है।

वेबर ने दो तरह की सामाजिक व्यवस्था की बात की—एक प्रशासनिक तर्कव्यवस्था जो समाज के भीतर संस्थानगत निर्णय से संबंधित है, दूसरी तर्कव्यवस्था अंतःसूत्र में रहने वाले संस्कार हैं जो बहुत शीघ्र नहीं बदलते। उदाहरण के लिए पूँजीवादी विकास, उत्पादकता, वस्तुएँ, बाजार, आर्थिक हित, होड़ आदि प्रशासन योग्य, नियंत्रण योग्य नजर आते हैं। ये परंपरागत अनुभवों को अपदस्थ करते हैं। स्वतंत्रता तथा शब्दार्थ दोनों बदलते हैं। संस्कृति के क्षेत्रों में विभेदीकरण होता है। यह सांस्कृतिक संस्कार हैं। इन विभेदीकृत क्षेत्रों का आपस में तनाव पैदा हो जाता है। इस प्रकिया में आधुनिक मनुष्य परंपरा के संस्कारों के बीच नए शून्यों को भरने के लिए नए स्वायत्त अर्थ नहीं खोज पाता।

(हमारी आधुनिकता में परिवार बिखरा। नया छोटा बना। बच्चे क्रैच में छोड़े। नौकरी की। सफल जीवन जिया लेकिन बच्चे में परिवार के प्रति, घर के प्रति कोई टिकाऊ संस्कार नहीं आ पाए। संरक्षणशीलता का भाव कम हो गया। संरक्षणशीलता, करुणा, गुंजाइश आदि की जगह स्वार्थ ने, स्पर्धा ने ले ली। स्पर्धा एक नया संस्कार है जो संगठित हुआ। इसका अपना निरंकुश नियंत्रण बना। फासिज्म में या समाजवाद में या दोनों में ऐसा हुआ। केंद्रीकृत संस्कारीकरण का नतीजा यही हुआ। स्वतंत्रता और स्वायत्तता के क्षेत्र फिर बदल गए।)

समाज के आधुनिक संस्कारीकरण में दो तत्त्व मिलते हैं—विवेक और स्वतंत्रता। फ्रैंकफुर्ट संप्रदाय के होर्खिमार ने कहा कि पूँजीवादी आधुनिक विकास सामाजिक संस्कार

में स्वतंत्रता और विवेक की स्वायत्तता दोनों को नहीं प्राप्त करने देता। यही दुखद सत्य है। यही सत्य बाद में 'क्रिटिकल थ्योरी' अथवा 'आलोचनात्मक सिद्धांत' कहलाया। इसने देखा कि आधुनिक विकास अंततः फासिज्म (चाहे वह हिटलरवादी हो या स्तालिनवादी) में बदल जाता है।

आधुनिक विकास पर सबसे बड़ा प्रश्नचिह्न एडोर्नो-होर्खिमार ने लगाया। 1947 में इन दोनों विद्वानों ने अपनी प्रसिद्ध कृति 'द डाइलैक्टिक ऑफ एनलाइटिनमेंट' लिखी। दूसरे युद्ध के अनुभवों ने इन विद्वानों के पूर्व निष्कर्षों को पुनः सही सिद्ध किया कि आधुनिकता अंततः फासिज्म की ओर जाती है। उन्होंने तीसरी दुनिया में चलने वाले संघर्षों को भी देखा। उन्होंने कहा :

'संपूर्ण अंतर्ग्रंथन की ओर अबाध विकास, जिसमें कुछ समय के लिए विघ्न पड़ा, रुका नहीं है। यह विकास निरंकुशताओं और युद्धों से परे जा रहा है। ज्ञानोदय (एनलाइटिनमेंट) का पॉजिटिविज्म में परिणत होना, चीजों का मिथक्करण और बुद्धि का आत्म से पृथक होना अब पूरी तरह प्रमाणित हो चुका है।'

इनकी 'आलोचनात्मक सिद्धांतिकी' आधुनिकता की समीक्षा के लिए आधारबिंदु देती हैं। इनकी स्थापनाओं में महत्त्वपूर्ण मान्यताएँ इस प्रकार कही जा सकती हैं :

- विज्ञान यदि किसी मौजूदा व्यवस्था की इच्छानुसार उपयोगी है तो मूलतः वह अपनी वैज्ञानिकता खोता है, यही ज्ञानोदय का 'आत्मध्वंस' है।
- सामाजिक स्वतंत्रता ज्ञान बिना संभव नहीं किंतु यदि प्रगति के विचार को दुश्मनों के हाथ छोड़ दिया गया और उसे 'इस्तेमाल योग्य' समझा तो वह विचार, वह ज्ञान अपनी यथार्थ बाधा से परे जाने की क्षमता और सत्य के उद्घाटन की क्षमता खो देगा।
- इसीलिए ज्ञानोदय से मुड़कर मिथकों में पीछे जाने के असल कारण, राष्ट्रवादी, आदिम धर्मवादी अथवा अन्य नई मिथकीय संरचनाओं में निहित नहीं हैं बल्कि स्वयं ज्ञानोदय में ही निहित हैं। यह तब प्रकट होते हैं जब ज्ञानोदय अपने ही 'ज्ञात सत्य' से डरता है।
- ज्ञानोदय मूलतः आधुनिक सभ्य समाज के विकास का विचार-रूप है, यह विचार-रूप व्यक्तियों, संस्थानों आदि में व्यक्त होता है। आधुनिक मनुष्य को भय सताते हैं। विज्ञान, व्यापार और राजनीति ने जिन सत्यों को बदला है, उनके छूट जाने का, खो जाने का डर है। वह सुधारक जो अँधेरे में उजाला लाना चाहता है, वही 'उजाले के अँधेरे' से डरने लगता है।
- आर्थिक प्रगति, उत्पादकता अधिक न्यायसंगत दुनिया के लिए स्थितियाँ पैदा करती है। वहीं यह नई सामाजिक संरचना और नए सामाजिक संस्थान स्थापित करती है जो शेष जनता से अलग और ऊपर रहते हैं। आर्थिक सत्ता के आगे व्यक्ति का व्यक्तित्व छोटा हो जाता है। यह आर्थिक सत्ता प्रकृति के अछूते क्षेत्रों को भी नियंत्रण में ले लेती है। वह सामाजिक तंत्र जो व्यक्ति की सेवा करता है, उसी के सामने से व्यक्ति गायब हो जाता है, अर्थहीन हो जाता है। इस क्रम में जनता की बेचारगी बढ़ती

जाती है। जीवन की चमक-दमक जो नीचे की ओर प्रवाहित रहती है और एक उपभोक्तावाद उसे टिकाए रहता है। यही आर्थिक 'प्रगति का अंत' है।

फ्रांसिस बेकन को 'ज्ञानोदय' का पितामह कहा जाता है। यों रूसो, वाल्तेयर भी इस क्षेत्र में कम महत्त्वपूर्ण नहीं। बेकन ने कहा कि ज्ञान के केंद्र में मनुष्य है।

इस तरह ज्ञानोदय ने मनुष्य की कल्पना के स्वायत्त एवं स्वतंत्र मिथकीय जगत को ध्वस्त किया। कल्पना की जगह ज्ञान आ गया।

'प्रिंटिंग प्रेस' ने, 'तोप' ने और पहले से कुछ ज्ञात 'सुई' ने—इन तीन चीजों ने, ज्ञानोदय के इस दौर को पूर्ण किया। प्रिंटिंग प्रेस ने शिक्षा के क्षेत्र में, तोप ने युद्ध में और सुई ने संचार के क्षेत्र में क्रांति की। मनुष्य ने इन्हें खोजकर अपनी संप्रभुता सिद्ध की। अब हम प्रकृति को अनुशासित करते हैं। 'प्रकृति को हम अपनी आज्ञा की अनुचरी बना सकते हैं।' फ्रांसिस बेकन ने ज्ञानोदय का सार इन शब्दों में बहुत पहले रख दिया था।

मनुष्य के मस्तिष्क और वस्तुओं की प्रकृति के साथ उसके संबंधों का सार ऐसा ही था। मनुष्य का मस्तिष्क अंधविश्वासों से मुक्त हो रहा था, उसका मोहभंग हो रहा था और प्रकृति नए अर्थ लिये उसके सामने खड़ी हो रही थी। ज्ञान अबाध गति से बढ़ रहा था। सारी बाधाएँ टूटती नजर आती थीं। तकनीक इसी ज्ञान का फल थी—इसमें पद्धति थी, दूसरों का शोषण था और थी पूँजी। (क्या बेकन के ऐसे विचारों को पढ़ते हुए हमें प्रसाद की 'कामायनी' में 'बुद्धि' (इड़ा) के वर्णन की याद नहीं आती ?)

ज्ञान की समस्या यह थी कि प्रकृति को कैसे पूरी तरह नियंत्रण में लिया जाए ताकि इस पर मनुष्य का वर्चस्व बना रहे। बेकन ने इसी संदर्भ में कहा कि 'ज्ञान और शक्ति पर्यायवाची हैं।' अब रहस्य नहीं बचने थे। सब कुछ खुल जाना था। कार्य-कारण की खोज विज्ञानसम्मत आलोचना का पैमाना बना। यह विचार की धर्मनिरपेक्षता थी। बेकन ने इतिहास में प्रयोगात्मक दर्शन की शुरुआत की। उसके बाद दर्शन बदल गया। हर वह चीज जो गणना के योग्य नहीं, और उपयोगी नहीं, संदेहास्पद बन गई। यही ज्ञानोदय की निरंकुशता थी।

भूत-प्रेत, राक्षस, देवता सब मनुष्य की चेतना के 'खेल' थे, तमाम उसकी अपनी ही तसवीरें मानी गईं। उसके डरों ने ये तसवीरें गढ़ी थीं। इतिहास तथ्य बन गया। वस्तुएँ पदार्थ बन गईं। एक सार्वभौमिकता देखी जाने लगी। चीजें सिद्ध की जा सकती थीं। असिद्ध वस्तु अविश्वसनीय थी। यहीं से रूपात्मक तर्क (फार्मल लॉजिक) स्थिर हुआ। एकीकृत विज्ञान का यही दर्शन था। इसके बाद दुनिया का नक्शा बनाना आसान था। (यह राजनीति में आज भी दिखता है)। संख्या का खेल ज्ञानोदय का दर्शन बन गया। न्याय में, चुनाव में, जनतंत्र में, योजना में, दैनिक जीवन में संख्या का खेल मैनेजिबल

था। यह बाजार में था, बैंक में था, कृषि में था। जो चीजें नंबर (संख्याओं) में नहीं आ सकती थीं, और जिन्हें धीरे-धीरे एक में नहीं बनाया जा सकता था, वे असत्य होने लगीं। आधुनिक पॉजिटिविज्म ने इसे साहित्य (कल्पना) कहकर खारिज कर दिया।

इस तरह ज्ञानोदय ने जो मिथ भंजन किए वे इसी के उत्पाद थे। ज्ञानोदय की जरूरत थी नए मिथ। ज्ञान के मिथ। इसके लिए रिपोर्टिंग, नामांकन, मनुष्य का इतिहास कथन तो जरूरी था। प्रमाणन तथा व्याख्या भी जरूरी थी। इसलिए मिथों के संग्रह में यह प्रविधि बढ़ती गई। वृत्तांत उपदेशात्मक और निष्कर्षात्मक होते गए। राक्षसों और देवताओं की जगह स्वर्ग धरती पर बनाया जाने लगा। जिसमें आदेश थे और परतंत्रता थी नए किस्म की। ईश्वर की भूमिका खत्म हो गई। सृष्टि मनुष्य की गुलाम बन गई। व्यक्ति का आत्म-तत्त्व केंद्र में आया और उसके आते ही सत्ता केंद्र में आई जो संबंधों का निर्धारण करती थी।

ज्ञानोदय वस्तु के साथ वैसे ही व्यवहार करता है जैसे तानाशाह व्यक्तियों के साथ करता है। वह वस्तुओं से मनमाने ढंग का आचरण कराने लगता है। वैज्ञानिक चीजों को इतना जानता है कि इन्हें खुद बना ले। उसकी क्षमताएँ उसका 'हित' बन जाती हैं। यहीं ज्ञान अपना मिथ बनाता है। बार-बार सिद्ध करना, स्वयं के सत्य को बार-बार सिद्ध करना मिथ बनना ही है। अब जानने को कुछ नया नहीं है, ऐसा कहकर कहा जाता है कि सारे खेल खेले जा चुके हैं। यह अहसास एक नए भाग्यवाद को जन्म देता है। जिस भाग्यवाद के खिलाफ ज्ञानोदय चला था।

आत्मसंरक्षण मनुष्य की इच्छा बन गई। जीना और दूसरे को न जीने देना, यह क्रम बढ़ा। बुद्धि ने ऐंद्रिक स्वतंत्रता को सीमित करना शुरू कर दिया। समूचे समाज में मनुष्य एक सामूहिकता में खो गया। जनसमाज बन गए। यहीं सहमति एक मूल्य बना और अनिवार्य हो उठा। मनुष्य का चुनौतीविहीन हो उठना सत्ता का षड्यंत्र उतना नहीं जितना कि कर्म स्थितियों का फल।

वर्चस्व के अस्त्र विकसित हुए। मशीन और भाषा दोनों, समग्रतावादी हो उठीं। केंद्रवादी हो उठीं। यही जीवन की व्यवस्था थी। सर्वाश्लेषण। कोई चीज बाहर न बचे, वर्चस्व के इन माध्यमों—मशीन और भाषा की सार्वभौमिकता यह थी कि यह एक रूप मं सबको मिले। समाज को विचारों की व्यवस्था से अनुशासित किया जाना था। यह वहीं तक जाता था जहाँ तक वर्चस्व सहायक हो। सत्ता का यही नक्शा था।

(इसे हम उन विधानों में देख सकते हैं जो इस समग्र समाज को चलाने के लिए किए जाते हैं। मनुष्य इंद्रियों का पर्याय बन जाता है। इंद्रियाँ ही आवश्यकता का बिंदु (अंतिम) हैं। समाजवाद अथवा पूँजीवाद ने मनुष्य को इंद्रियों का पर्याय बनाया। इसीलिए आजादी परिमाण में और यांत्रिकता में देखी गई। चेतना और विचार की जरूरतें नहीं बनाई जा सकीं, न देखी गईं कि खाने-पीने के बाद आदमी सोचता है कि नहीं।)

(एक घर, एक कार, एक नौकरी के बाद मनुष्य क्या करता है ? अपने खाली वक्त को कैसे गुजारता है ? यह सोचना आधुनिकता के वर्चस्ववाद के दिमाग से बाहर था।)

एडोर्नो-होर्खिमार ने 'द डाइलैक्टिक ऑफ ऐनलाइटिनमेंट' में ज्ञानोदय के सीमांतों का विश्लेषण करते हुए लिखा है कि ज्ञानोदय की सीमाएँ अंततः वर्चस्ववाद की अंधी गली में जाकर खत्म होती हैं। ज्ञानोदय और वर्चस्ववाद (आधिपत्य) के बीच द्वंद्वात्मक संबंध हैं। राष्ट्रवादी आंदोलन इसी आधिपत्यवाद का दूसरा रूप है जिसमें 'निर्दयता' और 'मुक्ति' दोनों एक हो जाती हैं। एक समाज की समरसता धीरे-धीरे यहूदियों को जर्मनी में समरस करने के लिए नस्लवादी विचारधारा में बदल गई (पृ. 169-70)।

एडोर्नो-होर्खिमार कहते हैं कि 'एंटी-सैमिटिस्ट राष्ट्रीय समाजवाद' का आंदोलन शुरू में 'समानता' की कामना लेकर आया (पृ. 170)। रूप की समानता, प्रतीकों की समानता आसान विचार की तरह आई और निचले लोगों के बीच ऐसे विचार लोकप्रिय हो गए। वे आसान तर्क बन गए। यही तर्क आधिपत्य का तर्क था। इसी तर्क के सहारे से मातृभूमि या पितृभूमि को 'महान' बनाया जा सकता था। [ध्यान करें, ज्ञानोदय में वीरता का (प्रकृति को जीत लेने का भाव), वीर भोग्या वसुंधरा का भाव छिपा है। विज्ञान और तर्क प्रकृति को जीत कर शासन करेंगे। ज्ञानोदय का यह अभिमान ताकत का ही एक नया विमर्श प्रदान करता है। फासीवादी समूहों में समानता (रूप की) और वीरता के मूल्यों के आदर्श सक्रिय रहते हैं। यहीं से कमान सिस्टम पैदा होता है।]

ज्ञानोदय के आरंभिक उदारबाद ने यूरोप में यहूदियों को संपत्ति के अधिकार दिए। वे जिनके पास शक्ति-सत्ता नहीं थी, उन्हें भी विधान की तरह जीने का अधिकार था। सुख बिना शक्ति के संभव नहीं। जर्मनी में इसीलिए शक्ति से सुख की ओर यात्रा हुई और इस तरह निर्बल को नष्ट किया गया।

एडोर्नो-होर्खिमार इसे आगे समझाते हुए कहते हैं कि आधुनिक समाज जिनमें आदिम धार्मिक परंपराएँ, भावनाएँ और क्रांति के विचार भी खुले बाजार में बिकते हैं, राजनीति एक बड़ा व्यापार बन जाती है और व्यापार राजनीति बन जाता है। उसमें अपवादों की जगह नहीं छोड़ी जाती। तो जो कमजोर है, उसे हटाया जाता है ताकि व्यापार को परम अवस्था में स्थापित किया जा सके। इस तरह आधुनिकता का विकासक्रम सत्ता का विकासक्रम है। पुराने जमाने में शासक सीधे दमन किया करते थे, व्यापार के युग में औद्योगिक स्वामी ही असली बादशाह हैं।

राष्ट्रवाद को इसी विकास का चरम बिंदु समझना चाहिए। राष्ट्रवाद मनुष्य की भीतरी मुक्ति के प्रश्नों को अपनी चरम सीमा में ही उत्तरित समझता है। व्यक्ति की इच्छा, समष्टि में मिलने की इच्छा, अंततः आधुनिक राष्ट्रवाद की इच्छा का दूसरा नाम है। ज्ञानोदय और आधिपत्य के एकमेक हो जाने ने धर्म के सार को हटाकर उसे वस्तु बना डाला और वह भी आधिपत्य का औजार बनाया गया। अनुशासन, कर्मकांड, यूनिफार्म आधिपत्य के ही रूप हैं। शिक्षा भी आधिपत्य का एक तरीका है। (संस्कृति में मीडियोक्रेसी इसी सामूहिकता, समानता का फल है। विचार को ज्ञान से अलग कर दिया जाता है। वह सिर्फ एक डिग्री या सनद बन जाता है। अर्ध शिक्षण ही पूर्ण शिक्षण मान लिया जाता है। यही बाद में सत्ता की मशीन बनता है। आदेश और अनुशासन

इसी का दर्शन होता है। या तो जनता इन आदेशात्मक नुस्खों को माने या जीना छोड़े। जनसमाज अंततः बुद्धिहीन ताकत के समाज होते हैं। वे कमान सिस्टम से चलते हैं। यहाँ से फासीवाद दूर नहीं रह जाता।)

आधुनिक आर्थिक मनुष्य का विकास इस प्रक्रिया में व्यापार के साथ-साथ होता है। वह समूचे आर्थिक कार्यव्यापार की इकाई होता है। सड़क पर बैठा मजदूर और मालिक एक दूसरे के एक दूसरे में होने, हो सकने को देखते हैं। पूँजीवाद मनुष्य को मनोवैज्ञानिक रूप में हजम करता है। व्यक्ति निर्णायक नहीं रह जाता। उसके निर्णय दूसरे लेते हैं। सरकार, उद्योग और सेना—ये फैसले करते हैं। निजी जीवन में जनसंस्कृति फैसला करती है। वैज्ञानिक नियम बनाने वाले विधान, कमेटियाँ मनुष्य का सुपर इगो-भर हैं। वे व्यक्तित्वहीन मनुष्य को अपने निर्णयों में ढाल लेती हैं। व्यवस्था स्थापित करने की अबाध प्रक्रिया जारी रहती है, यही व्यवस्था है।

ज्ञानोदय की एक उपलब्धि यदि आधुनिक केंद्रीकृत राष्ट्र और सत्ताएँ हैं तो दूसरी ओर संस्कृति-उद्योग है। संस्कृति-उद्योग भी एक केंद्रीकृत राष्ट्रवाद की तरह है जो मनुष्य में रूपात्मक अभेद स्थापित करता है।

सांस्कृतिक उद्योग संस्कृति के क्षेत्र में स्तरीकरण और एकरूपीकरण पैदा करता है। यही मशीनी तर्क है संस्कृति का। उद्योग में आकर संस्कृति 'निर्माण' बन जाती है। हर वस्तु हर चीज सबके लिए (उन सबके लिए जो खरीद सकते हैं) हो जाती है। कलाएँ गली, बाजार में आ जाती हैं। कला का निर्माण प्रमुख नहीं रह जाता, प्रभाव प्रमुख हो जाता है। मौलिक रचना का मार्ग अवरुद्ध हो जाता है। फिर वास्तविक जीवन और सांस्कृतिक रूप में अभेद हो जाता है। बाजार की भाषा, पॉपुलर होना नए सांस्कृतिक मूल्य बन जाते हैं। यही संस्कृति की बर्बरता है। यही बर्बरता अपने को पुनरुत्पादित (आज के हिंदूवादी इसी तरह का सांस्कृतिक उद्योग बनाना चाहते हैं) करती रहती है। बेस्टसेलर किताब, हिट मूवी, स्तरीकरण का तरीका है। इसका फार्मूला इसका स्तर है। हिंसा, सेक्स यानी वे भाव जो मनुष्य के हमेशा ताजे और आसानी से जागृत भाव हैं, वे इस फार्मूले का लक्ष्य होते हैं। राजनीतिक ढाँचे में फासीवाद और संस्कृति के फार्मूलावाद में काफी पूरकता होती है। संस्कृति और मनोरंजन एक दूसरे के पूरक बन जाते हैं। प्रचार, विज्ञापन, प्रायोजन, जनसंचार एक दूसरे पर निर्भर और सहयोगी बनते हुए एक सांस्कृतिक समग्रता बन जाते हैं।

एडोर्नो-होर्खिमार का अध्ययन दूसरे विश्वयुद्ध के पहले यूरोप और बाद में अमरीकी समाज के संदर्भ में किया गया। उसमें आधुनिकीकरण, केंद्रवादी राष्ट्र और फासिज्म के अंतर्संबंधों को पहली बार बारीकी से समझा गया और यह बात सामने आई कि आधुनिक विकास अंततः मनुष्य के आगे जाने का पर्याय नहीं है बल्कि उसकी नृशंसता, बर्बरता को और भी व्यापक बनाने का पर्याय है। एडोर्नो-होर्खिमार इस आधुनिकता के नक्शे को थोड़ा ठीक-ठाक करना चाहते थे यद्यपि उनकी समीक्षा में आधुनिकता का एकदम नकारात्मक रूप ही अधिक उभरा।

# तकनीक की भूमिका

उत्तर-आधुनिकता का एक बड़ा प्रस्थान-बिंदु 'तकनीक' की विराट उपस्थिति है। पश्चिम के विकसित देशों में इस प्रस्थान-बिंदु पर चर्चा शुरू हुए दो दशक से ज्यादा हो चुके हैं। अपने यहाँ चूँकि तकनीक उधारू रही है इसलिए तकनीक की उपस्थिति क्या असर पैदा करती है, इस बात पर अपन कोई चिंता नहीं करते। इस काम को 'तकनीक प्रदाता' देश ही करते रहते हैं।

तकनीक 'मशीन' से किस तरह भिन्न है, किस तरह उसने भूमिका बदली है, इस तरह पश्चिम में लंबा वितर्क छिड़ा रहा है। लेविस ममफोर्ड, सैग्फ्राइड जीदों, जेकिस एलैल, हैरोल्ड एडैम्स इनिस, मार्शल मैक्लूहान, नार्बर्ट वीनट, बकमिंस्टर फुलर आदि ने पश्चिमी इतिहास और भविष्य को तकनीक के आईने में कई तरह से देखा है और कुछ निर्णायक निष्कर्ष निकाले हैं।

पश्चिम में 'तकनीक' को बहुत दिनों तक 'मशीन' का पर्याय माना जाता रहा। एलैल ने इस समस्या से सबसे ज्यादा जद्दोजहद की। अपनी बड़ी कृति 'द टेक्नोलॉजिकल सोसाइटी' में एलैल ने तकनीक को मशीन से न केवल अलग किया बल्कि तकनीक के आंतरिक केंद्र को खोजा जो उसे मशीन से अलगाता था। उसने समाजशास्त्र और दर्शन दोनों के बीच खड़े होकर सोचा। उसने उपलब्ध सूचनाओं के आधार पर निष्कर्ष निकाले। पश्चिम में, खासकर अमेरिका में, एलैल को तत्काल कोई बड़ी मान्यता नहीं दी गई। इसका कारण यह था कि तकनीक के परिणामों को लेकर एलैल पूँजीवादी बाजार का प्रिय नहीं बन सका। न तो वह मैक्लूहान की तरह इसे 'भवितव्य' मान सका, न फुलर की तरह इसे लेकर उत्साहित ही था।

एलैल ने कहा कि तकनीक हमारे युग का चेहरा है। यह चेहरा बीमार चेहरा है। यही बीमार चेहरा आज का नायक है। मनुष्य के निर्णयों का नायक मनुष्य नहीं है बल्कि तकनीक है।

एलैल ने अमरीकी टी.वी. के एक लोकप्रिय सीरियल 'मिशन : इंपोसिबल' के वृत्तांत का अध्ययन करके निष्कर्ष निकाला कि तकनीक को यदि कायदे से इस्तेमाल किया जाए तो 'अप्रत्याशित' को होने से रोका जा सकता है, और लोगों को इच्छित दिशा में हाँका जा सकता है।

'मिशन : इंपोसिबल' में कथा तकनीक से चालित है। हर चीज पहले से तय है।

नायक तकनीक-प्रिय है। वह और उसके साथी अंततः इच्छित नतीजों पर पहुँचते हैं। एलैल ने कहा कि यह तकनीक का नायकत्व है, मनुष्य का नहीं। यहाँ नाटक नहीं है, प्रक्रिया ही नाटक है। पूर्वनिर्धारित, पूर्वनिश्चित स्थितियों को प्राप्त कर लेने में सक्षम होता एलैल तकनीक की इस क्षमता से डरता है।

एलैल ने कहा कि तकनीक ऐसे व्यवहार का समुच्चय है जो निश्चित परिणामों के लिए किए गए साधनों का उपयोग करती है। वह एक वातावरण की तरह होती है। वह एक व्यवस्था की तरह है। विविध यंत्रों और निर्णयों की व्यवस्था। एलैल तकनीक की व्याख्या करते यह मुश्किल पाता है कि उसका रूप स्पष्ट करने के लिए कोई रूपक या प्रतीक या किस्सा नहीं खड़ा किया जा सकता। इसलिए कि वह स्वयं इतिहास के भीतर 'अद्वितीय' स्थिति के रूप में आती है। एलैल मानता है कि वह अपने प्रभावों में हमें दिखती है।

यहीं एक समस्या पैदा हो जाती है, जिन तत्त्वों को हम उनके प्रभावों से जान पाते हैं और अन्यथा तर्क एवं तथ्य से सिद्ध नहीं कर पाते, वहीं हमारे तर्क में रहस्यवाद पैदा हो जाता है। तकनीक इसलिए एलैल के लिए एक 'दुर्निवार' दुर्दैव की तरह उभरती है। किंतु एलैल मशीन और तकनीक में स्पष्ट भेद कर पाता है : हर तकनीक यांत्रिक होती है किंतु वह यंत्र के परे चली जाती है क्योंकि वह स्वयं को 'मानवीय व्यवस्था' में बदल लेती है।

कुछ पहले तक व्यवहृत विज्ञान को तकनीक कहा जाता है। यह सच है कि तकनीक विज्ञान-निर्भर रही है किंतु वह विज्ञान का भी पर्याय नहीं कही जा सकती। कारण स्पष्ट है—विज्ञान जिस प्रविधि से चलता है, हर तकनीक उसे पलटकर प्रभावित करती है। इस तरह शुद्ध विज्ञान की स्थिति नहीं रह जाती। विज्ञान स्वयं तकनीक बन जाता है।

तकनीक जैसे-जैसे सक्रिय होती है, वह अपना क्षेत्र और व्यवस्था बनाती है। वह सामाजिक, आर्थिक तथा प्रशासनिक क्षेत्र बनाती है जो इलेक्ट्रॉनिक या यांत्रिकता के क्षेत्र जैसे नहीं होते। जेम्स बर्नहम का 'मैनेजरियल रिवोल्यूशन' इस नए क्षेत्र का एक बड़ा उदाहरण है।

सामाजिक जीवन में तकनीक का निर्णायक असर इस जीवन में 'एक स्तरीकरण' में देख सकते हैं। स्तरीकरण का अर्थ है, 'किसी संगठन या प्रक्रिया की तमाम समस्याओं को शुरू करने से पहले ही हल कर लेना।' ममफोर्ड इसे 'उत्पादों' के 'स्तरीकरण' के रूप में मानता है। एलैल संगठन और तकनीक के अंतर्संबंधों को देखकर कहता है कि तकनीक संगठनों को एक रूप दे देती है। एलैल मानता है कि प्राचीनकाल में जिस तरह जादू-टोना मनुष्य को अपने वातावरण से जीतने की शक्ति देता था, उसी तरह तकनीक उसे आसपास के वातावरण को जीतने में 'मदद' देती है। इस तरह तकनीक एक तरह का जादू है।

तकनीक के बारे में वह कहता है कि तकनीक का लगातार ध्रुवीकरण और संचयन

उसके चरित्र को भी बदलता है। यह उसके प्रभावों के अध्ययन से पता चलता है। एलैल मानता है कि मनुष्य ने तकनीक को हमेशा अपने जीवन में रखा है और उसका अपना विकास हुआ है।

एक स्तर के बाद तकनीक अपने सांस्कृतिक वातावरण विशेष से परे चली जाती है; मशीन नहीं जा पाती है। यह मशीन और तकनीक में बुनियादी भेद है। तकनीक निजी सृजनात्मकता और स्वतःस्फूर्ति से भी परे चली जाती है। एलैल के अनुसार आधुनिक तकनीक की पाँच बुनियादी विशेषताएँ हैं : (क) स्व-गतिमयता, (ख) स्व-विस्तार, (ग) एक-केंद्रता, (घ) सार्वभौमिकता तथा (ङ) स्वायत्तता।

'स्व-गतिमयता' का अर्थ है—चयन का संकुचन, विकल्पों का क्रमिक अभाव। हम इसे दवाई के क्षेत्र में देख सकते हैं। इसे सूचना के क्षेत्र में देख सकते हैं। यह मनुष्य के चयन की स्वतंत्रता को बाधित करती है। मनुष्य या तो इसे स्वीकार करे या फिर जीना छोड़ दे। ऐसी स्थिति में विकल्पों का चुनाव स्व-गतिमय 'आटोमेटिक' हो जाता है। मनुष्य का हस्तक्षेप न्यूनतम होता जाता है।

'स्व-विस्तार' का अर्थ है कि वह स्वयं ही अपना विस्तार करने लगती है। यह अपने आप होता है। कोई भी तकनीक बहुत जल्दी पुरानी हो जाती है और नई की माँग करने लगती है। उसके विस्तार में मनुष्य कई बार उसी की गति से चलता है। वह हस्तक्षेप से रुकती नहीं। तकनीकी विकास पीछे नहीं लौटाया जा सकता। तकनीक की चपेट में हम समाजों को पुराने समय में नहीं लौटा सकते। यही उसकी न लौटने की स्थिति है। तकनीक अतीतगामी नहीं है, भविष्यगामी है। भले ही उसका भविष्य अगले क्षण तक का होता हो। गाड़ियाँ, हवाई जहाज, अणुबम, टेलीविजन, कंप्यूटर ऐसी ही तकनीक हैं क्योंकि ये एक समूची व्यवस्था लिये आती है। इनमें एक आत्मविस्तार मौजूद है। ये लगातार बदलती हैं। बदलनी पड़ती हैं।

'एक-केंद्रता' यानी व्यवहार के बीच केंद्र की अनिवार्य मौजूदगी। चाहे पुल बनाना हो, चाहे मच्छर मारने की मशीन, बड़ी या छोटी, वह जो व्यवहार पैदा करती है, उनको बाँधने वाला एक केंद्र होता है। उसके अनेक केंद्र नहीं होते। यदि हों तो वे एक सूत्र से बँधे नहीं होते। आधुनिक तकनीक का एक बड़ा केंद्र बाजार है। वह बाजार से बँधी है। वह तमाम तकनीकों को एक-दूसरे से बाँधे रहता है और खुद एक तकनीक बन जाता है। इसका केंद्र पूँजी होता है।

तकनीक की विशेषता यही है कि वह अंतर्ग्रंथित होती है, एक दूसरे से अंतर्किया करते हुए चलती है। रेडियो, टेलीविजन, कंप्यूटर आदि एक-दूसरे से अंतर्क्रिया करते रहते हैं। यह अंतर्क्रिया ही तकनीक की चालक शक्ति है। इसीलिए आर्थिक, सामाजिक और तकनीकी तीनों स्तर पर अंतर्क्रिया बनी रहती है। इसीलिए तकनीकी प्रक्रिया के सभी परिणाम पहले से नहीं देखे जा सकते। यही तकनीक की 'भवितव्यता' और 'अप्रत्याशितता' का अंतर्विरोध है जो लगातार बना रहता है और चलता रहता है।

चूँकि तकनीक हर सीमा का उल्लंघन करती है, अंतर्क्रिया में पुराने भेद मिटा देती

है, नए भेद पैदा करती है, इसलिए वह सार्वभौमिक कही जाती है। व्यापार और युद्ध दो तकनीक हैं। हम देखते हैं कि हर युद्ध व्यापार है, हर व्यापार एक युद्ध है और वह दुनिया में लगभग एक ढंग से लड़ा जाता है। इसीलिए अब विश्वस्तर के 'नेटवर्क' पैदा हो गए हैं, शृंखलाएँ पैदा हो गई हैं। तकनीक यहीं देशों की सीमाओं को अतिक्रमित कर जाती है। तकनीकी विशेषज्ञ विश्वस्तर के होते हैं, स्थानीय नहीं। वे एक देश से दूसरे देश में 'विनिमय' होते रहते हैं। लगभग चीजों की तरह। तकनीक के लिए सभ्यताओं के भेद मिट जाते हैं। जापान का विकास तकनीक-निर्भर है। अमरीका का भी तकनीक-निर्भर है। दोनों की तकनीक सार्वभौमिक है जबकि दोनों देशों की संस्कृतियाँ भिन्न हैं। तकनीक एक ही विषय पर चलती है।

सार्वभौमिक होने के साथ तकनीक 'स्वायत्त' भी होती है। यह तकनीक का स्वभाव है कि वह स्वायत्त हो। वह 'नियंत्रण' नहीं मानती। वह 'स्वयंभू' होती जाती है। स्वायत्तता की माँग एलैल के शब्दों में तकनीक की विजय ही है। तकनीक नैतिक या आध्यात्मिक बंधन स्वीकार नहीं करती। वह इन्हें पचा जाती है। ये उसमें शामिल तो हो सकते हैं, अलग से नहीं बोल सकते हैं।

कौशल, गति, एकरूपता—ये संस्कृति के उद्देश्य हैं। मनुष्यों के उद्देश्यों की तरह। तब क्या तकनीक मनुष्य का विस्तार नहीं है ? मनुष्य की इच्छाओं की तरह एक अधिनायकता तकनीक की भी होती है।

हम देख सकते हैं कि तकनीक ने अर्थक्षेत्र और राजनीतिक क्षेत्र, आराम के वक्त और सेक्स, मानवीय संबंधों के बहुत-से रूपों, खेलों, धर्म, दवाई, जनसंचार और हमारी चेतना के अखंड क्षेत्रों को रौंद डाला है। पहले तकनीक किसी एक सभ्यता के एक सांस्कृतिक उपांग के रूप में रहती थी। अब तकनीक ने समूची सभ्यता को अपने नियंत्रण में ले लिया है।

एलैल की व्याख्याओं की एक बड़ी सीमा प्रभाव विश्लेषण की है। तकनीक ने क्या प्रभाव डाला इसका शुद्ध प्रमाण मिल पाना होता है, फिर भी प्रभाव दिखाता तो है। यही एलैल की शक्ति है और सीमा भी। तकनीक की व्याख्याएँ अनंत हैं।

विचित्र बात है कि एलैल तकनीक को जब अर्थक्षेत्र में खोजता है तो मार्क्सवादी हो उठता है। वह तकनीक और विकास के संबंधों को मार्क्सवादी ढंग से खोजता है। यह महत्त्वपूर्ण है। मार्क्स ने पूँजी की व्याख्या में तकनीक को बराबर सामने रखा। यदि हम मशीनों के बारे में मार्क्स की अवधारणाओं को देखें तो पाएँगे कि एलैल और मार्क्स की अवधारणाएँ काफी नजदीक की हैं। मार्क्स ने मशीन को मानवीय श्रम का बाह्य रूप कहा और श्रम को उसका आंतरिक रूप। मार्क्स ने बार-बार कहा कि तकनीक और मशीन हमारे उत्पादन संबंधों को बदल देती हैं। वह अर्थव्यवस्था को बदल देती है। 1857 में भारत के स्वतंत्रता संग्राम के विश्लेषण में मार्क्स युद्ध तकनीक के आधार पर बताते हैं कि अंग्रेज अंततः इसी की श्रेष्ठता के आधार पर जीत सके।

योजना बनाना, स्वयं एक तकनीक है। अर्थ के क्षेत्र में योजना की भूमिका मूलतः

तकनीक की भूमिका है। आधुनिक काल में समाज की योजना, पाँचसाला योजना, परिवार नियोजन, हर क्षेत्र का नियोजन, आयोग बैठाना, कमेटी आदि ऐसे सांगठनिक कार्य हैं जो मूलतः तकनीक ही हैं।

राज्यसत्ता एक तकनीक है क्योंकि वह तमाम तरह के नियोजन का उच्चतम बिंदु है। यहीं आकर तकनीक और विचारधारा एक-दूसरे में अंतर्भुक्त हो जाती हैं। इसके संबंध बेहद जटिल और अनंत स्तरीय हैं। राज्यसत्ता पहले भी थी किंतु तकनीकी युग में वह और जटिल और अनिवार्य हो गई। आज हम देखते हैं कि राज्यसत्ता राजनीतिक आधार या विचारधारात्मक आधार छोड़कर कई बार तकनीकी आधार को स्वीकार कर लेती है। इस प्रक्रिया में जनतंत्र एक भ्रममात्र होता जाता है। वह लगभग मैनुफैक्चर्ड हो उठता है जिसे प्रथम क्षण से अंतिम तक मैनेज किया जा सकता है। अमरीकी जनतंत्र ऐसा ही तकनीकी जनतंत्र है (और अब तो सभी जनतंत्र ऐसे होते जा रहे हैं)।

यहीं तकनीक की अधिनायकता प्रबल हो उठती है। वह हर तरह की राज्यसत्ता को (राज्यसत्ता एक सभ्यता ही तो है) अपने अनुरूप ढाल लेती है। हर समाज को एक राज्यसत्ता चाहिए। हर राज्यसत्ता को एक आर्थिक, सामाजिक, सांस्कृतिक गति चाहिए जो वह जनता को देती रहे। तकनीक इसे सिद्ध करती है। एक बार सिद्ध हो जाने के बाद हम उसके अधिनायक रूप को देख सकते हैं। फासिज्म के दौर में तकनीक को लेकर जितने प्रयोग हुए उतने निर्णायक प्रयोग बाद में नहीं हुए। ऐसा लगता है कि तकनीक राज्यसत्ता को हड़प कर अभय पा लेती है।

दैनिक जीवन में तकनीक का हस्तक्षेप बहुत स्पष्ट और अधिनायकवादी है। तकनीक ने मनुष्य के भौतिक और मानसिक दोनों संसारों को बदल दिया है। उसकी पहचान को बदल दिया है। हमारी दैनिकी बदली है। मशीन से मशीन का उत्पादन होने लगा है। भौतिक वस्तुओं से उसका संपर्क कम हुआ है। जो वैज्ञानिक लकड़ी के इस्तेमाल की नई प्रविधियों को सोच रहा है, वह जरूरी नहीं कि लकड़ी को छूकर देखे। ऐंद्रिक प्रमाण अब जरूरी नहीं है बहुत से क्षेत्रों में।

ममफोर्ड कहता है कि अकेली घड़ी ने हमारे काल और देश को देखने के नजरिए को बदल डाला है। काल की प्राकृतिक अवधारणा और उसके अनुभव को हम बदला हुआ पाते हैं। खाना-पीना, सोना-जागना, काम पर जाना समय के आयोजन पर निर्भर है, न कि हमारी ऐंद्रिक जरूरतों पर। अपने जीवन से बेगानापन तकनीक का बेगानापन है। हम इसे हर कहीं देख सकते हैं। यह बेगानापन अंततः इंद्रियों से बेगानेपन में बदल जाता है और अंततः बुद्धि और निर्णय से बेगानेपन में बदल जाता है। यह स्थिति दूसरे विश्वयुद्ध के दौरान उपजे अस्तित्ववादी अनुभव से गुणात्मक रूप से भिन्न है। हमें अपने स्वभाव (प्रकृति) से अलग तकनीक ने किया है। ज्ञान की यह नई अवस्था है और अनिवार्य अनुभव है। यही हमारा नया रूप है।

कर्म के रूप में देखें तो हम और भी स्पष्ट रूप से देख सकते हैं कि कर्म का आभ्यंतरीकरण और बाह्यकरण दोनों एक साथ नए ढंग से होते हैं। काम का मतलब

किसी वस्तु के साथ क्रिया करना-भर नहीं है; बल्कि उससे 'अनुपस्थित' होना है। यह अनुपस्थिति सक्रियता और कौशल लिये होती है।

सूचना के क्षेत्र में आकर तकनीक उसे 'प्रचार' बना देती है। तकनीकी समाज की समस्या दोहरी होती है। एक ओर तकनीक उसे संयोजित करती है, दूसरी ओर वहाँ तकनीक अपने संयोजित समाज के परंपरित संबंधों को तोड़ देती है। नायक और जनता के बीच, दल और जनता के बीच संबंध बदल जाते हैं। तकनीक संचार की प्रकृति को बदल देती है। बातचीत के ढंग को बदल देती है। संस्कृति और साहित्य के रूपों को बदल देती है। जो पहले एकतरफा या दोतरफा सूचना थी, अब प्रचार (बहुचैनलीय सूचना) बन जाती है। प्रचार हमारे बौद्धिक क्षेत्र की नई संस्कृति है जो पहले नहीं थी। तकनीक भौतिक जगत को सघन करती है और संकुचित करती है। प्रचार हमारी बुद्धि के क्षेत्र को संकुचित करता है, कुंद करता है। सूचना में एक मनुष्य दूसरे से बात करता था। कहने वाला और सुनने वाला जरूरी होता था। प्रचार युग में प्रचारक और 'प्रचार-ग्राहक' के बीच बातचीत नहीं होती। सब कुछ प्रभाव की दृष्टि से नियोजित होता है। यह सूचना के रूप को बदल देता है। विज्ञापन इस तकनीकी युग की सबसे बड़ी विधा है। प्रचार की विधा। प्रचार अपने आप में एक 'प्रोडक्ट' बन जाता है। उसकी प्रक्रिया स्वगतिपूर्ण होती है। यही पुराने ढंग के प्रचार और नए ढंग के प्रचार का फर्क है। पुराने जमाने में भी प्रचार था; साहित्य, संस्कृति, कला, शिक्षा में 'प्रचार' पहले भी होता था किंतु इसका चरित्र 'सांस्थानिक' था। इसमें कुछ 'सत्य' रहता था। सत्य का 'दाना' खोजा जा सकता था। नए प्रचार में सबसे बड़ी कुर्बानी सत्य की हुई है। यहाँ असत्य (और अपतथ्य भी) सत्य की जगह ले लेते हैं। प्रचार तकनीक युग की विचारधारा है जो समाजशास्त्रीय संदर्भ ले लेती है। प्रचार का राजनीतिक तरीका राज्यसत्ता की फौरी जरूरत होती है। प्रचार का समाजशास्त्रीय तरीका सामाजिक शक्तियों की जरूरत होती है। (अमरीकी फिल्म अमरीकी जीवन-पद्धति का प्रचार करती है जबकि किसी अमरीकी नेता का भाषण राजनीति का। जनसंचार साधन ज्यों-ज्यों बढ़ते हैं, समाजशास्त्रीय प्रचार का महत्त्व बढ़ता जाता है।)

साहित्य-संस्कृति का केंद्र-च्युत होना इस वातावरण में अनिवार्य है, वे अपने आदिकालीन प्रचारक रूप को त्याग देते हैं। वे या तो नए प्रचार-औजार बनकर रहते हैं या फिर कोने में पड़े पुराने बर्तनों की तरह होते हैं जो कबाड़ी को बेच दिए जाएँगे। अनुभवों से बेगानेपन की चरम घड़ी में साहित्य कैसे बचे ?

प्रचार दो तरह के होते हैं—एक तो क्षैतिजीय होते हैं, दूसरे ध्रुवीय—ध्रुवीय प्रचार का उदाहरण गोबेल्स है। इसमें प्रचारक को दैनिक प्रचार करना पड़ता है। सीधा और बेलौस। इसलिए कि वह क्षणभंगुर होता है। यह आंदोलनात्मक होता है। फौरी असरवाला। क्षैतिजीय समूह की क्रिया होता है, नीचे से नीचे की ओर चलता है। राज्यसत्ता से अलग जनता के समूहों की क्रिया होता है।

प्रचार में 'कहा' नहीं जाता, 'प्रभाव' पैदा किया जाता है। पहले के 'कहने' में,

प्रचार में 'कहना' प्रमुख था। अब हर चीज 'प्रभाव' पैदा करने के लिए होती है। इस तरह नया प्रचार सिर्फ 'प्रभाव' पर ध्यान रखता है। गोबेल्स ने लिखा था, 'हम अब किसी चीज को कहने के लिए बात नहीं करते, बल्कि एक इच्छित प्रभाव पैदा करने के लिए करते हैं।' यह बात आज के विज्ञापन अथवा अन्य प्रचारों के लिए सत्य है। 'इच्छित प्रभाव' समूची सांस्कृतिक गतिविधि का सार बन जाता है।

प्रचार का कारक 'आवश्यकता' होती है। आवश्यकता कभी भी वैधता का आधार नहीं बनती। इसलिए प्रचार को प्रचार से पराजित करने का मतलब तकनीक से तकनीक को लड़ाना-भर है। इस तरह भी प्रचार यानी तकनीक ही वैधता प्राप्त करती है।

एलैल जैसे तकनीकवेत्ता तकनीक को मूलतः 'ईविल' दुष्ट या 'शैतान' मानते हैं जो मनुष्य को फाँसे रखती हैं। मनुष्य तकनीक के बंधन से मुक्ति पाने के लिए जितनी भी कोशिशें करता है, उतनी ही नई तकनीकें ईजाद करता चला जाता है। एलैल के तकनीक विश्लेषण में यही कमजोरी है कि वह तकनीक और मनुष्य में अनिवार्य और नकारात्मक द्वंद्व मानता है। इसीलिए वह एक नियतिवादी की तरह तर्क करता है। किंतु उसके विश्लेषण की मौलिक विशेषता यह है कि उसने तकनीक के फैलाव और समूचे मानवीय क्रियाव्यापार को अंतर्भुक्त कर लेने की क्षमता को सही रेखांकित किया। तकनीक को संरचना के रूप में देखा और मशीन से उसे अलगाया।

तकनीक के शैतान से मुक्ति के लिए एलैल के पास कुछ नुस्खे हैं—तकनीक को बदलना है तो तकनीशियनों को बदलना चाहिए। यानी इसके लिए भी एक नई तकनीक चाहिए और फिर से तकनीकविज्ञों को प्रभावित, शिक्षित करना चाहिए। तकनीक की अनंत शृंखला टूटती नहीं, यही एलैल की ताकत है और यही सीमा भी।

तकनीक के खतरों के बारे में आजकल प्रचलित लोकप्रिय विचार यह है कि 'तकनीक ऐसा बुलडोजर है जिसकी सीट पर कोई ड्राइवर नहीं है' या 'इसने मनुष्य को लाचार और निर्भर बना लिया है।'

कहने की जरूरत नहीं कि पश्चिम में तकनीकविज्ञों का एक ऐसा संप्रदाय बना जो तकनीक को मूलतः मनुष्य के शत्रु के रूप में देखता है। ममफोर्ड, जीदों तथा एलैल इसी संप्रदाय के हैं। ये मानते हैं कि तकनीक अंततः मनुष्य को हाशिए पर डालती है।

तकनीक ने मनुष्य की उत्पादन क्षमता को बढ़ाया है और उसे नियंत्रित करने का ढंग बताया है। इससे संस्कृति के क्षेत्र के प्रकार्य बढ़े हैं। यह सोच तकनीक के विकास के साथ विकसित हुआ। पश्चिम में यह उन्नीसवीं सदी में खूब प्रचलित रहा। तब मशीनी तकनीक का जमाना था। इलैक्ट्रोनिक क्रांति इस मशीन को जब से अपदस्थ किया जब से तकनीक और उसकी व्यवस्था बदल गई।

मशीन का और तकनीक का तात्त्विक भेद क्या है ? इसका उत्तर जानने के लिए हमें मशीन और इलैक्ट्रोनिक तकनीक का फर्क समझना जरूरी है।

वस्तुओं के निर्माण का वातावरण (फैक्ट्री आदि), वस्तुओं के बीच संचार का वातावरण (परिवहन आदि) और वस्तुओं की सूचना (जनसंचार आदि) वे तीन स्तर हैं

जो मशीन और तकनीक का भेद स्पष्ट करने में सहायक हैं।

भाप से चलने वाले इंजनों, रेलों और पानी के जहाजों ने व्यापारी पूँजी को बढ़ाया, उद्योग बनाए, औद्योगिक नगर बसाए। हवाई जहाजों और गाड़ियों ने मनुष्य की गति बढ़ाई। पिछले समाज से इस समाज की गति बहुत तेज हुई। दूरियाँ कम हुईं। यों देखें तो इस मशीनी क्रांति और तकनीक के नए रूपों में (यथा टेलीफोन आदि) में संरचनात्मक एकरूपता नजर आती है। फिर भी इनमें दोहरे अंतर देखे जा सकते हैं। ऊर्जा का एक नया रूप और सूचना का वर्चस्व। बिजली ने संचार बदल दिया है और सूचना के वर्चस्व को संभव कर दिया है। यही उत्तर-मशीन युग है। हैरोल्ड एडैम्स इनिस और मार्शल मैक्लूहान—दोनों ने कर्म और तकनीक के बदलते संबंधों को इस उत्तर-मशीन युग में व्याख्यायित किया।

ममफोर्ड और एलैल मशीन के 'प्रभाव' और 'प्रक्रिया' का अध्ययन करते हैं। उनके पास एक आसान फार्मूला है—आदमी नया वातावरण बनाता है। यह पलटकर मनुष्य को अमनुष्य बनाता है। इस तरह एलैल की योजना में मनुष्य-निर्मित वातावरण की कहानी (मशीन की कहानी) उसके प्रभाव की कहानी है और है मनुष्य के अक्सर असमर्थ हो जाने की व्यथा।

हैरॉल्ड एडैम्स इनिस और मैक्लूहान—इस नियतिवाद से मुक्त तकनीक-चिंतक हैं। वे मानते हैं कि तकनीकी युग की सर्वाधिक केंद्रीय तकनीक 'माध्यम (मीडिया) तकनीक' है। इसे सूचना के पर्याय के रूप में भी मान लिया जाता है यद्यपि ऐसा है नहीं। (हमारे यहाँ माध्यम का मतलब सिर्फ अखबार या टी.वी., रेडियो हैं। यह अवधारणा उनकी सुविधा के लिए चलाई गई है जो तकनीक की अवधारणा से अपरिचित रह गए हैं और मशीन की अवधारणाओं को तकनीक में घटाते रहते हैं। वे समझते हैं कि माध्यम की अंतर्वस्तु सूचना है। रूप और वस्तु की यह डाइलैक्टिक्स मशीनी डाइलैक्टिक्स है।)

तकनीक का युग माध्यमों का युग है। मशीनयुग कर्मयुग था। मशीन, उसकी अंतर्वस्तु, उसके उत्पाद, उसके उपयोग में देश और काल का दोष और विघ्न होता था। तकनीक युग में माध्यम और अंतर्वस्तु में फर्क नहीं रह जाता है। तकनीक अपनी अंतर्वस्तु स्वयं है। माध्यम अपनी अंतर्वस्तु स्वयं है। यह नया वातावरण है।

तकनीक मनुष्य का विस्तार है, विरोध नहीं। मैक्लूहान ने अपने अध्ययन से पिछले नियतिवाद को चुनौती दी और तकनीक को मनुष्य के वातावरण का विकास बताया। और यह भी जोर देकर कहा कि यह विकास आवयविक (स्वाभाविक) है।

इससे तकनीक को देखने का तरीका भी बदल गया। ममफोर्ड मशीन के प्रकट प्रभावों (ट्रक से टक्कर आदि) देखते थे, मैक्लूहान ने वह बारंबारता देखनी शुरू की जो तकनीक को प्रभाव से अलग नहीं करती थी बल्कि प्रभाव को तकनीक का हिस्सा मानती थी। इस क्रम में अंततः सभी प्रभाव सापेक्ष अध्ययन अंततः प्रभाव की तकनीक के अध्ययन बन जाते हैं। अध्ययन की इस पद्धति की यही मौलिकता रही कि इसने तकनीक को प्रभाव की जगह 'प्रक्रिया' में खोजा। प्रक्रिया यानी घटित होती सूचना।

इससे समूची संस्कृति सूचना बन जाती है। घटनाओं और संस्थानों के संबंध प्रकृति के मुकाबले अधिक सार्थक और दृश्य हो उठते हैं। मैक्लूहान ने कहा है, 'आप वस्तुओं को नहीं जान सकते, आप वस्तुओं के सिर्फ संबंधों को जान सकते हैं।'

मैक्लूहान और इनिस के अध्ययनों का हमारे उत्तर-औद्योगिक और उत्तर-आधुनिक यथार्थ से बड़ा गहरा संबंध बनता है। इन्होंने दो मुख्य स्थापनाएँ कीं। पहली यह कि तकनीक हमेशा ही एक वातावरण बनाती है और हम उसके बीच ही उसे पा सकते हैं। दूसरे यह कि ऐसा कोई वातावरण नहीं जो माध्यम (भाषा या दृश्य) बाह्य हो। यानी हर बार वातावरण की खोज माध्यम की खोज है। हर बार माध्यम की खोज भाषा की खोज है या उसके 'स्थानापन्नों' की। इससे समीक्षा और व्याख्या कर्म की अवधारणा बदल जाती है।

किसी भी समाज और उसकी सभ्यता की व्याख्या और समीक्षा माध्यम शून्य स्थिति में नहीं होती। जो होती है वह माध्यम द्वारा प्रभावित होती है। हमारी समीक्षा माध्यम की खोज और समीक्षा होती है।

लेखन और प्रिंटिंग (छापेखाने) ने हमें समीक्षा के नए आधुनिक औजार दिए। सुसंगठन, वस्तुगतता की अवधारणा और एक केंद्रवादी संरचना लेखन और छपे शब्द की पहचान हैं। प्रिंट मीडिया के वातावरण में हमारी रचना और समीक्षा ऐसे ही रिश्तों को बनाती है या खोजती है। तकनीक युग में मामला इससे आगे जाता है। यदि आज हमें समीक्षा के संसार में कोई संगठन क्षमता, कोई वस्तुगतता और केंद्र नहीं नजर आता है तो इसीलिए कि हमारा वातावरण बदल गया है। मशीन-युग में यह स्वाभाविक था कि हम चालक शक्ति को वातावरण से अलग देखें। तकनीकी वक्त में वातावरण का केंद्र–'शक्ति' अलग से नहीं खोजी जा सकती।

तकनीक के ये वातावरण 'परिस्थिति' या 'स्थिति' जैसे सीमित शब्दों से नहीं बताए जा सकते। मैक्लूहान के लिए ये बहुत व्यापक अर्थ रखते हैं। ये 'देश' का पर्याय हैं और इसीलिए दृश्य होते हुए भी 'अदृश्य' और 'स्थिर' दिखते हुए भी अस्थिर हैं। इसीलिए उन्हें संरचनाओं में बाँटकर, तय करके, विभक्ति देकर या नाम देकर नहीं चला जा सकता। और हम इस वातावरण को पूरी तरह कभी नहीं जानते, उसकी बारंबारता, उसमें घटने वाली निरंतरता को नहीं पकड़ सकते बल्कि किसी एक क्षेत्र को, क्षेत्र में किसी एक रूप को देख सकते हैं।

माध्यम का यह व्यापक वातावरण इंद्रियों का खेल है। तकनीक मनुष्य की इंद्रियों का विकास है तो दृश्यजगत ऐंद्रिक सक्रियता का जगत है। ऐंद्रिक सक्रियता ही माध्यम की बड़ी भूमिका को संभव करती है। माध्यम ही हमारे दृष्टिबोध को मूल्यबोध बनाता है।

हमारे 'देखने का ढंग' दुनिया के प्रति हमारी जानकारी को प्रभावित करता है। मैक्लूहान के यहाँ यह प्रश्न दर्शन का नहीं माध्यम की दुनिया का बुनियादी प्रश्न है। और यह प्रश्न ज्ञान का और दर्शन का बुनियादी प्रश्न है। विज्ञान में ऐंद्रिक प्रश्न यानी

देखने का ढंग तकनीक ने स्थानांतरित कर दिया है और वह अधिक पक्के नतीजे देती है। इसने मनुष्य की इंद्रियों की सीमाओं को भी बताया है। 'देखने के ढंग' में छिपी 'पक्षधरता' ने देखने के ढंग और उसके अर्थ को प्रभावित किया। देखने और 'देखने के अर्थ' में क्या संबंध है ? यही ज्ञान की बुनियादी समस्या है। किसी चीज को देखते हुए क्या हम वही देखते हैं जो हम देखना चाहते हैं या कि वस्तु की अपनी गति देखते हैं ? यह प्रश्न माध्यम और प्रभाव का ही प्रश्न है। इसोलिए संस्कृति के प्रश्न हमेशा ही माध्यम और उसकी प्रक्रिया के प्रश्न हैं, उससे बाहर के प्रश्न नहीं।

माध्यम यदि वातावरण की जगह है तो हमारा संबंध उसके साथ लगातार क्रियमाण (एक्टिव) रहता है, हम उससे वैसे नहीं टकराते जैसे दीवार से गेंद टकराती है, बल्कि उसमें रहते हुए उसे बनाते भी हैं जिसमें हमारे अपने ढंग सक्रिय होते हैं और हमें हर क्षण नया रूप देते हैं।

ज्ञानोदय या ज्ञानयुग (एनलाइटिनमेंट) के दार्शनिक जॉर्ज बर्कले ने कहा था, 'हम जो देखते हैं, वही सत्य (संदेशा) है।' दो सदी बाद मैक्लूहान कहता है, 'माध्यम ही संदेश है।' दोनों ने इंद्रियों की भूमिका को स्वीकारा है और दोनों ही इंद्रियों की भूमिका में भेद करते हैं। सुने या देखे चित्र, छुई गई मूर्ति—तीनों ऐंद्रिक अनुभवों में जो फर्क है, मैक्लूहान के लिए वह 'माध्यम' की प्रकृति और इसीलिए उसके संदेश का फर्क है। इंद्रियों का रूप हमारे संज्ञान को निर्धारित करता है। इस तरह मैक्लूहान के यहाँ का सवाल मूलतः माध्यम के रूप का प्रश्न बन जाता है। माध्यम ही इसे बदलता है, उसकी अंतर्वस्तु अलग से नहीं बदला करती। 'द प्रेजेंस ऑफ वर्ड' नामक पुस्तक में वाल्टर ओंग ने बहुत अच्छी तरह बताया कि पश्चिमी दुनिया छापेखाने के विकास के बाद एक 'दृश्य' दुनिया बनती गई है। दुनिया अनंत प्रतिक्रियाओं की दुनिया बन गई है।

हैरॉल्ड एडैम्स इनिस ने ज्ञान और माध्यम की अंतर्क्रिया पर सर्वाधिक विचार किया। इनिस का मानना था कि माध्यम ज्ञान के चरित्र को बदलता है और एक स्थिति ऐसी आ सकती है जहाँ जिंदगी नमनीय न रह जाए और एक नई सभ्यता का जन्म हो। संचार के रूपों के बदलने से सामाजिक संस्थान और संस्कृति किस तरह बदलती है, संस्कृति में स्थिरता कैसे लाई जा सकती है और ऊँचाइयों पर कैसे पहुँचती है ? ऐसे सवालों पर इनिस ने 'द बायस ऑफ कम्युनिकेशंस' में विचार किया है और कहने की जरूरत नहीं कि जनसंचार माध्यम चिंतन पर उसकी अवधारणाओं का गहरा असर दिखलाई पड़ता है।

इनिस का मानना है कि किसी भी समाज का निर्णायक तत्त्व उसका संचार होता है। क्या संचारित किया जा रहा है ? यह सवाल प्रमुख नहीं होता, बल्कि प्रमुख प्रश्न यह होता है कि कोई माध्यम कैसे काम करता है, वह संस्कृति को कैसे बदलता है और अपने शक्ति केंद्र कैसे बनाता है ! इनिस ने सिद्ध किया कि सांस्कृतिक बदलाव के केंद्र में हमेशा माध्यम रहे हैं।

माध्यम क्या है ? यह एक अतिव्यापक प्रक्रिया है। इसमें बोले गए शब्द, लिखित

शब्द-व्यापार, रूप, छापाखाना-इलैक्ट्रोनिक सब शामिल हैं। इनिस के लिए संस्कृति के तमाम बदलाव माध्यमों से तय होते हैं। किसी समाज की सामाजिक, भौगोलिक स्थितियों में, माध्यमों का रूप उसकी संस्कृति के देशकाल को तय करता है। वही माध्यम का दबाव है। माध्यम हर बार सूचना की नई लहर पैदा करता है जिस पर चढ़कर नया सत्ता में आता है। जिन समाजों में देश प्रमुख होता है उनमें सैक्युलर और केंद्रीकृत व्यवस्था बनती है, जो काल में रहते हैं वे धार्मिक, रूढ़िवादी और कानूनी होते हैं। इनिस द्वारा खोजे माध्यम और इतिहास में कोई निष्कर्ष या उत्तर नहीं है। वे सतत खोज और प्रश्नावलियाँ हैं।

माध्यम संस्कृति को सूचना बनाते हैं। संचार को नियंत्रित करके माध्यम संस्कृति में 'सूचना के वातावरण' को सुनिश्चित करते हैं। यही ज्ञान और मनुष्य के संबंध होते हैं।

संस्कृति के विकास को तीन तत्त्व प्रभावित करते हैं—(क) माध्यम, (ख) माध्यमजन्य प्रक्रिया, (ग) संस्कृति में पैदा हुए प्रभाव।

माध्यमों के बीच यदि फर्क किया जा सकता है तो उनके प्रभाव के आधार पर। और यह भी सही है कि माध्यम कभी अकेले नहीं होते, उनके अंतर्माध्यम होते हैं, हर माध्यम एक दूसरे का माध्यम, उपमाध्यम बन जाता है। टेलीविजन पर नाटक, नाटक में दृश्य और मंच, मंच में प्रेक्षागृह, प्रेक्षागृह में मनुष्य। मिट्टी, कागज, रेडियो, टीवी सब एक-दूसरे में अंतर्क्रिया करते हैं। यह अंतर्क्रिया हर बार नई भाषा पैदा करती है। यही भाषा का दृश्यात्मक रूप है।

माध्यम का पहला चरण मिट्टी था। दूसरा माध्यम। माध्यम का दूसरा चरण मौखिक था। तीसरा चरण 'कागज-कलम' का था। चौथा चरण पत्थर का छापाखाना था। पाँचवाँ चरण सचल टाइप वाला छापाखाना था। छठे चरण में अखबार आया। सातवाँ चरण सिनेमा, रेडियो और टीवी का है।

जब मिट्टी माध्यम था तो मकान, मूर्तियाँ अंतर्माध्यम थे। दूसरे में मौखिक कथाएँ, कविताएँ आदि थे (जो लोककलाओं के रूप में आज भी हैं)। तीसरे में ग्रंथ लिखे जाते थे। चौथा चरण पत्थर का छापाखाना था जो किसी-न-किसी रूप में आज भी है।

देखने की बात यह है कि तकनीक युग में कोई भी नया चरण पुराने चरण को नष्ट नहीं करता बल्कि उसे बने रहने देता है। माध्यम की विशेषता है कि वह हमेशा सूचना या जानकारी देता है। ज्ञान का यह रूप भी सभ्यता और संस्कृति का पुनर्निर्माण करता रहता है।

कहते हैं कि मनुष्य को भाषा आ जाने के बाद माध्यम क्रांतिकारी हो उठे। भाषा ने माध्यम के रूप में तीन स्तर लिये—मौखिक, लिखित और छपित। मौखिक भाषा काल में चलती। लिखित भाषा सीमित देश में चलती। छपित भाषा सिर्फ देश में चलती। और ये तीनों माध्यम किसी भी तकनीक में खत्म नहीं हुए बल्कि इनका उत्पादन और पुनरुत्पादन बढ़ा ही है। मौखिक भाषा 'वाक्' की अपनी प्रामाणिकता और शक्ति होती

है। इसे संरचनावाद में रचनात्मक विचार का प्रस्थान-बिंदु माना जाता है। इसके लिए 'स्मृति' और 'अभ्यास' का बड़ा महत्त्व है। इसकी समस्या यह है कि यह काल में चलता है। बोलते ही शब्द गायब हो जाते हैं। इसीलिए इस सीमा ने मनुष्य के अनुभव को रिकॉर्ड करने के लिए 'लेखन' की ओर प्रेरित किया। (देरिदा ने यहीं से 'वाक्' के पूर्व-स्थित होने पर प्रश्न उठाए जिसे हम उत्तर-संरचनावाद के प्रसंग में देखेंगे)।

मौखिक माध्यम स्थानीय, छोटे ग्राम-समाजों में पैदा हुए। भाषा ने शहरी संस्कृति को जन्म दिया। लेखन ने मनुष्य को एक टिकाऊ स्मृति दी। उसके सोचने में अमूर्तन यहीं शुरू हुआ यानी चिंतन शुरू हुआ, गणित शुरू हुआ। इसने एक नई राजसत्ता संविधान-सत्ता बनाई। लेखन से अर्थांतरों (अनेकार्थता) का आरंभ हुआ। मौखिक भाषा में अर्थ और भाव मिले-जुले रहते थे, अब सिर्फ 'अर्थ' रह गए, भाव बाद में आए। कान की जगह आँख केंद्र में आ गई। यह ऐंद्रिक परिवर्तन निर्णायक रहा।

छपाई यानी प्रेस ने और छपे शब्द ने लिखित शब्द की क्षमता को बढ़ा दिया। ज्ञान के इजारे को तोड़ दिया। भौगोलिक सीमाओं को तोड़ दिया। लिखित शब्द की प्रचुरता को असीमित कर मत और अभिमत को महत्त्वपूर्ण कर दिया। छपाई के बाद यथार्थ का बोध वह नहीं रह गया जो कि था।

छापेखाने से पूर्व ज्ञान पर, पुस्तकों की पांडुलिपियों यानी लिखित शब्द पर चर्च का, मंदिरों (ब्राह्मणों) आदि का इजारा था। कुछ ही व्यक्ति उन्हें पढ़ सकते थे। रामायण, महाभारत, बाइबिल, कुरान सब अपनी मूल भाषाओं में सुरक्षित-भर थीं, और पठनीय तो हरेक के लिए नहीं ही थीं। रामायण संस्कृत में थी। बाइबिल लैटिन में थी। छापेखाने ने ज्ञान का जनतंत्रीकरण कर दिया। छापेखाने ने साक्षरता बढ़ाई। लोगों को पढ़ने योग्य होने में मदद की। विश्वविद्यालय इसके बिना असंभव थे। आधुनिक शिक्षा प्रेस के बिना असंभव थी। किताब ने भाषण या उपदेश का स्थान ले लिया। हम देख सकते हैं, आधुनिकीकरण की यह संगठनात्मक योजना थी।

पंद्रहवीं सदी के मध्य में छापेखाने की ईजाद ने एक ऐसी सभ्यता को जन्म दिया जो कान से अधिक आँख पर निर्भर होती थी। आज हम इसके बिना अपने वातावरण को जान नहीं सकते। राष्ट्रवाद, व्यक्तिवाद, सुधारवाद, पूँजीवाद, समाजवाद, विशेषज्ञता, औद्योगिकीकरण, धर्मध्वजा का पतन, धर्मनिरपेक्षता का जन्म—ये तमाम प्रक्रियाएँ छापेखाने ने शुरू कीं। 'प्रेस की आजादी' का नारा जनतंत्र के छापेखाने की सभ्यता होने का प्रमाण है। रेडियो, टीवी, फिल्म आगे के माध्यम-भर हैं।

तकनीक और माध्यम के नए वातावरणों के बिना उत्तर-आधुनिकता संभव नहीं। जो लोग आदिमता अथवा पूर्व-आधुनिकता को उत्तर-आधुनिकता मानते हैं, वे इस तत्त्व को ध्यान में रख सकते हैं कि उत्तर-आधुनिकता तकनीकी युग से अविभाज्य स्थिति है।

# वित्तीय पूँजी और तकनीकी क्रांति

जॉर्ज लिचीम ने अपनी प्रसिद्ध पुस्तक 'साम्राज्यवाद' (इंपीरियलिज्म) में बहुत बाद (1971) में लिखा कि साम्राज्यवाद वैसी ही 'दशा' है जैसी की राज्यसत्ता या राष्ट्र होते हैं जिन्हें दो-दूनी चार ढंग से सिद्ध नहीं किया जा सकता, लेकिन जो बराबर महसूस किए जा सकते हैं। 'साम्राज्यवाद' शब्द इसी तरह के यथार्थ को इंगित करता है, यद्यपि इसे ठीक-ठाक आँकड़ों, शक्लों में नहीं पकड़ा जा सकता है। यह संबंधों का रूप है, 'नियंत्रण और वर्चस्व' की सत्ता के संबंधों का दूसरा नाम है। वह साम्राज्य वहाँ भी है जहाँ वह रूप में नहीं होता। (भूमंडलीय मुक्त बाजार-व्यवस्था के इन दिनों में बहुत से लोग भूल जाते हैं कि पूँजी का वर्चस्व यदि बना हुआ है तो उसकी विकसित अवस्था भी कहीं-न-कहीं मौजूद है। साम्राज्यवाद कोई रहस्यमय या षड्यंत्र जैसी स्थिति नहीं है।)

कई मार्क्सवादी चिंतकों की दुविधा और समस्या यह रही है कि लेनिन ने साम्राज्यवाद की समीक्षा को जहाँ तक पहुँचा दिया था, वहाँ से वे कदम आगे नहीं बढ़ते। डार्विनवाद तथा विस्तारवाद ने मिलकर तकनीकी रूप में धरती को एक साथ नियंत्रित करने के लिए जो अभियान शुरू किया था, भूमंडलीय संगठन बनाए थे, उसे 'काउत्सकी' ने अति-साम्राज्यवाद (अल्ट्रा-इंपीरियजिल्म) कहा था। दूसरी 'अंतर्राष्ट्रीय' के 'गद्दार' और 'बदनाम' लोगों द्वारा किया गया यह नामकरण आज अधिक सार्थक लगता है। लेनिन जहाँ तक आने से रह गए, वहाँ 'गद्दार' 'काउत्सकी' ही पहुँचे। आज बचे हुए लेनिनवादियों को काउत्सकी के द्वारा साम्राज्यवाद के 'अतिरूप' की 'संभावना' को यथार्थ पाकर उन्हें एक बार फिर पढ़ना चाहिए और फिर अपनी समीक्षा का पाठ करना चाहिए।

लिचीम कहते हैं कि पश्चिमं के वर्तमान साम्राज्यवाद में आर्थिक गति नियम तो काम करते ही हैं, रोमन साम्राज्यवाद की 'ग्रीक' इच्छाएँ सक्रिय रहती है, महान रोम की महान ईसाइयत की कामनाएँ सक्रिय रहती हैं। 'वर्चस्व' की इच्छा सिर्फ आर्थिक नहीं, सांस्कृतिक भी है जिसे साम्राज्यवाद के संदर्भ में अनदेखा नहीं किया जा सकता। आज हम सांस्कृतिक और नस्ली वर्चस्व की भावना को अधिक स्पष्टता के साथ देख सकते हैं।

साम्राज्यवाद को लेकर लेनिन की क्रांतिकारी अवधारणाओं की मौजूदा सीमाओं को देखना हो तो हम वहाँ देख सकते हैं जहाँ लेनिन ने कहा था कि 'उपनिवेशवाद की

समाप्ति ही साम्राज्यवाद की समाप्ति होगी।' लेनिन की अवधारणा के बुनियादी प्रस्ताव को आज भी सही पाते हुए हम कह सकते हैं कि साम्राज्यवाद का अंत नहीं हुआ है, यद्यपि उपनिवेशवाद का अंत हो गया है अथवा यह कह सकते हैं कि औद्योगिक युग के दौर में बने साम्राज्यवाद का अंत हो गया है (आर्थिक उपनिवेशवाद का अंत हो गया है)। यहीं हम देखते हैं कि साम्राज्यवाद का अंत होने के साथ-साथ समाजवाद का भी 'अंत' हो गया है। महान लेनिन ने जबकि यह भी कहा था साम्राज्यवाद का अंत समाजवाद की शुरुआत का बिंदु है। (समाजवाद तो जा चुका है, कुछ नए ढंग का साम्राज्यवाद भूमंडल पर फैल गया है।)

'इंपीरियलिज्म' में जॉर्ज लिचीम लिखते हैं कि मौजूदा संदर्भ में 'साम्राज्यवाद' पद चार अर्थों में प्रयुक्त किया जाता है। पहला, 1914-18 यानी प्रथम विश्वयुद्ध से पूर्व का औद्योगिक राष्ट्रों द्वारा दूसरे देशों के शोषण के लेनिनीय अर्थ में; दूसरा, व्यापारिक युग के बाद ऐंग्लो-इंडियन टाइप के वर्चस्व के अर्थ में; तीसरा, 'उदार साम्राज्यवाद' के अर्थ में, जो विदेशी बाजारों को अपनी पूँजी के प्रसार के लिए खोलता है; और चौथा, गरीब देश की पूँजी को अमीर देशों की ओर ले जाने के अर्थ में।

कहने की जरूरत नहीं कि आज इनमें से पहले दो अर्थ तो पुराने पड़ गए लगते हैं। बहुत से लोग तीसरे और चौथे से काम चलाते हैं। आज के विश्व-बाजार में, जहाँ राष्ट्रीय पूँजी और अंतर्राष्ट्रीय पूँजी एकमेक हो रही हो, उक्त अवधारणाएँ काम नहीं करतीं। मार्क्स ने पूँजी के तीसरे भाग में कहा है, 'पूँजी का विस्तार ही उसका प्रथम बिंदु होता है और अंतिम बिंदु भी। उत्पादन भी पूँजी के लिए ही होता है। उत्पादन के लिए पूँजी नहीं होती। पूँजीवादी उत्पादन-प्रणाली अंततः विश्व-बाजार बनाती है।'

मार्क्स ने भारत में अंग्रेजी राज के बारे में, उसकी दुहरी भूमिका के बारे में, एक जगह लिखा है, 'भारत में इंग्लैंड को दो तरह के काम करने हैं। एक संहारात्मक, दूसरा रचनात्मक। पहले उसे पुराने एशियाई समाज को नष्ट करना है, दूसरा उसे पश्चिमी ढंग का भौतिक समाज एशिया में बनाना है।' मार्क्स कहते हैं, 'भारत को औद्योगिक देश बनाए बिना ब्रिटिश उसका शोषण नहीं कर सकते। वे रेल का संजाल फैलाएँगे और इसके परिणाम अभूतपूर्व होंगे।' मार्क्स आगे कहते हैं कि रेलवे-व्यवस्था भारत में आधुनिक उद्योग की जनक होगी। रेलवे व्यवस्था से पैदा होनेवाली आधुनिक औद्योगिक व्यवस्था श्रम के पैतृक संबंधों को खत्म कर देगी जिन पर जाति-व्यवस्था टिकी है, जो भारत के विकास में बाधा बने हैं। (तभी भारत महान बनेगा)।

स्पष्ट है कि मार्क्स समुद्र से, फिर रेल से उतरे साम्राज्यवाद को दो ही अर्थ में पाते हैं। एक संहारात्मक, दूसरा रचनात्मक। मार्क्स के द्वंद्वात्मक भौतिकवाद में मुख्य श्रेणी पूँजीवाद है। वे मानकर चलते हैं कि विश्व-बाजार बनने की प्रक्रिया अनिवार्य है। (यह आज हो रहा है, यद्यपि रेल या समुद्र में नहीं, यह आकाश से हो रहा है। और कुछ ऐसे परिणाम पैदा कर रहा है जो मार्क्स ने भी नहीं सोचे थे।)

फिर भी मार्क्स ने पूँजीवाद के विकास के इस स्तर में विश्व की संघनित निर्भरता

को यों कहा है, 'इतिहास का यह बुर्जुआ युग नए संसार के लिए आधार तैयार करेगा। यह एक ऐसा संसार होगा जो मनुष्य जाति की परस्पर निर्भरता के जरिए एक भूमंडलीय संवाद शुरू करेगा...।' (साम्राज्यवाद के लेनिनीय विचार इस संदर्भ में समीक्षा माँगते हैं।)

शीतयुद्ध के दौर तक हॉब्सन द्वारा प्रस्तावित व्याख्या—'साम्राज्यवाद के पुराने रूपों तथा साम्राज्यवादी देशों द्वारा अपने पक्ष में व्यापार-नियमों का किया जाना तथा तीसरे देशों को लूटना'—लोकप्रिय व्याख्या रही है। तमाम वामपंथी विचार इसे ही अपना आधार बनाते रहे हैं। समाजवाद के खात्मे के बाद हॉब्सन पर चली परिभाषाएँ आज के नव-साम्राज्यवाद के बारे में कुछ भी ठोस नहीं कह पातीं। यही हाल लेनिन की व्याख्याओं का है। इनमें 'इजारेदार पूँजी' को 'उपनिवेशवादी साम्राज्यवाद' के बराबर माना गया है। जॉर्ज लिचीम का कहना ठीक है कि आज ये पदावलियाँ व्यर्थ हो गई हैं।

छठे-सातवें दशक में अमरीकी पूँजी के लातीनी अमरीका में प्रवेश तथा बाजार बनाने की प्रक्रिया शुरू हो गई थी। विचारकों ने इस नए तत्त्व की ओर अधिक ध्यान नहीं दिया कि राष्ट्रवादी, मुक्त सरकारों के बावजूद अमरीकी पूँजी को बाजार मिल रहा है तो क्यों और उसके क्या परिणाम होंगे ? अनेक लोगों ने शीतयुद्ध के संदर्भ में आसान निष्कर्ष निकाले कि ऐसे समाज और राष्ट्र, जो अमरीकी पूँजी के बाजार बने हैं, उसके 'नवउपनिवेश' हैं, वे राजनीतिक रूप से गुलाम हैं, कठपुतली हैं।

विकास का राजनीतिक अर्थशास्त्र (1957) में पाल बारान ने तथा 'इजारेदार पूँजी (1966) में स्वीजी ने संभवतः अंतिम बार लेनिनीय सिद्धांतों को लागू कर निष्कर्ष निकाले। इन विद्वानों के समक्ष न सुलझने योग्य यह समस्या बनी रही है कि जब सीधे उपनिवेश नहीं हैं, इजारेदार पूँजी फिर भी अपना विस्तार करती है तो फिर कैसे करती है ? यदि वह विदेशों का शोषण करती है तो यह भला कैसे कहा जा सकता है कि वह तीसरे देशों का विकास नहीं करती ? मार्क्सवादी नजर से विदेशी पूँजी शोषण करते हुए ही 'विकास' करती है।

विश्व-बाजार के साथ जुड़ने की मजबूरी देशों को और भी पर-निर्भर एवं निर्धन बनाती जाती है और विश्व-बाजार को साम्राज्यवादी मानकर उससे मुक्त या अलग आ जाना चाहिए—ऐसा प्रस्ताव विद्वान मैग्डाफ ने (जैसे अपने यहाँ डॉ. रामविलास शर्मा आदि या कुछ अति वामपंथी लोगों ने) अपने ग्रंथ 'द एज ऑफ इंपीरियलिज्म' में किया है। वे कहते हैं कि विश्व-बाजार, जो पूँजीवादी बाजार ही है, से जुड़ने के बाद गरीब देश, विकास की जगह पर-निर्भर और दीन होते चले जाते हैं। वे अपनी आर्थिक आत्मनिर्भरता खो देते हैं। उनके उद्योग विदेशी बाजारों (खरीदारों) के अनुकूल बन जाते हैं। लातीनी अमरीकी देश इसी 'पर-निर्भरता' के उदाहरण हैं। आज के विश्व में 'नितांत पर-निर्भरता' की यह अवधारणा सिद्ध नहीं होती। तीसरे विश्व के देशों का कई क्षेत्रों में आगे आना सिद्ध करता है कि 'पर-निर्भरता' और 'गुलामी' की भविष्यवाणियाँ सिद्ध नहीं हुई हैं। कहने की जरूरत नहीं कि 1960-70 तक मार्क्सवादी चिंतक साम्राज्यवाद

की 'लेनिन सरणी' में ही फँसे रहे। यहाँ से आगे, पूँजीवादी देशों के उत्तर-औद्योगिक युग में प्रवेश करने के बाद की विश्व-स्थिति महत्त्वपूर्ण हो उठती है। साम्राज्यवाद का रूपांतरण आरंभ होता है, उसके औजार और चोला बदलता है और विश्व का चोला बदलना शुरू होता है।

औद्योगिक क्रांति के केंद्र में 'भाप का इंजन' और 'कोयले की फैक्ट्री' थी। उस साम्राज्यवादी दौर में विश्व में अछूते देश थे, यात्राएँ थीं, कोलंबस थे, कंपनियाँ थीं, बंदूकें थीं, राजनीति थी, नवजागरण का विचार था, जनतंत्र था।

नए दौर में, परिवर्तन के केंद्र में, 'आरंभिक तकनीकी क्रांति' थी, जो नए पूँजी-संचय से संभव हुई थी। यों इसका आरंभ पश्चिम में दूसरी लड़ाई के दौरान हो गया था, लेकिन उसके निश्चित परिणाम आने में समय लगा। औद्योगिक समाजों को उत्तर-औद्योगिक बनने में थोड़ा समय लगा। 'साम्राज्यवाद' तदनुसार ही रूपांतरित हुआ।

उत्तर-औद्योगिक युग में विकसित देशों का अविकसित देशों पर प्रभुत्व उसी तरह का नहीं रहा जो पहले था। सेना और युद्ध के जरिए इसे संभव नहीं किया गया। इसे नई तकनीक के जरिए संभव किया गया। इसे इसकी समग्रता में पहले-पहल (1974) 'द कमिंग ऑफ पोस्ट-इंडस्ट्रियल सोसाइटी' नामक ग्रंथ में समाजशास्त्री डैनियल बैल ने व्याख्या देने का प्रयत्न किया।

औद्योगिक समाज 'उत्पादन' और 'मशीन' के गिर्द संगठित माना जाता है। पूर्व-औद्योगिक समाज कच्चे मानव-श्रम पर निर्भर था और प्रकृति के स्रोतों के सीधे उपयोग पर निर्भर था। औद्योगिक समाज ने सामाजिक संरचना को बदल दिया। समूचे समाज को एक केंद्रीकृत व्यवस्था दे दी। यही सब मिलकर आधुनिक पश्चिमी समाज का नक्शा बनाते हैं। डैनियल बैल ने कहा, 'उत्तर-औद्योगिक समाज ऐसी उप-संरचना नहीं जो अधिरचना (सुपर स्ट्रक्चर) को बदलकर खामोश हो जाए। उत्तर-औद्योगिक समाज, समाज की ऐसी अवस्था है जिसने समाज के प्रबंधन में नई समस्याएँ खड़ी कर दी हैं–राजनीतिक प्रबंध को गड़बड़ाया है। संस्कृति में परिवर्तन ने परंपराओं को व्यर्थ कर दिया है। अब तक के 'उपेक्षित जनों' को हक माँगने का मौका दिया है।' डैनियल बैल ने समाज का उक्त नक्शा इन्हीं दिनों के लिए संभव कहा था जिनमें आज हम रह रहे हैं। यह विकसित पूँजीवादी नक्शे का नया संस्करण था जिसे बैल ने खींचने की कोशिश की। यहीं हमें अमरीका-केंद्रित नव-साम्राज्यवाद अथवा उत्तर-साम्राज्यवाद के चिह्न स्पष्ट नजर आते हैं।

बैल के उत्तर-औद्योगिक समाज में समाज 'वस्तु-उत्पादक अर्थव्यवस्था' से 'सेवा-उत्पादक' व्यवस्था में बदल जाता है, समाज में पेशेवर और तकनीक-दक्ष लोगों का वर्चस्व हो जाता है, शास्त्र और ज्ञान के क्षेत्र में सिद्धांत-संबंधी ज्ञान केंद्रीकृत हो जाता है और वही समाज की गति तय करता है, तकनीक पर नियंत्रण समाज का नियंत्रण बन जाता है, नई बौद्धिक तकनीक समाज को नियंत्रित करने लगती है।'

यदि डैनियल बैल के 'उत्तर-औद्योगिक समाज' को उसके अभ्यंतर से पढ़ा जाए

तो हमें औद्योगिक साम्राज्यवाद के उत्तर-औद्योगिक साम्राज्य के कारकों और रूपों को समझने में मदद मिल सकती है। ध्यान रहे, नव-साम्राज्यवाद तकनीक के जिस रास्ते से वर्चस्व हासिल करता है, वह उत्तर-औद्योगिक समाज के केंद्र में है। पूँजी, विज्ञान और तकनीक के मेल ने नए किस्म के वर्चस्व को संभव किया है जो 'साम्राज्यवाद' को नया संस्कार देता है, उसका सामाजिकीकरण और भूमंडलीकरण करता है।

विकसित देशों ने दूसरे युद्ध के आसपास तकनीक के जो प्रयोग किए, वे ही आगे बढ़ाए गए। विज्ञान के सारे प्रयोग आजमाए गए। अणुबम शीतयुद्ध का औजार बना। इस्पात, बिजली, टेलीग्राफ, टेलीफोन, गाड़ियाँ, समुद्री यातायात, हवाई यातायात आदि जो उन्नीसवीं सदी के मूल उद्योग थे, बीसवीं सदी के बीच तक आते-आते बदल गए। सिद्धांत और अनुभव बदल गए। अर्थशास्त्र के सिद्धांत बदल गए। राजनीति के सिद्धांत बदल गए। डैनियल बैल कहते हैं, 'विज्ञान, तकनीक और अर्थशास्त्र ने एक नए विज्ञान 'शोध एवं विकास' (रिसर्च एंड डेवलपमेंट) की नई अवधारणा को जन्म दिया (जो नव-साम्राज्यवाद का प्रमुख चैनल बना)।

यदि बैल की गवाही लें तो अकेली इलेक्ट्रॉनिक एवं सूचना-क्रांति ने आधुनिक समाज और उसकी अर्थव्यवस्था का नक्शा बदल दिया है। उदाहरण के लिए कंप्यूटर ने सिद्धांत और आँकड़ों की खाई को खत्म कर दिया और इस तरह समाज की अर्थव्यवस्था एवं राजनीति को शुद्ध प्रबंधात्मक अवधारणाओं में बदल दिया है। समूचा अर्थशास्त्र नए किस्म के इकोनोमेट्रिक्स में बदल गया है। औद्योगिक काल के उद्योग 'धीमी गतिवाले', 'अलग-थलग' खर्चीले बने रहे, जबकि इलेक्ट्रॉनिक क्रांति ने उनका नक्शा बदल दिया। ऐसा विकसित पूँजीवादी देशों में अधिक हुआ। कंप्यूटरीकरण के जरिए अब अनंत और विविध औद्योगिक क्रियाओं को संकेंद्रित कर दिया, बाजार को प्रबंधन-योग्य बना दिया। समाज को प्रबंधित करने की समस्या मूलतः 'तकनीक के प्रबंध' की समस्या हो गई।

उन्नीसवीं सदी में वैज्ञानिकों ने 'दो वैरियेबल' की समस्याओं को सुलझाना सीखा था। बल और दूरी के सिद्धांत, गैसों के वजन और दबाव के सिद्धांत, विद्युत-प्रवाह और वोल्टेज के सिद्धांत खोजे थे। तीन-चार प्रमेयों के गुणा-भाग से सारा काम चलता था। आधुनिक तकनीक के ये ही आधारभूत सूत्र हैं। इसी तरह समाजशास्त्रों में भी एक सरल जटिलता तब थी। 'पूँजी और श्रम' के संबंध, माँग और पूर्ति, शक्ति-संतुलन के सिद्धांत, व्यापार-संतुलन के सिद्धांत, सभी सरल सीधी परस्पर निर्भरता वाले हैं। विज्ञान एवं समाजविज्ञानों का विकास और इतिहास यह बताने के लिए काफी है कि उत्तर-औद्योगिक समाज ने ज्ञान और उसके निर्माण के रूप एवं प्रक्रिया को बदल दिया। तकनीक, क्वैंटम, यांत्रिकी, मालेक्यूल यांत्रिकी ने, सैटेलाइट एवं कंप्यूटर चिप ने, उन आसान से गणितीय प्रमेयों को बदल दिया। ज्ञान के ये क्षेत्र ही नए साम्राज्यवाद को अधिकाधिक सूक्ष्म बनाते हैं। जैसा कि वारेन वीवर कहते हैं, 'यह एक तरह का 'संगठित जटिलता' (आर्गनाइज्ड कंप्लैक्सिटी) का तत्त्व है जिसे विकसित समाजों ने पूँजी और विज्ञान के

जरिए संभव किया है। इसी के जरिए न केवल बड़े देशों, बड़े उद्योगों, बल्कि आज तो सारे विश्व के जीवन को 'प्रबंधित' करने की भूमंडलीयतावादी बात कही जाती है। इस क्रम में भूमंडलीयता एक संभव वर्चस्ववादी सत्य नजर आता है। सूचना सिद्धांत, साइबरनैटिक्स, निर्णय सिद्धांत, सेल सिद्धांत, उपयोग सिद्धांत आदि तमाम नए सिद्धांत निकाले गए हैं—संगठित या संयोजित जटिलता पैदा करनेवाले। जो इन्हें जानेगा, वही स्वामी होगा। बेल इस सबको 'बौद्धिक तकनीक' कहते हैं (इन दिनों बौद्धिक संपदा और पेटेंट के मामले इसी क्षेत्र के इजारेदारों के इरादों को बताते हैं, क्लासिकी गणित और गणनाएँ व्यर्थ हो चुकी हैं। संभावना के सिद्धांत (थियरी ऑफ प्रोबैबिलिटी) विकसित हुई है।)

बौद्धिक तकनीकी वर्चस्व नए वर्चस्ववाद का केंद्रीय सार है। जैसा कि हार्वे बुक्स ने बताया है, 'तकनीक वैज्ञानिक ज्ञान का ऐसा इस्तेमाल है जो निश्चित ढंग से निश्चित पुनरुत्पादकता संभव कर सके।' 'टेकनोलॉजी एंड इकोलॉजिकल क्राइसिस' पुस्तक में 'तकनीक' एक व्यवस्था का नाम है। इसी तरह बौद्धिक-तकनीक अनुभवजन्य हलों की जगह समस्याहल-मूलक सिद्धांत हैं, प्रविधियाँ हैं। ये प्रविधियाँ कंप्यूटर में देखी जा सकती हैं।

डैनियल बेल कहते हैं, 'बौद्धिक तकनीक की विशेषता यह है कि यह तर्कसंगत कर्म की व्याख्या कर सकती है और कार्योपलब्धि के माध्यम को तय कर सकती है। कार्य के परिणाम अनिश्चित होते हैं। बौद्धिक तकनीक इसे ऐसी रणनीति में बदल देती है जिसमें परिणाम भी लगभग सुनिश्चित होते हैं और पूर्व-निश्चित करा लिये जा सकते हैं। यही बौद्धिक तकनीक की 'सिस्टम एनालिसिस' क्षमता कही जाती है। आज हर क्षेत्र में जटिल सिस्टम है। जटिलता में 'सहजानुभूतिजन्य' निर्णय नहीं चलते। वहाँ बौद्धिक तकनीक ही काम आती है। बौद्धिक तकनीक 'जनसमाज' जैसी जटिल संरचना का प्रबंध करती है।

नई बौद्धिक तकनीक का लक्ष्य जनसमाजों की 'व्यवस्था' करना, उनका नियंत्रण करना है। इन समाजों में करोड़ों लोग करोड़ों निर्णय रोजाना लेते हैं। क्या खरीदें ? कितने बच्चे पैदा करें ? किसे वोट दें ? कौन सी नौकरी करें ? इनमें से हर निर्णय अपरिभाषेय होता है। कंप्यूटर ऐसे निर्णय के सिद्धांत बना सकता है।

स्वयं डैनियल बेल ने अरसा पहले 'ऐंड ऑफ ऑइडियोलॉजी' में तकनीक की निर्णयात्मकता की बात कही थी। तकनीक ने विचारधारा और राजनीति को स्वयं में अंतर्भुक्त कर लिया। जिन दिनों समाजवाद विचारधारात्मक शीतयुद्ध में व्यस्त था, उन दिनों विश्व-पूँजीवाद का सरगना अमरीका तकनीकी क्रांति—बौद्धिक-तकनीकी क्रांति में लगा था। नए विचार-केंद्र बनाए जा रहे थे। 1962 में साल्जबुर्ग सेमिनार (आस्ट्रिया) में बेल ने '1985 में भावी अमरीकी समाज का नक्शा' जैसे विषय पर पहली बार उत्तर-औद्योगिक समाज को संचालित करनेवाले नए विचारबिंदु स्पष्ट किए। 'बौद्धिक तकनीक' ने यहाँ निर्णायक दखल दिया। सामान्य समाजशास्त्र बेकार माने गए। इसी

सेमिनार में पाया गया कि औद्योगिक संरचनाएँ बदल रही हैं, संस्कृति बदल रही है।

हर्सन कान तथा एंटोनो जे. वीनर ने 'द ईयर 2000' पुस्तक लिखी और एक ऐसे 'उत्तर-जनसमाज' की परिकल्पना की जिसमें उपभोग के सामान की कमी नहीं है, हर अठारह वर्ष में लोगों की आय दो-गुनी हो जाती है। सारी समस्या 'अति उपभोग' की है। साठ से सत्तर के दशक के अमरीकी बौद्धिकों ने ऐसे अनेक सपने बुने। बैल ने कहा कि उत्तर-औद्योगिक समाज की भीतरी संरचना में : (क) विज्ञान, अनुभूत मूल्य समाज के अनिवार्य अंग होते हैं; (ख) निर्णय तकनीकी होते हैं इसलिए वैज्ञानिक, अर्थशास्त्री दोनों ही राजनीतिक प्रक्रिया में आते हैं; (ग) बौद्धिक कर्म की नौकरशाही-संरचना बन जाती है, परंपरागत बौद्धिक कर्म बदल जाता है; (घ) तकनीकी बौद्धिक वर्ग बनने के बाद तकनीकी-बुद्धिजीवी नए संबंध बनाता है।

उत्तर-औद्योगिक समाज का अतिविकसित तकनीकी-समाज आज इसी बौद्धिक तकनीक के जरिए 'वर्चस्व' बनाए है। दूसरे युद्ध के बाद यह प्रश्न उठना स्वाभाविक है कि यदि पुराने ढंग का साम्राज्यवाद खत्म हो गया तो नए ढंग का वर्चस्ववाद किस रूप में रहा ? कहने की जरूरत नहीं कि 'बौद्धिक-तकनीक' के रूप में वह बना रहा। इसीलिए आज का साम्राज्यवाद एक ऐसा उत्तर-साम्राज्यवाद है जो 'समुद्र के रास्ते' से नहीं आता, 'विचार और बौद्धिक तकनीक' के रास्ते में मौजूद रहता है।

मार्क्स ने पूँजी के तीसरे खंड में जिस 'शुद्ध पूँजीवाद' की बात की थी, उसमें 'मालिक' और 'प्रबंधक' के अलग रहने की परिकल्पना थी जिसे मैक्स वेबर ने अंतिम, ऊँचाई तक पहुँचाया। विकसित पूँजीवाद की यह 'शुद्ध अवस्था' उत्तर-साम्राज्यवाद का सार है। प्रकृति एवं चेतना दो ऐसे क्षेत्र हैं जो इस 'शुद्ध पूँजीवाद' की चपेट में हैं। 'बौद्धिक-तकनीक' उसके औजार हैं। तीसरी दुनिया के देश चूँकि उसी 'औद्योगिक मार्ग' पर चले जो साम्राज्यवाद ने दिया इसलिए उत्तर-औद्योगिक समाज और पूर्व-स्तर पर काम में पिछड़े रहे समाज, जो औद्योगिक क्रांति में लगे हैं, आसानी से उत्तर-औद्योगिक कड़ी में जुड़ जाते हैं। वे प्रतिरोध नहीं कर पाते। पिछड़ी औद्योगिक तकनीक अगड़ी तकनीक के लिए रास्ता तैयार करती है।

इस तरह नव-साम्राज्यवाद (क) विकास के मॉडल में निहित रहता है, (ख) बौद्धिक तकनीक की निर्भरता में रहता है, (ग) तकनीकी विकास की निर्भरता में रहता है, (घ) सांस्कृतिक रूपों में सक्रिय रहता है।

'द मैनेजरियल रिवोल्यूशन' के लेखक जेम्स बर्नहम ने लिखा है, '1914 की पहली लड़ाई पूँजीवाद की थी जबकि 1939 की दूसरी लड़ाई मैनेजरियल समाजों की पहली लड़ाई थी।' जेम्स बर्नहम ने लिखा है, 'दूसरे विश्वयुद्ध का अंत 'पूँजीवाद के अंत' के रूप में और एक प्रबंधात्मक समाज के जन्म के रूप में होगा।' पूँजीवाद को प्रबंधात्मक समाज बना दिया गया।

दूसरे विश्वयुद्ध के बाद पश्चिमी पूँजीवादी समाजों में हो रहे परिवर्तनों को, चाहे उत्तर-औद्योगिक समाज कहें, चाहे प्रबंधात्मक समाज के नाम से पुकारें वे मूलतः उन

समाजों के बदलते जाने की समस्या से पैदा हुए थे। यहाँ सोवियत समाज भी एक प्रबंधात्मक समाज था और पूँजीवादी समाज भी एक प्रबंधात्मक समाज था।

1950 के बाद दुनिया में तकनीक ने जो परिवर्तन किए उनके बारे में समाजवादी देशों में भी छिटपुट चिंतन शुरू हुआ। 1967 में चैकोस्लोवाकिया ने तकनीकी क्रांति के फलस्वरूप दुनिया में आ रहे बदलावों को समझने के लिए एक बड़ा अध्ययन किया। आरंभ में यह वैज्ञानिक एवं तकनीकी क्रांति समाजवाद के लिए उपयोगी देखी गई। औद्योगिक क्रांति और तकनीकी क्रांति में फर्क को यहाँ रेखांकित किया गया। 'श्रम' की जगह तकनीक पर आ रहे बलाघात को समझने का प्रयत्न हुआ। राजनीतिक अर्थशास्त्र में विज्ञान के प्रवेश को समझा गया। उत्पादक शक्तियों की संरचना में आ रहे बदलाव को समझा गया। 'माल' से 'सेवा' के प्रमुख होते जाने को देखा गया। लेकिन पूँजीवादी समाजों के बदलाव और अपने अनुभवों से उचित सबक नहीं लिए गए।

डैनियल बैल को एक बार फिर याद करें और उनकी उक्त पुस्तक को फिर पढ़ें तो पाएँगे कि इस तकनीकी या प्रबंधात्मक या उत्तर-औद्योगिक समाज में 'सत्ता का विकेंद्रण' एक दिलचस्प विषय है। 'कौन राज्य करेगा' नामक अध्याय में बैल कहते हैं, 'नए समाज में तकनीकी ज्ञान ही शासक होगा।' (इसे ही बाद में एल्विन टाफलर ने अपनी 'पॉवर शिफ्ट' में 'तीन मकार' का शासन कहा—माइंड, मनी और मसल)।

1970 के आसपास पश्चिमी समाजों के भीतर परिवर्तनों को एक लोकप्रिय शैली में निबद्ध करनेवाले समाजशास्त्री एवं पत्रकार एल्विन टाफलर ने 'फ्यूचर शॉक' लिखकर मानो पश्चिमी समाजों और दुनिया के भविष्य का नया नक्शा दिया। नए साम्राज्य का चेहरा भी यहाँ स्पष्ट था और नए उपनिवेशों का भी। नए मनुष्य के रूप जो हमें आज मिलते हैं, टाफलर ने बहुत पहले कह दिए थे। लेकिन यहाँ पाठकों को सीधे साम्राज्यवाद या नव-साम्राज्यवाद शब्द नहीं मिलेगा। हमें पूँजीवाद में ही उसे पढ़ना पड़ेगा।

'फ्यूचर शॉक' के एक अध्याय 'टेमिंग द टेक्नोलॉजी' में टाफलर 'तकनीकी क्रांति' के प्रभाव को बताते हुए कहते हैं कि तकनीकी क्रांति लगातार अपने परिवर्तन से एक 'मनोवैज्ञानिक प्रदूषण' (साइकिक शॉक) पैदा करती है। यह कुछ-कुछ ऐसा होता है जैसे अपने वातावरण में दिखता है। खाने के साथ पैस्टीसाइड हमारे रक्त में जैसे मिल जाते हैं, उपभोग के बाद का बचा हुआ कूड़ा, रेडियो-एक्टिव या प्रदूषण बढ़ता है। तकनीक बढ़ती है तो प्रदूषण बढ़ता है। यह है तकनीक, बौद्धिक तकनीक का वर्चस्व : विश्व पूँजीवाद का वर्चस्व।

हम कह सकते हैं कि तकनीकी क्रांति ने जो अनेक उप-तकनीकी क्रांतियाँ कीं उन्होंने मिलकर इस धरती को ही उपनिवेश बना डाला है। पुराने ढंग के साम्राज्यवाद ने विभिन्न देशों में जो पूँजीवाद निर्यात किया वही इस नए साम्राज्यवाद का आधार बन रहा है। औद्योगिक संरचना का जो रूप वहाँ छोड़ा गया उसने तकनीक-निर्भरता की भूमिका तैयार कर दी। सोवियत विघटन के बाद तो यह कहना एकदम सच हो गया

कि साम्राज्यवाद कुछ नहीं, एक 'शाश्वत पूँजीवाद' ही है। नया साम्राज्यवाद यही शाश्वत पूँजीवाद है। तकनीकी क्रांति, सेवा क्रांति और सूचना क्रांति ने मिलकर विश्व-पूँजीवाद को धरती-भर पर फैला दिया है। उत्तर-औद्योगिक समाजों की एक विशेषता यह भी है कि इसमें राष्ट्रीय राज्य कमजोर होते जाते हैं और तकनीक धरती की भौगोलिक सीमाओं को नहीं मानती है, राजनीतिक सीमाओं को भी नहीं। पूँजीवाद के एक शाश्वत रूप की तरह साम्राज्यवाद राजनीतिक सीमाओं को अक्षुण्ण रखते हुए भी तकनीक के मार्फत सूचना, संस्कृति और अर्थतंत्र में प्रवेश कर सकता है।

# वृद्ध पूँजीवाद

तकनीकी क्रांति के बारे में 'लेट कैपीटलिज्म' के लेखक अर्नेस्ट मैंडेल ने कहा है, 'तकनीकी क्रांति, विकसित देशों के पूँजी-संचय और विज्ञान के संचय दोनों के मिलन का परिणाम है। वह पूँजी के ज्ञान में प्रवेश का परिणाम है। उसी ने पूँजीवाद को नई उम्र दी है।'

पूँजीवाद (नव-साम्राज्यवाद) की नई विशेषताएँ ढूँढ़ने के लिए हमें बार-बार मौजूदा पूँजीवाद के स्वरूप और कार्यप्रणाली को समझना होगा जो आरंभिक एवं मध्यवर्ती इजारेदार पूँजीवाद से भिन्न प्रक्रिया है।

अर्नेस्ट मैंडेल ने अपनी प्रसिद्ध पुस्तक 'लेट कैपीटलिज्म' में तकनीकी क्रांति और नए विश्व-पूँजीवादी बाजार के रिश्तों की पड़ताल करते हुए कहा है कि पहली तकनीकी क्रांति, औद्योगिक क्रांति के आरंभिक चरण में संभव हुई। इसने कृषि जीवन को शहरी जीवन में बदला। कृषि-निर्भर समाजों को शहर केंद्रित, उद्योग केंद्रित, पूँजीवादी संचय के समाजों में बदला। गाँव नष्ट किए, शहर बनाए। तकनीकी क्रांति का पहला चरण 'गति की मशीन' का युग था। यह 'मैन्युफैक्चरिंग' और शिल्प का युग था, कारीगरों का युग था। मुख्य उद्योग कोयला और लोहा था। दूसरी तकनीकी क्रांति में स्पर्धात्मक पूँजी बढ़ी। मशीन-उत्पादक जब गतिमूलक-मशीनों (मोटिव मशीनों) के क्षेत्र में गया तो भाप-इंजन, भाप-मोटरें बनीं। यद्यपि मशीन मशीनों को पैदा करने लगीं, फिर भी, उपभोक्ता समाज और मशीनों को बनानेवाले कारीगर बने रहे। पूँजीवाद स्पर्धात्मक बना रहा।

आरंभिक साम्राज्यवाद को बनानेवाले दो प्रमुख तकनीकी कारण रहे—पहला कारण यह कि भाप की मोटर बिजली की मोटर में बदलने लगी, इससे कच्चा माल अधिक पैदा होने लगा। दूसरा कारण यह कि मैन्युफैक्चरिंग शुरू हो गई। इससे पूँजी-संचय की रफ्तार और उसका केंद्रण बढ़ने लगा। मैंडेल कहते हैं, 'भाप के इंजन के बिजली के मोटर में बदलने से पूँजी की गति और प्रभाव में, फैलाव एवं ताकत में गुणात्मक फर्क आया और इसी ने उपनिवेशवाद को संभव किया। ऑटोमैटिक उद्योगों के संजाल यही सिद्ध करते हैं कि पूँजी के संकेंद्रण ने जो स्वयंचालित मशीनों की क्रांति संभव की, उसने पूँजी को नए चरण में, तीसरे चरण में, पहुँचा दिया। (इसे ही बैल ने तकनीकी क्रांति कहा है।)

पूरी तरह से 'स्वयंचालक मशीनों' ने बड़े पैमाने के उत्पादक को तेजी से संभव

बनाया। इसी ने उपभोक्तावादी क्रांति को जन्म दिया।

इस प्रकार वृद्ध पूँजीवाद का यह युग पूँजी-निर्माण की गति को फिर वैसे ही तेज कर रहा है जैसे कि आरंभिक पूँजीवाद में हुआ। 'श्रम की उत्पादकता के औसत का समानीकरण' दोनों में था, दोनों में है। इससे दो निष्कर्ष निकलते हैं :

पहला निष्कर्ष यह कि स्थानीयता और अंतर्राष्ट्रीयता के भेद अतिरिक्त मूल्य के अर्जन के लिए निर्णायक नहीं हैं। वह भेद अब 'सैक्टर' और 'उद्यम' का है। आरंभिक उपनिवेशवाद में पूँजी का संचय-उपनिवेशों, अर्ध-उपनिवेशों में खप सकता था। अब यह स्थिति नहीं बची है।

दूसरा निष्कर्ष यह कि स्वयंचालकता एवं बड़े पैमाने पर उत्पादकता और स्थानीय-अस्थानीय पूँजी के अभेद ने 'तकनीकी नवीकरण' को लगातार तीव्रतर कर दिया है। इसीलिए आजकल 'तकनीकी किराएदारी' पर जोर रहता है। जिनके पास तकनीक है वे उसको लगातार बदलकर किराया वसूलते हैं। 'तकनीकी किराएदारी' तकनीक को किराए पर उठाना है। यह वहीं संभव है जहाँ तकनीक पर इजारा हो, तकनीक के विचार पर इजारा हो। नई खोजों ने जब उत्पादन आसान और तेज कर दिया हो तो उसे सभी को सुलभ होने से बचाए रखने का तरीका है किराए पर उठाना। इस क्रम में उपभोक्ता वस्तुओं का तेज निर्माण और पूँजी निर्माण मिलकर 'उत्पादन के साधनों के निर्माण' को ही प्रमुख बना देते हैं। यहीं से तकनीकी क्रांति का तीसरा चरण निकलता है।

पूँजी को वर्चस्व चाहिए। वर्चस्व के लिए ताकत चाहिए। ताकत के लिए हथियार एवं युद्ध चाहिए। युद्ध में जीत चाहिए। इसलिए हथियार की व्यवस्था भी चाहिए। हथियार की व्यवस्था को समर्थन देनेवाली अर्थव्यवस्था भी चाहिए। वृद्ध-पूँजीवाद की ताकत का सार हथियार-उद्योग और तज्जन्य तकनीकी क्रांति है। स्वयंचालकता इसी हक को देती है (वह हमने इराक युद्ध में देखा है)। कम्प्यूटर, कैलकुलेटर, सैटलाइट, अणु आयुध, जो अब साइबरनैटिक ज्ञान से पैदा किए जाते हैं, आँकड़ों को तेजी से विश्लेषित-विखंडित कर सकते हैं। वे निर्णय ले सकते हैं। अनंत संभावनाओं में से सबसे सफल संभावनाओं का पता लगा सकते हैं। वे निश्चित लक्ष्यभेदन कर सकते हैं (इराक युद्ध)।

'उत्पादन के साधनों का अति उत्पादन'—नए पूँजीवाद का यह नया स्तर है। यही नए वर्चस्ववाद का सार है। समकालीन पूँजीवाद आज इसी तकनीकी क्रांति के चरण में है। स्वयंचालकता (ऑटोमेशन), सेवाक्षेत्र की बढ़ोतरी, श्रमिक शक्ति की कमी, उपभोग का आधिक्य, उत्पादन के साधनों का आधिक्य, प्रकृति के दोहन की होड़ और स्रोतों का संकट वृद्ध-पूँजीवाद के सार हैं।

जीवित श्रम से मृत-श्रम की ओर (स्वयंचालित मशीन, रोबोट या कम्प्यूटर) चलन, जीवित श्रम को सेवा में बदलना, नए पूँजीवाद की ये केंद्रीय विशेषताएँ हैं। 'सामाजिक श्रम-क्षमता का पूँजी के साथ संगठन' इसे ही कहते हैं। स्वयंचालकता या ऑटोमेशन इसी का दूसरा नाम है। नए पूँजीवाद की यही ताकत है। लेकिन यही सीमा भी है क्योंकि पूरी तरह की स्वयंचालकता की स्थिति, एक हद के बाद 'अतिरिक्त मूल्य' नहीं पैदा करती।

इसीलिए 'स्वयंचालकता' को जीवन के हर क्षेत्र में जाना होता है ताकि 'अतिरिक्त मूल्य' पैदा होता रहे। जब से सीधा श्रम कम हुआ, तब से श्रम का समय उसके मूल्यांकन की इकाई नहीं रहा। इसी तरह 'मेहनत' 'संपन्नता' का पर्याय नहीं रही।

अर्नेस्ट मैंडेल का कहना है कि वृद्ध-पूँजीवाद, साम्राज्यवाद का नया चरण है। इसके अपने संरचनात्मक संकट बने रहे हैं। 'स्वयंचालकता' के बढ़ने में, पूँजी के निर्माण में, श्रम-समय की कमी में वास्तविक वेतनों का बढ़ाया जाना और उधर अतिरिक्त मूल्य की बढ़त बनाए रखना, एक साथ असंभव होगा। जनतंत्र की स्थिति में बिना फासिज्म या युद्ध के वेतन का बढ़ाना नहीं रोका जा सकता। ऐसे में पूँजी के उर्जस्वीकरण का ऐतिहासिक संकट बना रहता है।

साम्राज्यवाद के नए चरण में (अर्थात् वृद्ध पूँजीवाद के चरण में) उत्पादक शक्तियों में गिरावट नहीं आती बल्कि उनके परजीवीपन और 'वेस्टेज' (खराब करना) में इजाफा होता है। वृद्ध पूँजीवाद की आंतरिक अक्षमता यही है कि वह तीसरी तकनीकी क्रांति या स्वयंचालकता-क्रांति की तमाम संभावनाओं को पूरी तरह समझने में असमर्थ है। इस अक्षमता का कारण उत्पादक शक्तियों के वेस्टेज या व्यर्थता में निहित है (उपभोक्तावाद यही फालतूपन पैदा करता है, वेस्टेज पैदा करता है)। वह उन्हें 'नष्ट करनेवाली शक्ति' में बदलता जाता है, जिस पर वह टिका होता है। हथियार का निर्माण (हथियार का व्यापार और तनाव, युद्ध, आतंकवाद), उपनिवेशों में भुखमरी (अफ्रीका), पर्यावरण का प्रदूषण, जल प्रदूषण, पर्यावरण संतुलन का खात्मा आदि इस नए साम्राज्यवाद के कुछ लक्षण हैं।

यह सच है कि नए साम्राज्यवाद के इस दौर में उत्पादक शक्तियों की तेजी से उन्नति हुई है, लेकिन साथ ही शक्तियों का नाश भी हुआ है। लेनिन की परिभाषा यहाँ और भी सार्थक है जो कहती है, 'साम्राज्यवाद, पूँजीवाद के बढ़ते हुए पतन का एक चरण-भर है।'

यह पूँजीवाद सिर्फ भौतिक संपदा ही 'खराब' नहीं करता बल्कि मानवीय उत्पादक संपदा को भी नष्ट करता है। तीसरी तकनीकी क्रांति—विज्ञान, तकनीक, उत्पादक तीनों का संग्रंथन है। विज्ञान स्वयं एक उत्पादक शक्ति बन सकता है। लेकिन बढ़ती हुई स्वयंचालकता में किसी अकुशल शक्ति के लिए कोई जगह ही नहीं रहती। फलस्वरूप शारीरिक श्रम, मानसिक श्रम-क्षेत्र में बदलता है, जिससे नया असंतुलन पैदा होता है।

नए पूँजीवाद का सबसे बुरा चरण है—'वेस्ट'। मौजूदा स्रोतों, साधनों का वेस्टेज तथा मानवीय उत्पादक शक्तियों का वेस्टेज। मनुष्यजाति को पूर्ण मुक्ति देने की जगह स्वयंचालकता और नए पूँजीवाद में मानव खराब, हानिकर और फालतू कामों में लगा दिए जाते हैं। स्वयंचालकता के दोहरे चरित्र में इस पूँजीवाद के सारे अंतर्विरोध नजर आते हैं। एक ओर स्वयंचालकता सिद्ध करती है कि उत्पादन की भौतिक शक्तियों का पूर्ण विकास संभव है, जिसके जरिए मानवजाति को उबाऊ, यांत्रिक, अजनबी श्रम से मुक्ति मिल जाती है। लेकिन दूसरी ओर यह मनुष्यजाति के श्रम, वेतन और आमदनी

के लिए बुनियादी चुनौती बन जाती है। बेरोजगारी बढ़ाती है, उपभोग में गिरावट लाती है, बौद्धिक एवं नैतिक दीनता पैदा करती है। स्पष्ट है कि पूँजीवाद के वही पुराने अंतर्विरोध आज भी स्पष्ट हैं जिनसे वह पीछा छुड़ाना चाहता आया है और जिन्हें मार्क्स ने बहुत पहले 'उत्पादक शक्तियों और उत्पादन-संबंधों में बुनियादी अंतर्विरोध' कहा था। इस नए पूँजीवाद में यह अंतर्विरोध स्पष्ट दिखाई पड़ता है। यही पूँजीवाद का संरचनात्मक संकट है।

लेकिन इससे सीधे 'समाजवादी क्रांति' की ओर टूट पड़ना (कि इस संरचनात्मक संकट के फलस्वरूप समाजवादी क्रांति होती है) मार्क्स के विचारों का 'गलत पाठ' करना है। ग्रंड्रिसे में मार्क्स ने जो कहा है, ऐतिहासिक भौतिकवाद के बारे में जो सूक्ष्म सूत्र दिए, उन्हें कम्युनिस्ट पार्टियों ने आसान बनाकर पेश किया। मार्क्स ने कहा था, 'एक खास चरण में उत्पादन-संबंध उत्पादक शक्तियों की बेड़ी बन जाते हैं। तब सामाजिक क्रांति का युग शुरू होता है। लेकिन कोई भी सामाजिक व्यवस्था तब तक पूरी तरह नष्ट नहीं होती जब तक वह समाज तमाम उत्पादक शक्तियों को विकसित नहीं कर लेता और नए उच्चतर संबंध तब तक पुरानों की जगह नहीं लेते जब तक वे पुराने ढाँचे में पक नहीं जाते।' पाठकर्ताओं ने यहीं गलत पाठ किया है। वे माने बैठे हैं कि पूँजीवाद अपने अंत पर आ पहुँचा है। सत्य इतना ही है कि 'बेड़ी' बने पुराने संबंध बदल जाने के बाद नए संबंधों की नई उत्पादक शक्तियों से टक्कर होनी है (समाजवाद का गिरना इसी अर्थ में 'बेड़ी' बने संबंधों का गिरना भी है)। सोवियत क्रांति ने, और बाद में बुखारिन की व्याख्या ने, फिर बाद के प्रचार ने मार्क्स के सूत्र को आसान बना दिया कि हर पूँजीवादी संकट समाजवादी क्रांति का जन्मदाता या निमंत्रणकर्ता होगा। यहीं समझ में आता है कि सोवियत क्रांति, 'संयोग' भर थी, नियम नहीं थी, नियम होती तो उच्चतर अवस्था तक जाती।

मैंडेल कहते हैं कि फासिज्म और दूसरे विश्वयुद्ध ने पूँजी के पक्ष में स्थितियाँ बनाईं। पूँजीवाद ने अपना संकट, पाँचवें दशक की युद्धोतर स्थिरता से सुलझाया। स्वयं को वृद्ध पूँजीवादी राज्य में बदल दिया। इसी ने तीसरी तकनीकी क्रांति को जन्म दिया। बदले में तकनीकी क्रांति ने पूँजीवाद की कायापलट कर दी। उसे नया कर दिया। जर्जर वृद्ध को नई दवाई दे दी। यह ऐसा ही है जैसे वृद्ध जर्जर व्यक्ति ने जवानी की दवाई खा ली हो। मृत्यु तो निश्चित है मगर वह ताकत की दवाइयों से चलता रहता है।

यह विकास पूँजीवाद के भीतरी अंतर्विरोधों की अनुपस्थिति का गवाह नहीं है बल्कि साम्राज्यवादी देशों द्वारा अपने संकट को तकनीक द्वारा हल करने का परिणाम है जिसने खुद नए संकटों को जन्म दिया है। समाजवादी क्रांतियों की असफलता ने यही बताया है कि पूँजीवाद अभी सक्षम है। आज पूँजीवादी ताकत और साम्राज्यवादी वर्चस्व के विचार के आगे जो आत्मसमर्पण-सा दिखाई देता है, वह उसका प्रथम दृश्यमात्र है।

नए साम्राज्यवाद को तकनीकी क्रांति के केंद्र में ढूँढ़ा जा सकता है। उसने उत्पादन-शक्तियों और मुनाफाखोरी को इस हद तक बढ़ा दिया कि आज एक बहुराष्ट्रीय

निगम कई देशों को एक साथ खिला सकता है। वर्चस्व इतना बढ़ा दिया है कि दूर के देशों के गली-कूचों को न केवल देखा-दिखाया जा सकता है बल्कि नष्ट किया जा सकता है। चूँकि यह सारा विकास पूँजीवादी प्रक्रिया के भीतर हो रहा है इसलिए उसने मूलभूत अंतर्विरोधों को अतिरिक्त सघनता और तीव्रता प्रदान कर दी है तथा कुछ का रूपांतरण कर दिया है। मसलन राष्ट्र-राज्यों की सीमाएँ ढहायी हैं, निजता और जनसमाज के भेद तोड़ दिए हैं, मजदूर और मालिक के भेद को ऊपरी ढंग से हलका-सा धुँधला बनाया है। साम्राज्यवादी वर्चस्ववाद के इस नए चरण में उसकी संरचनात्मक परेशानियाँ और बीमारियाँ बढ़ रही हैं। पर्यावरण, चेतना और संस्थानों-सभ्यताओं के प्रश्न इसीलिए उठ रहे हैं। वृद्ध पूँजीवाद के 'सांस्कृतिक तर्क' जितने बढ़ रहे हैं, उतने ही सभ्यता और संस्कृतिमूलक अंतर्विरोध बढ़ रहे हैं।

मार्क्स ने बहुत पहले कहा था कि पूँजी की महान ताकत यह है कि वह 'अतिरिक्त मूल्य' की रचना कर सकती है, उपयोगी मूल्य से अतिरिक्त—फालतू श्रम (ठलुआपन, बेरोजगारी) पैदा कर सकती है, और यह तभी तक हो सकता है जब तक वह जरूरतों से परे न निकल जाए। ज्योंही ऐसा होगा, वह मूल्य अपनी भूमिका खो देगा। लगातार पूँजीवाद में रहते आए लोगों को पूँजी और उत्पादन के प्रति जो आदत पड़ जाती है, वह उन्हें पूँजी-संचय के लिए नई-नई होड़ों में बदलती रहती है। पूँजी ही अस्तित्व की 'दशा' बन जाती है। अकूत पूँजी के स्वामित्व की पागल इच्छाएँ समाज का संचालन करने लगती हैं। तकनीक ऐसा करने में लगे वक्त को कम से कमतर करती जाती है। चीजें श्रम को ढँकने लगती हैं, उपभोक्ता-संस्कृति श्रम को दोयम करती है। जब ऐसा हो जाता है तब समझना चाहिए कि पूँजीवाद ने अपना ऐतिहासिक काम पूरा कर लिया। तब जानना चाहिए कि समाजवादी विकास की सच्ची और वास्तविक स्थितियाँ तैयार हैं। तब बुर्जुआ समाज का पतन शुरू होता है। यों वह फिर भी ताकतवर बना रह सकता है, उसके विचार चलते रह सकते हैं, लेकिन इतिहास की गति उससे नहीं बदलती यानी यह तथ्य नहीं बदलता कि अब उसने अपना ऐतिहासिक काम पूरा कर दिया है।

वृद्ध पूँजीवाद अर्थात् नव-साम्राज्यवाद की सबसे बड़ी विशेषता सामाजिक, राजनीतिक अर्थशास्त्र को युद्ध के अर्थशास्त्र में बदलना भी है। विचारों के युद्ध के साथ-साथ भौतिक युद्ध भी उसके विकास का हिस्सा है। नव-उपनिवेशवादी अर्थव्यवस्थाएँ इसी तरह बनाए रखी गई हैं। युद्ध की शाश्वत अर्थव्यवस्था, तकनीक के तेज विकास के साथ जितना आगे आती है उतना ही प्रकृति और पूँजी का असंतुलन बढ़ता है। युद्ध की तकनीक ने, उपभोक्ता तकनीक ने, कृषि तकनीक को इतना बदल दिया है कि कृषि-क्षेत्र और नए पर्यावरण के मसले बन गए हैं, अस्तित्वमात्र के प्रश्न हमारी पूँजीवादी अवस्था के प्रश्न बनने लगे हैं। स्रोतों का पुनर्नवीकरण ही इसका अंतिम बिंदु होता है। उत्पादन और मुनष्यों की पुनरुत्पादन शक्ति दोनों गड़बड़ाने लगते हैं। जनसंख्या नियंत्रण मूलतः इसी नए विकसित पूँजीवाद का हमला है जो हमारे निजी गोपन क्षेत्र तक चला आ रहा है। मैंडेल इसे 'अति-पूँजीवादी' अवस्था कहते हैं।

# दुनिया : एक शॉपिंग कॉम्प्लैक्स

'नया साम्राज्यवाद' बहुराष्ट्रीय निगमों का पूँजीवाद है। यह विश्व-पूँजीवाद है क्योंकि उसने राष्ट्रों की सीमाएँ तोड़ दी हैं। इस तरह उसका सबसे बड़ा अंतर्विरोध विश्व-भर के मनुष्यों के साथ है।

हमने देखा है कि लेनिन ने जिस साम्राज्यवाद की व्याख्या की थी वह इजारेदार-पूँजीवादी का उग्र रूप था। वही व्याख्या आज थोड़े संशोधन के साथ यूँ की जा सकती है कि साम्राज्यवाद उन बहुराष्ट्रीय निगमों का विकास है जो सब देशों से ऊपर हैं और सब देशों के लोगों का शोषण करते हैं, नियंत्रण करते हैं।

तकनीकी क्रांति और बहुराष्ट्रीय निगमों का विकास साथ-साथ हुआ है। दूसरी लड़ाई के बाद विकास के जितने नक्शे बने हैं वे सब विकसित देशों ने बनाए हैं। 'चैलेंज ऑफ वर्ल्ड पावर्टी' में गुन्नार मिर्डल ने बहुत पहले कहा था कि विकसित देशों ने अविकसित देशों का नक्शा बदल डाला है। यह काम विकसित देशों में बहुराष्ट्रीय निगमों और सरकारों ने किया है। आधुनिकीकरण के नाम पर यूनेस्को के माध्यम से लाई जाती तमाम योजनाएँ मूलतः इसी बहुराष्ट्रीय पूँजीवाद का निमंत्रण-पत्र बनती आई हैं। बहुराष्ट्रीय कंपनियों ने समाज और निगमों के रिश्ते को सीधा जोड़ दिया है।

जिन समाजों में बहुराष्ट्रीय निगम तेजी से आ रहे हैं (जैसे कि भारत) और विदेशी पूँजी का प्रवेश बढ़ रहा है वहाँ नव-साम्राज्यवाद के नक्शे को समझने के लिए निगमों के सामाजिकीकरण के तत्त्व को समझना उपयोगी है। यहीं हमें पुराने साम्राज्यवाद और नए साम्राज्यवाद का फर्क समझ में आता है। पुराने साम्राज्यवाद का सामाजिकीकरण बहुत कठिनाई के साथ, प्रायः युद्ध एवं धर्म के बल पर और फिर भाषा (अंग्रेजी) एवं फिर आधुनिक संस्थाओं (चुनाव, संविधान, शिक्षा, संस्थाएँ आदि) के जरिए धीमे-धीमे हुआ। उसके साथ लगातार एक परायापन बना रहा। उसका एक बड़ा कारण यह भी था कि नई पैदा हो रही मध्यवर्गीय जनता, बुद्धिजीवी तथा उनके साथ विकसित नया पूँजीपति वर्ग विदेशी उद्योगों से सीधे स्पर्धा में आता था और विदेशी कंपनियाँ इस स्पर्धा में आरपार की लड़ाई लड़ने में व्यस्त थीं। तब सीधे युद्ध थे। विजेता के कानून थे, व्यवस्थाएँ थीं।

बहुराष्ट्रीय निगमों ने इन स्थितियों को बदल दिया है। उन्होंने पूँजी का सघन एवं तीव्र सामाजिकीकरण कर दिया है। उन्होंने पूँजी के विचार को ही 'वर्चस्व' में बदल दिया

है। 'रि-इन्वैस्टिंग कार्पोरेशन' नामक अपनी प्रख्यात पुस्तक में जॉन नैस्बिट कहते हैं, 'निगमों ने समाजों के भीतरी रग-रेशे में अपनी अनिवार्य पैठ बना ली है। शिक्षा में कंप्यूटर और व्यापारिक घरानों के प्रवेश से ही स्पष्ट है कि समाज में कितने गहरे बदलाव आ रहे हैं...स्वास्थ्य तो अब शुद्ध व्यापार है ही।'

अपने देश में अरसे से सुनाई पड़नेवाले भूमंडलीयता (ग्लोबलाइजेशन) का विचार दरअसल बहुराष्ट्रीय निगमों का केंद्रीय विचार है। यह स्वयं पूँजीवाद के विश्व-पूँजीवाद और सीमित बाजार के विश्व-पूँजीवादी बाजार में बदल जाने का प्रमाण है। यह स्थानीयता के बेदखल हो उठने की स्थिति है। बहुराष्ट्रीय निगम अपनी पूँजी, अपनी तकनीक, अपने ब्रांड और संस्थानों से तो वातावरण में नई रद्दोबदल करते ही हैं, वे सर्वोपरि अपनी अनिवार्यता के विचार को एक विकल्पहीन स्थिति में बदल देते हैं। यही उनका 'वर्चस्ववाद' है कि वे 'अनिवार्य' हैं। विकास का जो एकमात्र मार्ग अपनाया गया है और जो बचा है, वहाँ उनकी प्याऊ से पानी पीना पड़ता है। यही उनकी अनिवार्यता है। पुराने कंपनीवाद (साम्राज्यवाद में) टीपू सुल्तान को विकल्प था कि वह अंग्रेजों से लड़ने के लिए पुर्तगालियों, अफगानियों, फ्रांसीसियों से मिल जाए, लेकिन आज सब जगह कुछ कंपनियाँ ही हैं या उनकी सहायक कंपनियाँ हैं।

भूमंडलीयता को संभव करनेवाले, ईश्वर की तरह सब जगह उपस्थित बहुराष्ट्रीय निगमों की 'भूमंडलीय' पहुँच के बारे में अध्ययन करते हुए रिचर्ड जे. बार्नेट ने अपनी प्रसिद्ध पुस्तक 'ग्लोबल रीच' में लिखा है, ''जो आदमी बहुराष्ट्रीय निगम चलाते हैं वे इतिहास में ऐसे पहले लोग हैं जो संगठन, क्षमता, तकनीक, ज्ञान, धन तथा विचारधारा से एक साथ लैस होते हैं और जो इस दुनिया को एक इकाई के रूप में चलाने की कोशिश में संलग्न रहते हैं।'

यों तो अपने यहाँ 'वसुधा' को ही कुटुंब माना गया है लेकिन यह एक आत्मछलना ही है या भारतीय किस्म का भोला रहस्यवाद जो धरती को घर कहता है लेकिन जिस पर उसका कोई 'स्वामित्व' या नियंत्रण नहीं है। नया भूमंडलीय मनुष्य, जो इस भूमंडलीय संस्कृति ने पैदा किया है, सिकंदर की तरह यह सोचकर निराश नहीं होता कि 'अरे ! जीतने के लिए धरती ही नहीं बची।'

अशोक ने चाहा, रोम ने चाहा, इस्लाम ने चाहा, नेपोलियन ने चाहा, हिटलर ने चाहा कि धरती पर उनका एकछत्र राज्य हो और वे धरती के लोगों पर राज कर सकें लेकिन इसे असल संभव किया बहुराष्ट्रीय निगमों के नए पूँजीवाद ने। बार्नेट ने उचित ही कहा है, 'जहाँ युद्ध और विजयों ने पराजय देखी वहाँ व्यापार जीता।' आई.बी.एम. के निदेशक जैक जी. मैसनरोग ने कहा है, 'चौथे दशक में वैंडेल विल्कीस ने धरती के नियंत्रण का सपना देखा था। आठवें दशक में हम नियंत्रण करने की ओर बढ़ रहे हैं।' 'द क्लब ऑफ रोम' यानी यूरोप के बहुराष्ट्रीय निगमों के केंद्र तथा 'फिएट' के निदेशक औरीलों पेची ने कहा है, 'मानवीय समाज का भूमंडलीकरण करने की दिशा में बहुराष्ट्रीय निगम एक ताकतवर संस्था है।'

जिस तरह औद्योगिक क्रांति ने 'राष्ट्र-राज्य' संभव किए, उसी तरह तकनीकी क्रांति ने बहुराष्ट्रीय निगमों को और निगमों ने नई अंतर्राष्ट्रीयता को संभव किया है। धरती एक गाँव-जैसी होकर रह गई है। इसके मालिक बहुराष्ट्रीय निगम हैं। बहुराष्ट्रीय निगमों की महान भूमिका की प्रायः तारीफ में लिखी गई पुस्तक 'न्यू सोवरिन : मल्टीनेशनल कार्पोरेशन एज वर्ल्ड पॉवर्स' के बारे में अब्दुल ए सईद एवं आर. सिमंस ने लिखा है, 'उत्तर-शीतयुद्धीय दौर में असल सवाल अंतर्राष्ट्रीय देशों तथा लोगों के संबंधों की नई संरचना है।' बहुराष्ट्रीय निगमों ने 'राष्ट्र-राज्य' की परिकल्पना को दो नंबर पर धकेल दिया है। इस नई स्थिति ने भौगोलिक सीमाओं और राजनीतिक विचारों की सीमाओं को तोड़ दिया है। स्थिति यह हो चली है कि कई बहुराष्ट्रीय निगम इतने वर्चस्ववान हैं कि उनका मुकाबला कई राष्ट्र मिलकर नहीं कर सकते (यही नया साम्राज्यवाद है)।

बहुराष्ट्रीय निगमों ने 'सत्ता' का केंद्र बदल दिया है। वह सूचना और उसके वितरण के क्षेत्र में चला गया है। (टाफलर ने इस 'बदलाव' को 'पावर शिफ्ट' में विस्तार से बताया है)। असमानता, गरीबी जो पहले 'आय' से जोड़ी जाती थी, अब सूचना-तकनीक और उसके आर्थिक, राजनीतिक नियंत्रण से जोड़ी जाती है।

यह एक ऐसा भूमंडलीय तंत्र है जिसे हम व्यक्तिगत सामंतशाही जैसा कोई अस्थायी नाम दे सकते हैं। इस व्यक्ति-केंद्र के पास जो ताकत है वह किसी एक जगह (उपनिवेश) से नहीं, पूरे विश्व से पहुँचती है। आज सूचना, अर्थ एवं शस्त्र से, दूर बैठा एक केंद्र दुनिया-भर को प्रबंधित कर सकता है।

बहुराष्ट्रीय निगम 'राष्ट्र-राज्यों' से स्वयं को ऊपर बनाए रखते हैं। राष्ट्र-राज्य का काम उपलब्ध सत्ता को उसी समाज को लौटाना होता है जो उसे सत्ता देता है। लेकिन ऊपर बैठे निगम इस बाधा से ऊपर चलते हैं। वे राष्ट्र-राज्यों के नियम-कानूनों से ऊपर हैं।

यों बहुराष्ट्रीय निगम पहले भी थे, लेकिन आज उनकी एक नई सत्ता और तज्जन्य नए अर्थ हैं। 1958 में डैविट लिलिमेंथल ने इनके नए अस्तित्व को बताया। बाद में 1972 में क्रिस्टोफर गैंधाट ने बहुराष्ट्रीय निगमों के भीतरी तंत्र के बारे में लिखा, उसके बाद यह एक बड़ा आर्थिक क्षेत्र बन गया जिसे हर जगह पढ़ाया जाने लगा। बहुराष्ट्रीय निगमों का आधार इलेक्ट्रॉनिक एवं अन्य तकनीकी क्रांति कहा जाता है। लेकिन उनके प्रभावों पर बहुत अध्ययन नहीं हुए हैं। फिर भी ज्यों-ज्यों उनका दबाव राष्ट्र-राज्यों पर बढ़ा है, ज्यों-ज्यों स्थानीय लोगों ने उनके दबाव झेले हैं, त्यों-त्यों उनके प्रति जागरूकता बढ़ी है। लेकिन अभी तक उनके प्रतिरोध नहीं खोजे जा सके हैं। यही उनकी अपराजेयता है।

बहुराष्ट्रीय निगमों की प्रकृति और प्रभावों के बारे में 'न्यू सोवरिन' नामक पुस्तक में सईद एवं सिमंस ने लिखा है, 'बहुराष्ट्रीय निगमों के होने का अर्थ ही पुराने ढंग के साम्राज्यवाद का खात्मा हो जाना है। बहुराष्ट्रीय निगमों के आने का मतलब है साम्राज्यवादी संबंधों का बदल जाना। पहले के साम्राज्यवाद में दूसरे देशों की सीमा को सैनिक नियंत्रण

में लेना होता था, लेकिन आज का साम्राज्यवाद विकसित देशों की बैंकिंग और औद्योगिक पूँजी के निर्यात और सीमांतों के कच्चे माल के विनिमय में बदल गया है। अब निगम राष्ट्रीय और क्रांतिकारी आंदोलनों तक से परेशान नहीं होते। अब विकास और निर्भरता साथ-साथ चलते हैं।

इसीलिए रिचर्ड बार्नेट का कहना है कि बहुराष्ट्रीय निगमों का आना धरती पर शांतिपूर्ण बँटवारा है। यह सर्वाधिक तर्कसंगत एवं शांतिपूर्ण बँटवारा है। धरती के स्रोत बाँट लिये गए हैं। निगमों द्वारा 'कौशल' पर जोर दिया जाता है जबकि पुराना साम्राज्यवाद मर्दानगी (ताकत) पर जोर देता था।

निगमों की नजर में सोवियत संघ एक तरह का बहुराष्ट्रीय निगम ही था जो अन्य निगमों की स्पर्धा में गिर गया। 'ए व्यू ऑफ फ्यूचर' में होवार्ड की पर्लमेटर ने लिखा है कि दो हजार सन् तक विश्व-व्यवस्था पूरी तरह भूमंडलीय हो जाएगी। निगम विचारधाराओं के परे होंगे। (आज हम इसे होता देख रहे हैं !)

यदि 'गैट' और 'अणुबम अप्रसार संधि' के संदर्भ में बहुराष्ट्रीय निगमों की उक्त परिभाषाओं को देखें तो पाएँगे कि पेटेंट आदि का मामला तकनीकी साम्राज्यवाद है। 'बहुराष्ट्रीय निगम और तीसरी दुनिया' नामक ग्रंथ में लुई टर्नर ने लिखा है कि तीसरी दुनिया के देश इन निगमों के यहाँ ऐसी अनेक चीजें पाते हैं जो उनके लोगों के लिए उपयोगी हैं और पहली दुनिया में मिलती हैं। लेकिन जब वे उन्हें स्वयं बनाना चाहते हैं तो 'पेटेंट कानून' आड़े आते हैं। यही 'तकनीक उपनिवेशवाद' है। इस प्रक्रिया में, पश्चिमीकृत मूल्यों से बने मध्यवर्ग और एलीट निगमों के लिए अनुकूलन का काम करते हैं। वे सबसे पहले जीवन-शैली में आते हैं। यह जीवन-शैली का वर्चस्ववाद है।

निगमों का सीधा सिद्धांत है—बाहर निवेश करो और देश को मालामाल करो। देश को मालामाल करते हुए स्वयं को मालामाल करो। कहते हैं कि 1972 में 122 अमरीकी निगमों ने विदेशी निवेश से जितना धन कमाया वह देशी निवेश से दो गुना था। कुछ पहले तक निगम विदेशी निवेश पर निर्भर विदेशी इकाइयों को 'सहायक' समझते थे, लेकिन अब उन्हें एक ही भूमंडलीय अर्थव्यवस्था का हिस्सा समझते हैं।

जैक मैसनरोग के अनुसार, 'निगमों की विशेषता यह है कि स्वयं कम-से-कम पैदा करके भी, यह अधिक-से-अधिक मुनाफा कमा सकते हैं।' उत्पादन अच्छा है या बुरा, यह उनकी दुविधा नहीं होती। बस बनाया माल उपयोग में आना चाहिए। मुनाफे का निर्माण ही यहाँ प्रमुख होता है। वे अच्छा-से-अच्छा वेतन देते हैं, लेकिन उपभोक्ता बनने के लिए।

इसीलिए आज दुनिया ग्लोबल शॉपिंग सेंटर की तरह है। निगम दुनिया को ऐसा राजनीतिक अर्थशास्त्र दे रहे हैं जिसके माध्यम से मनुष्य के जीवन पर अधिक-से-अधिक नियंत्रण हो सके। वे तीन बुनियादी चीजों पर अधिकाधिक नियंत्रण कर रहे हैं : (क) उत्पादन की तकनीक, (ख) वित्तीय पूँजी, (ग) बाजार। वे आज विश्व में 'कामनाओं के साम्राज्य' के नियंता हैं। वे पहले स्थानीय संस्कृति का अध्ययन करते हैं। बहुराष्ट्रीय

निगम एक्सौन के अन्स्र्ट डिक्टर ने लिखा है कि अंतर्राष्ट्रीय अवसरों को सांस्कृतिक, नृविज्ञानी तरीके से समझा जाना चाहिए, तभी स्पर्धात्मक बाजार में टिकना संभव है।

बहुराष्ट्रीय कंपनियाँ दुनिया को एक विराट शॉपिंग सेंटर-भर समझती हैं। 'ग्लोबल रीच' नामक अपने महत्त्वपूर्ण ग्रंथ में रिचर्ड बार्नेट ने लिखा है, 'निगमों के मैनेजर दुनिया के लोगों को ग्राहक या उपभोक्ता-मात्र समझते हैं। वे ग्राहकों की पुरानी जरूरतों को नए ग्राहकों में बेचते हैं और पुरानी के लिए नई जरूरतें रचते रहते हैं। पिछले दो दशकों में लातीनी अमरीका में इसी के जरिए ऐसे मध्यवर्ग का निर्माण हुआ है जो निगमों का सबसे बड़ा लक्ष्य है। वे विश्व-भर में उपभोक्ता-समाज बनाने में संलग्न हैं।'

नई तकनीक (यानी तीसरी तकनीकी क्रांति) ने इन बहुराष्ट्रीय निगमों के भूमंडलीय बनने में मुख्य भूमिका निभाई है। जनसंचार सैटलाइट ने निगमों के अधिकारियों को पहली बार भूमंडलीय दिमाग दिया है। इन्हीं के सहारे वे सारे जगत की सोचते हैं। सैटलाइट के जरिए आज विश्व के सभी बड़े सट्टा बाजार, उद्योग, वित्तीय संस्थान, यहाँ तक कि सामरिक संस्थान, सूचना संस्थान एक-दूसरे से जुड़े हैं।

नए साम्राज्यवाद का केंद्र यूरोप नहीं अमेरिका है, यह तथ्य कई बार बहसों में गायब हो जाता है। दूसरे विश्वयुद्ध के बाद अमरीकी ने ही सबसे पहले तकनीकी क्रांति संपन्न की। इसका अहसास ही अमरीकी श्रेष्ठतावाद और अंधराष्ट्रवाद को जन्म देता है। अमरीकी सूचना विभाग के पूर्व-प्रमुख फ्रैंक शेक्सपियर ने एक बार कहा था कि तकनीकी क्रांति, जो आज संचार क्रांति की संचालक है, यहीं (अमरीका में) बनी। इस 'तकनीक का इस्तेमाल करनेवाले हम पहले देश थे। हमने दशकों तक फिल्मों में वर्चस्व बनाए रखा है। टीवी के क्षेत्र में हमारा वर्चस्व था और आज भी है। मैडीसन एवेन्यू आज दुनिया के लिए रोजमर्रा का शब्द बन गया है। विचारों के संप्रेषण एवं बाजार में बेचने की प्रक्रिया के लिए मैडीसन एवेन्यू एक मुहावरा है।' यहीं से सांस्कृतिक साम्राज्यवाद शुरू होता है जो जीवन-शैली, चेतना, उपचेतना सर्वत्र सक्रिय होता है। यही नए साम्राज्यवाद का अनुकूलन है जो वह वातावरण में पैदा करता है।

कुछ विद्वान नए साम्राज्यवाद को 'मीडिया साम्राज्यवाद' कहते हैं। चिन चुआन ली नामक चीनी मूल के एक संचार-विशेषज्ञ ने अपनी प्रसिद्ध पुस्तक 'मीडिया इंपीरियलिज्म रिविजिटेड' में लिखा है 'मीडिया इंपीरियलिज्म यानी मीडिया साम्राज्यवाद टीवी कार्यक्रमों के निर्यात (विकसित देशों में निर्यात), टीवी आदि पर विदेशी अधिकार एवं नियंत्रण के जरिए, मीडिया-व्यावसायिकता के जरिए सक्रिय होता है। वह जनहित की कभी चिंता नहीं करता। वह पूँजीवाद विश्व-दृष्टि का हल्ला बोलता है।'

सच तो यह है कि आज सूचना-संचार के क्षेत्र में, सांस्कृतिक क्षेत्र में, तीसरी दुनिया के देश विकसित देशों की तकनीक एवं उसकी अंतर्वस्तु का कूड़ाघर बने हैं।

कुछ विद्वान समकालीन साम्राज्यवाद को सांस्कृतिक साम्राज्यवाद कहते हैं। बायड बरैट, कुर्रान, मैत्रीलार्त, डैवलेंग आदि विद्वान मानते हैं कि तीसरी दुनिया के देशों में सांस्कृतिक साम्राज्यवाद का खतरा बढ़ रहा है।

सांस्कृतिक साम्राज्यवाद मीडिया-साम्राज्यवाद से अधिक व्यापक एवं भिन्न शब्द है। मीडिया-साम्राज्यवाद उसमें समाहित हो जाता है। मीडिया का स्वामित्व एवं नियंत्रण सब उसके भीतर समा जाता है, विचारधारा तथा सांस्कृतिक रूप आ जाते हैं।

मीडिया-साम्राज्यवाद एक ऐसी प्रक्रिया है जिसमें स्वामित्व, संरचना, वितरण या मीडिया की अंतर्वस्तु आत्मनिर्भर नहीं है बल्कि दूसरे देश पर अंतःनिर्भर है। कोई देश अब सांस्कृतिक रूप से आत्मनिर्भर नहीं बचा है। सांस्कृतिक साम्राज्यवाद दरअसल मीडिया के स्वामित्व और नियंत्रण तथा सामाजिक संरचना से गहरे जुड़ा है। मीडिया में आनेवाला विचार व्यंजना प्रतीक, संदेश मूलतः उसी वर्ग-संरचना को मजबूत करते हैं। यही नया साम्राज्यवाद है। दूसरे विश्वयुद्ध के बाद जब उपनिवेशवाद खत्म हो गया तब नया साम्राज्यवाद नए रूप में आया। वह मीडिया, तकनीक, बाजार, संस्कृति के जरिए 'कम विकास' या 'विकासमूलक' सिद्धांत विकसित देशों के द्वारा दिए गए नक्शे रहे जिन्हें पूर्व-उपनिवेशों पर लागू किया गया।

नए साम्राज्यवाद को समझने के लिए लेनिन की 'क्लासिक' परिभाषा अपर्याप्त है। वह राजनीतिक-आर्थिक अधिक है; विचारधारा और सांस्कृतिक सार की व्याख्या नहीं कर पाती। सही होते हुए भी वह पुरानी और इसीलिए अधूरी है। वह साम्राज्यवाद को बाहर से आया हुआ देखती है क्योंकि वह 'बाहर' से आता दिखाई देता है। लेकिन नया साम्राज्यवाद बाहर से आया उतना नहीं दिखता। दरअसल वह निर्गुण ब्रह्म की तरह बाहर दिखाई नहीं देता; वह सांस्कृतिक रूपों में हमारे भीतर आ चुका है।

विकसित देशों के मीडिया-तंत्र तथा हाशिए के देशों के मीडिया-तंत्र एक-दूसरे से मिले हैं। निगमों के द्वारा विचारधारात्मक तथा सांस्कृतिक वातावरण बनाया जाता है—एक ऐसा वातावरण, जिसमें वे एक-दूसरे पर निर्भर होते जाते हैं। निगम 'उपभोग' के रास्ते आते हैं।

बहुराष्ट्रीय निगमों का ढाँचा सर्वाश्लेषी है। एक ही निगम युद्ध, मनोरंजन, उपभोग, दवा, शिक्षा, संस्कृति, कला, खेल आदि तमाम क्षेत्रों में सक्रिय रहता है। पाया गया है कि 'शुद्ध संस्कृति' दिखानेवाला निगम अपने मूलहित 'युद्ध-सामग्री' के निर्माण में लिप्त पाता है। नए साम्राज्यवाद का सार यही है कि प्रकटतः सांस्कृतिक होते हुए भी वह मूलतः सामरिक-आर्थिक है।

कुछ लोग नए साम्राज्यवाद को सूचना-साम्राज्यवाद के रूप में देखते हैं। आँकड़े, कंप्यूटर, फैक्स, सैटलाइट, अखबार एजेंसियाँ, रेडियो, इलेक्ट्रॉनिक सूचना माध्यम आदि के हार्डवेयर तो विकसित देशों के ही हैं, सॉफ्टवेयर भी उन्हीं के हैं।

ये तमाम चीजें विश्व-भर के आदमी को एक जरूरत, एक रूप, एक जीवन-शैली, एक भाषा, एक वेश दिए जाते हैं। जनता को बाजार में बदलकर बहुराष्ट्रीय निगम अपना कब्जा हमारी चेतना, हमारी भूख, हमारी प्यास, हमारी इंद्रियों पर जमाते हैं। यह सब टीवी आदि के माध्यम से आसान होता है। सूचना-वहन के बिना यह साम्राज्यवाद संभव नहीं। विज्ञापन, सीरियल, खेल, मनोरंजन, खबरें सब मिलकर एक पराया वातावरण

बनाती हैं, जबरदस्त वातावरण बनाती हैं। निगमों के हाथ में पर्यटन और खेल तक वर्चस्व के माध्यम से बन गए हैं।

इस सांस्कृतिक साम्राज्यवाद के तीन बड़े प्रकट क्षेत्र हैं—पहला है पर्यावरण और प्रकृति का क्षेत्र जो नई तकनीक और उपभोक्तावाद के कारण खतरे में है। इस तरह का साम्राज्यवाद का पहला अंतर्विरोध उसकी मुनाफाखोरी, भोगवाद तथा जीवन के ही बीच है। शोषण, वर्चस्व और अस्मिता के प्रश्न प्रमुख होने लगे हैं। इस तरह विश्व की लगभग सारी मानवजाति ही इस विकास से आक्रांत है।

दूसरा क्षेत्र प्रकट जीवन-शैलियों का है। नया वर्चस्ववाद, मनुष्य को एक-सा बनाने के लिए तत्पर है जबकि भौगोलिक एवं सांस्कृतिक विविधता वैविध्य एवं स्वातंत्र्य की इच्छाएँ रखती है। इस तरह ज्यों-ज्यों हमारे जीवन पर निगमों, ब्रांडों का वर्चस्व बढ़ता जाता है, हम अपना वैचित्र्य और भेद सिद्ध करने, उसकी रक्षा करने को व्याकुल होते हैं। इस क्रम में व्याकुलता, अतीतराग और स्वातंत्र्य की माँग नए साम्राज्यवाद से टकराती है। सूचना-समाज के वर्चस्व में कैद हुआ मनुष्य अपने माध्यम, अपनी शैली चाहता है।

तीसरा है चेतन और अवचेतन का क्षेत्र। नए साम्राज्यवाद ने पहले दो क्षेत्रों पर अधिकार किया है और तीसरे को आक्रांत कर रहा है। जरूरतों, कामनाओं, इच्छाओं और सपनों को वह अक्रांत करता है, बनाता और बिगाड़ता है। मनुष्य की देह पर उसका अपना स्वामित्व नहीं बचा है। चेतना और निर्णय पर उसका अपना स्वामित्व नहीं बचा है। इसीलिए विश्व-भर के मनुष्य आज स्वयं को 'निर्णय की स्वतंत्रता' के क्षेत्र में अजाने, अपूर्व शक्तिशाली बाजार की चपेट में पाते हैं। कामनाओं, संग्रह और त्याग, जीवन और मुक्ति के नए प्रश्न आज इसीलिए विकट होने लगे हैं।

नए साम्राज्यवाद ने तकनीक के जरिए जहाँ हर पेट को रोटी, हर तन को कपड़ा देने की क्षमता प्राप्त की है, वहीं धरती के स्रोतों, मनुष्य के शुभ एवं सौंदर्य पर विकृतिमूलक असर डाला है कि मनुष्य-मात्र आज अस्तित्व के प्रश्नों में जूझता नजर आता है।

मार्क्स को याद करें तो यहीं से (पूँजीवाद से) एक नए समाजवाद का सपना शुरू होता है जो पिछले समाजवाद से अधिक स्वतंत्रतामूलक, समतामूलक और विश्वमूलक भूमंडलीय हो सकता है। लेकिन यह 'पहले सपने' से अलग 'दूसरा सपना' है।

# उत्तर-आधुनिक ज्ञान दशाएँ : फ्रांसुआ ल्योतार

उत्तर-आधुनिकता पर विचार करते हुए कई लोग ऐसी निष्पत्तियाँ करते हैं कि लगता है जैसे उत्तर-आधुनिकता शुद्ध दर्शन या अवधारणा के क्षेत्र से निकला हुआ कोई विचार हो। कुछ लोग झोंक में यह भी सोच डालते हैं कि वह सब कुछ जो आधुनिकता के 'विरुद्ध' जाता है, वह सब 'उत्तर-आधुनिक' है। कई लोग 'उत्तर-आधुनिकता' को पश्चिमी समाजों में प्रचलित समलैंगिकता और कमेरी अविवाहित अकेली स्त्रियों में देखते हैं। कई उसे बाजार और 'उपभोक्ता संस्कृति' का पर्याय कहते हैं। कई इसे उस पुनरुत्थानवाद का पर्याय मानते हैं जो अब दूसरी दुनिया के देशों में 'धर्मतत्त्ववाद' के रूप में दिखाई पड़ने लगा है। 'इस्लाम एंड पोस्ट मॉडर्निज्म' में लेखक अकबर अहमद 'उत्तर-आधुनिकता' को पश्चिमकी भूमंडलीय सभ्यता की 'जीत' और इस्लाम के लिए 'चुनौती' मानते हैं। (ऐसे तर्कों से भारत में हिंदुत्व के उभार को उत्तर-आधुनिक स्थिति के प्रति प्रतिक्रिया का एक संकेत सिद्ध किया जा सकता है !) स्थितियों का यह बहुवचनवाद स्वयं एक उत्तर-आधुनिक दृश्य है।

अपने चारों ओर कई परस्पर विरोधी स्थितियों वाली उत्तर-आधुनिकता जितनी अस्पष्ट बहुवचनशील स्थितियों को जन्म देती है, उतना ही वह स्वयं को पुष्ट करती है। उत्तर-आधुनिकता का 'विकेंद्रण'-वादी तत्त्व उसे लगातार बनाए रखता है। ऐसा इसलिए होता है कि उत्तर-आधुनिकता ज्ञान की अवस्था है, सिर्फ 'संज्ञान' मात्र नहीं है। यदि वह सिर्फ तर्कशास्त्र से संभव होती तो उत्तर-आधुनिकता कभी संभव नहीं होती। तब वह आधुनिकता का विस्तार भर होती। उसका आधुनिकता के साथ कोई मर्मांतक झगड़ा न होता और न वह निर्गुण ब्रह्म की तरह 'बिनु पग चलहि, सुनहि बिनु काना' वाली रहस्यवादी गति को प्राप्त होती।

'उत्तर-आधुनिकता' वस्तुतः ज्ञान की ऐसी अवस्था है जो उच्च-विकसित समाजों में पिछले दशकों में बनी है। फ्रांसुआ ल्योतार ज्ञान की इस अवस्था को 'पोस्ट मॉडर्न' कहते हैं जिसका हिंदी अनुवाद 'उत्तर-आधुनिक' चल निकला है।

उत्तर-आधुनिकता एक ज्ञानावस्था है, ऐसा कहने वाले सौंदर्यशास्त्री-दार्शनिक ल्योतार ने इस अवस्था को अपने एक अध्ययन के दौरान पाया। क्यूबेक सरकार के आग्रह पर उन्होंने विकसित समाजों में विज्ञान और तकनीक की भूमिका तथा भाषा और व्यवहार के बारे में जो निष्कर्ष निकाले वे 'द पोस्ट-मॉडर्न कंडीशन : ए रिपोर्ट ऑन

नॉलेज' नामक रिपोर्ट में दर्ज किए। यह पुस्तक मूल फ्रांसीसी में 1979 में छपी जिसका अंग्रेजी अनुवाद मानचेस्टर यूनिवर्सिटी प्रेस ने 1986 में छापा। इस तरह उत्तर-आधुनिक पद प्रामाणिक रूप से प्रचलन में आया। और अब यह सिर्फ दुहराने-भर के लिए कहा जा सकता है कि अपनी तमाम आंतरिक अराजकता के बावजूद यह पद—समाजशास्त्र, दर्शनशास्त्र, राजनीति, सौंदर्यशास्त्र और यहाँ तक कि साहित्यशास्त्र में चल पड़ा। अनेक लोग 'विखंडनवादी संप्रदाय' को भी उत्तर-आधुनिकता का पर्याय समझ बैठते हैं।

जैसा कि हमने 'आधुनिकता' में देखा, पश्चिम के अतिविकसित समाजों की एक परेशानी 'आधुनिकता' रही है। यह परेशानी सबसे पहले 1947 के आसपास जर्मनी के फ्रैंकफुर्ट संप्रदाय के दो बड़े समाज-दार्शनिकों एडोर्नो और होर्खिमार ने पहचानी। उन्होंने पश्चिमी समाज के इतिहास के महानतम युग 'ज्ञान युग' (एनलाइटिनमेंट एज) के भीतरी अंतर्विरोधों को जर्मन समाज में देखा तथा फिर नाजी अत्याचारों से बचने के लिए अमेरिका के शरणार्थी बनकर उन्हीं अंतर्विरोधों को अमरीकी समाज में घटित होते देखा जिनसे जर्मनी में फासिज्म का जन्म हुआ। 'द डाइलैक्टिक्स आफ एनलाइटिनमेंट' में उनका सबसे भयानक झगड़ा उसी समाज से है जिसे औद्योगिक और आधुनिक समाज कहा जाता है। यहीं उन्होंने 'वृद्ध पूँजीवाद' (लेट-कैपीटलिज्म) की अवधारणा को उजागर किया जिसे बाद में अर्नेस्ट मैंडेल और जेमेसन जैसे मार्क्सवादियों ने इस्तेमाल किया।

एडोर्नो-होर्खिमार ने ज्ञान के 'आततायी युग' में रहते हुए अचानक पाया कि उसमें एक सहज आत्मध्वंस छिपा है। इस आत्मध्वंस की खोज में ही उन्हें ज्ञान की मुक्ति दिखी। उन्होंने पाया कि पश्चिम का महान ज्ञानोदय अपने ही खोजे गए सत्य से भयाक्रांत है। आधुनिकतावादी 'ज्ञानी' अपने सुधारवाद में उसी व्यवस्था को पुष्ट करता चलता है जिसे तोड़ने वह चला था। इस चक्कर में वह ज्ञान के लिए नए-नए मिथक गढ़ता चलता है। आधुनिकता एक ऐसा ही मिथक है जो अतीत से मुक्ति दिलाकर मनुष्य को फासिज्म में दाखिल कर देता है। ऊपर से दिखने वाली प्रगति 'अगति' बन जाती है। जीवन में पैदा किया गया 'तर्क' वस्तुगत जीवन को कुछ ऐसे ढंग से ढाल देता है कि हर प्राकृतिक (अकृत्रिम) चीज इस प्रक्रिया में जन्मे 'निरंकुश केंद्र' से नियंत्रित होने लगती है। इस क्रम में बुर्जुआ युग की अपनी ही तमाम नैतिक दृढ़ताएँ 'नैतिकोत्तर' हो जाती हैं। एडोर्नो-होर्खिमार के 'एनलाइटिनमेंट' को पढ़ना आज भी आँखें खोल देने वाला अनुभव है। इसीलिए उत्तर-आधुनिकता की तमाम बहसें उसे अपना प्रस्थान-बिंदु मानती हैं।

ल्योतार एडोर्नो-होर्खिमार द्वारा देखी गई आधुनिकतावादी ज्ञानावस्था के नए सीमांतों को उधेड़ने वाले हैं। वे मितभाषी हैं और उनका विमर्श जर्मन चिंतकों के टेढ़े विमर्श से भिन्न, सीधा-सादा है। उन्होंने बिना किसी जटिलता और बौद्धिक आतंक का तमाशा खड़ा किए नई ज्ञानावस्था के कुछ सूत्र दिए हैं।

ल्योतार के अनुसार हर वह स्थिति अथवा प्रक्रिया आधुनिक है जो अपनी वैधता की सिद्धि के लिए दूसरे 'अतिवृत्तांत' या 'महावृत्तांत' का संदर्भ देती है। अपनी वैधता

यानी अपनी 'सार्थकता'। जैसे विज्ञान परम तत्त्व प्राप्ति का हवाला दिया करता है, अथवा पूँजीवाद संपत्ति की रचना का हवाला दिया करता है, जिस तरह पार्टियाँ मार्क्सवाद या अन्य वादों (धर्म आदि) का हवाला दिया करती हैं। ल्योतार मार्क्सवाद को अंतिम 'महान वृत्तांत' इसीलिए कहते हैं कि उसके बाद महान वृत्तांत न बना है, न बन सकता है।

यहीं से उत्तर-आधुनिकता ज्ञानावस्था में एक आंतरिक अवसाद पैदा हो जाता है। उत्तर-आधुनिकता पर कहीं भी होने वाले विमर्श की एक विशेषता यह रहती है कि आधुनिकता उसे 'वैध' स्थिति की तरह स्वीकार नहीं करती और उत्तर-आधुनिकता स्वयं अपनी वैधता के लिए अतिरिक्त प्रयत्न नहीं करती। उत्तर-आधुनिकता, विचार अथवा अवधारणा के लिए किसी भी बाहरी वैधता की स्थिति स्वीकार नहीं करती। इसीलिए ल्योतार अतिवृत्तांतों के प्रति 'अविश्वसनीयता' को उत्तर-आधुनिक बोध मानता है। यह 'अविश्वसनीयता' एक फलित स्थिति है, इसलिए इस स्थिति को पहचानना ल्योतार के लिए उत्तर-आधुनिक तत्त्व को पहचानना है।

विकसित समाजों में तकनीकी स्थितियों में चली आती अवधारणाओं की वैधता को अवैध दर्शाकर ल्योतार सामाजिक संबंधों की आधुनिक सीमाओं को बार-बार दिखाते हैं। वे यथार्थवाद की प्रातिनिधिकता को असंभव कहते हैं, अनुभव की एकात्मकता को असंभव कहते हैं, किसी आवयविक केंद्र की अनिवार्यता को असंभव कहते हैं, आधुनिक सौंदर्यशास्त्र के प्रतीकवाद आदि को 'वैधता के लिए हमेशा ही अनुशासित रहने वाला' तथा बाजार के लिए आदर्श वस्तु मानते हैं। विचारधारा की, पार्टी की वैधता और राज्यसत्ता की अनन्य वैधता को भी वह खत्म होता हुआ देखते हैं।

ल्योतार का सबसे बड़ा प्रहार यथार्थवाद और उससे जुड़े तमाम तरह के अतिवृत्तांतों पर है जो उत्तर-आधुनिक स्थितियों में लड़खड़ा रहे हैं, 'सर्वसंग्रहवाद ही संस्कृति है। आदमी वाइल्डवैस्ट देखता है, दोपहर में मैक्डानल्ड हैमबर्गर खाता है, रात को स्थानीय थाली खाता है, टोकियो में पेरिस का इत्र लगता है, हांगकांग में कपड़े सिलाता है, उसका समूचा ज्ञान टीवी के खेल हैं। इस माया (किश्च) के लिए हर जगह जनता मौजूद है। सबकुछ गड्डमड्ड करके, चिप्पियों को कलारूप बनाया जा रहा है, सब चलता है। ऐसी कला उस भ्रांति पर मँडराती है जो ग्राहकों की रुचि में रहती है। यह एक शैथिल्य का युग है।'

पुस्तक में आरंभ में ल्योतार स्पष्ट कर देते हैं कि यों यह पद आठवें दशक में अमरीका में प्रचलित हो गया था और लोग (यानी समाजशास्त्री तथा समीक्षक) इसे तत्कालीन सांस्कृतिक अवस्था के लिए इस्तेमाल करते थे जो कि तेजी से बदल रही थी। डैनियल बैल ने चीजों के उत्तरकांड की सबसे पहले चर्चा की। ल्योतार ने यहीं अनेक प्रस्थान-बिंदु देखकर कहा कि 'यह पद (उत्तर-आधुनिकता), उन्नीसवीं सदी के बाद बहुत से परिवर्तनों के फलस्वरूप बनी उस सांस्कृतिक अवस्था को बताता है कि जिसने विज्ञान, साहित्य और कलाओं के लिए लगभग अंतिम-से मान लिये गए खेल के नियमों

को पलट दिया है।' ल्योतार इसीलिए उसे आधुनिकता के 'शैथिल्य का युग' कहते हैं। शैथिल्य यानी 'समय के रंग' का बदल जाना। प्रयोगों, क्रांतियों की जगह 'प्रयोगहीनता' और क्रांतिहीनता का युग ! और यह विचित्र संयोग ही कहा जा सकता है कि पुस्तक में अतिकेंद्रित आधुनिक समाजों (यथा सोवियत समाज) के 'गिरते चले जाने' की भविष्यवाणी जिन दिनों की जा रही थी उन दिनों वह उन्हीं उत्तर-आधुनिक स्थितियों की मार से अस्तव्यस्त हो रहा था जिसकी मार से तमाम पश्चिमी अतिविकसित औद्योगिक समाज दो दशकों से त्रस्त हैं। (ल्योतार के आकलनों के आधार पर यह कहना अनुचित न होगा कि पूँजीवादी विकसित समाज भी अपनी अतिकेंद्रिकता और अतिवृत्तांतता देर-सबेर खो देंगे। उनका केंद्रवाद भी बिखर जाएगा।)

अभी पूरी तरह से संपूर्ण आधुनिक न बन पाए हमारे जैसे समाज में जो एक अर्ध-आधुनिकतावादी दिमाग बनता है वह उत्तर-आधुनिक स्थितियों को अपने किंचित आधुनिक तर्कवाद से सहज ही 'अवैध' कह सकता है किंतु उस 'अनिवारता' का वह क्या करे जो इस विश्वग्राम (दुनिया) में सभी को एक साथ एक मथानी में मथे डाल रही है ?

इस संदर्भ में ल्योतार की पुस्तक की भूमिका में फ्रेडरिक जेमेसन की टिप्पणियाँ उत्तर-आधुनिकता की एक ऐतिहासिक समीक्षा करने का गंभीर प्रयत्न हैं। जेमेसन मार्क्सवादी हैं। लगभग उसी तरह के हैं जैसे एडोर्नो-होर्खिमार थे। यानी कम्युनिस्ट पार्टियों के स्टालिनी ढाँचे से मुक्त और बाहर आए मार्क्सवादी। ल्योतार के शैथिल्यवादी निष्कर्षों से जेमेसन कई स्तरों की बहस छेड़ते हैं। वे ही सर्वप्रथम अब तक की अवधारणाओं की वैधता को चुनौती देने वाली उत्तर-आधुनिकता की वैधता पर दृढ़ता से प्रश्न उठाते हैं फिर भी उस 'टूट' को स्वीकार करते हैं जो आधुनिकता के राजपथ के मार्गावरोध के फलस्वरूप पैदा होती है। समाजों के विकास की दिशा, जो कुछ पहले तक पूँजीवाद से समाजवाद की ओर थी, अचानक इस 'टूट' से बंद नजर आती है। फ्रेडरिक जेमेसन इस टूट को अर्नेस्ट मैंडेल के 'वृद्ध पूँजीवाद' का फल कहते हैं। 'वृद्ध पूँजीवाद' वह पूँजीवाद है, जिसमें आकर अर्थव्यवस्था की सभी शाखाएँ पहली बार पूरी तरह औद्योगिक प्रक्रिया का अंगभूत बनी हैं। फ्रेडरिक जेमेसन इस तरह उत्तर-आधुनिकता की उन तमाम षड्यंत्रवादी और पिछड़ी हुई समीक्षाओं को हाशिए पर पटक देते हैं, और फिर मार्क्स के मैनिफेस्टो का हवाला देते हैं कि 'उत्तर-आधुनिक' 'निरंतर संक्रांति' पूँजी की अंतरंग विशेषता है, बाहर से थोपी गई चीज नहीं। यानी, हम पूँजीवादी युग में ही जी रहे हैं। उत्तर-आधुनिकता जरायु पूँजी की लीला है।

('उत्तर-आधुनिकता' के भारतीय पाठक को ल्योतार की यह पुस्तक, जिसकी भूमिका जेमेसन ने लिखी है, इसलिए भी परायी लग सकती है कि उसके निष्कर्ष अतिविकसित समाजों के निष्कर्ष हैं और हमारा समाज वैसा विकसित नहीं है, किंतु यदि हम विश्वग्राम को एक सचाई मानकर चलें और भयावह पिछड़ेपन के बावजूद विश्व बाजार से अपने नाल-बंधन देखें और बदलती ज्ञानावस्था को देखें तो हमें यह पुस्तक

उत्तर-आधुनिकता की हमारी ज्ञानावस्था के रूप को भी समझने में मददगार है।)

ल्योतार सौंदर्यशास्त्री हैं। उनकी निष्पत्तियों में दोटूकपन है। महावृत्तांत या अतिवृत्तांत के नष्ट हो उठने का क्षणिक विषाद उनके विमर्श में मौजूद है फिर भी वह उन अंत-बिंदुओं को तीखे ढंग से पकड़ते हैं और किसी 'आधुनिकतावादी' की तरह ही कहते हैं, 'चाहिए अब सकलता (टोटलिटी) के खिलाफ युद्ध। जो प्रतिनिधान के योग्य नहीं उसके हम गवाह बनें। हमें भेद को सक्रिय करना है ताकि अपनी पत रखी जा सके।' ल्योतार का यह अंतिम आवाहन शुद्ध आधुनिकतावादी आवाहन है। इससे सिद्ध होता है कि उत्तर-आधुनिकता आधुनिकता से पूरी तरह न मुक्त हो सकी है और न जल्दी होने वाली है।

यहीं तकनीक और मनुष्यों के संबंधों का सवाल उठता है जो ल्योतार की चिंता का मुख्य विषय हैं। ल्योतार के निष्कर्षों को पढ़ते हुए अक्सर लगता है कि हम बहुत से 'अंतों' के युग में ही जी रहे हैं। राष्ट्र-राज्यों (अतिवृत्तांत) का अंत। दलों की एकछत्रता का अंत। संस्थानों का अंत। ऐतिहासिक परंपराओं का अंत। 'अंत' यानी उनका ऊर्जाहीन होते चले जाना। किंतु इन तमाम अंतों के बीच विकेंद्रण का मूल्य और केंद्रिकता के मुकाबले विकेंद्रिकता अथवा यथार्थ के अनेक केंद्रीय हो उठने को ल्योतार आधुनिकता का तर्कसंगत विकास मानते हैं। तकनीक ने इसे संभव कर दिया है।

साम्राज्यवादी दौर यानी वित्तीय पूँजी के पुराने दौर में इंग्लैंड अन्य उपनिवेशों के खून-पसीने पर अपने राष्ट्र-राज्य की नींव मजबूत करता चलता था। आज की वित्तीय पूँजी की बहुराष्ट्रीय संरचना और 'तकनीक से तकनीक' की संरचना औद्योगिक युग की केंद्रीयता को तोड़े डालती है। आसमान में घूमती बहुराष्ट्रीय निगमों की सैटलाइट और सूचना उद्योग, कंप्यूटर देशों की सीमाएँ लाँघे बिना सीधे व्यापार अथवा हस्तक्षेप कर सकते हैं। बहुराष्ट्रीय निगमों की पूँजी, देशों के नियंत्रण से 'ऊपर' की पूँजी है। वह किसी एक देश की सगी नहीं। वह अपने उस देश की भी नहीं जिससे वह उद्भूत हुई। ल्योतार इसे एक ही साथ 'अतिकेंद्रिकता' बरक्स विकेंद्रीयता का बिंदु मानते हैं। यहीं नए केंद्र बनते हैं। यहीं केंद्रवाद टूटते हैं। यहीं अनेक उपकेंद्र खड़े हो जाते हैं क्योंकि देर-सबेर तकनीक सबको हस्तगत हो जाती है। अमरीका के रहते जापान या यूरोप का नए केंद्र के रूप में उठना तकनीक की इजारेदारी की अनेक-केंद्रीयता को संभव करता है। ल्योतार विकेंद्रण के सबसे बड़े व्याख्याकार हैं। एक दार्शनिक के रूप में वे सिर्फ यूरोप या सौंदर्यशास्त्र के व्याख्याकार नहीं रह जाते हैं। वे आधुनिक सभ्यता के व्याख्याकार हो जाते हैं।

(यदि ल्योतार के 'विकेंद्रवाद' और 'अतिवृत्तांतों के खात्मे' वाले सिद्धांतों को हम अपने देश-काल में घटित होते देखना चाहें तो हमें उदाहरणों की कमी न होगी। हमारे अतिकेंद्रवाद की प्रतिक्रिया में प्रतिकेंद्रवाद ठीक उन्हीं दिनों बढ़ा है जब विश्व में तकनीकी क्रांति संपन्न हो रही है। यथार्थ का, संगठनों का और विचारों का टुकड़ों-टुकड़ों में बँट जाना, कल्याणकारी राज्य के केंद्रवाद की जगह धार्मिक केंद्रों का उभरना या जाति

केंद्रों का उभरना, सत्ता के अनचाहे विकेंद्रण का गवाह है, जो हो रहा है। कांग्रेस का समाजवादी नमूने का समाज यदि एक महावृत्तांत था तो राम-जन्मभूमि-बाबरी मस्जिद नए विकेंद्रित दो अल्पवृत्तांत हैं, दलितवाद और मंडल के रूप में सैकड़ों जातियों के वृत्तांत हैं।

(यदि भारत का राष्ट्र-राज्य एक आधुनिक वृत्तांत है तो उससे झगड़कर निकलने वाले उक्त वृत्तांत नए-नए केंद्र हैं। क्या यह सब वैसा ही 'पुनरुत्थानवाद' है जो आधुनिकता के साम्राज्यवादी संस्करण की प्रतिक्रिया में पैदा हुआ था ? या कि यह 'बैक टू द फ्यूचर' यानी 'भविष्य में लौटना' है।)

उत्तर जो भी हों, यह तय है कि हमारा समय आधुनिकता के उत्तेजक और रचनात्मक समय के बाद की थकान का और शैथिल्य का समय है। ल्योतार की व्याख्याओं के बिना इस शैथिल्य को पूरी तरह खोलना संभव नहीं है। शैथिल्य—यही ज्ञान की आधुनिक अवस्था है।

उत्तर-आधुनिक स्थितियों के बारे में ल्योतार का विचार समकालीन समाजशास्त्रों और दर्शन के क्षेत्र में उपद्रव कर चुका है। उन्होंने अपने अध्ययन से यूरोपीय देशों और अमरीका के प्रचलित विचारों को झकझोरा है। अगर ल्योतार की अवधारणा के विकेंद्रण वाले तत्त्व को ध्यान में रखें तो कहना होगा कि तीसरी दुनिया के देशों की स्थितियाँ भी उत्तर-आधुनिक चपेट में आने से नहीं बची हैं और इसलिए ल्योतार और भी आकर्षक हो उठते हैं।

कंप्यूटरीकृत समाजों में ज्ञान की अवस्था क्या है ? यह सवाल ल्योतार के विश्लेषण के लिए बुनियादी सवाल है। उनका कहना है कि 'समाज की अवस्था बदलने के साथ-साथ ज्ञान की स्थिति बदलती है। संस्कृति की स्थिति भी बदलती है। जो समाज उत्तर-औद्योगिक अवस्था में पहुँचे हैं वहाँ उत्तर-आधुनिक युग का आरंभ हो चुका है !' अमरीका में सातवें-आठवें दशक में डैनियम बैल ने जिस समाज को उत्तर-औद्योगिक समाज कहा था, ल्योतार उसे उत्तर-आधुनिक युग की पृष्ठभूमि मानते हैं।

उत्तर-आधुनिकता के लक्षणों को पहचानने के लिए उपलब्ध ज्ञान अवस्था की पड़ताल जरूरी है। ज्ञान की अवस्था दो प्रक्रियाओं पर निर्भर है—वैज्ञानिक प्रक्रिया और वृत्तांत प्रक्रिया। ल्योतार कहते हैं कि वैज्ञानिक ज्ञान एक प्रकार का विमर्श (डिस्कोर्स) है और जब तक वह विमर्श है, वह भाषा पर निर्भर है। पिछले चालीस-पचास सालों में विज्ञान अपने को खोलने के लिए लगातार भाषा के सिद्धांतों में फँसा रहा है। वह संचार, साइबरनैटिक्स, गणित, कंप्यूटर, उसकी भाषा, अनुवाद की समस्या, सूचना-संग्रह और आँकड़ा बैंकों पर निर्भर रहा है।

ये तमाम तकनीकी परिवर्तन ज्ञान की अवस्था में परिवर्तन ले आए हैं। औद्योगिक क्रांति के दौरान विज्ञान के दो लक्ष्य थे—शोध और अर्जित ज्ञान का संप्रेषण। आज की स्थितियों में ये दोनों ही प्रभावित हो रहे हैं। वे उसी पर निर्भर हो रहे हैं जिनसे सुलझाने चले थे। सूचना क्रांति कंप्यूटर-निर्भर है, सैटलाइट-निर्भर है, टीवी-निर्भर है। यह सब

व्यावसायिक स्थितियों पर निर्भर है। तकनीक की व्यावसायिकता एक बड़ा तत्त्व है जो हमारी ज्ञानावस्था को बदल दे रहा है। हमारा प्राप्त ज्ञान बड़ी टेढ़ी प्रक्रिया से आता है। उसमें शोध, प्रेषण, व्यापार तीन-चार तरह की प्रक्रियाएँ सक्रिय रहती हैं। वह अन्य ढंग से अनेक कोनों से नियंत्रित है।

यही नहीं प्राप्त ज्ञान का रूप बहुत कुछ बदल गया है। वह जनसंचार के माध्यमों के विकास और कौशल पर निर्भर हो गया है। वह अक्षर और अब छवि-ध्वनि पर निर्भर हो गया है। ज्ञान की प्रकृति में परिवर्तन आया है जो सामाजिक रूपांतरणों का प्रतिफल है और पलटकर सामाजिक रूपांतरणों को संभव करता है। अब हर ज्ञान सूचना की मात्रा बन गया है। हर वह ज्ञान जो 'सूचना' में नहीं ढल सकता, इस अवस्था में व्यर्थ है और जो संग्रहालयों की सामग्री-भर है (यदि वह छोड़ी गई है तो)। अब हर वह चीज शोधन-क्षेत्र में आ सकती है जिसे कंप्यूटर के लिए सूचना-संग्रह और आँकड़ा बैंक में ढाला जा सके। इसीलिए 'ज्ञानदाता' और ज्ञानपाता (ज्ञान का इस्तेमाल करने वाला) एक ही हैं।

हम देख सकते हैं, इस अवस्था में पुराने ढंग का अनुभववाद असंगत हो उठता है। अनुभववाद ज्ञान को ऐंद्रिक अनुभव से पुष्ट करने की गारंटी देता था। हर वह ज्ञान जो इंद्रिय-पुष्ट है, सत्य है, अन्यथा स्थिति में वह मिथ्या है। नई ज्ञान-अवस्था में अनुभववाद व्यर्थ नजर आता है। 'सूचना' इंद्रिय-पुष्टि नहीं माँगती। न वैसा संभव है। न उसका संग्रह संभव है। उसे संग्रह करने वाले यंत्र के बीच में आ जाने से 'सूचना' पुराने ढंग की ऐंद्रिक पुष्टि से बाहर आ गई। इसलिए पुराने ढंग की दिमागी ट्रेनिंग संभव नहीं है।

सूचना अपने अंतिम रूप में एक 'पण्य' है, वस्तु है। उसका निर्माण होता है। उसका उपभोग होता है। वह एक निर्मिति है। वह एक उपभोग है। यह सूचना की नई अवस्था है। यही उसका मूल्य है। अब से आगे ज्ञान इसलिए पैदा किया जाएगा कि बेचा जा सके। और उसका उपभोग किया जाएगा ताकि पुनरुत्पादन के लिए हम सक्षम हो सकें। हर तरह से सूचना बाजार के 'विनिमय' में आनी लाजिमी है।

इस तरह ज्ञान जो अब तक अपना लक्ष्य और हेतु स्वयं था अब वैसा नहीं रहता। वह अपना उपयोग मूल्य खो देता है। पश्चिम में ज्ञान अरसे से उत्पादकता का प्रधान सिद्धांत बन गया है (पहले श्रम हुआ करता था)। यह स्थिति नई है।

इस तरह ज्ञान वह अगला क्षेत्र है जिसके लिए नई स्पर्धा है। पहले जो युद्ध भौगोलिक हदें गढ़ने के लिए हुआ करते थे अब सूचना-नियंत्रण के लिए होंगे। पहले औद्योगिक दौर में जिस तरह कच्चे माल के लिए, सस्ते श्रम और बाजार के लिए युद्ध हुआ करते थे जिन्हें साम्राज्यवादी युद्ध कहा जाता था, अब सूचना के लिए होंगे। यह स्थिति ही उत्तर-औद्योगिक और उत्तर-साम्राज्यवादी स्थति है। [इस स्थिति को वे लोग देर से समझ पाएँगे जो अभी तक लेनिन की साम्राज्यवादी 'थीसिस' में अटके हैं। अगर आज लेनिन होते तो वे स्वयं सबसे पहले उत्तर-साम्राज्यवाद (यानी साम्राज्यवाद के नए

रूपों) को देखते।]

यदि हम उपरोक्त परिदृश्य में देखें तो परिचित और प्रचलित कई अवधारणाएँ व्यर्थ होने लगती हैं। अब तक हम समझते आए कि ज्ञान-दान, शिक्षा राज्यसत्ता का कर्मक्षेत्र है। राज्यसत्ता समाज की मेधा होती है, वही अपने दिमाग तैयार करता है। यह अवधारणा राज्यसत्ता को एक ऐसे अनिवार्य और अटल ध्रुव का दर्जा देती रही है जिसका कोई विकल्प नहीं है। अब यह उलट जाती है। उत्तर-आधुनिक स्थिति में 'मेधा' का विकेंद्रण हो जाता है। अब मेधा वहाँ है जहाँ सूचना बन-खप रही है। जहाँ सूचना का संग्रह है। ज्ञान का यह वाणिज्य अपने साथ संप्रेषण की पारदर्शी स्थिति पैदा करता है। वह ज्ञान के इजारे को राज्यसत्ता के एकमेव केंद्र से छीनकर बाजार में स्थापित कर देता है। इस बाजार में राज्यसत्ता धीरे-धीरे 'व्यर्थ की बाधा' बन जाती है। राज्यसत्ता को इस दौर में मालूम होता है कि वह भारी-भरकम, व्यर्थ, जरायु हो चली है। ज्ञान का उसका इजारा खत्म हो चला है। ज्ञान की प्रक्रिया उससे स्वतंत्र और स्वछंद हो उठी है। (मुक्त पूँजी के बाजार में राज्यसत्ता भी अदृश्य होने लगती है।)

(इसे हम कहीं भी होता देख सकते हैं। अपने यहाँ राज्यसत्ता के केंद्रवाद से हटकर विकेंद्रणमूलक आंदोलन और प्रक्रिया अरसे से द्रष्टव्य है। पुराने ढंग के राज्य इसीलिए लगातार अस्थिर बने हैं। सोवियत सत्ता का केंद्रवाद इसीलिए अस्थिर हुआ और टूटा है।)

इसके पीछे विश्व-बाजार और विश्व-पूँजी से बनी नई ज्ञानावस्था सबसे बड़ा कारण है। सूचना-क्रांति और सूचना का पण्य बनना, बाजार का व्यक्ति और राज्यसत्ता के बीच निर्णायक रूप में आ बैठना पूँजी के नए चरण में दाखिल होने की निशानी है। इसे हम बहुराष्ट्रीय निगमों की पूँजी का नाम दे सकते हैं। बहुराष्ट्रीय पूँजी के हस्तक्षेप से पुराने ढंग के राष्ट्र-राज्यों की स्थिति बदली है, उनकी भूमिका बदली है। यह उत्तर-आधुनिक स्थिति का सबसे निर्णायक हस्तक्षेप है।

पूँजी के संचरण के ये नए रूप हैं। इससे इतना सिद्ध हो जाता है कि अब पूँजीनिवेश अथवा योजनाओं के निर्णय राज्यसत्ता के भूमि-नियंत्रण और नियमों की परवाह किए बिना लिये जा सकते हैं।

हम कल्पना करें—इंटरनेशनल बिजनेस मशीन्स (आई. बी. एम.) को अपनी एक ऐसी सैटेलाइट आकाश में स्थापित करने का हक है जिसमें धरती, अंतरिक्ष संबंधी तथा अन्य किस्म का 'डाटा बैंक' स्थापित किया गया है। ऐसे 'डाटा बैंक' तक किसकी पहुँच होगी ? किसे आँकड़ा दिया जाए, किसे न दिया जाए ? इस सवाल का निर्णय कौन करेगा ? क्या राज्यसत्ता करेगी कि यह आँकड़ा किसे दिया जाए या कि राज्यसत्ता स्वयं आँकड़ों के और खरीदार की तरह होगी ? आई.बी.एम. चाहें तो उस राज्य तक को सूचना-वंचित कर सकता है जिसने उसे सैटेलाइट छोड़ने की इजाजत दी थी। इस तरह 'कौन सूचना प्राप्त कर सकता है' यह सवाल नया सवाल है। इसका उत्तर बहुराष्ट्रीय निगमों पर निर्भर है।

यह स्थिति ज्ञान-प्रक्रिया की प्रकृति को बदल देती है। इसका अर्थ यह है कि बहुराष्ट्रीय पूँजी और उसकी तकनीक देशों की भौगोलिक, राजनीतिक सीमाओं से परे चली जाती है। यह स्थिति पुराने ढंग के साम्राज्यवादी हमलों से भिन्न है। तब एक देश की सीमाओं का अतिक्रमण करके उस पर सेना से नियंत्रण रखना पड़ता था, बाजार या कच्चे माल पर सीधे नियंत्रण करना पड़ता था। अब दुनिया-भर की ताकतवर पूँजी मिलकर बहुराष्ट्रीय निगमों में बदल जाती है। वह इस तरह उन देशों के राजनीतिक नियंत्रण से मुक्त हो जाती है जिनसे वह निगमों में आई थी। वह 'आवारा' पूँजी हो जाती है।

(इस स्थिति में राज्यसत्ता की प्रकृति और कार्यक्षेत्र भी बदल जाएँगे। उन्हें निगमों तथा समाज के साथ अपने चले आते संबंधों को फिर से सोचना होगा। उन्हें सोचना होगा की पूँजी के निवेश को क्या वे नियंत्रित कर सकते हैं ?)

(भारत के संदर्भ में यह सवाल विचित्र ढंग से उभरता है। विश्वबैंक, अंतर्राष्ट्रीय मुद्राकोष मूलतः बहुराष्ट्रीय निगम हैं। हमारी अर्थव्यवस्था ज्यों-ज्यों उनके उधार पर निर्भर होती जाती है उतना ही अपने यहाँ राज्यसत्ता पूँजीनिवेश के नियोजन से अपना हाथ खींचती जाती है। यह उसका खुलना है। उसका विश्व पूँजीवाद और बाजार से जुड़ना है। इससे राज्यसत्ता और बाजार के संबंध पुनर्परिभाषित हो रहे हैं।)

ल्योतार का कहना है कि आज का असली भेद 'ज्ञान और विज्ञान' के बीच नहीं है बल्कि 'निवेशज्ञान' (इन्वैस्टमेंट नॉलेज) और 'पावती ज्ञान' (पेंमेंट नॉलेज) के बीच है। यह धन की तरह है। निवेश का धन अथवा पावती का धन। सूचना अथवा ज्ञान धन (पूँजी) की तरह है। देखें तो हमारे समाज का ढाँचा दैनिक निर्भरता के लिए आवश्यक ज्ञान की सूचनाओं और ज्ञान के संग्रहों के बीच है जो उत्पादकता को अधिकाधिक करने के लिए संभव किया गया है। इस तरह समाजों में दो चैनल बनते हैं। एक वे जहाँ सूचना अथवा ज्ञान का संग्रह है, दूसरे जो उसके ग्राहक हैं। जिस तरह उदार राज्यसत्ता पूँजी-संग्रह और पूँजीयाचक के बीच संबंधों को बनाए रखने वाले प्रबंधक का नाम है उसी तरह आगे 'संचारात्मक पारदर्शिता' नई राज्यसत्ता की पहचान होगी। सूचना पूँजी की तरह चलेगी।

इस समूचे परिदृश्य में ज्ञान की स्थिति (स्टेटस) क्या होगी ? ल्योतार का कहना है कि इस स्थिति में ज्ञान की अपनी 'वैधता' की समस्या पैदा हो जाएगी।

ज्ञान की वैधता के प्रश्न उत्तर-आधुनिक स्थिति के दूसरे बड़े प्रश्न हैं जो दर्शन और समाजशास्त्रों में पैदा होते हैं। आधुनिक विज्ञान ने इस बात का बराबर यत्न किया कि वह ज्ञान की संपूर्णता का प्रतिनिधि बन जाए। विज्ञान ने अरसे तक यह भरोसा दिया कि उसके लिए हर चीज स्पष्ट है और 'समग्रता' में है। यदि कोई सत्य है तो वैज्ञानिक अर्थों में सत्य है, अन्यथा असत्य है। अनुभववाद के तमाम संप्रदाय विज्ञानवाद के इस अंतिम आत्मविश्वास में एक साथ समाहित हो जाते हैं। तर्क और प्रमाण सिद्धि क्या ? क्यों ? कैसे ? ज्ञान इनके बाहर प्रायः नहीं माना जाता। किंतु हम देखते हैं कि

विज्ञान अपनी तमाम प्रविधियों के बावजूद दूसरे ढंग के ज्ञान के वृत्तांत से अपनी निर्भरता कम न कर सका। इसका अर्थ यह नहीं है कि वृत्तांत विज्ञान से ऊपर था। अर्थ यह है कि विज्ञान अपने प्रयत्नों के बावजूद वृत्तांत को नष्ट नहीं कर सका। विज्ञान चूँकि वृत्तांत की भाषा पर निर्भर रहा अतः वह अपने निष्कर्षों के साथ प्रायः वैज्ञानिक न्याय नहीं कर पाया। वह वृत्तांत की आंतरिक संगति और सातत्य को नहीं पा सका।

सत्य क्या है ? अब तक का विज्ञान इसका उत्तर राज्यसत्ता से अलग होकर नहीं दे सका। विज्ञान की एक तरह की समांतर राज्यसत्ता बनी रही। नई तकनीक जिसे बनाने में विज्ञान का हाथ है, के आगे 'विज्ञान' की स्थिति को ही नतमस्तक होना पड़ रहा है। सत्य अब 'सिद्धि' है। सत्य अब सूचना है। सत्य अब तकनीक है।

नई स्थितियों में विज्ञान की अवस्था ही नहीं बदलती, समाज की अवस्था भी बदलती है। अब तक आधुनिक समाजों में सत्य के कई ध्रुव थे—सर्वोपरि राष्ट्र-राज्य था। पार्टियाँ थीं। पेशे थे। संस्थान थे। ऐतिहासिक परंपराएँ थीं। यानी एक वृत्तांत था। महावृत्तांत। बड़ा भारी-भरकम राज्य था। भारी नौकरशाही, पुलिस आदि थी। उसी के ढाँचे में फिट होने के लिए बने राजनीतिक दल थे। बाजार था। शिक्षा-संस्थान थे। आदि।

नई स्थितियों में इन संस्थानों का आकर्षण खत्म होने लगा है। यही 'महावृत्तांत' का विखंडन है। केंद्रण का खात्मा है। संस्थान नहीं बचे हैं। व्यक्ति बचे हैं। भाषा के खेल की तरह। हर शब्द अपना अर्थ रखता हुआ और सबसे मिलकर कोई बड़ा अर्थ न बनाता हुआ। वे सामाजिक बंधन टूट गए हैं जो आधुनिकता ने बनाए थे।

यहीं भाषा नई भूमिका अख्तियार कर लेती है और भाषा नया खेल बन जाती है। बने-बनाए संदेश, एकतरफा संदेश व्यर्थ होने लगते हैं। भाषा की अनेकार्थकता पैदा होने लगती है। शब्दकोशीय अर्थ में नहीं, अनुभव के अर्थ में।

ल्योतार कहते हैं कि यह वक्त 'शैथिल्य का वक्त' है। शैथिल्य यानी आधुनिकता की कवायद से, कसावट से मुक्त होने का वक्त।

प्रयोगों का वक्त खत्म हो चुका है। जब तक आधुनिकता थी, प्रयोगों की संभावना थी। यों करने वाले आज भी प्रयोगों की झड़ी लगाए मिल सकते हैं लेकिन अंततः वे किसी पूर्व प्रणाली की नकल सिद्ध हो जाते हैं। अब अगर कुछ खोजा भी जाता है, खासकर कलाओं में तो वह चालू नकल, 'फैड' भर है।

इसका कारण उत्तर-आधुनिक स्थितियाँ हैं। तकनीक ने केंद्रवाद तोड़ा है। केंद्रवाद के टूटने से 'अनुभव की समग्रता' और 'अनुभव की एकता' टूटी है। जीवन की संपूर्णता की खोज में निकली तकनीक अनुभव को असंपूर्ण और खंडित करने को अभिशप्त है। वह भाषा की 'अनेकार्थता' लौटा देती है। 'अनुभव की एकता' इससे स्वयमपि नष्ट हो रहती है। रूपाकार विसंगठित हो जाता है।

आधुनिक कला में नैतिक, राजनीतिक, वैचारिक और सौंदर्यात्मक विमर्श एक साथ संभव माना जाता था। यह अनुभव की 'अन्विति' कहलाती थी। किंतु संस्थानों के

बिखरने और भाषा के खेल ने अनुभव की अन्विति के आधार को नष्ट कर डाला है। अनुभव की संपूर्णता यथार्थ के साथ मेल नहीं खाती। भाषा उसे संभव नहीं होने देती।

यहाँ से यथार्थवाद की समस्याएँ शुरू होती हैं। संस्थान और केंद्रवाद के बिखरने से भाषा में अंतर्निहित मानी गई प्रातिनिधिकता संकट में पड़ जाती है। पूँजीवाद की विशेषता है कि हर चीज को अर्जित करने की प्रक्रिया में अनर्जित करता है। वह सामाजिक संस्थानों को खोखला कर देता है। उनका भाषा में प्रतिनिधि बनना संभव नहीं रह जाता। वे मजाक की तरह आते हैं, अथवा अफसोस की तरह। दरअसल पूँजीवाद की यह स्थिति इस कदर 'अति-चंचल' है कि उसके अनुभव के टिकने का अवसर ही नहीं होता।

पूँजी का तेज संक्रमण, तकनीक का तेज संक्रमण उत्तर-आधुनिक स्थिति का एक बुनियादी लक्षण है जो वस्तुओं और उनके अनुभवों को हमारे सामने टिकने नहीं देता है। सामाजिक बंधन बनने नहीं देता। हमारे अनुभव का एक बड़ा संकट यह है। यहाँ से यथार्थवाद का संकट देखा जा सकता है।

छवि ने इस परिदृश्य को और भी जटिल ढंग से बदला है। फोटोग्राफी चित्रकला को बाहर से चुनौती नहीं देती। सिनेमा वृत्तांत को बाहर से चुनौती नहीं देता। चुनौती भीतर से ही आई है। यथार्थवाद की खोज में फोटोग्राफी मिली। वृत्तांत की अंतिम हदों पर सिनेमा मिला। दोनों ने अपनी कोख को नष्ट किया और नया वातावरण बनाया। इस स्थिति में 'यथार्थवाद' अपना परिचित काम नहीं कर पाता। यथार्थवाद का काम था, 'चेतना के अनेक रूपों को संदेह से परे रखना।' फोटोग्राफी ने कहा, 'यथार्थवाद' की हद यह है कि फोटोग्राफी चेतना के रूप (चित्र) को संदेह से और वैयक्तिकता से परे रख सकती है।'

कला के नियम बदल रहे हैं। जो लोग इस बदलाव को देखने से मना करते हैं, वे अधिक-से-अधिक यह करते हैं कि 'नियमानुसार' सहमति की सफलताएँ चुनें। जो इन नियमों को स्वीकार करते हैं, वे अपनी पहचान खो सकते हैं। दोनों की पहचान नष्ट हो रही है। दोनों के यथार्थवाद का शाश्वत रूप नष्ट हो रहा है। उन्हें अपनी कला या कविता की वैधता मिलनी मुश्किल है। यह कलाकार के लुटते जाने का वक्त है। संस्कृति उद्योग अपने लगातार के सांस्कृतिक पुनरुत्पादन से यह करता चलता है। अब सवाल यह नहीं पूछा जा सकता है कि 'सुंदर क्या है ?' बल्कि पूछा जाना चाहिए कि कला या साहित्य किसे कहते हैं ? उसकी परिभाषा क्या है ?

यथार्थवाद जो हमेशा ही यथार्थ के विकल्प के रूप में खुद को पेश करता रहा, अब या तो शिक्षा का विषय है या रद्दी (किश्च) का। यह अंधविश्वास अब खत्म हो चला है कि जहाँ एक ही पार्टी ने सत्ता और शक्ति का रूप अख्तियार कर लिया है वहाँ भी 'सही वृत्तांत', 'सही छवियाँ' आदि का चयन होता है। सत्य की वैधता सत्ता से प्राप्त नहीं होती। सत्ता–चाहे वह राजसत्ता हो या व्यक्तिसत्ता।

इससे समीक्षा की प्रचलित दृष्टि खत्म हो जाती है। सत्य को जानने का वृत्तांत का

मार्ग बंद हो जाता है। यह आधुनिक राष्ट्र-राज्यों की सीमा है कि वह एक बार हर चीज को वैधता में रख देने के बाद उनका हिसाब-किताब तो लगा सकता है, उनके होने के बारे में सवाल नहीं पूछ सकता। इससे साहित्य या कला के खोजपूर्ण पक्ष यानी आलोचनात्मकता का क्षय हो जाता है।

जब ताकत पार्टी का रूप न लेकर पूँजी का रूप लेती है तब कलाओं और साहित्य के 'नायकोत्तर' या उत्तर-आधुनिक उत्तर उपस्थित होते हैं जो आधुनिकता विरोधी उत्तरों से स्पष्ट होते हैं। वैधता पूँजी का रूप ले लेती है। वह बाजार का रूप ले लेती है। सर्वसंग्रहवाद संस्कृति का सत्य बन जाता है। आदमी सुनता है तो आनंद के लिए। खाता है तो आनंद के लिए। ज्ञान है तो खेल के लिए। इस सर्वसंग्रही कलास्थिति के लिए बाजार खुला होता है। ग्राहक होते हैं। (बड़े-बड़े कलाकार, गैलरी चलाने वाले, आलोचक, कवि सब विलाप करते हैं कि सब चलने लगा है कला के नाम पर और उसमें मस्त भी रहते हैं।)

यही शैथिल्य है। कलाओं के तनाव का शून्य। 'हर चीज चलती है'। चालू यथार्थ पूँजी के व्यवहार का यथार्थ है। साहित्य और कला मुनाफे से संबद्ध हो गई है। वे जितना मुनाफा देती हैं, उतनी ही मूल्यवान हैं। यह 'यथार्थवाद' हर प्रकार की प्रवृत्ति को अपने में शामिल कर लेता है। जिस तरह पूँजी सब जरूरतों को अपने में समो लेती है, उत्तर-आधुनिकता का 'उत्तर-यथार्थवाद' भी समो लेता है।

कला और साहित्यालोचना आधुनिक राज्यसत्ता अथवा पार्टी की नीतियों से चुनौती पाती थी और अब बाजार से पा रही है। जो आदमी की नजर में है, चलन में है, उसकी पूर्ति करने वाली कृति की वकालत की जाती है।

यह कुछ-कुछ बैंजामिनीय या एडोर्नो वाला परिदृश्य है। यह मनुष्य की कल्पना और भाषा के खोल के ऊपर विज्ञान और तकनीक को रख देता है। ऐसा लगता है कि हमारे बोध का भयावह औपनिवेशीकरण हो गया हो और अब सिर्फ तकनीकी मानक बचा हो। किंतु इस प्रक्रिया में विज्ञान और तकनीक अपना बंधन अपने साथ लिये चलते हैं कि हर चीज की उपादेयता निश्चित ढंग से परीक्षा के योग्य है।

इससे आगे उत्तर-आधुनिकता में यह बंधन व्यर्थ हो जाता है। कला ने, मन की उड़ान ने, वृत्तांत ने, भाषा के खेल ने भी पलटकर पूँजी या पार्टी के खेल पर कुछ-न-कुछ छाप छोड़ी होती है। उसने उन आर्थिक निश्चितताओं, राजनीतिक निश्चितताओं को थोड़ा बहुत धोखा दिया होता है जो हर चीज का नियंत्रण करने चली थीं। यह वृत्तांत अथवा (भाषा का) पूँजी का संग-साथ छोड़ देना है। (विदड्रावल है।)

यहीं आधुनिकता मात खाती है। उद्योग और विज्ञान दोनों की आंतरिक शर्तें 'संदेह' से आरंभ होती हैं। उद्योग पुराने तमाम उत्पादन संबंधों को संदेहास्पद मानकर नए बनाता चलता है और जिस दिन उसके अपने संदेह चुक जाते हैं, वह पीछे लौटने लगता है। विज्ञान में खोज इस संदेह के बिना, इस प्रश्नाकुलता के बिना संभव नहीं। और आधुनिकता की शर्त यही है कि वह विश्वासों को तोड़े बिना और यथार्थ के अभाव

के 'यथार्थ' को खोजे बिना दो कदम नहीं चल सकती।

'यथार्थ के अभाव' का यथार्थ क्या है ? वह जिसे सोचा जा सके, व्यक्त किया जा सके और जिसे बिना कला के दृश्य या श्रव्य न बनाया जा सके, इस 'अभाव' का यथार्थ है। आधुनिक तमाम कलाएँ इसी ढंग के 'अभाव' की कलाएँ हैं।

इस तरह हम देखते हैं कि उत्तर-आधुनिक आधुनिकता का एक नया क्रम है। वह एक स्तर पर 'आधुनिक' का हिस्सा है। हर चीज पर उसे शक है। चाहे वह चीज कल ही क्यों न बनी हो। उसे सभी महानताओं-महावृत्तांतों पर शक है। यह उत्तर-आधुनिक स्थिति आधुनिकता का अंतिम बिंदु नहीं है, बल्कि बिलकुल नई शुरुआत के रूप में है और लगातार है।

आधुनिक सौंदर्य 'उदात्तता' में है। यद्यपि उसमें एक अतीत राग जरूरी है। वह 'अभाव' को खोए हुए केंद्र के रूप में कलाओं में ढूँढ़ती है। उसका रूप पाठक या श्रोता को आनंद देता है। 'खोज' का आनंद। उदात्तता में दुःख और सुख दोनों मिले रहते हैं।

इसके मुकाबले उत्तर-आधुनिक 'अभाव' में ही 'भाव' ढूँढ़ता है। उदात्तता की खोज में नहीं निकलता। वह आनंद और दुःख का तनाव नहीं पैदा करता। वह उन तमाम स्थितियों को बनाता है, ढूँढ़ निकालता है जहाँ 'शांति' नहीं है, उदात्तता नहीं, अतीत राग नहीं है, दुर्लभता नहीं है। वह यदि प्रस्तुति-योग्य 'भाव' को खोजता भी है तो उसे अप्रस्तुति-योग्य बनाते हुए। इस तरह एक उत्तर-आधुनिक कलाकार दार्शनिक की तरह है। वह जो पाठ लिखता, जो निर्माण करता है, उसके लिए कोई भी पूर्वनिर्धारित नियम लागू नहीं होते। उसकी कोई परंपरा नहीं है। वे पूर्ण निर्णयों से जाँचे नहीं जा सकते। हर कृति अपने नए नियम खोजती है। उत्तर-आधुनिक लेखक बिना नियमों के खेल खेलते हैं। इसीलिए साहित्य सिर्फ संभावना होता है, संभव नहीं होता। पाठ या कृति घटना मात्र होती है, उपलिब्ध नहीं। इसीलिए वे अपने सर्जक के नहीं होते। उनका अर्जन बहुत तुरत-फुरत होता है। इस तरह उत्तर-आधुनिक को भविष्य (पोस्ट) और वर्तमान के अंतर्विरोध के भीतर ही समझा जा सकता है।

# वृद्ध पूँजीवाद का सांस्कृतिक तर्क : जेमेसन

उत्तर-आधुनिकता के एक बड़े चिंतक और सिद्धांतकार फ्रेडरिक जेमेसन हैं। जेमेसन मार्क्सवादी चिंतक हैं जिन्होंने मार्क्सवाद के साथ उत्तर-संरचनावादी अवधारणाओं को परखा है। 'उपभोक्ता समाज और उत्तर-आधुनिकता' के संबंधों की व्याख्या करते हुए उन्होंने 'उत्तर-आधुनिकता' की उपस्थिति को 'वृद्ध पूँजीवाद' से जोड़ा। 1984 में आई उनकी प्रख्यात पुस्तक 'द पोस्ट-मॉडर्निज्म : द कल्चरल लॉजिक ऑफ लेट कैपीटलिज्म' ने इस क्षेत्र में तहलका मचा दिया। बाद में वृद्ध पूँजीवाद के सांस्कृतिक तर्कों की खोज करते हुए उन्होंने 'रीडिंग विदाउट इंटरप्रेटेशन : पोस्ट मॉडर्निज्म एंड द वीडियो टैक्स्ट' (1987) लंबा निबंध लिखकर नई उत्तेजक बहसों को जन्म दिया। जेमेसन की मौलिकता यह रही है कि उन्होंने नई अर्थव्यवस्था और जीवन स्थितियों तथा 'नई सांस्कृतिक संरचनाओं के बीच अंतर्संबंध' के बिंदुओं को किसी हद तक स्पष्ट किया।

'पोस्ट-मॉडर्निज्म एंड कंज्यूमर सोसाइटी' नामक लेख में जेमेसन उत्तर-आधुनिक संस्कृति की विशेषताएँ बताते हुए कहते हैं कि 'पैबंदबाजी और अनेक शैलियों की गड्डमड्ड स्वीकृति' इस संस्कृति का अंग है जो आधुनिक संस्कृति के गहन अभिव्यंजनात्मक सौंदर्य की विरोधी है। इसका कारण आधुनिकता के दौर में विकसित वे सांस्कृतिक रूप हैं जिनके नायक अब संग्रहालयों और विश्वविद्यालयों में संस्थानीकृत हो चुके हैं। उत्तर-आधुनिकता इस जड़ीभूत सौंदर्याभिरुचि के विरुद्ध एक प्रतिक्रिया है। यह प्रतिक्रिया सहज हो उठी है क्योंकि भाषा अपने नियमों से स्वतंत्र हो गई है और एक ऐसी भाषा बन गई है जिसे हर समूह अपने लिए नितांत प्राइवेट भाषा बनाए ले रहा है, हर धंधा अपनी अलग संहिता विकसित कर रहा है, हर व्यक्ति एक 'भाषाई द्वीप' बना जा रहा है।

इस गड्डमड्ड यथार्थ का कारण पूँजी का नया खेल है। शैलियों का तेज चक्र, फैशन का पल-पल परिवर्तित रूप, विज्ञापन की ताकत, इलैक्ट्रोनिक मीडिया की शक्ति, भूमंडलीय स्तर का स्तरीकरण, नवउपनिवेशवाद, पर्यावरणवाद थी तमाम चीजें मिलकर उत्तर-आधुनिक विभक्तियों को निर्मित करती हैं और इतिहास के बोध को धुँधलाती हैं। जेमेसन कहते हैं, 'हमारा वर्तमान समाज अपने अतीत को जानने की क्षमता खो चुका है, वह सिर्फ शाश्वत वर्तमान में रहता है।' (पोस्टमॉडर्निज्म एंड कंज्यूमर सोसायटी)।

अपनी इन शुरुआती व्याख्याओं को जेमेसन ने 'वृद्ध पूँजीवाद का सांस्कृतिक तर्क'

वाली पुस्तक में विकसित किया है जो उत्तर-आधुनिकता की बहसों में नया मोड़ पैदा करती हैं। यहाँ जेमेसन उत्तर-आधुनिकता के समाजशास्त्रीय, अर्थशास्त्रीय पहलू पर चिंतन करते हैं। वे इस सांस्कृतिक परिवर्तन को पूँजीवाद के नए चरण से जोड़ते हैं। यह पूँजीवाद 'वृद्ध-पूँजीवाद' लेट-कैपीटलिज्म है। यह शब्द अर्थशास्त्री अर्नेस्ट मैंडेल की इसी नाम की किताब (लेट कैपीटलिज्म) से लिया गया है।

अमरीकी समाजशास्त्री डेनियल बैल ने अपनी प्रसिद्ध पुस्तक 'द कमिंग ऑफ द पोस्टइंडस्ट्रियल सोसाइटी' में पूँजीवाद के नए चरण को ऐसे चरण के रूप में सिद्ध किया था जिसमें 'वर्ग-टकराव' तिरोहित हो गए हैं। अर्नेस्ट मैंडेल और बाद में जेमेसन बैल की इसी तरह की अवधारणाओं को चुनौती देते हैं। जेमेसन का मानना है कि यह वर्तमान समय पूँजीवादोत्तर अथवा पूँजीवाद से परे चले जाने का समय नहीं बल्कि 'भूमंडलीय पूँजी के रूप में ताकत के घनीभूत होते जाने का काल' है।

अर्नेस्ट मैंडेल के शोधों को आधार सामग्री बनाते हुए जेमेसन पूँजी के इस विस्तार को तीन चरणों में विभक्त करके चलते हैं।

–'पहला दौर' 'बाजार-पूँजीवाद' का दौर था जो औद्योगिक क्रांति का फल था–1700-1850 के बीच यूरोप में पूँजी और उद्योग के सहयोग से फलीभूत राष्ट्रीय बाजारों का निर्माण और औद्योगिक आधुनिक संस्कृति का निर्माण हुआ। वह बाजार-पूँजीवाद (मार्केट कैपीटलिज्म) का युग था।

–'दूसरा दौर' 'इजारेदार पूँजीवाद' का दौर था।

–'तीसरा दौर' 'बहुराष्ट्रीय पूँजी' का दौर है।

सारी समस्या उत्तर-आधुनिकता की दिशा परखने की है जो आसानी से नहीं दिखलाई पड़ती। जेमेसन की उत्तर-आधुनिकता की केंद्रीय समस्या उसके नक्शे बनाने (मैपिंग) की है। यह समस्या स्वयं उत्तर-आधुनिक किस्म की है।

आज के जमाने में कंप्यूटरीकरण और सूचना-तकनीक की 'केंद्ररहित' स्थिति तथा उत्तर-आधुनिक संजाल को देखकर जेमेसन मानते हैं कि कंप्यूटरीकृत यथार्थ बहुराष्ट्रीय निगमों के पूँजीवाद का यथार्थ है। सूचना संजाल, विकेंद्रित भूमंडलीय संजाल, पूँजी की तीसरी अवस्था का द्योतक है। (इस क्रम में जेमेसन कंप्यूटर नेटवर्क को किसी गहन यथार्थ का विकृत रूप अवश्य कहते हैं। वह क्या है ? उसकी विकृति क्या है ? इस पर वे ध्यान नहीं देते।)

जेमेसन की एक बड़ी मौलिकता उत्तर-आधुनिक विकेंद्रित यथार्थ की चंचलता और अस्थिरता को रेखांकित करने से संबद्ध है। ये इसे उत्तर-आधुनिकता का सार कहते हैं। यहीं वे वाल्टर बैंजामिन से अलग होते हैं, जो 'राजनीति के सौंदर्यीकरण' को फासिज्म कहते हैं। जेमेसन इसे 'बुर्जुआ की लीला' कहते हैं। जराग्रस्त पूँजीवाद के सांस्कृतिक तर्क के बारे में वे कहते हैं कि यह तर्क 'वीडियो के पाठ' में अपने सबसे प्रामाणिक और मौलिक रूप में सामने आता है। यानी 'हर तरह की मौलिकता, ऐतिहासिकता से रहित होने की मौलिकता।'

अपनी दुविधा से जेमेसन दो-चार होते हुए एक जगह कहते हैं कि स्थिति की सबसे बड़ी दुविधा यह है कि इसमें पक्ष-विपक्ष आसानी से चुने नहीं जा सकते हैं। वे कहते हैं कि 'हम उत्तर-आधुनिक संस्कृति में 'अंतर्भुक्त' हैं और कुछ इस तरह हैं कि उसका नकार उतना ही असंभव लगता है। साम्राज्यवादी विस्तार का आधार स्पष्ट था। उस दौर में दुनिया के तमाम देश मंडी बने। विश्व बाजार बने। ये बाजार, लेकिन, अलग राष्ट्र-राज्यों द्वारा संयोजित, संगठित रहे। उनकी निर्भरता बढ़ती रही लेकिन वे स्वतंत्र भी रहे। अब सब कुछ भूमंडलीय है। यह आधुनिकता के चरण का अंत है।'

पूँजी का तीसरा उत्तर-आधुनिक दौर इजारेदारी से बहुराष्ट्रीय निगमों के पूँजीवाद में विकसित हुआ है। इसमें अंतर्राष्ट्रीय उपस्थिति वाले बहुराष्ट्रीय निगमों की ऐसी सक्रियता पैदा होती है जो राष्ट्रों की राष्ट्रीय सीमाओं को लाँघ जाती है।

जेमेसन पूँजी के इस उत्तर-आधुनिक चरण को 'मार्क्स के विश्लेषण' के विरोध में नहीं पाते हैं बल्कि मार्क्स के विश्लेषण के विकास और दृष्टांत के रूप में देखते हैं। 'उपभोक्तावादी पूँजीवाद अथवा बहुराष्ट्रीय पूँजीवाद जेमेसन की दृष्टि में एक ऐसी 'शुद्ध पूँजी' के जन्म के लक्षण हैं जो अभी पूरी तरह विकसित होनी है और जिसे उस क्षेत्र में भी जाना है जहाँ उसका प्रवेश वर्जित था।'

जेमेसन की उक्त अवधारणाएँ पुराने ढंग के मार्क्सवाद और मार्क्सवादियों के लिए कष्टकर है। पुराने ढंग के मार्क्सवादी विचार, जो 'बाजार-पूँजीवाद' में बने (मार्क्स का युग) और 'इजारेदार पूँजीवाद' में परिपक्व हुए (लेनिन का युग), संस्कृति के रूपों को विचारधारात्मक पर्दा मानते थे जो वास्तविक आर्थिक संबंधों को विकृत करने और ध्यान से हटाने का काम करने वाला था। किंतु जेमेसन के अनुसार, उत्पादन प्रक्रिया, विनिमय प्रक्रिया, बाजारीकरण और संस्कृति के रूपों (विज्ञापन, टीवी) का उपभोग अब मूलतः आर्थिक प्रक्रिया की अभिव्यक्ति है। समाज के चलन में सक्रिय प्रतीक, बिंब, शैली और नायक एक निश्चित आर्थिक क्रिया में सिर्फ 'सहवर्ती' (एक्सैसरी) नहीं हैं बल्कि वे अपने आप में 'पूर्ण उत्पाद' हैं। इसी तरह सूचना तकनीक का विस्फोट सूचना को विनिमय और लाभ कमाने का जरिया मात्र नहीं बल्कि खुद अपने आप में एक महत्त्वपूर्ण 'पण्य' बनाता है। पण्यवादी-उपभोक्तावादी-पूँजीवाद ने संस्कृति को गटक लिया है—ऐसा मानना—जेमेसन के अनुसार, एक व्यतीत विचार को सीने से लगाए रखना है। सचाई यह है कि यह एक विस्फोट की स्थिति है। सामाजिक दृश्य में संस्कृति का सर्वग्राही विस्फोट इतना सर्वग्रासी है कि हमारे जीवन के आर्थिक मूल्य से लगाकर राज्यसत्ता के तौर-तरीके, मनुष्य के मनोविज्ञान से लेकर व्यवहार के प्रकट रूप सब 'सांस्कृतिक' बन गए हैं।

जेमेसन के उत्तर-आधुनिक चिंतन की एक विशेषता यह है कि उन्होंने समूची आर्थिक संरचना को अर्नेस्ट मैंडेल के पूँजी के तीन चरण वाले इतिहास के सहारे भाषागत और चिह्नगत इतिहास में बदला है। यह उत्तर-आधुनिक चिंतन का एक महत्त्वपूर्ण पहलू है। उन्होंने समाज की तमाम प्रक्रियाओं को विचारधारात्मक प्रक्रियाओं

की जगह चिह्नशास्त्र की गतिशीलता के रूप में व्याख्यायित किया है।

बुर्जुआ समाज के आरंभ में पूँजी और श्रम के बीच, विनिमय मूल्य और सामाजिक उपयोग-मूल्य, मालिक और नौकर के बीच पूँजी निर्णायक विभेदक थी। ये भेद अब भाषाई चिह्नों के क्षेत्र में पहुँच गए हैं। इस स्थिति में व्यंजक, अपने व्यंग्य से नितांत असंबद्ध न होकर भी बेहद स्वतंत्र हो जाते हैं। लेकिन यहाँ भी जुड़ाव बना रहता है। चिह्नों का अपने निर्माता आधार से जुड़ाव। यह आधुनिकता का रूप है जिसमें 'हस्तक्षेप' संभव लगता है। उत्तर-आधुनिक चरण में, चिह्न एकदम निर्बाध और स्वतंत्र हो जाते हैं। वे अपने निर्माता के संदर्भ से मुक्त हो जाते हैं। यह स्थिति ही चिह्नों के क्षेत्र में पूँजी का विस्तार है। पूँजी तमाम चिह्नों को ऐसा कर देती है कि वे अपने अर्थदाता आधार से स्वतंत्र दिखें, स्वतंत्र चलन करें। ऐसे में वे संस्कृति और प्रतिनिधि प्रक्रिया (भाषा) को ही मुक्त नहीं कर देते हैं बल्कि आधुनिकता का प्रसिद्ध स्वायत्त क्षेत्र भी खत्म हो जाता है।

जेमेसन कहते हैं कि इस चरण में हमारे पास व्यंजकों (चिह्नों) की मनमानी और शुद्ध लीला बच रहती है जिसे हम उत्तर-आधुनिकतावाद कहते हैं, जिसमें आधुनिकतावाद की तरह कोई बड़े 'सृजन' संभव नहीं हैं। बल्कि पहले से मौजूद 'पाठ (टैक्स्ट) के टुकड़ों का निरंतर परावर्तन है, पुरानी संस्कृति के खिलौने हैं जो नित नए जंगल बनाते हैं, ऐसी किताबें हैं जो दूसरी किताबों को उदरस्थ करती हैं, ऐसे पाठ बनते हैं जो दूसरे पाठों में प्रक्षेप करते हैं।

पाठक यह देखकर चौंक सकते हैं कि उनके उक्त सांस्कृतिक आकलन में संस्कृति के सर्वव्यापी और सर्वग्रासीकरण का सूत्र एक ऐसा सूत्र है जो संस्कृति-समीक्षा का द्वार ही बंद कर देता है। एक और उपभोक्ता पूँजीवाद का अंतिम तर्क 'रैकरण' (रीइफिकेशन) है जिसमें अजनबीपन, अकेलापन अपने चरम बिंदु पर है। दूसरी ओर चीजों के बीच भेद करने वाली दृष्टि का विनाश भी स्वीकृत है। प्रकटतः यह एक अंतर्विरोध लगता है। दरअसल उनके यहाँ अब तक अलग-अलग दिखने वाले अर्थक्षेत्र और संस्कृति क्षेत्र एकमेक हो जाते हैं।

जेमेसन के आलोचक आरोप लगाते हैं कि उत्तर-आधुनिकता के इस परिदृश्य में एक ओर समीक्षा दूसरी ओर ऐतिहासिकता—दोनों खत्म हो जाती हैं। लेकिन जेमेसन उस स्थिति के विश्लेषण पर अधिक जोर देते हैं जहाँ आकर आलोचनात्मकता तिरोहित होने लगती है।

'द पोस्ट-मॉडर्निज्म' में जेमेसन ने विस्तार से बताया है कि किस तरह उत्तर-आधुनिकतावाद वृद्ध पूँजीवाद का सांस्कृतिक तर्क है।

जेमेसन क़ी इन मान्यताओं का सूत्र-संक्षेप इस प्रकार किया जा सकता है :

उत्तर-आधुनिकतावाद आधुनिकीकरण की प्रक्रिया की समाप्ति के बाद की स्थिति है। इसमें 'प्रकृति' को विदाई दे दी गई है। यह स्थिति पुरानी से बेहतर है लेकिन सिर्फ इस अर्थ में कि 'संस्कृति' ही 'दूसरी प्रकृति' बन गई है।

संस्कृति अपने आप में एक 'उत्पाद' बन गई है। बाजार अपना स्वयं विकल्प बन गया है। वह स्वयं में पण्य बन गया है। आधुनिकता 'पण्य' की समीक्षा थी और चाहती थी कि पण्य को बदला जाए। 'पण्य' ने ही उसे बदल दिया।

उत्तर-आधुनिकता पण्यीकरण की प्रक्रिया का उपभोग-भर है। उसमें उपस्थित जीवन-शैली, मार्क्स की 'फीटिश' की तरह वस्तु-पूजा में बदल गई है।

उत्तर-आधुनिकता में सिद्धांत-निर्माण नहीं होता। आर्थिक भविष्यवाणियाँ, बाजार अध्ययन, सांस्कृतिक समीक्षाएँ, फिल्म समारोह की समीक्षाएँ, धार्मिक पुनर्जागरण या व्यक्ति-पूजा—सब चीजें उत्तर-आधुनिक 'सिद्धांत' हैं। ये नए विमर्श हैं जो अपने आप में पूर्ण हैं।

ऐतिहासिकता की अनुपस्थिति उत्तर-आधुनिकता की एक बुनियादी स्थिति है। इसीलिए आप उसके सिद्धांत-कथन नहीं कर सकते। सिद्धांत-कथन ऐसे प्रयत्न हो सकते हैं जैसे बिना थर्मामीटर के कोई अपने समय का तापमान जानना चाहे। फिर भी उत्तर-आधुनिकतावादी 'सिद्धांत' द्वंद्वात्मक है क्योंकि यह अनिश्चितता को ही पकड़ने को उद्यत रहता है, और इस कमजोर सूत्र से ही उस पहेली को सुलझाने चलता है जोकि पहेली नहीं है बल्कि एक 'शापिंग काम्प्लैक्स' भर है।

यह महावृत्तांत (ग्रैंडनेरेटिव) का अंत न होकर, आधुनिक मानक का अंत है। इसका कारण है। ल्योतार के महावृत्तांत के अंत के बावजूद अंत में 'अंत का वृत्तांत' बना रहता है। उस 'अंत' का कथन वृत्तांत में ही होता है।

चाहे उत्तर-आधुनिकता की 'आधारवाद विरोधी' (एंटी फाउंडेशनलिज्म) स्थितियाँ हों अथवा 'तत्त्ववाद विरोधी' (एंटी एशैंशियलिज्म) स्थिति—वे अभी तक टुकड़े-टुकड़े प्रत्यक्ष हुई हैं, समग्रता में उपस्थिति नहीं हुई है।

उत्तर-आधुनिकतावाद किसी नई समाज-व्यवस्था का सांस्कृतिक वर्चस्व नहीं है। वह बैल की उत्तर-औद्योगिक अवस्था का वर्चस्व नहीं है बल्कि एक प्रतिबिंब-भर है और नए पूँजीवाद का सहवर्ती रूप है। इसलिए यह संभव है कि इसके साथ इसके कुछ पुराने अवतार (यथार्थवाद, आधुनिकता) इसकी सहयोगी सामग्री बनी रहें।

इतिहास के खात्मे के बाद भी इतिहास का इस तरह बचे रहना, महावृत्तांत के खात्मे के बाद वृत्तांत का बचे रहना, उत्तर-आधुनिकतावाद की दूसरी विशेषता को बताता है जो ध्यान देने योग्य है। वर्तमान को देख सकने की उसकी क्षमता और इस क्षमता द्वारा वर्तमान को देखकर किन्हीं निष्कर्षों पर पहुँच सकने की अक्षमता से एक प्रश्न पैदा होता है कि वर्तमान को ऐतिहासिक मौलिक क्षण की तरह देखा जाए या पुरानी घड़ी का नया विस्तार-भर माना जाए ?

उत्तर-आधुनिकतावादी पद की सफलता की कहानी की माँग होगी कि अब उसे बेस्टसेलर के रूप में लिखा जाए। यह कहानी माध्यम-समाज की कहानी की तरह ही हो सकती है।

बिना जाने यदि हम उत्तर-आधुनिकता की 'जरूरत' समझते हैं, विरोधी विचारों के

लोग इस शब्द पर 'सहमत' हो लेते हैं तो क्यों ? ये ऐसे प्रश्न हैं जो तब तक अनुत्तरित रहेंगे जब तक हम इसकी दार्शनिक और सामाजिक अवधारणा को न समझ लें। लेकिन यही चीज फिलहाल असंभव है।

उत्तर-आधुनिकतावाद से स्पर्धा रखने वाले कई पद हैं, जैसे उत्तर-संरचनावाद, उत्तर-औद्योगिक समाज। ये उत्तर-आधुनिकतावाद के 'सहवर्ती' पद हैं।

उत्तर-आधुनिकतावाद ने दैनिक जीवन के क्षेत्रों में जन्म लिया है। इसलिए यह कलात्मक, सामाजिक, आर्थिक तमाम क्षेत्रों में मौजूद स्थिति है। यह हर क्षेत्र की नई सूची और नई संहिता बनाती है।

रेमंड विलियम्स ने जिसे 'संवेदना की संरचना' कहा है, उसे उत्तर-आधुनिकता की संरचना कहा जा सकता है। इस संरचना की प्रतिज्ञा आधुनिकता की बोरियत से मुक्ति दिलाने में निहित है।

उत्तर-आधुनिकता का वैचारिक आधार श्रम के भूमंडलीय विभाजन पर टिका है। वह अपने लिए उत्तर-आधुनिक मनुष्यों का निर्माण करता है जैसा कि एक जमाने में आधुनिकता ने आधुनिक मनुष्य तैयार किया था। यह नया उत्तर-आधुनिक मनुष्य नई स्थितियों में जी सकता है। (उदाहरण के लिए माइकल जेक्सन और मैडोना और बाबा सहगल आदि।) उसके भावलोक की संरचना उत्तर-आधुनिक जीवन स्थितियों की पूरक है।

वीडियो उत्तर-आधुनिकता का सबसे नया माध्यम है। यह एकदम मौलिक माध्यम है।

उत्तर-संरचनावाद उत्तर-आधुनिकतावाद का उपसंस्करण है।

कृति का अंत हो रहा है। 'पाठ' कृति की जगह ले रहा है। सृजन, रचना जैसे शब्द आधुनिकतावादी हैं। पाठ और विखंडन उत्तर-आधुनिकतावादी हैं (नए स्पेस में सक्रिय पाठ-रणनीतियाँ हैं। लेकिन वे पर्याय नहीं हैं जैसा कि कई लोग समझते हैं।)

उत्तर-आधुनिकता में इतिहास के दलित-दमित की वापसी (रिटर्न ऑफ द रिप्रैस्ड) है लेकिन यह अतीतरागी (नॉस्टैल्जिक) नहीं है। रूमानी नहीं है।

वृद्ध पूँजीवाद उत्तर-आधुनिकता का एक परिदृश्य ही नहीं, एक शर्त भी है। वृद्ध पूँजीवाद (लेट कैपीटलिज्म) बहुराष्ट्रीय निगमों का भूमंडलीकृत बाजार है। वह साम्राज्यवादी दौर से अलग है जिसमें विभिन्न औपनिवेशिक देश युद्ध करते थे।

जेमेसन मानते हैं कि ग्रंड्रिसे (1857) में मार्क्स ने जिसे 'विश्व-बाजार' कहा था, जिसे 'पूँजीवाद का अंतिम क्षितिज' कहा था, वृद्ध पूँजीवाद वही अवस्था है। अंतर्राष्ट्रीय कोष, बैंकिंग, स्टाक एक्सचेंज, दूसरी-तीसरी दुनिया की कर्जदारी, माध्यमों की नए ढंग की अंतःनिर्भरता, कंप्यूटर, उपभोक्ता वस्तुओं का भूमंडलीय चलन, यप्पी वर्ग का आगमन आदि इस विश्व-बाजार के लक्षण हैं।

विकसित देशों में यह अवस्था द्वितीय विश्वयुद्ध के बाद आने लगी थी। 1960 के बाद इसका सांस्कृतिक रूप स्पष्ट हुआ। 1950 के दशक में उत्तर-आधुनिकतावाद

की आर्थिक स्थितियाँ तैयार हो गई थीं। युद्ध के दौरान बाजार के सिकुड़ने के बाद, उपभोक्तावादी क्रांति स्वाभाविक थी। 1960 के बाद अतीत से एकदम 'तोड़' पैदा हुआ। हर देश का अपना 'वृद्ध पूँजीवाद' है। उसकी अलग शक्ल है। लेकिन इसका केंद्र अमरीका रहा है। 1945 से 1973 के बीच अमरीका ही पूँजीवाद की तीसरी लंबी लहर का केंद्र रहा है। वहीं यह नई व्यवस्था निर्मित हुई है। 'उत्तर-आधुनिकता' उत्तरी अमरीका की भूमंडलीय जीवन शैली भी कही जा सकती है।

यह आर्थिक संरचना और संवेदनात्मक संरचना 1973 के आसपास बनी जब तेल संकट, स्वर्णसंकट और मुक्ति-युद्धों का संकट समाप्त हुआ। इसी दौर में पुराने ढंग के साम्यवाद का भी खात्मा हुआ।

'वृद्ध' का मतलब 'पकना', 'बदलना', 'जरायु' होना है। जेमेसन 'लेट कैपीटलिज्म' में 'लेट' को 'बदलने' (प्रौढ़ होने) के पर्याय के रूप में देखता है। यह पूँजीवाद की पिछली अवस्था से 'पृथक' आस्था है। (हम 'वृद्ध' के रूप में देखते हैं क्योंकि वह भी 'अमर' नहीं है।)

यह 'बदलना' पूँजी का संस्कृति में बदल जाना है। अर्थ और संस्कृति जो पहले दो क्षेत्र थे, अब एक है। इस तरह मार्क्सवाद में 'आधार' और 'अधिरचना' के प्रचलित भेद मिट गए हैं। इसीलिए उत्तर-आधुनिकता पूँजीवाद के नए चरण का सांस्कृतिक तर्क है।

जेमेसन की 'द पोस्ट-मॉडर्निज्म' पुस्तक का प्रमुख लेख 'कल्चरल लॉजिक ऑफ लेट कैपीटलिज्म' पहले-पहल 1984 में प्रकाशित हुआ था। इस पुस्तक में कुल दस लेख संग्रहीत हैं जो उत्तर-आधुनिक संस्कृति, विचारधारा की स्थिति, वीडियो, भाषा, सिद्धांत, देशभक्ति, अर्थशास्त्र, फिल्म आदि के क्षेत्रों की व्याख्या करते हैं। इन लेखों में उत्तर-आधुनिक स्थितियों और अवधारणाओं पर विचार करते हुए जेमेसन कुछ निष्कर्ष निकालते हैं। (यद्यपि उनके पाठ में निष्कर्ष ढूँढ़ना अति कठिन काम है।)

उत्तर-आधुनिकतावाद में 'उच्च संस्कृति' और 'निम्न संस्कृति' का भेद समाप्त हो जाता है। नए 'सांस्कृतिक तर्क' की अवस्था के बारे में जेमेसन के निष्कर्ष इस प्रकार कहे जा सकते हैं। विशेष लक्षण इस प्रकार हैं :

1. समकालीन संस्कृति 'छलना' द्वारा निर्मित (साइमूलाक्रा) 'अ-गहनता' (डैप्थलैसनैस) की स्थिति है।

2. यह निजी या सामाजिक जीवन में इतिहासबोध के कमजोर होते जाने की स्थिति है जो आत्मविभक्त तमाम कला रूपों में प्रकट है।

3. यह एक नई भावनात्मक अथवा संवेदनात्मक संजाल की अवस्था है जो पुराने ढंग की पितृग्रंथि (ईडीपल) की तरह अपने से बाहर वस्तुओं से संबद्ध नहीं होती।

4. यह तकनीक-निर्भर है जहाँ तकनीकों की केंद्रिकता विश्व की नई अर्थव्यवस्था की केंद्रिकता से जुड़ी है।

अपनी पुस्तक के उपसंहार में जेमेसन कुछ नए सूत्र देते हैं जिनसे उत्तर-आधुनिकतावाद

की परिणतियों को चीन्हने में मदद मिल सकती है।

जेमेसन 'मार्क्सवाद और उत्तर-आधुनिकतावाद' को साथ-साथ रखते, पढ़ते हैं और स्वयं अपने पाठक के चकित होने को भाँप कर कहते हैं कि 'कुछ लोग यह निष्कर्ष निकाल सकते हैं कि उत्तर-आधुनिक हो जाने के बाद उन्हें मार्क्सवादी नहीं रहना चाहिए।' लेकिन आगे वे पूर्ण उत्तर-आधुनिकता में मार्क्सवाद को किसी 'नए रेस्त्राँ में विज्ञापित भोजन-भर' की तरह देखते हुए दोनों शब्दों के 'सहमिलन' को नए अर्थ देते हैं।

यहाँ जेमेसन अपने उन अंधे समीक्षकों को सावधान कर रहे हैं जो अध्ययन की विषयवस्तु से 'अध्येता' की स्थिति को 'दो दूनी चार वाले' तरीके से मिलाकर देखते हैं। आगे वे कहते हैं कि वह व्यक्तिगत चयन नहीं हो सकता कि हम उत्तर-आधुनिकता का समारोह करें या उसे अमान्य ठहराएँ। आधुनिक अवांगार्द दिमाग के पुराने लोग, जो उन्हें 'अश्लील मार्क्सवादी' कहते हैं, के लिए उनका यह उत्तर उचित ही है।

जेमेसन उन आधुनिकतावादियों की त्रासदी पर चिंतित हैं जो समकालीन बदलते वक्त में संवाद नहीं कर पा रहे हैं। उत्तर-आधुनिक स्थितियों के रैकरण (वस्तु-पूजन) के दौर में आधुनिक दृष्टि के लिए अपने औजारों को सँजोकर आसपास देख पाना कठिन होता जा रहा है। सृजन या रचना की जगह 'निर्मिति' या 'उत्पाद' अधिक सार्थक होने लगा है। आधुनिक समीक्षाशास्त्र इस स्थिति से वाकिफ नहीं लगता। उत्तर-आधुनिकता ने आधुनिकता द्वारा रोके हुए बाँधों को तोड़ दिया है।

जेमेसन उत्तर-आधुनिकता की एक बड़ी 'स्थिति' 'बहुलवाद' को मानते हैं। बहुलवाद (प्लूरलिज्म) को जेमेसन समूहों (ग्रुप) की विचारधारा कहते हैं, जनता की विचारधारा या वर्ग की विचारधारा नहीं। बहुलवाद तीन छद्म-विचारों पर टिका होता है। एक--जनतंत्र, दूसरा--माध्यम, तीसरा--बाजार। ये तीनों बहुलवाद की पूर्वशर्त हैं।

'बहुलवाद' के साथ चलने वाला दूसरा शब्द 'प्रोफेसनलिज्म' है। यह बहुलवाद का सहगोत्रीय है। यह समूहों से जुड़ा है। इसमें आत्मतोष का भाव रहता है। उत्तर-आधुनिकता के कोश में यह एक प्रचलित शब्द है। इसमें समाजसेवा, ट्रेड-यूनियनिज्म नहीं आता। इसमें बड़ा अर्थशास्त्री, वैज्ञानिक अथवा बाबू सब बराबर हैं जो अपने कौशल और अपनी तनख्वाह में संबंध मानते हैं। दुनिया का तमाम शोधकार्य इसी श्रेणी में आता है। विचारधारा वहाँ आड़े नहीं आती। यह इन समूहों की नई ऐतिहासिकता है।

'यूटोपिया' का अभाव और 'भेद' (डिफरैंस) का विचार उत्तर-आधुनिकता की दो महत्त्वपूर्ण प्रस्तावनाएँ हैं। जेमेसन यूटोपिया के अभाव या विरोध को भी एक 'यूटोपिया' मानते हैं। यूटोपिया समग्रता की माँग करता है। 'प्रतिनिधान मूलकता का संकट' इस क्रम में तीसरा प्रस्ताव है जो तमाम राजनीतिक प्रक्रिया और कलाकर्म में उपद्रव मचाता है। जेमेसन कहते हैं, यूटोपिया के पीछे 'समग्रता' (टोटलिटी) और समग्रता के पीछे तानाशाही है। उत्तर-आधुनिक स्थिति यूटोपिया का अभाव होने के कारण एक खाली जगह बनाती है जहाँ 'द्वंद्व' और 'संघर्ष' की जगह 'भेद' स्थापित होते हैं। अब तक

यूटोपिया का प्रतिनिधित्व कोई-न-कोई शासकवर्ग करता था, अब इस प्रतिनिधित्व में संकट पैदा हो गया है। माध्यम और बाजार ही सामने प्रत्यक्ष होते हैं, प्रतिनिधि नहीं।

उत्तर-आधुनिकता का प्रतिनिधित्व नया अमीर करता है जो व्यवस्था की सीढ़ी को माध्यम के जरिए नापता है। यही प्रोफेसनल व्यक्ति है। यहाँ स्टेटस प्रमुख है। यह वर्ग की जगह प्रयुक्त होता है। यही नया जनक्षेत्र है।

उत्तर-आधुनिकता के माध्यम (मीडिया) और बाजार में नया संबंध उपस्थित हुआ है। मीडिया बाजार का प्रतिनिधि है। बाजार माध्यम का। मीडिया ही बाजार है। बाजार ही मीडिया है। वे कब जगह बदलते हैं, कहना कठिन है। यही मीडिया की 'राजनीति' है।

निजी जगत (प्राइवेसी) का खात्मा उत्तर-आधुनिक स्थिति की एक अन्यतम विशेषता है। सेक्स और हिंसा इस प्राइवेसी को खत्म करने के औजार हैं जो माध्यम और बाजार इस्तेमाल करता है। यही 'मीडिया पॉपूलिज्म' की स्थिति है।

उत्तर-आधुनिक स्थिति एक 'नए जनक्षेत्र' की उपस्थिति मानती है। जेमेसन हेबरमास के शब्दों को उद्धृत करके कहते हैं कि सिर्फ तकनीक या कैमरा ही नहीं, अपने लिए एक नया जनक्षेत्र बनाती है उत्तर-आधुनिकता। यह नया जनक्षेत्र अपना केंद्र आप होता है जो अपनी उपस्थिति का भान कराता है। भारत के संदर्भ में सवर्ण जातियाँ, उपजातियाँ, दलित, दलितों के भीतर जातियाँ, अल्पसंख्यक, जातीय समूह (ईथनिक)। ये अपने संबंधों के 'भेद' (डिफरैंस) को स्थापित करते हैं। [विकसित पूँजीवादी समाज में इससे नई सहनशीलता बन रही है, पिछड़े समाजों में हिंसा बढ़ रही है। अपने यहाँ (धार्मिक या जातिमूलक) 'दंगे' एक उत्तर-आधुनिक स्थिति ही हैं।]

उत्तर-आधुनिकतावादी समय में पतन, धार्मिक तत्त्ववाद और उच्च तकनीक साथ-साथ उपस्थित हो सकते हैं। तकनीक, धार्मिक तत्त्ववाद और पतन की दुर्गंध आपस में घुल जाती है। उच्च तकनीक विचारों के क्षेत्र में कोई जंग नहीं छेड़ती बल्कि सबसे पतित विचार को भी साथ-साथ सजा सकती है।

जेमेसन का मानना है कि यों कम्युनिस्ट मैनिफेस्टो और मार्क्सवाद मूलतः आधुनिकतावादी ही हैं। मार्क्सवाद ने कबीलाई युग और पूँजीवादी युग के बीच 'टूट' को रेखांकित किया था। पूर्व पूँजीवाद और पूँजीवाद के बीच फर्क किया था। मार्क्स ने पूँजीवाद को एक जटिल और विकराल लैबोरेट्री कहा था जिसमें से होकर तमाम पूर्व पूँजीवादी जीवन को गुजरना था ताकि वे समाजवाद के लिए विकसित, रूपांतरित और दीक्षित हो सकें। जेमेसन मार्क्सवाद के इस सूत्र को उत्तर-आधुनिक तत्त्व मानते हैं जो अब साक्षात हो रहा है।

जेमेसन तत्त्ववाद (धार्मिक अथवा वैचारिक तत्त्ववाद) को उत्तर-आधुनिक विशेषता मानते हैं। तत्त्ववाद अधिक शुद्ध और प्रामाणिक अतीत की परिकल्पना करता है। ईरानी क्रांति जो इस्लामिक थी और जिसे मुल्लाओं ने संपन्न किया, शाह के आधुनिकतावाद के विरुद्ध ही थी। वह इतनी ही आधुनिकता-विरोधी थी, जितनी कि वह उत्तर-आधुनिक

थी। यहाँ औद्योगिकीकृत समाज, राज्यसत्ता और नौकरशाही की तमाम विशेषताएँ स्वीकार्य थीं लेकिन इस्लामी ढंग से। यह स्पष्ट था कि इस्लाम की पुरानी शान को न तो प्रामाणिक ढंग से लौटाया जा सकता है न उसे शुद्ध किया जा सकता है आधुनिक पुनर्निर्माण (धर्म के पुनर्निर्माण) ने परंपरा के रूप को आधुनिकतावादी बनाया। उत्तर-आधुनिकता ने परंपरा को नया सामाजिक आंदोलन बना डाला है।

दिक्कत यह है कि इस उत्तर-आधुनिकता में 'धर्म' पर मौलिक विचार भी संभव नहीं हो सकता। हम धर्म के 'अनुभव' और उसके 'सौंदर्यात्मक' अथवा 'राजनीतिक' अनुभव को 'पकड़' नहीं सकते। पुराने ढंग के विश्वास या आस्था ने जब से आधुनिकता के तर्कवाद के आगे अपने प्रतिरोधात्मक स्वभाव को खोला है, तब से 'आस्था' का रूप और भी उलझन-भरा होता गया है।

धार्मिक उत्तर-आधुनिकतावाद आधुनिक सांस्कृतिक-सामाजिक अनुभव को पीछे धकेलना चाहता है। वह धर्म के रूप को आधुनिकता के तर्कवादी मैल से मुक्त करना चाहता है। आधुनिकता पिछले युग के तमाम विचारों से 'अलग' थी। उसे उपनिवेशों में रहने वाले 'पिछड़े' लोगों की अपेक्षा अपने 'विकास' पर गुमान था। उत्तर-आधुनिकता इन 'पिछड़ों' (पिछड़े देशों, पिछड़े समाजों) को ऐसा सांस्कृतिक, सामाजिक और मनोवैज्ञानिक 'अन्यताबोध' (अदरनैस) देती है जो पिछड़े समाजों को एक नई राजनीतिक अर्थवत्ता देता है। यह अन्यताबोध पश्चिमी समाजों के 'हुकुम' (कैनन) के बेकार हो जाने की सूचना और विकेंद्रित संस्कृति को जन्म देता है।

उत्तर-आधुनिकता में धर्म 'स्मृतिमूलक' श्रद्धांजलि उतना नहीं होता जितना कि 'उत्प्रेरित' छलना (साइमूलेशन) होता है। उत्तर-आधुनिकता में तत्त्ववाद मूलतः समूहगत (क्षुद्र-समूहगत) आंदोलन होते हैं। ईरान की धर्मक्रांति ने बता दिया कि कैसे एक उत्तर-आधुनिक राजनीति में अविकसित माध्यम-रूप जैसे अयातुल्लाह के भाषणों के कैसेट का उपयोग आधुनिकतावादी 'समग्रता' और 'राज्यसत्ता' हड़प लेने की प्रवृत्ति के साथ संगति में है। तीसरी दुनिया में ऐसी प्रवृत्तियाँ 'देर से आया आधुनिकता-विरोध' है जो आधुनिकीकरण की प्रक्रिया की आपूर्ति-भर है। उत्तर-आधुनिकता में आधुनिकता आदत की तरह चली आती है।

जेमेसन का दूसरा बड़ा अवदान उत्तर-आधुनिक समाज में 'सिद्धांत' के निर्माण की समस्या के बारे में है। जेमेसन मानते हैं कि सिद्धांतपूर्ण विमर्श का निर्माण, दो तत्त्वों—बाजार और माध्यम के साथ मिलकर ही संभव है। इसलिए सिद्धांत निर्माण के लिए जरूरी है कि अब तक के ज्ञान भंडार को चिह्नशास्त्र के अनुसार 'रिकॉर्ड' किया जाए और उनको 'निर्माता' और 'निर्मिति' में विभक्त किया जाए जैसे आधुनिकता में 'आधार' और 'अधिरचना' के रूप में किया गया था। वृद्ध पूँजीवाद के 'बाजार' और 'माध्यम' दो नई सिद्धांत-संहिताएँ (कोड) प्रदान करते हैं—पहला एकरूपीकरण यानी परिनिष्ठित स्थिति (स्टैंडर्डाइजेशन) और दूसरा 'भेद' और 'भिन्नता' (डिफरैंस)। एक ओर एकता, दूसरी ओर विभेद। जेमेसन इसमें 'वस्तुकरण' (रेकरण) को और जोड़ते

हैं। यहाँ आकर सिद्धांत का विमर्श 'कार्रवाई' (ऑपरेशन) भर बनकर रह जाता है।

जेमेसन स्वयं कहते हैं कि उत्तर-आधुनिकता की उनकी समीक्षा 'स्वयं समग्रतावादी' है। यही जेमेसन के 'सिद्धांत' की समस्या है। वे पूँजी के तीसरे तेज चरण (उत्तर-आधुनिक चरण) को समग्रतावादी नहीं मानते क्योंकि 'उत्पादन की प्रणाली' ही 'समग्र व्यवस्था' नहीं होती। अन्य बहुत सी चीजें उसमें सक्रिय होती हैं। जेमेसन के लिए उत्तर-आधुनिकता एक 'सांस्कृतिक तर्क' है जिसने 'सांस्कृतिक उत्पादों' को एक खास 'कार्य' दे दिया है। जेमेसन कहते हैं कि उत्तर-आधुनिकतावाद का 'वर्गीय सार' (क्लास कांटेंट) यह नहीं कि हम यह कहें कि 'यप्पी' वर्ग नया शासकवर्ग बन गया है। इसका मायने सिर्फ यह है कि उनके सांस्कृतिक आचरण एवं मूल्य और उनकी स्थानीय विचारधाराएँ एक नई सांस्कृतिक विचारधारा तथा प्रमेय (पैराडिम) तैयार कर देती हैं जो इस 'वृद्ध पूँजीवाद' के लिए वैधता प्रदान करती हैं। इस तरह उत्तर-आधुनिकतावाद सांस्कृतिक विचारधारा है। उसमें आधुनिकता द्वारा छोड़े गए तमाम 'खाली स्थान' (स्पेस) तमाम तरह की सांस्कृतिक चीजों से भर दिए जाते हैं। 'स्थान' का ऐसा अतिक्रमण उत्तर-आधुनिक का सांस्कृतिक सार है। इस 'अतिक्रमण' से राजनीतिक प्रक्रिया भी नहीं बचती। इसलिए 'स्थानीय' क्रांतियाँ भी होके खत्म होने लगती हैं। एक संस्थान या एक शहर या एक विश्वविद्यालय में 'क्रांति' दूसरों में फैलने से पहले बिखर जाती है। उसकी अधिक से अधिक 'एक फिल्म' रह जाती है। एक वीडियो टैक्स्ट या पाठ। बस।

अपनी पुस्तक के अंतिम पैरा में जेमेसन उत्तर-आधुनिक को समग्रता से देखने की अपनी दुविधा को इन शब्दों में रखते हैं, 'उस स्थिति को व्यवस्थित करना जो खुद अव्यवस्थित है तथा उस ऐतिहासिकता को इतिहासगत करना तो आदतन इतिहासेतर (ए-हिस्टरीकल) है, एक मजबूरी है। अभी हमें उसे नाम देना है।' यह आधुनिक व्याख्याशास्त्र उत्तर-आधुनिकतावादी बहसों में बार-बार उभरता है।

# उपभोग और छलना : बौद्रीआ

इस क्रम में बौद्रीआ तीसरे बड़े चिंतक हैं जिन्होंने उत्तर-आधुनिकता के लक्षणों पर बेहद तीखे और उत्तेजक ढंग से विचार किया है। उन्होंने उत्तर-आधुनिकता के अर्थशास्त्र और समाजशास्त्र को नए आयाम दिए हैं। 'द सिस्टम ऑफ ऑब्जेक्ट्स' (1968), 'कंज्यूमर सोसाइटी' (1970), 'द मिरर ऑफ प्रोडक्शन' (1973), 'सिंबलिक एक्सचेंज एंड डैथ' (1976), 'ऑन सिडक्शन' (1979), 'साइमूलक्रा और साइमूलेशंस' (1881), 'फेटल स्ट्रैटेजीज' आदि उनकी पुस्तकों ने उत्तर-आधुनिक स्थितियों को पहचानने के नए औजार दिए हैं। अपने नितांत नए मार्क्सवादी विचार के कारण वे अनेक स्तरों पर उत्तेजक बहसें उठाते रहे हैं।

अपने एक महत्त्वपूर्ण ग्रंथ 'द मिरर ऑफ प्रोडक्शन' में बौद्रीआ ने जन-संस्कृति और बड़े पैमाने पर संस्कृति का उत्पादन करने वाली तकनीक के विकास पर विचार करते हुए एक जगह कहा है कि पूँजीवाद के इस नए तीसरे चरण में, आर्थिक क्षेत्र अथवा उत्पादक क्षेत्र को संस्कृति के क्षेत्र से या विचार के क्षेत्र से, बिंबों, प्रतीकों, भावनाओं, मनोविज्ञान के क्षेत्र से अलग-अलग करके चलना असंभव है। अब ये तमाम क्षेत्र आर्थिक क्षेत्र में अंतर्भुक्त हैं। फ्रांस में इस अवधारणा को सबसे पहले 1960 के दशक में सक्रिय 'सिचुएशनिस्टों' ने शुरू किया था और बताया था कि पूँजीवादी समाज अब 'भव्यता का समाज' बनता जा रहा है जिसमें आकर सबसे विकसित 'चीज' चीज नहीं, चीज की 'छवि' है। इस ग्रुप के महत्त्वपूर्ण सिद्धांतवेत्ता गाई देबोर ने लिखा है कि 'छवि अंततः अर्थशास्त्र की चालक शक्ति के रूप में रेल या बस को बेदखल कर देगी।'

छवियों का यह खेल क्या है और वह मार्क्सवादी किस्म के 'आधार और अधिरचना' के संबंधों में कितने परिवर्तन करता है, इसे बताने वाले बौद्रीआ प्रथम चिंतक हैं। नए सांस्कृतिक विस्फोट को ठीक-ठीक समझने के लिए वे मार्क्सवाद में आवश्यक संशोधन करते चलते हैं। परंपरागत मार्क्सवादी संस्कृति को अर्थशास्त्र के अधीन मानकर चलता है क्योंकि वह हर संस्कृति को 'उत्पादन' पर निर्भर मानता है। इसीलिए उसके लिए उत्पादन की प्रक्रिया महत्त्वपूर्ण होती है। बौद्रीआ मानते हैं कि सांस्कृतिक उत्पादकों का विस्फोट अथवा 'चिह्नों या छवियों' का विस्फोट मूलतः चिह्नों का एक ऐसा 'राजनीतिक अर्थशास्त्र' पैदा करता है जो भौतिक पदार्थों के पुराने रूपों

के विनिमय की जगह नए विनिमय बनाता है। छवियों का नया अर्थशास्त्र अपनी संहिता (सांस्कृतिक नियम) अपने आप बनाता है।

संस्कृति में 'नई संहिता' चिह्नों के विनिमय (किसी वस्तु का लेन-देन), प्रोमोशन (विज्ञापन), वितरण (बाजार) और मेनीपुलेशन (वातावरण) के बीच पैदा होती है। यह संहिता जबर्दस्त ढंग से स्वतंत्र होती है। वह 'चेतना का उद्योग' बन जाती है। बौद्रीआ इस संहिता को 'व्यंजक' का 'सार्वजनिक चलन' कहते हैं। 'व्यंजक' यानी वह चिह्न जो किसी अन्य वस्तु की व्यंजना करता हो।

परंपरागत मार्क्सवादी 'वस्तुओं' के इस चलन को उत्पादकता पर निर्भर मानते हैं लेकिन बौद्रीआ कहते हैं कि 'उत्पादकता' मात्र के जरिए इस स्थिति को नहीं समझा जा सकता। आपके कपड़ों की काट का, आपके काट के ब्रांड का, आपके भवन के सामने के हिस्से का आरंभिक व्यंजक (उसकी निर्माता कंपनी, उसकी कीमत, उसका लाभ) धीरे-धीरे अपनी 'व्यंजकता (संदर्भ) खोता जाता है। धीरे-धीरे 'व्यंजित वस्तु' (व्यंग्य और संदर्भ) अंततः अनंत व्यंजकों के 'खेल' में तिरोहित हो जाते हैं, वे अपना अर्थ प्राप्त करने के लिए किसी 'वैयक्तिक यथार्थ' अथवा 'वस्तुगत यथार्थ' के पास नहीं जाते, बल्कि अपनी माप, अपना संदर्भ खुद वे बनते जाते हैं' (द मिरर ऑफ प्रोडक्शन)।

बौद्रीआ छवियों की इस चरम लीला को 'पूँजीवाद' की ऐसी अवस्था कहते हैं जहाँ पर वह प्राकृतिक, सामाजिक, सेक्स संबंधी और सांस्कृतिक आदि संबंधी सभी संहिताओं को भेद देता है (द मिरर ऑफ प्रोडक्शन)।

यहाँ हम बौद्रीआ के मत को ल्योतार तथा जेमेसन के मत की एकसूत्रता में देखते हैं। ल्योतार अथवा जेमेसन की तरह बौद्रीआ एक 'ऐसे स्वायत्त सांस्कृतिक क्षेत्र' की अवस्था मानते हैं जो अर्थशास्त्र से स्वायत्त हो गया है। लेकिन वे 'जन-संस्कृति' (मास कल्चर) के दुर्निवार एकसूत्रतावादी तरीके की स्थापना करके ल्योतार तथा जेमेसन से भिन्नता भी रखते हैं। ल्योतार या जेमेसन यहाँ अनेकांत (अनेक-केंद्रता) को उत्तर-आधुनिकता की पूर्व-शर्त मानते हैं। बौद्रीआ 'उपभोक्ता संस्कृति' की केंद्रीयता को 'अनेक-केंद्रीयता' को नष्ट करने वाला मानते हैं। उत्तर-आधुनिकता की बहसों के लिए यह एक महत्त्वपूर्ण बिंदु है। बौद्रीआ अंततः उपभोक्ता संस्कृति की केंद्रीयता को संभव मानते हैं।

बौद्रीआ की एक महत्त्वपूर्ण स्थापना 'प्रतीकात्मक विनिमय' 'सिंबॉलिक एक्सचेंज' से संबंधित है। 'प्रतीकात्मक विनिमय' एक ऐसा स्वतःस्फूर्त आदान-प्रदान या संचार है जो न तो किसी केंद्रीय संहिता के अनुसार चलता है और न वह किसी निश्चित नियम के आधार पर चलता है। वह स्वतःस्फूर्त संचार पर ही चलता है।

'प्रतीकात्मक विनिमय' क्या है ? 'रिक्वीम फार दि मीडिया' नामक एक लेख में बौद्रीआ बताते हैं कि जनसंचार माध्यम आदतन मुक्तिदाता अथवा जनतांत्रिक नहीं हैं। ऐसा सोचना व्यर्थ ही है कि वे जनतांत्रिक हैं और उन्हें किसी शासक दल अथवा शासक वर्ग ने वैसा बनाकर रखा है जैसा कि वे हैं। वे स्पष्ट कहते हैं कि यह प्रश्न ही

मूर्खतापूर्ण है कि उनका नियंत्रण किन हाथों में है और कि वामपंथी लोग यदि उसे अपने हाथ में ले लें तो उसकी प्रकृति बदल देंगे। बौद्रीआ का निष्कर्ष है कि माध्यमों के रूप पर नियंत्रण करना भी संभव नहीं है, क्योंकि माध्यम में जो कुछ दमनात्मक है, वह उनकी 'संहिता' ही है जो उनके रूप में निहित है। यह संहिता संचार को निरस्त करके काम करती है। एक माध्यम श्रोता या दर्शक से बात करता है, जनता को कभी नहीं बोलने देता। वह ऐसा जनता के मन में 'उत्प्रेरणा' और छलना पैदा करके करता है। इस तरह माध्यम 'संचार' को 'असंचार' बनाता है।

बौद्रीआ इसे 1968 के मई आंदोलन के उदारहण से समझाते हैं। हुआ यूँ कि क्रांतिकारी छात्रों ने फ्रांस के रेडियो और टीवी को अपने नियंत्रण में ले लिया। लेकिन यह स्पष्ट होते देर नहीं लगी कि माध्यम में कोई भी 'विध्वंसक' 'विद्रोही' संदेश अपने आप 'हानिरहित' बन जाता है। कारण कि 'विध्वंस और विद्रोह' अपने शुद्ध रूप में कभी संचारित नहीं हो सकता है। जो होता है, वह उसका 'नकार' बन जाता है। इस तरह हर क्रांतिकारी संदेश एक 'मॉडल के रूप में' तटस्थ बनकर चिह्नों में बदल जाता है और अपने मायने से 'खाली' हो जाता है। चिह्नों का हर विनिमय इसी तरह होता है।

पूँजीवाद में हर चीज अपने विनिमय (लेन-देन) की प्रक्रिया में अपने मूल्य को बढ़ाती चलती है, मुनाफा बढ़ाती चलती है। लेकिन बौद्रीआ के 'चिह्नों के विनिमय' में मूल्यवृद्धि या मुनाफे की स्थिति नहीं होती। चिह्नों का ऐसा विनिमय अंततः एक कूड़ा-करकट या वेस्ट बन जाता है जो लगातार इकट्ठा होता रहता है। 'चिह्नों का विनिमय' उन समूहों में अधिक होता है जो अधिकारविहीन होते हैं। आम विनिमय से बाहर रह जाते हैं। यथा काले लोग, जातीय, अल्पसंख्यक, औरतें, युवा, वृद्ध आदि। इस स्थिति को रोकने का एक ही मार्ग है। मृत्यु। वे चिह्नों के विनिमय को खोजते हुए मृत्यु तक पहुँचते हैं।

इसके बाद बौद्रीआ ने 'द प्रोसैसन ऑफ साइन'...(1981) यानी 'छलना की बारात' नामक अध्ययन में अपने चिंतन को एक ऐसी दिशा दी जिसका बाद के उत्तर-आधुनिक चिंतन पर बड़ा असर पड़ा। यहाँ वे फिर 'माध्यम' द्वारा संदेश को 'तटस्थ' कर देने की 'क्षमता' की अवधारणा को आगे बढ़ाते हैं।

बौद्रीआ कहते हैं कि हम एक ऐसी दुनिया में रहते हैं जिसमें चिह्नों को सत्यापन के लिए उस वास्तविक दुनिया की जरूरत नहीं होती जिसका वे प्रतिनिधित्व करते हैं। इस तरह, बौद्रीआ बताते हैं कि इस युग में आकर 'प्रातिनिधिकता' की प्रक्रिया 'छलना' (साइमूलेशन) में बदल जाती है। प्रतिनिधित्व की प्रक्रिया का 'छलना' बनने की प्रक्रिया के चार स्तर हैं।

पहले स्तर पर तो हर चिह्न किसी मूलभूत यथार्थ का प्रतिबिंब होता है। दूसरे स्तर पर 'चिह्न' उस बुनियादी यथार्थ को छिपाता और विकृत करता है। यहाँ छद्म चेतना सक्रिय होती है जो यथार्थ को साफ-साफ नहीं देखने देती। तीसरे स्तर में चिह्न मूल यथार्थ की 'अनुपस्थिति' को भी छिपाता है। चौथे स्तर पर यह चिह्न 'यथार्थ' से सर्वांग

मुक्त हो जाता है। वह स्वयं अपने आप में एक 'छलना' या प्रपंच बन जाता है। वह लौटकर फिर मूल तक नहीं पहुँचता।

बौद्रीआ इस नए स्तर को 'छलना की सत्ता' कहते हैं जिसे दूसरे लोग 'संस्कृति' कहते हैं। छवियों का बेहिसाब निर्माण इस छलना की सत्ता की विशेषता है। इन छवियों को यथार्थ में सत्यापित करना असंभव होता है। एक वास्तविक यथार्थ को अपदस्थ करते हुए यह सत्ता अपना यथार्थ खुद गढ़ती है। यह यथार्थ 'फौरी' अनुभव के लिए होता है। फौरी यथार्थ, कच्चा, घनीभूत अनुभव। तेज अनुभव। इस छलना का उदाहरण देते हुए बौद्रीआ कहते हैं कि 1971 में फिलीपीन्स की सरकार ने 'तासादे इंडियन' नामक आदिम कबीले को उसी जंगल में वापस भेजा जहाँ वे मूल रूप से रहते आए थे। यह जगह शहरी सभ्यता के भ्रष्ट वातावरण से मुक्त और निष्कलंक थी। बौद्रीआ कहते हैं कि आधुनिक विज्ञान द्वारा, ज्ञान के प्रति अपनी विध्वंसात्मक भूख से बचाने के लिए उन्हें दोबारा जंगल में भेजना मूलतः जंगल तक अपनी ताकत फैलाना ही है। तासादे कबीले को एक 'मॉडल' में बदलकर, आदि मानव की छलना में बदलकर, (वैज्ञानिक युग के वातावरण में बदलकर) विज्ञान तासादे कबीले को मुक्त नहीं करता बल्कि उन्हें अपने काम का प्रतिनिधि बना डालता है। वे नृवंशशास्त्रियों और जातिशास्त्रियों (इथनिक एक्सपर्ट) के लिए जंगली हैं। विज्ञान के लिए उसकी छलना के संदर्भ-भर हैं। यह छलना अयथार्थ का रूप नहीं लेती बल्कि 'बनी हुई वस्तुओं' और 'बने हुए अनुभव' का सही रूप लेती है जो वास्तविक यथार्थ से ज्यादा यथार्थ होता है। (अकाल में भूख से मरा मनुष्य का चित्र इनाम पाता है।) वह वास्तविक यथार्थ से अधिक यथार्थ (सच्चा-सा) दिखता है यह 'अति-यथार्थ' (हाइपर रीयलिटी) है। अति-यथार्थ—यह बौद्रीआ की नई अवधारणा है। उत्तर-आधुनिक स्थिति ऐसी ही अति-यथार्थ स्थिति है।

'अति यथार्थ' वह जगह है जहाँ वस्तुगत यथार्थ नितांत विलीन हो जाता है, उसके वास्तविक अंतर्विरोध और मूल्यों के टकराव खत्म हो जाते हैं, खासकर राजनीतिक क्षेत्र में ये मूल्य नष्ट हो जाते हैं। चूँकि समूचा राजनीतिक फलक छलना के इसी तर्क (अति-यथार्थ) से परिचालित होने लगता है, इसलिए घोर शत्रुतापूर्ण अंतर्विरोध (जैसे पूँजीवाद और समाजवाद के बीच अंतर्विरोध) परस्पर निर्भर हो जाते हैं। सत्ता स्वयं विध्वंसकता पर निर्भर करने लगती है, विध्वंसकता (सबवर्जन) सत्ता से ताकत प्राप्त करने लगती है। अंतर्विरोध एक मिथ्या युद्ध में बदल जाते हैं। घटना होने से पहले ही हम हरेक का प्रति-उत्तर, प्रतिक्रिया जानते हैं क्योंकि वे प्रतिक्रियाएँ पहले से ही प्रोग्रामित होती हैं। इसके फलस्वरूप सत्ता सब तरफ बराबर बँट जाती है। वह स्वयं एक छलना की तरह फैल जाती है। इस संहिता (कि आपस में झगड़ा है) की सक्रियता उसे मजबूत करती है। हर आदमी इस संहिता से लाभान्वित होता है। परस्पर विरोधी एक-दूसरे के चरणों पर गिर पड़ते हैं। बौद्रीआ इसी को 'अंतःस्फोट' (इम्प्लोजन) की स्थिति कहते हैं। परस्पर विरोधी वर्ग 'अंतःविस्फोट' करने लगते हैं। इससे कारण-कार्य की प्रक्रिया तरल हो जाती है जहाँ नकारात्मकता और सकारात्मकता दोनों एक दूसरे में गड्डमड्ड

होती जाती है और एक ऐसी स्थिति बन जाती है जब कुछ भी सक्रिय अथवा निष्क्रिय नहीं रहता, जिसमें हर चीज अपने चक्र में हरेक को लाभ देती और चारों तरफ फैलती बिखरती है।

बौद्रीआ इस 'अति-यथार्थ' को ऐसी 'स्थिति' पाते हैं जो नितांत संवदेनाहीन यथार्थ की स्थिति है, जहाँ कोई किसी को चुनौती नहीं देता और जहाँ कोई छलों के परस्पर आदान-प्रदान की इस व्यवस्था को उलटना नहीं चाहता। यह स्थिति जेमेसन के 'वृद्ध पूँजीवाद के सांस्कृतिक तर्क' से बहुत मेल खाती है, जिसमें सभी तरह की राजनीतिक चुनौतियाँ निरस्त्र कर दी जाती हैं और व्यवस्था के पेट में पहुँच जाती हैं। बौद्रीआ कहते हैं कि इस 'अति-यथार्थ' में सत्ता बिलकुल तटस्थ हो जाती है। सत्ता के पीछे दौड़ना व्यर्थ हो जाता है क्योंकि वह वस्तुतः वहाँ है ही नहीं, जहाँ उसे देखा जा रहा है।

इसलिए इस 'अति-यथार्थ' में असल लड़ाई सत्ता न होकर सत्ता के चिह्नों की बन जाती है। यहाँ खिलाड़ी को सत्ता के छिनने का डर नहीं होता बल्कि यह भय सताता है कि सत्ता ही गायब न हो जाए। यह भय यथार्थ के साथ नकली मुठभेड़ की इच्छा पैदा करता है। सत्ता के खिलाड़ी नकली हमलावर चाहते हैं क्योंकि सत्ता स्वयं एक छल बन जाती है। वह 'छल' बने इसलिए वे खतरों का साक्षात्कार किया करते हैं। धीरे-धीरे हम एक ऐसी व्यवस्था में पहुँच जाते हैं जिसमें हम पतन की चेतना से भी शक्ति प्राप्त करते हैं लेकिन छलना की संहिता के दबाव के कारण इस शक्ति से 'रहित' भी होते हैं। मसलन आणुविक प्रतिरोध एक ओर विश्वचिंता करता है दूसरी ओर अणु-विस्फोट भी पैदा करता रहता है। आणुविक प्रतिरोध खुद उस अति-यथार्थ का रूपक है जहाँ आकर तमाम विरोधी व्यवस्थित ढंग से एक-दूसरे का लिहाज रखते हैं जो सिद्ध करता है कि उनसे ऊपर कोई निर्णायक सत्ता नहीं है जो उन पर शासन करे।

बौद्रीआ अपने आगे के चिंतन में इस सूत्र को और आगे बढ़ाते हैं। 'छलना के निर्माण' के बाद 'निर्बाध कामनाओं का निर्माण' इस उत्तर-आधुनिक यथार्थ अथवा अति-यथार्थ का अगला चरण है। यहाँ जनता की उसकी पहचान उसकी कामनाओं से होती है। आप क्या चाहते हैं, इससे आपकी स्थिति तय होती है। कामना का उद्योग अबाध चलता है। यदि इन कामनाओं को प्रदीप्त, उदीप्त नहीं किया जाता तो आमतौर पर लोग प्रतिक्रियारहित हो जाते हैं। इसका अर्थ यह है कि इस प्रक्रिया में वह सामाजिक सत्य (सोशल) समाप्त हो जाता है। यह सामाजिक सत्य इस छलना, इस उद्दीपन के नीचे दब जाता है, जनता की प्रतिक्रियाएँ ठंडी पड़ जाती हैं। वे तेज और तेज उद्दीपन के बिना नहीं जगतीं। इसका एक परिणाम यह होता है कि जितना 'सामाजिक तत्त्व' ओझल होता जाता है, यथार्थ की छलना और शांत खामोश जनता में उतनी ही दूरी बढ़ती जाती है। फलस्वरूप शांत जनता बर्बर और प्रतिक्रियात्मक होने लगती है, नकारात्मक होने लगती है। जनता एक ऐसा ब्लैकहोल बन जाती है जो अपनी ऊर्जा और दूसरों की ऊर्जा को विकृत करती रहती है। एक निरंतर अंतर्विस्फोटक क्षेत्र बन जाती है, जिसमें हर चीज गायब हो जाती है। यही सामाजिकता की मृत्यु है। इसमें राज्यसत्ता, वर्ग और सत्ता 'खाली रहस्य'

हो जाते हैं। यह अति-यथार्थ का दृश्य है। अति यथार्थ यहाँ यथार्थ हिंसा से अपदस्थ नहीं किया जाता बल्कि 'छल' के रूप में स्वीकार किया जाता है।

बौद्रीआ के आलोचक कहते हैं कि यहाँ तक आते-आते बौद्रीआ के सिद्धांत स्वयं उसी 'छलना' में अंतर्भुक्त हो जाते हैं। सिद्धांत और यथार्थ में सबसे अधिक अभेद बौद्रीआ में ही दिखता है।

'सिस्टम ऑफ ऑब्जैक्ट्स' (1968) या 'वस्तुओं की व्यवस्था' से लेकर 'द साइलैंट मैजोरिटीज' यानी 'प्रशांत बहुमत' तक बौद्रीआ वस्तुओं के जगत का पीछा करते हैं।

वस्तुओं का यह जगत किस तरह हमारे वातावरण को बदल रहा है और हम किस तरह उनसे निपटें ये प्रश्न उनके यहाँ बार-बार उठते हैं। उत्तर-आधुनिक उपभोक्तावादी समाज के अध्ययन का यह क्षेत्र बौद्रीआ का अपना क्षेत्र है जिसमें उनका मुकाबला नहीं है। वस्तु-प्रपंच क्या है, वे किस तरह लुभाती हैं, उनसे मुक्ति के रास्ते कहाँ हैं? बार-बार बौद्रीआ पूछते हैं और अपने अनुभव से उत्तर देते हैं। उनकी मुख्य चिंता 'उपभोक्ता समाज' के भीतरी जगत को टटोलना है और उसके भीतर से रास्ते बनाना है। मार्क्स द्वारा वस्तुओं के जगत के विश्लेषण को आगे बढ़ाते हुए बौद्रीआ कहते हैं कि उपभोग (कंजंप्शन) समाज का आधार बन गया है। वही उसका आंतरिक वर्गीकरण करता है। उपभोक्ता वस्तुएँ अपनी संहिता बनाती हैं जिसके आधार पर सामाजिक समूहों का व्यवहार तय होता है। इसलिए उपभोक्ता वस्तुओं का विश्लेषण 'भाषाई संरचना' की तरह होना चाहिए, न कि जरूरतों के समाजशास्त्र से होना चाहिए। उपभोक्ता वस्तुएँ दरअसल एक भाषाई चिह्न-विज्ञान के जरिए हमारे व्यवहार को बदलती जाती हैं। विज्ञापन की शैलियाँ अपने प्रतीकों के जरिए वस्तुओं की संहिता बनाती हैं। ये प्रतीक वस्तुओं में 'फर्क' पैदा करते हैं और इस तरह वस्तुओं की एक शृंखला बनाते हैं। वस्तुओं का प्रभाव तब होता है, जब वे उपभोग में लाई जाती हैं। उपभोग की प्रक्रिया वस्तुओं के 'अर्थ' को उपभोक्ता तक पहुँचाती हैं। इस तरह चिह्नों का विराट खेल शुरू हो जाता है जो पलटकर समाज को बनाने-बिगाड़ने लगता है। उपभोक्ता को लगता है कि उसकी जरूरत पूरी हो रही है और कि वह वस्तु का स्वामी है। लेकिन यह उसका भ्रममात्र होता है। 'द सिस्टम ऑफ ऑब्जैक्ट्स' की मौलिकता यही है कि उसने पहली बार उपभोक्ता वस्तुओं के जगत को 'जरूरतों' के भ्रम से मुक्त कर दिया।

उपभोक्ता समाज के भीतर धँसते हुए 'कंज्यूमर सोसाइटी' (1970) में बौद्रीआ ने उपभोक्ता समाज के संहिताशास्त्र को टटोला। अर्थशास्त्र तथा समाजशास्त्र में उपलब्ध उपभोक्ता समाज की प्रचलित समीक्षाओं की भी समीक्षा की। उन्होंने पाया कि ये शास्त्र उपभोक्तावाद की नवीनता तथा मौलिकता को समझने में अक्षम रहे, क्योंकि अर्थशास्त्र मानकर चलता है कि मनुष्य 'होमो इकोनोमिक्स' यानी 'अपनी जरूरतों को पूरा करने वाले बाजार में विचरण करने वाला एक स्वतंत्र मनुष्य है' और समाजशास्त्र मानकर चलता है कि समाज नियतिवादी ढंग से चला करते हैं। इन दोनों शास्त्रों की

सीमाओं को बताते हुए बौद्रीआ ने बताया कि चिह्न-विज्ञानपरक (सीमियोलॉजिकल) विश्लेषण के जरिए यह ज्ञात होता है कि उपभोक्ता वस्तुएँ चिह्नों की एक पूरी व्यवस्था बनाती हैं जो व्यक्तियों के आपसी भेदों को प्रकट करते हैं। प्रत्येक चिह्न प्रत्येक वस्तु से संबद्ध हो तो हम चिह्नों के शास्त्र को समझ नहीं सकते। हम उन्हें तभी समझ पाते हैं जब हर चिह्न दूसरे से अपना भेद (डिफरेंस) 'स्थापित' करता है। इसी भेद के जरिए उपभोक्ता वस्तुओं का प्रपंच खड़ा होता है। वे लोगों में उन्माद पैदा करती हैं, वे किसी जरूरत की आपूर्ति करती हैं—इस समझ से उन्हें नहीं समझा जा सकता बल्कि उनके द्वारा निर्मित स्वतंत्रता व्यंजकों (चिह्नों) के संजाल से ही समझा जा सकता है जो अनंत कामनाओं के निर्माण में असीम क्षमतावान होते हैं। बौद्रीआ कहते हैं कि उपभोक्ता समाज में पहुँचकर पूँजीवाद का नया युग शुरू हो गया है। इस युग में उत्पादन पद्धति उपभोग के विस्तार पर निर्भर हो गई है, वह उपभोग के पुनरुत्पादन पर निर्भर हो गई है। यही पूँजीवाद का उपभोक्ता-युग है।

बौद्रीआ के 'उपभोक्ता-समाज' में पूँजीवाद के पूर्ववर्ती समाज से अलग दो नई प्रवृत्तियाँ दिखलाई पड़ती हैं। पहली यह कि उपभोक्ता समाज में पूर्ववर्ती सामाजिक भेद कमजोर पड़ जाते हैं। पहले वाले सामाजिक भेद और अंतर्विरोध अब मामूली भेद बन जाते हैं। दूसरी प्रवृत्ति वस्तुओं के साथ संबंधों के बदलाव की है। वस्तुओं से में सामाजिक भेद अंतर्भुक्त हो जाते हैं, वे जरूरतमंद या दाता की जरूरत से नहीं, वस्तुओं से तय होते हैं। यह अतिउपभोग का क्षेत्र बन जाता है। चूँकि भेद वस्तुओं की संरचना में अंतर्भुक्त हो जाते हैं, इसलिए उपभोग करते हुए हम सामाजिक संबंधों के भेदभाव का उपभोग करते जाते हैं। वे कहीं नहीं बचते हैं। तीसरी प्रवृत्ति यह कि वस्तुओं से उपभोक्ता का सीधा संबंध देखना सामाजिक संबंध की पूरी व्याख्या नहीं करता। वस्तुओं का नया जगत अपनी नई संहिता के साथ ही काम करता है। यह संहिता वस्तुओं के संरचनात्मक भेद पर आधारित रहती है। वस्तुओं के पीछे सक्रिय विचारधारात्मक शक्ति व्यक्तिगत इच्छाओं से संचालित नहीं होती बल्कि वह इच्छाओं की पूर्वरचना करती चलती है।

वस्तुओं के इस प्रपंच से दो स्थितियाँ और पैदा हो जाती हैं। पहली स्थिति यह कि इससे समाज के अब तक चले आते सामाजिक भेद अचानक नाटकीय ढंग से तरल हो जाते हैं। वे बहुत मामूली भेद बन जाते हैं। मसलन पुराने तमाम समाजों में व्यक्ति-व्यक्ति के बीच घनीभूत निजी संबंध होते थे। नए समाज में जो संबंध होते हैं, वे पैदा किए गए होते हैं। और उन्हीं का उपभोग होता है। नए समाज के हमारे संबंध उपभोग्य होते हैं जैसे फिल्म के हीरो-फिल्म फैनों के संबंध अथवा टीवी और दर्शक के संबंध अथवा दुकानदार और ग्राहक के संबंध। दूसरी स्थिति में वस्तुएँ सामाजिक भेद की स्थापना करने लगती हैं। वस्तु और व्यक्ति का संबंध बदल जाता है। सामाजिक हैसियत वस्तुओं के उपभोग से तय होती हैं। यहीं विचारधारा बनती है। यह विचारधारा इच्छाओं, कामनाओं, आनंदोपभोग और संतोष के जरिए बनती है और काफी हद तक

अनुशासनात्मक होती है। यदि आप वस्तु के स्वामी हैं, उपभोग पर आपका अधिकार है तो आप में मुक्ति की (तोष की) भावना आती है, आप अपने को स्वतंत्र समझते हैं।

यह प्रक्रिया नए जन-माध्यमों (मास-मीडिया) से और घनीभूत होने लगती है। बौद्रीआ के अनुसार जनमाध्यम सांस्कृतिक मॉडलों का निर्माण करता है और उपभोक्ता वस्तुओं का निजीकरण करने की छूट देता है। बौद्रीआ का मानना है कि उपभोक्ता समाज में पुल्लिंगी और स्त्रीलिंगी के रूप में भेद का पैदा होना इसका सबसे बड़ा उदाहरण है। बौद्रीआ का मानना है कि लिंग-चेतना उपभोक्ता समाज का क्रमिक विकास है। विज्ञापन इस चेतना का सबसे बड़ा औजार है। विज्ञापन सबसे पहले वस्तु के साथ व्यक्ति के संबंध बदल देता है। वह संबंधों को 'आत्मरति' के संबंधों में बदल देता है। एक नितांत निजी सुख की तलाश। विज्ञापन का आदर्श संदर्भ उपभोक्ता होता है। वह धीरे-धीरे व्यक्ति में 'ऑटो सिडक्सन' यानी चीजों की ओर स्वयमेव खिंचने का भाव पैदा करता है। यह दीये पर पतंगे की तरह अपनी इच्छा से अपना उपभोग (विसर्जन) करने जैसा होता है। वस्तुओं का जगत व्यक्ति में अपनी ऐसी अनिवार्यता बना लेता है कि वह उसके ऊपर स्वयमेव कुर्बान होने लगता है।

विज्ञापन सबसे ज्यादा औरतों को लक्षित होते हैं। वे उनके रूप एवं आचरण निर्धारित करते हैं। वे सामूहिक मिथकों-जातीय मिथकों के सहारे अपना काम करते हैं। इस तरह वे सौंदर्य की नैसर्गिक प्रतीति को सौंदर्य के चिह्नों की व्यवस्था द्वारा संभव बनाते हैं। औरत के द्वारा उपभोग्य वस्तु एक मॉडल ही है जो नैसर्गिक स्त्रीत्व की जगह विज्ञापन में आकर सक्रिय, सुघड़ और तेज हो जाती है। मॉडल स्त्रियों को अपना-अपना व्यक्तित्व देने का भ्रम रचते हैं। इसमें लिंग-पूर्वग्रह (जैंडर बायस) बढ़ता है।

इस प्रक्रिया में, सक्रिय 'स्त्रीत्व' 'सक्रिय पुरुषत्व' को जन्म देता है। जो पुरुषत्व 'नैसर्गिक' था, वह अब 'स्त्रीत्व' से फिर से स्पर्धा करने लगता है। यह एक नया वैचारिक ढाँचा बनाता है। इस क्रिया में लिंग-स्पर्धा बढ़ती जाती है।

बौद्रीआ की मान्यता है कि उपभोक्ता-समाज चिह्नों के विनिमय की व्यवस्था है। ग्राहक उपभोक्ता बन आत्मरति का शिकार बन जाता है। वह अपना उपभोग करने लगता है। एक न्यूनतम (मिनिमल) संस्कृति बनने लगती है। न्यूनतमवादी संस्कृति जो उपभोक्तावादी समाजों की जरूरत होती है। थोड़ी कला, थोड़ा खेल, थोड़ा स्वास्थ्य, थोड़ा आनंद, थोड़ा दुख, सब कुछ थोड़ा-थोड़ा। भेद है तो थोड़ा-थोड़ा। झगड़ा है तो थोड़ा-थोड़ा। शैली का, हैसियत का, रुचि का। इस तरह थोड़ा-थोड़ावादी होते हुए यह संस्कृति का विराट संजाल बन जाती है। एक नई संपूर्णता। उपभोक्तावादी समाज की यह मिनिमलिस्ट या थोड़ा-संस्कृति जटिलता से रहित होती है। वह कुछ-कुछ आसान प्रश्नोत्तरियों की तरह होती है। एकदम पूँजी की तरह। हर चीज का हल। थोड़ा-थोड़ा। व्यक्ति इन्हीं में से एक 'थोड़ा' को चुनता है। यही उपभोक्ता-समाज है।

बौद्रीआ अपने उपरोक्त विश्लेषण के लिए एक अन्य फ्रांसीसी मनोविश्लेषक

नव-फ्रायडवादी लाकाँ के आभारी हैं। लाकाँ ने अपस्मार या हिस्टीरिया की स्थिति के बारे में कहा कि अपस्मार की स्थिति में मनुष्य के लिए हर 'चिह्न' मनोवांछित (आर्बीट्रेरी) हो जाता है। यहाँ जरूरतें सक्रिय नहीं रहतीं। सिर्फ इच्छाएँ काम करती हैं। बौद्रीआ कहते हैं कि उपभोक्ता समाज इसी तरह की अपस्मार की स्थिति में पहुँच जाता है। यह समाज एक आम अपस्मार की स्थिति में रहता है। इच्छाओं और कामनाओं का अबाध नर्तन अंततः वास्तविक जरूरतों का निश्चय नहीं होने देता। (इच्छाओं की ऐसी सरलता तब महसूस की जा सकती है अब आप किसी बड़े डिपार्टमेंटल स्टोर में होते हैं, किसी फैशन शॉप या गिफ्ट शॉप में होते हैं अथवा टीवी के विज्ञापनों के सामने होते हैं)। बौद्रीआ कहते हैं कि एक सुनिश्चित जरूरत तोष चाहती है, निश्चित वस्तु चाहती है। लेकिन इस अपस्मारपूर्ण स्थिति में, जरूरतें बदलती रहती हैं, अनिश्चित होती हैं। अनिश्चय की इस स्थिति में हम वस्तुओं के चिह्नों के भेद से अपनी इच्छाओं को अनुशासित करने का भ्रम पालते हैं। दरअसल हमारी जरूरतें, बहुत जल्द हमें चिह्नों के रूप में प्राप्त होती हैं। फिर हम चिह्नों को ही चाहने लगते हैं, जरूरत पीछे छूट जाती है।

बौद्रीआ के अनुसार यह स्थिति समाज का सबसे बड़ा संकट है। यह उपभोक्ता-समाज का गहन संकट है। इस अपस्मार से निकलने के तमाम रास्ते बंद हैं। बौद्रीआ की असल चिंता यहाँ से निकास के रास्ते सोचने की भी है।

बौद्रीआ का कहना है कि अपस्मार की इस स्थिति की केंद्रीय विशेषता जरूरतों की जगह इच्छाओं और लालसाओं का 'जरूरत' की तरह आना है। यहीं वस्तुओं की विचारधारा जन्म लेती है। यह पण्य (कमोडिटी) की विधारधारा है जो पण्य-पूजा के रूप में प्रकट होती है। यह 'पण्य-पूजा' (वस्तु-पूजा) उत्पादन प्रक्रिया और उत्पादन संबंधों को छिपा देती है। सामंतवाद में धर्म यथार्थ को जिस तरह ढँक लेता है, पूँजीवाद में 'पण्य-पूजा' उसी तरह यथार्थ को छिपा लेती है। अपस्मार और पण्य-पूजा—उपभोक्तावादी विचारधारा के दो महत्त्वपूर्ण पहलू हैं। दोनों ही यथार्थ से 'मुक्त' विचार हैं।

बौद्रीआ यहीं इनकी समीक्षा देते हैं। उनकी यह समीक्षा मार्क्सवादी समीक्षा है। उनका कहना है कि बाजार की प्रक्रिया पर व्यक्तिगत जरूरतों और आनंद की प्रभुता नहीं होती। जरूरतें बाजार से स्वतंत्र नहीं होतीं। वस्तुओं को प्राप्त कर जो खुशी हम महसूस करते हैं, वह खुशी का वस्तुतः 'नकार' होता है, उसकी प्राप्ति नहीं। यदि सच्ची खुशी होती है तो हम फिर वस्तुओं की तरफ नहीं भागते क्योंकि हमारी इच्छा पूरी हो जाती है। (इसे गीता के मोहमाया के विमर्श के साथ रखकर पढ़ा जा सकता है)।

यहाँ हमें जरूरत और इच्छाओं के पूर्ण होने पर भी 'अपूर्णता' (डीनेगेशन) को समझ लेना चाहिए। इस स्थिति को हमारे संत कवियों ने माया के संदर्भ में बहुत बार कहा है कि यह तृष्णा है जो मृगतृष्णा की तरह कभी पूरी मिटती नहीं। हम जितना भागते हैं, उतना ही इसकी पूर्ति दूर होती जाती है। बौद्रीआ इसी तृष्णा की प्रक्रिया के बारे में कहते हैं कि उपभोक्ता बाजार एक भयावह मृगतृष्णा पैदा करता है। हम जब

समझते हैं कि हमारी इच्छा पूरी हुई तभी ज्ञात होता है कि नहीं, पूरी नहीं हुई।

बौद्रीआ कहते हैं कि उपभोक्ता-समाज एक ऐसी स्थिति है जिसमें समूचा समाज ही उपभोग के मिथ में संवाद करता है। इससे पहले के शुद्धतावादी, श्रमजीवी समाज जिस तरह बचत और किफायत पर जोर देते थे, उपभोक्ता समाज की विचारधारा 'खर्च' और 'कर्ज' पर जोर देती है। पिछले जमाने का किफायती और कंजूस व्यक्ति प्राथमिक बुर्जुआ का नायक था। आज वह नए बुर्जुआ का ऐसा नायक बन गया है जो अपनी लालसाओं के तोष और आनंद के लिए उद्यम करता है। यहीं बौद्रीआ का 'उपभोक्ता-जन' है। यही जनसमाज है। यही हैबरमास का नया जन क्षेत्र (पब्लिक स्फीयर) है। यहाँ उत्पादन की प्रक्रिया मूलाधार नहीं है। नए उपभोक्ता संबंध एक नई मौलिक व्यवस्था हैं जो चिह्नों से नियंत्रित हैं। इस स्थिति में उत्पादन प्रक्रिया उपभोक्ता प्रक्रिया से नियंत्रित होने लगती है। उत्पादन क्रिया एक 'निश्चित' क्रिया हो सकती है, उपभोग-क्रिया अनिश्चित होती है। बाद में यह अनिश्चय उत्पादकता में प्रकट होने लगता है। यही उपभोक्ता समाज की अति-निश्चितता (ओवर डिटर्मिनेशन) है। विचारधारात्मक उपभोक्तावाद द्वारा नई व्यवस्था 'अति निश्चित' होने लगती है। उपभोग ही फिर उत्पादन को निश्चित करने लगता है।

बौद्रीआ यहीं पूँजीवादी समाज की अपनी समीक्षा पेश करते हैं। वह कहते हैं कि विकसित पूँजीवाद ने अपने विकास में पहले के वस्तु-उत्पादन की प्रक्रिया की पूर्ववर्ती अराजकता को उपभोग के क्षेत्र में फैला दिया है। इससे उत्पादन की प्रक्रिया में 'श्रम' का जो महत्त्व था, वह 'उपभोग' में आ बिराजा है। उपभोक्तावाद पैदा हो गया है। इसमें वस्तुओं की अपनी संहिता बन गई है जो हमारी इच्छाओं को नियंत्रित करती है। पूँजीवादी संपन्नता ने ऐसे ही समाज को जन्म दिया है जिसमें हमारी जरूरतों और हमारे उत्पादन (वस्तुओं) के बीच सनातन अंतर्विरोध एक नकारात्मक दिशा में मौजूद है। हमारी जरूरतों और वस्तुओं के बीच इन अंतर्विरोधों का उपचार पूँजीवादी विकास ने 'आनंद' के नकार में किया है। हमें आनंद तो मिलता है लेकिन बहुत जल्दी आनंद की जगह वहाँ एक खालीपन आ जाता है। यह तृष्णा का साम्राज्य है। (तृष्णानाद करता घट भीतर नाना विधि दै ताल—सूरदास।)

यह सही है कि उपभोग, उत्पादन प्रक्रिया का प्रतिबिंब है। लेकिन बौद्रीआ के लिए यह किसी वर्ग का षड्यंत्र या तिकड़म नहीं बल्कि एक प्रक्रिया है। पूँजीवादी अपस्मार और अति के नए अंतर्विरोध हैं। इस तरह, विकसित नए पूँजीवाद का विश्लेषण मूलतः मार्क्सवाद की ही समीक्षा (विकास) से शुरू होता है। बौद्रीआ यही मार्क्सवाद के सामने एक नई चुनौती पेश करते हैं।

उपभोक्ता समाज के अध्ययन में बौद्रीआ न केवल कुछ मौलिक निष्कर्षों पर पहुँचते हैं बल्कि एक सच्चे मार्क्सवादी किस्म के साहस का परिचय देते हैं। वे उपभोक्ता समाज के अपस्मार की खोज करते हुए समाज की संचालक व्यवस्था के स्थान-परिवर्तन की ओर इंगित करते हैं कि यह उत्पादन में नहीं, उपभोग में आ गई है। यहीं वे इस

नए समाज कि अति-निश्चितता पर पहुँचते हैं जहाँ जरूरतें लालसा और तृष्णा में बदल गई हैं। वे ही अति-निश्चित हैं शेष कुछ नहीं। यही उपभोक्ता-समाज का नया मिथकीय वातावरण है जिसे पुराने ढंग से भेद पाना मुश्किल लगता है। पुराने ढंग के विचार जो जरूरतों और वितरणों में सारे सवालों को सुलझाते थे, वे इस मिथकीय स्थिति को भेद नहीं पाते।

बौद्रीआ कहते हैं कि संपन्न पूँजीवाद में उत्सव, मेला, समारोह, जगमग, ग्लैमर पूँजीवाद की नई उपभोक्तावादी लीला हैं। इसमें सक्रिय 'आनंदोपभोग' का विचार (ग्लैमर) उपभोक्ता की प्रक्रिया को 'अति-निश्चित' करता है। पहले उपभोग अनिश्चित था, अनियंत्रित था, तब बाजार में उतार-चढ़ाव आते-जाते रहते थे, क्योंकि 'जरूरतों' का निश्चय नहीं था। बौद्रीआ कहते हैं कि विकसित पूँजीवाद में जरूरतों और लालसाओं को नियंत्रित-सा कर लिया गया है। इसीलिए जरूरतों की पूर्ति न होने पर विस्फोट (विद्रोह, क्रांति) के खतरे अब नहीं हैं बल्कि अब हर 'भूख और जरूरत' का रुख बदलकर नई चीजों की 'भूख' की ओर कर दिया जाता है। आप एक वस्तु की कमी महसूस करते हैं कि तुरंत दूसरी जरूरी चीज और दूसरी तृष्णा पैदा कर दी जाती है। मनुष्य की वास्तविक जरूरतों पर ध्यान नहीं दिया जाता।

पूँजीवादी संपन्नता की अपनी तर्क शृंखला बन जाती है। इसमें उपभोक्ता-जन का शोषण होता है। संपन्नता और वस्तुओं का आधिक्य एक दमनपूर्ण वातावरण रचते हैं। यह एक ऐसी उत्पादन क्रिया में प्रवेश है जो अपनी जरूरतों से स्वयं चालित हैं। दूसरी वास्तविक जरूरतों को अवकाश नहीं है।

(उपभोक्ता समाज का वातावरण,देखना हो तो शहरों के बाजार और शॉपिंग सेंटर देखने चाहिए। एक भरे-पूरे नए बाजार को देखने के बाद हम पाएँगे कि इस वातावरण में एक 'मृगतृष्णा' का साम्राज्य है। चीजें दुर्निवार ढंग से खींचती हैं आपको। आसपास का वातावरण चमक वाला, प्रसन्न वातावरण होता है। दीनता इन बाजारों में नहीं होती। यह व्यावसायिक वातावरण है विराट शीशों के भीतर चमकती चीजें, फव्वारे, एअरकंडीशनिंग, संगीत, एक समूची आनंद-कथा कहती चीजें। रंगों का चयन। सुख का निचोड़ और आलंबन एक ही साथ। बाजारों में आकर अनुभव होने वाली प्रसन्नता इस वातावरण का विचार है जो हमें मिलता है। वस्तुओं पर आधिपत्य का भाव। पैकिंग। सामने खड़ी गाड़ियाँ इस वातावरण का अपना जादू है। बौद्रीआ कहते हैं कि यह सुख संग्रह का जगत है। इसमें प्रवेश पाने के बाद, इसके होने के बाद जीवन का अर्थ इसके बाहर नहीं बचता। बाहर यानी वह वातावरण जो सपने बनाता है, कविता कराता है, जो 'अर्थ' की प्रतीति कराता है, जो महान वृत्तांतों को जन्म देता है, जो नए रूपकों को जन्म देता है। वह नहीं बचता।

उपभोक्ता समाज को समाज के रूप में बाँधे रखने वाले तत्त्वों को खोजते हुए बौद्रीआ कहते हैं कि ये समाज अपने लिए 'अचेतन' से व्यवस्था पैदा करते हैं। उपभोक्ता समाज के उप-रूपक (जरूरतें. लालसाएँ आदि के संबंध, बाजार, दुकानें,

विज्ञापन आदि) मिलकर एक्र ऐसा महासंजाल बनाते हैं जिसमें नित नए सामाजिक संबंध बनते रहते हैं। विचारों के भेदीकरण की जगह रूपगत भेद यहाँ रह जाता है। ये रूपवादी भेद (चीजों का रूपगत भेद) ऐसी विचारशृंखला को जन्म देता है जो उपभोग को अति-निश्चित करता है। इस नए पूँजीवाद का कोई शास्त्र अलग से नहीं बनता लेकिन वातावरण में यह हर जगह रहता है। इसका अर्थ यह है कि इसके विरुद्ध कोई बड़ी क्रांति संभव नहीं है, क्योंकि यह वातावरण की तरह हर जगह मौजूद है। यही इसकी प्रभविष्णुता है। यही उसका अनुशासन पैदा करता है। बौद्रीआ कहते हैं कि नया समाज इसी तरह का वातावरणिक अनुशासन पैदा करता है। इसके पुराने ढंग के कर्मकांड नहीं होते जो बाहर या ऊपर से आते हैं बल्कि वे 'स्वार्थ' के रूप में काम करते हैं। यहाँ कामचलाऊ विनम्रता, कार्यकारी सहनशीलता और एक नए किस्म की ईमानदारी (जैसे कि रिसैप्सनिस्ट का मुसकराता चेहरा) पैदा होती है। पिछले समाज में जहाँ लोग एक-दूसरे से घृणा करते थे, एक-दूसरे के विरोधी थे, उपभोक्ता समाज में नए संवाद में उपस्थित होते हैं। यह विनम्रता तथा सहनशीलता कोई वैचारिक आधार या व्यवस्था नहीं रखती बल्कि 'शांतिपूर्ण सहअस्तित्व' का दूसरा नाम है जो बाजार अपने लिए पैदा करता है। लेकिन यह बाजार अपना प्रतिरोध भी तैयार करता है। उपभोक्तावादी बाजार का यह बुनियादी अंतर्विरोध है कि एक ही साथ यह हिंसा और हिंसा का विरोध और निराशा और उत्साह दोनों पैदा करता है। बौद्रीआ कहते हैं कि हिंसा इस समाज का अनिवार्य लक्षण है। यह हिंसा प्रायः निष्प्रयोजन और एब्सर्ड होती है। हिंसा यहाँ होम्योपैथी की खुराक की तरह आती है जो निराशा, भाग्यहीनता को अभिव्यक्ति का रास्ता देती है। थोड़ी-थोड़ी हिंसा से यह व्यवस्था बनती है। बाद के अध्ययनों में बौद्रीआ 'आतंकवाद' को इसी बाजार से जोड़ते हैं।

हिंसा और उच्छृंखलता, थकान, आत्महत्या, नशा, पलायन आदि वे 'स्वैराचार' हैं जो उपभोक्तावादी बाजार हमें देता है। नई हिंसा वस्तुओं की लालसा और मूल्य के दमन की प्रतिक्रिया होती है। बाजार उन्हें हिंसा की संहिता (कोड) में परिवर्तित कर लेता है और इस तरह पचा लेता है। अंततः यह हिंसा एक प्रकार्यगत सहनशीलता में (जैसी कि हिंदुओं, मुस्लिमों, बौद्धों और हिप्पियों में मिलती है) बदल देता है। हम सहते हैं। यही नई सहनशीलता है। एक भावुक समुदाय बनने लगता है। इससे विद्रोह यदि होता है तो थकान और असहयोग में होता है। आदमी निष्क्रियता को ही सक्रियता समझता है।

बौद्रीआ फ्रांस के 1968 के छात्र आंदोलन को इसी अर्थ में लेते हैं जो उपभोक्ता समाज की लंबी निष्क्रियता की अभिव्यक्ति था। वहीं से बौद्रीआ ने उपभोक्ता समाज को अपने चिंतन का आधार बनाया और कहा कि उपभोग अब एक भू-मंडलीय प्रक्रिया है जो हमारे आवेगों, प्रतिक्रियाओं और हिंसा के रूप को, अभिव्यक्ति के तरीकों को बदल देती है। उपभोग हमें वस्तु में यानी देह में बदल देता है। हमारी देह ही हमारा संसार बन जाती है। आत्मरति अथवा आत्मघृणा से युक्त।

इसे समझाने के लिए बौद्रीआ एक फिल्म 'द स्टूडेंट ऑफ प्राग' का उदाहरण देते

हैं जिसमें एक छात्र 'शीशे में अपनी छवि' को बेचता है। अपनी शीशे की छवि को वह राक्षस को बेचना चाहता है। अब दूसरा चेहरा पहले (मूल) चेहरे से लड़ने लगता है। नायक की छवि बार-बार उसी के सामने प्रतिरोध की तरह आ खड़ी होती है—और उसका जीवन दूभर कर देती है। छात्र इस दूसरी छवि से इतना परेशान हो जाता है कि उसे मार डालना चाहता है। वह उसे मारने के लिए गोली चला देता है और इस प्रक्रिया में स्वयं को गोली मार देता है। बौद्रीआ का कहना है कि इससे हमारी छवि तो बच सकती है लेकिन अपनी छवि से हम कभी नहीं बच सकते। इसी अर्थ में वस्तुएँ बदला लेती हैं। क्योंकि वे हमारी ही तो छवियाँ हैं।

उपभोक्ता समाज के गहन अध्ययन के बाद बौद्रीआ ने 'प्रतीकात्मक विनिमय' का अध्ययन किया जिसमें उन्होंने वस्तुओं के भेद की प्रवृत्ति को समझने की कोशिश की। यहाँ आकर वे पण्य के जगत से बाहर आकर इस जगत के अंतर्विरोधों का अध्ययन करते हैं। वे संस्कृति के चिह्नों की गति पहचानने की कोशिश करते हैं। पूँजीवादी व्यवस्था में एक 'यथार्थ-सिद्धांत' प्रकट होता है जो यथार्थ के प्रमाणन को संभव करता है। विचारधारा उस यथार्थ को वैधता प्रदान कर सकती है। लेकिन नए उपभोक्ता समाज में यह 'यथार्थ-सिद्धांत' तिरोहित हो जाता है। यह तिरोधान वस्तुजगत की 'छलना' (साइमलक्रा) से होता है। संस्कृति के संदर्भ में ऐतिहासिक चेतना मशीनी-औद्योगिक युग की विशेषता रही। उत्तर-आधुनिकता में अचेतन वस्तुजगत, अनिश्चित स्थिति का समांतर है। सारी दुनिया अनिश्चित है इसलिए हमारी चेतना भी अनिश्चित है। इसलिए विचार नहीं तिकड़म (मैनीपुलेशन) हमारे व्यवहार का आधार बन चली है। यह नई स्थिति एक प्रपंच (साइमूलेशन) की तरह है। यथार्थ और 'द्वंद्वात्मक निश्चिति' खत्म है, और सिद्धांत-रहित संहिता और चयन ने विचारधारा की जगह ले ली है। आलोचनात्मक सिद्धांत और राजनीतिक क्रांति अतीत की चीज हो चुकी हैं। नई स्थिति ने तमाम औजारों को भोंथरा बना दिया है। उसने प्राथमिक अनुभव और द्वंद्वात्मक अनुभव (वैचारिक व्यवस्था) के दूसरे स्तर को बेकार कर दिया है। अंतिम सत्य किसी के पास नहीं बचा है। स्थिति यह है कि विरोध का तरीका खोजना ही सबसे बड़ा विरोध है। असहमति का तरीका निकालना ही असहमति है और यह भी असंभव है। तब क्या संभव है ?

संभव है एक तीसरी स्थिति। यह है इजारेदार पूँजी के साथ सहअस्तित्व का स्वीकार। और इस तरह प्रतीकों के विनिमय का स्वीकार। यहाँ पहुँचकर राजनीतिक अर्थशास्त्र के मजदूरी, मुनाफा, पूँजीपति, मजदूर, उद्योग आदि तत्त्व व्यर्थ हो जाते हैं और समूची प्रक्रिया प्रतीकों के विनिमय में बदल जाती है। यहाँ पहुँचकर पूँजी उन तमाम सामाजिक नियमों को नष्ट कर देती है जो चले आए हैं और उन्हें 'पण्य' में बदल देती है। पूँजी की यह संहिता समूचे यथार्थ को एक वेश्या-बाजार में बदल देती है जहाँ हर चीज का विनिमय होता है। इससे पुरानी अवधारणाएँ बेदखल हो जाती हैं। राजनीति में प्रातिनिधिकता खत्म हो जाती है। पूँजी अपने पुराने नियम नहीं मानती। पूँजी उन नियमों को तोड़ती है। राजनीतिक अर्थशास्त्र का यथार्थवाद प्रतीकात्मक विनिमय को नहीं

समझ सकता क्योंकि यह पूँजी का नग्न रूप है। हर चीज को अश्लील बनाता हुआ। उसे क्रांति के नारे से खत्म नहीं किया जा सकता क्योंकि नारा जिस वातावरण से होकर जाएगा, वह इसी विनिमय से परिचालित है, भाषा से परिचालित है।

इसलिए, इस व्यवस्था से बाहर आकर ही इसका प्रतिरोध संभव है। यह प्रतीकात्मक-हिंसा से ही संभव है जो 'उपहार' (गिफ्ट) और 'प्रति-उपहार' में नजर आती है। इसे हम बंधक बनाने की प्रक्रिया में भी देख सकते हैं। इसे हम फिरौती माँगने की प्रक्रिया में देख सकते हैं क्योंकि ये चीजें ही प्रतीकात्मक विनिमय को नया रूप देती हैं। ये उस व्यवस्था से बाहर आकर होती हैं। बंधक बनाना स्थापित प्रतीकात्मक विनिमय को गड़बड़ाता है। यही इस व्यवस्था के खिलाफ विद्रोह का एक नमूना है। क्षणिक चुनौती वाला।

आतंकवाद एक अन्य तरीका है, जो इस नए समाज की संहिता को चुनौती देता है। आतंकवादी या तो मारा जाता है या मारता है। वह मृत्यु का विनिमय करता है जो मूलतः इस व्यवस्था के प्रतीकात्मक विनिमय को व्यर्थ बनाता है। शहादत—यही एकमात्र चैलेंज है जो दिया जा सकता है। (इसे हम अपने यहाँ के मंडल-विरोधी आत्मदहन या भिंडरवाले द्वारा अमृतसर के स्वर्णमंदिर में शहादत लेने या हजरतबल में न हो पाए शहीदों के रूप में भी देख सकते हैं।) हिंसा, शहादत, आतंक आदि ही वे औजार हैं जिनसे उपभोक्ता समाज में प्रचलित प्रतीकात्मक विनिमय के वर्चस्व को चुनौती दी जा सकती है और उपभोक्तावाद का शिकार हुआ जा सकता है। यानी यह भी कोई चुनौती नहीं बनती।

बौद्रीआ द्वारा विश्लेषित 'प्रतीकात्मक विनिमय' की उक्त अवधारणा के अलावा एक महत्त्वपूर्ण अवधारणा यथार्थ को 'छलना' के रूप में देखने की अवधारणा भी है। बौद्रीआ इसे 'अतियथार्थ' कहते हैं। बौद्रीआ पाते हैं कि आधुनिकता ने व्यक्तिगत रचनात्मकता तथा अवांगार्दवाद को जन्म दिया। उसने तमाम प्राचीन संस्कृतियों को फिर से लिखा और व्यवस्था दी। इसकी चरम अवस्था ही इसकी मरणावस्था है।

उत्तर-आधुनिक उपभोक्ता समाजों में संस्कृति की तीन आधुनिक अवधारणाएँ—मनुष्य (मानववाद), प्रगति (प्रगतिवाद), इतिहास (इतिहासवाद) खंडित हो जाती हैं।

संस्कृति के इतिहास में पहला चरण प्राकृतिक कृति का है, दूसरा औद्योगिक कृति का है जहाँ मनुष्य, इतिहास, प्रगति केंद्र में हैं। लेकिन तीसरे सांस्कृतिक चरण में एक अतियथार्थ का निर्माण होता है जो एक अनिश्चित संहिता लिये रहता है। हर चीज पहले से बनी होती है। सामाजिक जीवन प्रश्नोत्तरी पर टिक जाता है। यथार्थ में एक नए प्रकार की छलना आकार लेने लगती है। वह प्राकृतिक यथार्थ और हमारी चेतना के बीच खड़ी हो जाती है। पूर्वनिश्चित प्रश्नोत्तरी, सर्वेक्षण और निष्कर्ष यथार्थ के रूप बन जाते हैं। विचारधारा की जगह, हस्तक्षेप की जगह 'जनमत संग्रह' एकमात्र राजनीतिक कार्य रह जाता है। राजनीतिक विचार अपना सार खो देता है। संस्कृति माध्यम-निर्भर होकर माध्यम-मात्र रह जाती है। यह माध्यम ही 'छलना' का संसार रचता है। 'सूचना'

इस छलना का औजार है। यह छलना किसी एक 'चिह्न' को वर्चस्ववादी नहीं होने देती। वहाँ अनेक चिह्न चाहिए ही। यही इस स्थिति का 'बहुलवाद' (प्लूरैलिटी) है। यहाँ राजनीतिक दलों की प्रातिनिधिकता और नेतृत्व समाप्त हो जाता है। इस माध्यम पर निर्भर छलना में एक-दलीयता, एक-प्रातिनिधिकता असंभव हो जाती है। यही राजनीति का बहुलवाद है जो पूर्वरचित होता है।

यहीं से बौद्रीआ 'अति चंचल-यथार्थ' (हाइपर-रीयल) की परिकल्पना करते हैं। यह अति-चंवल-यथार्थ यथार्थवाद का विस्तार नहीं है जो अपने लिए एक वस्तुगत 'यथार्थ' की दरकार रखता है। इस अति-चंचल-यथार्थ (हाइपर रीयल) में यथार्थ ही पुनर्निर्मित होने लगता है। यह हर माध्यम में अलग ढंग से अलग रूप में होता है। यह इतना छलनामय होता है कि मूल यथार्थ गायब हो जाता है। वह अपना मूल ठोसपन, देश-कालपन खो देता है। यहीं प्रातिनिधिकता खत्म होती है। अति-चंचल-यथार्थ दुहराव में रहता है—वह बार-बार बनता रहता है और हर बार यथार्थ को बेदखल करता रहता है। यह समूचे सांस्कृतिक उपक्रम को बदल देता है। वस्तु से वस्तुगतता खत्म हो जाती है। साहित्य से उसका रूपक निकल जाता है। जटिल संस्कृति-संरचना खत्म हो जाती है। टीवी, वीडियो, विज्ञापन, बाजार का यथार्थ ऐसा ही अति-चंचल-यथार्थ है।

अति चंचल-यथार्थ में गहराई, परिप्रेक्ष्य और संदेश का अभाव है। ये चीजें अति-चंचल-यथार्थ की स्थिति में खत्म हो जाती हैं। अति-चंचल-यथार्थ कई तरह से परंपरागत संस्कृति के अनुभव को बदलता है। 'अति-चंचल-यथार्थवादी' कला सबको अविशेष, अतिविवरणात्मक, अतिरूपात्मक (मॉडलिंग) और थोड़ा-थोड़ावादी बनाती है।

संस्कृति के उपादानों की यह बेदखली खतरनाक है। इसके गंभीर परिणाम होते हैं। बौद्रीआ कहते हैं कि सबसे बड़ा नुकसान 'जीवन सौंदर्य' का साधारणीकरण है क्योंकि लगभग हर चीज कलाचिह्न बनती जाती है (पुनरुत्पादन की प्रक्रिया की वजह से) और इस तरह अपने सार (मूल्य, पवित्रता, महानता आदि को) खोती जाती है। 'कला' लगभग हर क्षेत्र में प्रवेश कर जाती है। वह स्वयं में एक 'छलना' बन जाती है। यथार्थ-सिद्धांत और आनंद-सिद्धांत छलना के सिद्धांत के लिए जगह छोड़ देते हैं और अति-यथार्थ में घुल-मिल जाते हैं, लेकिन यह सरीयल पुराने ढंग के अति-यथार्थवाद की तरह चमत्कारपूर्ण, चौंकने वाला नहीं होता बल्कि वह एक ठंडापन लिये होता है, गहराई रहित होता है, प्रभाववाद से रहित होता है, अपने आदि-अंत से रहित होता है।

यहाँ आकर आलोचना या समीक्षा समाप्त हो जाती है। छलना आरंभ हो जाती है, उपभोक्ता समाज में 'छलना' का प्रपंच महत्त्वपूर्ण हो जाता है।

यह अति-चंचल-यथार्थ पहले मॉडल गढ़ता है, उनके बहुरूपी स्वांग को सत्य बनाता है। फिर उनके भेदों को स्पष्ट करता है, फिर वे भेदीकृत रूप स्वतंत्र हो जाते हैं। अंततः यह बहुरूपियापन (साइमूलेशन) फैलने लगता है, स्वीकृत होने लगता है। इसका सबसे अच्छा उदाहरण फैशन है। फैशन एक विचार बन जाता है जो सब तरफ हर अनुशासन में फैलता जाता है। राजनीति फैशन बन जाती है, सेक्स फैशन बन जाता है, कपडे-लत्ते

तो फैशन बन ही जाते हैं। फैशन के प्रवेश से वस्तु-पूजा (फीटिश) का जन्म होने लगता है। वस्तु छलना और प्रपंच बनने लगती है।

बौद्रीआ का मानना है कि उपभोक्ता-समाज में देह फैशन के केंद्र में आ जाती है, सेक्स केंद्र में आ जाता है। देह-क्रांति और सेक्स-क्रांति उपभोक्ता समाज की उपलब्धियाँ हैं। उपभोक्ता समाज का एक औजार है फैशन। फैशन की प्रक्रिया सतत चक्र की प्रक्रिया है जो अंततः नए विचार आदि को नष्ट कर देती है। वह देह को ही केंद्र में लाती है।

इस संदर्भ में बौद्रीआ रोलाँबार्थ के 'द फैशन सिस्टम' (1985) का सहारा लेते हैं। रोलाँबार्थ ने कहा था कि फैशन अमूर्त प्रक्रिया है जो धीरे-धीरे देह को केंद्र में ले आती है। यह तीन चरणों में होता है। पहले फैशन 'शुद्धरूप' होता है जैसे कि मॉडल, एक लड़की या लड़का जो उसका वाहक होता है। लेकिन अचानक उसकी 'देह' प्रमुख हो जाती है। फिर कपड़ा-मात्र रह जाता है। फैशन शरीर को एक 'आदर्श' बना देता है। बौद्रीआ इस अवधारणा को आगे बढ़ाते हैं और कहते हैं कि उपभोक्ता-समाज में फैशन जीवन के हर क्षेत्र में घुस जाता है। हर औरत मॉडल नजर आती है। हर औरत से चाहा जाता है कि वह अपने शरीर को और शरीर पर खर्च करे। औरत की देह केंद्र में आ जाती है। शुरुआती पूँजीवाद में फैशन शहर के कुछ लोगों का कर्म था। पूँजीवाद के इजारेदार युग में वह शासक वर्गों का श्रृंगार प्रसाधन बनी रही। पूँजीवाद के नए वर्तमान युग में फैशन 'जीवन की शैली' बन जाता है। वह हर कहीं, हर जगह होता है। हर चीज फैशन हो जाती है। फैशन--वह खुद अति-चंचल-यथार्थ है।

फैशन कपड़ों का शरीर बनाता है। वह शरीर को सजाता है। पूजता है। वह नंगे शरीर को नए अर्थ देता है। वह उसे सेक्स संदर्भ देता है। वह औरत के शरीर का अर्थ और मूल्य बन जाता है। वह औरत के शरीर को संस्कृति के केंद्र में ले आता है। फैशन की यह मुक्ति स्त्री और उसके शरीर की मुक्ति है। शरीर फैशन के चिह्नों का दृश्य बन जाता है। चूँकि यह फैशन अपना सार्वभौमिक वातावरण बनाता है इसलिए हर क्षेत्र में इसका देहवाद और सेक्सवाद घुस जाता है। हर क्षेत्र का सेक्सीकरण हो जाता है। औरत का शरीर जो इसका वाहक है, वही इसका शिकार बन जाता है। बौद्रीआ कहते हैं कि इस विराट प्रक्रिया में, जब औरत फैशन का केंद्र बनती है, तब समूची दुनिया ही औरत को, मुक्त सेक्स और फैशन को भोगने लगती है, जिस तरह एक मजदूर बाजार में आकर अपना श्रम बेचने की प्रक्रिया में अपने आपसे बेगाना होने लगता है (मार्क्स के अजनबीपन की अवधारणा, देखिए '1844 की आर्थिक-दार्शनिक पांडुलिपि') उसी तरह औरत फैशन में आकर अपने आपसे अलग, अजनबी हो जाती है, फिर अपनी देह से अजनबी हो जाती है। वह सौंदर्य के चिह्न और आनंद-सिद्धांत के तहत अपनी देह से बेगानी हो जाती है। वह उसकी देह नहीं होती जो दिखती है। देह-शोषण देह की दुकानदारी बन जाता है। बॉडीशॉपिंग।

यहीं फैशन एक आफत बन जाती है। वे लोग जो इससे घृणा करते हैं और वे

जो इसका विरोध करते हैं, उनके सामने फैशन एक ऐसी प्रक्रिया की तरह है जिसकी संहिता में वे हस्तक्षेप नहीं कर पाते। उसकी संहिता को तोड़ पाना असंभव है क्योंकि उसकी संहिता अपना स्थायी दमनचक्र चलाती है और आलोचना को भी फैशन बना देती है। अब रास्ता क्या है ? रास्ता है फैशन के चिह्नों का विखंडन करें। बौद्रीआ जवाब देते हैं कि रास्ता है कि हम उसके व्यंजकों का विखंडन करें। जिस तरह राजनीतिक अर्थशास्त्र का विकल्प नए पूँजीवाद में पण्य-विखंडन है, उसी तरह उत्तर-आधुनिकता में फैशन का विखंडन है।

लेकिन यह विखंडन भी 'फैशन' बनने से कैसे बच सकता है ? बौद्रीआ इसका उत्तर नहीं देते।

अब हम उनके देहवाद पर आते हैं, जिसे बौद्रीआ उत्तर-आधुनिक समाजों की एक बड़ी केंद्रीय विशेषता मानते हैं। ज्यों-ज्यों देह केंद्र में आती है वह खुद एक नई व्यवस्था बन जाती है, एक वस्तु की तरह। वह एक 'चिह्न' बन जाती है। चिह्नों के अनुशासन में कैद हो जाती है और उसका विनिमय चिह्नों में होने लगता है। देह के इस विनिमय में असली विनिमय 'शिश्न' का होता है। कामभाव और शिश्न-केंद्रिकता दोनों देह के सुचालक बना दिए जाते हैं। कामुकता इस देहवाद का सार होती है। यहीं से शरीर का लिंगभेद स्पष्ट होता जाता है। एक स्त्री का मुख लें। एक सजा हुआ मुखड़ा। लिपस्टिक और मेकअप से युक्त। सजा हुआ मुखड़ा एक चिह्न है। कामुकता का विनिमय करता हुआ। यह कामुकता आदमी की कामेच्छा है जो उस चेहरे से पैदा हुई है जिसने समूची औरत को चेहरे में बदल दिया है। इस औरत के चेहरे में हम 'योनि-चिह्न' देखते हैं। हर औरत एक योनि बन जाती है, हर आदमी एक शिश्न। शिश्न-केंद्रिकता ने औरत को नए ढंग से नंगा किया है, विनिमय के केंद्र में ला दिया है। बलात्कार कामुकता का 'गौरव' बन जाता है। हर चीज में शिश्न-योनि को समान करती हमारी भाषा इसी का तो फल है।

देहवाद के इस उत्सव के केंद्र में औरत का शरीर है। वही शिश्न का केंद्र है। वही योनि का। इसीलिए मर्द नंगे नहीं दिखते उतने जितने कि औरतें। शिश्न को औरत के चिह्न में बदल दिया जाता है। यही औरत के शरीर का दमन है जो कि नया है। आत्मरति और कामुकता दो भाव औरत की देह के नए दमनकारी तत्त्व हैं।

बौद्रीआ का एक तत्त्व 'मृत्यु चिंतन' है जो उनके उत्तर-आधुनिक चिंतन का महत्त्वपूर्ण बिंदु है। यह भी 'देह' से जुड़ा है। देह के केंद्र में आने के बाद देह का अंत स्वाभाविक है। बौद्रीआ देह को प्रतीकात्मक विनिमय का फल मानते हैं। मृत्यु में आकर विनिमय उलट जाता है। हम देखते हैं कि मनुष्य मरकर धीरे-धीरे विस्मृत हो जाता है अथवा एक 'अस्वाभाविकता' (एबनार्मलिटी) बन जाता है। इस तरह हमारी (उपभोक्ता) संस्कृति मूलतः मृत्यु की संस्कृति है। मरे व्यक्ति को समाज में जगह नहीं होती। पुराने समाज में 'मृत्यु' की स्मृति प्रमुख थी। अब वह नहीं रही। इतिहास मृत्यु की स्मृति है। उपभोक्ता समाज अपना इतिहास नहीं रखता। इतिहासेतर इतिहास बनाता है। इसीलिए मृत्यु की स्मृति नहीं रखता। इसीलिए यहाँ सबसे अस्वाभाविक 'मृत्यु' होती है।

# फूको : ज्ञान और सत्ता का विमर्श

फूको समकालीन उत्तर-आधुनिक चिंतकों में एक ऐसा नाम है जिसने ज्ञान की प्रविधियों—खासकर आधुनिकतावादी ज्ञान की प्रविधियों, सत्यार्थों तथा दावों, सबको एक साथ उलट दिया। फूको को वामपंथी चिंतक 'नीत्शेवादी' कहते हैं। नीत्शे वही हैं जो कभी अस्तित्ववाद के हल्ले में हिंदी में आए थे और अब फिर उत्तर-आधुनिकता में आते हैं। अनेक लोग नीत्शे के चिंतन को 'फासिस्ट' कहते हैं। फलस्वरूप फूको भी फासिस्ट कहलाते हैं। यद्यपि उत्तर-आधुनिक चिंतकों में 'फासिज्म' अब एक गया-गुजरा शब्द है। फ्रेडरिक जेमेसन ने लिखा है कि बैंजामिन कला के जिस मास प्रोडक्शन से डरते थे, वह बुर्जुआ का 'आनंद कानन' बन चुका है, फासिज्म नहीं। लेकिन यहाँ इस बहस में जाने से बेहतर है हम फूको के बारे में सोचें।

मिशेल फूको ने 'मैडनेस एंड सिविलाइजेशन', 'डिसिप्लिन एंड पनिश', 'द हिस्ट्री ऑफ सैक्सुअलिटी' जैसे तीन बड़े 'पुरातात्त्विक' (आर्क्योलॉजिकल) अध्ययनों में समाजों को पढ़ने का एक नया ढंग निकाला जिसे 'जीनियोलॉजी' या आनुवंशिकी कहा जाता है। आनुवंशिकी समाजशास्त्र का क्षेत्र है। फूको के 'आनुवंशिकी शास्त्र' ने कलाओं के क्षेत्र में उत्तर-आधुनिक स्थितियों की ओर संकेत किया।

आनुवंशिकी शास्त्र मूलतः 'ज्ञान' से संबंधित है। वह सत्ता (पॉवर) से भी संबंधित है और वह 'मनुष्य शरीर' से भी संबंधित है। उत्तर-आधुनिकता में देह या शरीर की वापसी एक प्रमुख विशेषता है। यहाँ हम 'देह' या 'शरीर' के इस आनुवंशिकतावादी विचार की व्याख्या करना चाहेंगे।

इस क्रम में सर्वप्रथम फूको के विचार देखे जाएँ :

प्राचीन ज्ञान में (यूरोप में) देह और आत्मा अलग-अलग माने जाते हैं। आधुनिकता के जनक देकार्त ने सिद्ध किया कि देह ही ज्ञान का प्रतिनिधित्व करती है, वह उत्पादन, पुनरुत्पादन का जरिया है।

फूको ने 'मैडनेस एंड सिविलाइजेशन' में बताया कि पुराने समय में पागल मनुष्य का शरीर 'तर्कबाह्य' कर दिया गया। बाद में, आधुनिकता में मनोविज्ञान और अस्पतालों ने जन्म लिया जिनके जरिए 'बाहर' कर दिए गए 'शरीर' को ठीक करने की कोशिश की गई। आधुनिक अस्पतालों ने देह की जाँच-परख को संभव किया। देह आत्मा का व्यंजक नहीं रही, वह अपने आप में एक 'संपूर्ण' 'मशीन' बनकर उभरी। 'डिसिप्लिन

एंड पनिश' में फूको ने 'शरीर' को केंद्रीकृत किया और 'ज्ञान' की मनुष्य की 'कामना' को उसकी शरीर सुख की कामना से जोड़ा। यहीं उन्हें 'स्मृति' की भूमिका नजर आई जो 'नीत्शे' के लिए केंद्रीय महत्त्व रखती थी (जिसकी वजह से लोगों ने उन्हें नीत्शे का चेला कहा)। फूको के यहाँ 'देह' इतिहास की 'सजा' की गवाह होती है। उसकी स्मृतियाँ देह पर खोजी जा सकती हैं। देह एक बहुत बड़ी प्रयोगशाला रही है। आधुनिक समय में, दंडसंहिता के आधुनिक हो जाने से 'देह' को सामाजिकता मिली है। अब सत्ता देह पर सीधे क्रूरता नहीं करती, बल्कि उसकी चेतना पर हमला करके काम करती है।

पुराने समय में देह को घायल या नष्ट किया जाता था, अब कानूनी विमर्श द्वारा उसे नियमित किया जाता है। यह विमर्श ही 'स्मृति' को जागृत करता है। देह इसी विमर्श में जीती है, यहीं से वह 'प्रतिरोध' करती है।

हिंदी फिल्मों में अत्याचार का बदला लेने के लिए संभव की जाती हिंसा फूको की देह पर अत्याचार और उसकी प्रतिरोधात्मक स्मृति को समझने के लिए सर्वोत्तम उदाहरण है। यह प्रतिरोधात्मक हिंसा, प्रतिरोधात्मक 'स्मृति' को जन्म देती है जो सत्ता के विमर्श से अलग जा पड़ती है। यहीं फूको कहते हैं कि यह स्मृति और वृत्तांत, अत्याचारी सत्ताओं के विमर्श का प्रतिकार करता है। यह गैर विमर्शात्मक भाषा साहित्य में मिलती है। यदि समाजशास्त्रों का विमर्श देह को अपने अत्याचार का विषय बनाता है (कानून, जेल, अन्य संस्थान जो सामाजिक नियम-कानून बनाते हैं, जहाँ मनुष्य कदम-कदम पर कानून से बाधित है) तो गैर विमर्शात्मक भाषा एक ऐसी 'स्मृति' निर्मित कर सकती है जो देह पर होने वाले अत्याचार का प्रतिकार कर सके। फूको 'स्मृति को जागृत करना ही देह को जागृत करना' कहते हैं।

देह, स्मृति, कामना, सत्ता। फूको 'ज्ञान' में इन्हीं तत्त्वों को केंद्रीय और सक्रिय मानते हैं। कामना देह की सत्ता की गुलाम है। यह कहकर वे नीत्शे से अलग भी होते हैं, जो कहता है कि मनुष्य की कामना ही 'सत्ता' की कामना है।

विचित्र लगेगा कि फूको का सारा शास्त्र नस्ल और वंश को लेकर चलता है। फूको 'रूप संबंध' और नस्ल (स्टॉक) को अपने समाजशास्त्र में बहुत महत्त्व देते हैं। आनुवंशिकी में वंश, रूप, नस्ल, जाति की एक शृंखला स्थापित की जाती है। नीत्शे अपने विचार में नीति और नैतिकता की, बड़े-छोटे, अच्छे-बुरे की शृंखला स्थापित करता है, जबकि फूको 'देह' की शृंखला देखते हैं। समाजशास्त्र में, आनुवंशिकी में यह एक स्वाभाविक कार्य है।

फूको से पहले डिलूज ने शरीर और आनुवंशिकी पर विचार किया था, जिसका असर फूको ने स्वीकार भी किया। डिलूज ने देह और कामना के संबंध को व्याख्यायित किया। अपने साथी गुट्टारी के साथ डिलूज ने 'एंटी-ईडीपस' लिखी जिसमें उन्होंने 'लाकाँ' के कामना (डिजायर) की अवधारणा को थोड़ी चुनौती दी। लाकाँ का मानना था कि कामना अभाव का पुनर्जीवन है। वह काम्य वस्तु के अभाव का दूसरा नाम है। वह अचेतन होती है। वह कुछ-कुछ फ्रायड की 'इच्छा' (विश) को कामना (डिजायर)

से अलगाता है। छोटा बच्चा जरूरत और माँग में फर्क नहीं कर पाता, क्योंकि वह माँ से अभिन्न होता है। माँ से दूर होते ही उसकी 'जरूरत' स्पष्ट हो जाती है और 'कामना' पैदा हो जाती है। माँग (डिमांड) सचेत होती है, कामना अचेत। इस तरह कामना अभाव का 'दर्शन' बन जाती है। माँ चाहिए, क्योंकि अब माँग नहीं है। डिलूज गुट्टारी में कामना 'अभाव' का नहीं, फ्रायड के 'लिबिडो' का प्रयोग है।

कामना देह का प्रति-उत्पाद है। फूको की यह निष्पति उनके आनुवंशिकीशास्त्र का एक टुकड़ा है। इसका प्रभाव जितना साहित्य पर पड़ा है, उससे अधिक राजनीति और संस्कृति में इसका प्रतिफलन देखा जा सकता है।

फूको के चिंतन की एक बड़ी विशेषता किसी भी किस्म के सार्वभौमिक (यूनिवर्सल) विमर्शों को शक की नजर से देखना है। मनुष्य की 'प्रकृति' की प्राकृतिकता के बारे में उनके अपने गहरे शक हैं।

फूको के चिंतन की दूसरी बड़ी विशेषता यह है कि वह एक ही साथ सामाजिक ऐतिहासिक है, फिर भी 'इतिहासवाद' के विपरीत है। वे इतिहास या समाज के 'सार्वभौमिक' निष्कर्ष नहीं निकालते। वे मनुष्य प्रकृति को एक बार हमेशा के लिए व्याख्या देकर निश्चित नहीं होते। वे हर बार उसे नए ढंग से, शुरू से देखने में यकीन करते हैं। इसीलिए वे तर्क की 'बहुलता' में यकीन करते हैं। वे ज्ञान को सामाजिक स्थिति में घटाते नहीं, ज्ञान को सामाजिक स्थितियों से, जैसा वह निकल सकता है, निकलने देते हैं। वे हर व्यवहार, सामाजिक संस्थान के संबंधों को इतिहास में समझना चाहते हैं। इसीलिए पश्चिमी 'सिद्धांतिकी' को वे अपने ढंग से चुनौती देते हैं। पश्चिमी सिद्धांतिकी की एक बुनियादी विशेषता सिद्धांत या यूटोपिया के 'प्राथमिक' होने की रही है। पहले सिद्धांत खोजे जाते हैं जो सार्वभौमिक हों, फिर व्यवहार आता है। फूको कहते हैं कि 'ज्ञान' की इसी पद्धति, इसी तरह की इच्छा ने पश्चिमी सत्ता की कार्यप्रणाली को समीक्षा से परे कर दिया है। सो असल सवाल 'सिद्धांतिकी' की खोज का नहीं होता, बल्कि सत्ता की वास्तविक प्रक्रिया का है जो इन सिद्धांतिकियों के पीछे सक्रिय रहती है। वे कहते हैं कि एक समाज में वास्तविक राजनीतिक कार्य उसके संस्थानों की कार्य प्रक्रियाओं की समीक्षा करना है जो प्रायः मूल्य तटस्थ नजर आती हैं और इतनी 'सत्य' नजर आती हैं कि वे आलोचना से बाहर नजर आती हैं। असल कार्य यही है कि उनकी ऐसी समीक्षा की जाए, उनके जरिए होने वाली अनिवार्य राजनीतिक हिंसा का पर्दाफाश किया जाए, ताकि लोग उनसे लड़ सकें।

यहीं 'न्याय' की बँधी-बँधाई परिकल्पना को वे प्रश्नांकित करते हैं। राज्यसत्ता या सामाजिक संस्थानों का 'न्याय' मूलतः सत्ता और 'ताकत' के ही विचार हैं जो बराबर बनाए गए हैं, ताकि ये संस्थान कार्य कर सकें। फूको के अनुसार चाहे हम संस्थानों के पक्ष में हों या न हों, हम सक्रिय हों या न हों, हम हमेशा एक सत्ता के विमर्श में ही रहते हैं। ज्ञान, चाहे वह किसी भी प्रकार का हो, इसी सत्ता-विमर्श का एक हिस्सा है। ज्ञान किसी भी तरह उसके भीतर चलने वाले सत्ता संघर्ष से अलग नहीं है। संस्कृति

में 'ज्ञान की इच्छा' मूलतः और एक साथ 'सत्ता की इच्छा' ही है। ज्ञान कभी भी अपनी सत्तात्मक जरूरतों से निरपेक्ष नहीं होता, स्वतंत्र नहीं होता। इस अर्थ में ज्ञान कभी 'शुद्ध प्रबुद्ध' नहीं होता। इसीलिए कभी 'शुद्ध तर्क' नहीं होते। पहले जहाँ धर्म कुर्बानी माँगा करता था, देह या शरीर की बलि माँगा करता था, अब ज्ञान प्रयोगशालाओं में बलि माँगता है। ज्ञान अपने लिए (यानी अपनी सत्ता के लिए) कुर्बानी माँगता है। ज्ञान कभी सत्ता निरपेक्ष नहीं रहा। चूँकि ज्ञान स्वयं सत्ता का विमर्श है, इसलिए इसकी चुनौती का जवाब यहीं से देते हैं कि हम जानें कि ज्ञान (सामाजिक ज्ञान, विज्ञान, कलात्मक ज्ञान आदि सभी) चूँकि कर्ता (सब्जेक्ट) केंद्रित हैं, इसीलिए सत्ता में बदल जाते हैं। वे तमाम मनुष्य को अपना कर्ता बनाते हैं।

फूको कहते हैं कि दरअसल काम उन प्रक्रियाओं का इतिहास लिखना है जो मनुष्य को ही अपने सत्ता-विमर्श का 'विषय' (सब्जेक्ट या कर्ता) बनाती हैं। उत्तर-आधुनिकता के द्वारा जिस 'विषय' या कर्ता को सबसे ज्यादा समस्यात्मक बनाया गया है, वह यही विषय या कर्ता है। फूको इसी का अध्ययन करते हैं। फूको इस प्रकार के अध्ययन को 'तीन तरीके' (मोड) कहते हैं। पहला तरीका है 'विभाजनकारी व्यवहार'। फूको ने बताया कि मध्यकालीन यूरोप में किस तरह कोढ़ी मनुष्यों को स्वस्थ से अलग किया जाता है। गरीबों, पागलों, आवाराओं को किस तरह से अलग रखा जाता था, किस तरह 1656 में पेरिस के जनरल अस्पताल में उन्हें डाल दिया जाता था, फ्रांस में उन्नीसवीं सदी में किस तरह अलग-थलग करने के लिए नई-नई बीमारियाँ खोजी गईं, किस तरह आधुनिक मनोविश्लेषण शास्त्र का प्रपंच बना, किस तरह अस्पतालों में विभाग बना, मनोरोगियों के लिए जेलें बनीं, शफाखाने बने। यूरोप की उन्नीसवीं और बीसवीं सदी के समाज में इस तरह के अनंत श्रेणी विभाजनों का इतिहास है।

फूको कहते हैं कि इस तरह से हर बार विषय (कर्ता) का 'वास्तविकीकरण' (ऑब्जैक्टीफिकेशन) किया गया। ऐसी विभाजक प्रक्रिया की गई जो या तो मनुष्य को उसे उसके भीतर से विभाजित कर दे (सीजोफ्रेनिया, सीजोडायनैमिक्स) या वह दूसरों से विभक्त रहे। इस क्रम में मनुष्य को एक सामाजिक पहचान (चिह्न) दी गई, श्रेणी दी गई, नाम-पद दिया गया। यह एक ही साथ 'सामाजिक' बनाना और 'अलग' करना है। 'मैडनेस एंड सिविलाइजेशन' में फूको इसी विभाजक प्रक्रिया की गहन छानबीन करते हैं। यही काम वे 'बर्थ ऑफ क्लिनिक' में करते हैं। यही खोज 'डिसिप्लिन एंड पनिश' में दिखलाई पड़ती है। वे बार-बार बताते हैं कि सामान्य समाज में जहाँ आदमी विभक्तिरहित रहता है, विभाजक प्रक्रिया वहाँ से निकालकर उसे 'वस्तु' में बदल देती है। यह श्रेणीकरण नियंत्रण का एक तरीका ही है, एक मानववादी सुधार तथा प्रगति की परंपरा को सीमित करने का तरीका है। तमाम तरह से ज्ञानों एवं विज्ञानों के अमल से लोगों को अपनी सत्ता के अधीन रखना है। मनुष्य को वस्तु बनाने का दूसरा तरीका है 'वैज्ञानिक वर्गीकरण'। यह उन तरीकों से पैदा होता है जो स्वयं को वैज्ञानिक तरीका सिद्ध करते हैं। यहाँ हर चीज इतिहास में, बायलॉजी व समाजशास्त्रों में सिद्ध होती है।

वैज्ञानिक वर्गीकरण या विभाजन की अवधारणा फूको ने 'द ऑर्डर ऑफ थिंग्स' में दी है। यहाँ फूको ने बताया है कि जिंदगी, श्रम या भाषा के विमर्श इस तरह बने हैं, बनाए गए हैं कि वे 'अनुशासन' बन गए हैं। ये 'अनुशासन' स्वायत्त दिखते हैं, सुगठित दिखते हैं; लेकिन इन अनुशासनों (जीवन, श्रम और भाषा) में अनेक बार टूट हुई है। फ्रांसीसी क्रांति से पहले ये अनुशासने क्लासिकल ढंग के रहे। फ्रांसीसी इतिहास से खोज करते हुए फूको ने पता लगाया कि यूरोपीय ज्ञान और अनुशासन में लगातार 'टूट' रही है, वे सदा शृंखलाबद्ध, एक जैसे सातत्य वाले नहीं रहे।

'द ऑर्डर ऑफ थिंग्स' और 'द आर्कियोलॉजी ऑफ नॉलेज' में लगता है कि फूको ने सामाजिक व्यवहारों को संस्थानों से अलग कर देखा। यहाँ फूको सामाजिक विमर्शों की बात पूछते हैं कि 'यह विमर्श कार्य कैसे करते हैं। यह प्रश्न इसीलिए पूछते हैं ताकि सत्ता की तकनीकों को अलग-थलग किया जाए। फूको की सर्वाधिक दिलचस्पी सामाजिक संस्थानों और मनुष्य देह के विविध संबंधों को समझने की रही है। जैसे हमने देखा कि वस्तुकरण के 'तरीके' में (विभाजन के तरीके में) विषय या कर्ता 'शिकार' रूप में नजर आता है जैसे कि कैदी या पागल लोग होते हैं। 'द बर्थ ऑफ क्लिनिक' में फूको बताते हैं कि शरीर किस तरह से सिर्फ एक 'चीज' की तरह देखा जाता है और किस तरह अस्पताल समाज को विभाजित करता है। वैज्ञानिक विभाजन या वर्गीकरण ऐसा नहीं है। यहाँ ये तर्क में विभाज्य रहते हैं, व्यवहार में नहीं दिखते।

मनुष्य को चीज बनाने का तीसरा तरीका है—'विषयकरण' (सब्जैक्टिफिकेशन)। मनुष्य को विषय में बदलना। यही फूको का सर्वाधिक मौलिक अवदान है। आदमी को शुद्ध विषय कैसे बनाया जाता है ? फूको इन प्रश्नों का उत्तर देते हैं। (यों, हम रोजमर्रा के अनुभव में यह पाते रहते हैं कि हम 'विषय' बन गए हैं, लेकिन हम यह कभी नहीं समझ पाते कि किस तरह से ऐसा हुआ है, आधुनिक सभ्यता की वे कौन सी पश्चिमी या 'भारतीय' प्रणालियाँ हैं जो हमें 'विषय' बना देती हैं। यह हम कम समझ पाते हैं। फूको ने इस 'कैसे' का उत्तर दिया है। 'विषय' बन जाने में एक भ्रम है। 'विषय' बनकर मनुष्य समझता है कि वही 'कर्ता' है। लेकिन होता सिर्फ इतना है कि वह किसी बड़े सिस्टम या किसी बड़े संस्थान का औजार-भर बनता है।)

हम याद करें कि 'विभाजन' का तरीका मूल वर्चस्व की तकनीक का दूसरा नाम है। (जैसे अपने यहाँ जाति-व्यवस्था है जिसने एक पूरी जनता को समाज से बाहर कर रखा है, अलग कर रखा है। यूरोप में यह आवाराओं के लिए हुआ, यहाँ यह 'जाति' के लिए होता है।) वैज्ञानिक वर्गीकरण में भी विकसित ज्ञान-विज्ञान एक बड़ी जनसंख्या को हमेशा 'अलग' करके चलते हैं। दोनों तरीके मनुष्य को अलग करके 'अक्रिय' (पैसिव) बनाते हैं। लेकिन यह तीसरा तरीका—'विषयकरण' अक्रिय नहीं रखता। इसमें विभाजित मनुष्य सक्रिय भी होता है, उसकी अस्मिता भी बनती है 'विषय' बनने के बाद, व्यक्ति में अस्मिता का विकास हो जाता है लेकिन काफी जटिल प्रक्रिया से होता है। जब 'विषय' बने लोग अपनी देह को प्राप्त करते हैं, जब अपनी आत्मा पर 'प्रयोग'

करते हैं, जब अपने विचारों पर, व्यवहार पर प्रयोग करते हैं तो विषय को 'व्यक्तित्व' मिलता है। उन्नीसवीं सदी में 'सेक्स' को लेकर काफी वैज्ञानिक विमर्श प्रचलित हुए। इसका कारण यह था कि विज्ञान ने माना कि सेक्स ही आत्मज्ञान का आधार है, यहाँ से फ्रायड आगे बढ़ा। यहीं से मनुष्य का देह में, स्वास्थ्य में, सेक्स में आग्रह बढ़ा। यहाँ आकर विभाजन के तरीके और 'विषय' बनाने के तरीके एकाकार-से हो गए।

विषय के 'वस्तु' बनने के उपरोक्त तीन तरीके, जिनसे हम आज स्वयं को समझ पाते हैं, जो हमें हमारा अर्थ प्रदान करते हैं, फूको की जाँच के विषय हैं। मनुष्य का विषय बनना किस तरह हुआ, यह फूको के यहाँ बार-बार उठने वाला प्रश्न है।

विषय बनने की प्रक्रिया क्या है ? मनुष्य किस प्रकार किसी अन्य का 'विषय' बनता है, इसे समझने के लिए दो बातें फूको और बताते हैं—एक है सत्ता (पॉवर) या ताकत, दूसरा है 'ज्ञान'। इन दो पदों में ही 'विषय' बनने का रहस्य निहित है। कहने की जरूरत नहीं कि फूको ने 'ज्ञान' और 'सत्ता' जैसे मूल्यनिरपेक्ष सार्वभौमिक 'सत्य' हो चले 'पदों' को अपने ढंग से विखंडित किया।

फूको ने शुरू से यह चाहा कि मानव-विज्ञानों की संरचनाओं को 'विमर्शात्मक व्यवहार' के रूप में देखा जाए। अपनी प्रविधि में उन्होंने इन विज्ञानों के 'छलों' को अपना 'विषय' नहीं बनने दिया। यह उनकी प्रविधि की खूबी रही। उन्होंने यह नहीं माना कि वे विज्ञान 'सत्य' कहते हैं या 'असत्य'। बल्कि सिर्फ यह जानना चाहा कि वे किस प्रकार काम करते हैं, विमर्श करते हैं। काम करना ही उनका विमर्शात्मक व्यवहार है। (एक मामूली-सा कानून, एक मामूली-सा समाजशास्त्रीय सूत्र वस्तुतः किस प्रकार कार्य करता है, यही उसका विमर्शात्मक व्यवहार है)। मानव विज्ञानों में निहित ज्ञानात्मक अनुशासन किन सिद्धांतिकियों में और कैसे काम करते हैं ? वे अपने व्यवहार में क्या जटिल चक्र बनाते हैं ? उनका उपयोग कैसे होता है ? वे आगे कैसे बनते हैं ? यही सवाल फूको के लिए महत्त्वपूर्ण हैं। यानी असल सवाल यह बना कि समाजविज्ञानों के सूत्रों को किस तरह मूल्यांकित किया जाए ? 'पॉवर/नॉलेज' नामक एक प्रसिद्ध किताब के संपादक कॉलिन गार्डन ने बताया है कि फूको की मुख्य चिंता यह समझने की है कि आखिर समाजविज्ञान ऐतिहासिक रूप से किस तरीके से संभव हुए हैं, और उनके बने रहने के ऐतिहासिक कारण क्या हैं ? यों कॉलिन बताते हैं कि नीत्शे ने भी इसी तरह प्रश्नों की पड़ताल अपनी 'जीनियोलॉजी ऑफ मोरल्स' में की थी, लेकिन फूको ने इस प्रश्न को जितनी गहना से और सातत्य से उठाया, नीत्शे ने नहीं उठाया था। इस क्षेत्र में फूको प्रकटतः न केवल हीगेल विरोधी हैं, बल्कि मार्क्स के विरुद्ध हैं। वे इतिहास को जानने की कोई आम सिद्धांतिकी नहीं खोजते। यह उनके लिए स्वयं जाँच का विषय है कि यह आम सिद्धांतिकी होती कैसे है ? वे तो इतिहास के शास्त्र को ही समीक्षा में लाते हैं जो नीत्शे और हैडेगर ने शुरू किया था। लेकिन नीत्शे जहाँ गैर विमर्शात्मक ढंग से यह सिद्ध करते हैं, फूको तर्क से, तथ्य से यह सिद्ध करते हैं। वे 'तर्क-विरोधी या तर्कहीन' चिंतक नहीं हैं। हाँ, वे 'तर्क' से बहुत उम्मीद नहीं करते,

उसे भी शंका से देखते हैं। वे मानते हैं कि 'तर्क-व्यवस्था और राजनीतिक सत्ता की ज्यादतियों का संबंध स्वयं-प्रमाणित है। उसे समझने के लिए हमें नौकरशाही ढाँचे को फिर से बनाए जाने या यातना शिविरों का इंतजार नहीं करना है। लेकिन असल प्रश्न यह है कि स्वयं प्रमाणित स्थिति के बाद हम क्या करें ? क्या हम इसे 'तर्क' से खोलें ? मेरी समझ में यह तरीका निष्फल है, कारण स्पष्ट है।' यहाँ न तो अपराधबोध है न भोलापन जो गलती मान ले। दूसरे तर्क में जाने का मतलब यह नहीं है कि 'हम तर्कहीन नहीं हो रहे हैं। तर्कवाद पर चलने वाली समीक्षा अंततः हमें यादृच्छिकता की ओर ले जाएगी।' फूको के यहाँ 'तत्त्व मीमांसा' नहीं चलती। फिर भी वे 'तर्क' की स्थिति पर लगातार प्रश्न करते हैं। इस तरह वे मैक्स वेबर, हैडेगर, थियोडोर, एडोर्नो, होर्खिमार की शृंखला में आते हैं। ये तमाम चिंतक बढ़ते तर्कवाद तथा तकनीकवाद की केंद्रीयता और खतरों को समझते हैं, व्याख्यायित करते हैं। ये 'तर्कवाद' के भेद करते हैं और उसके छलों को रेखांकित करते हैं तथा उसके दिए पक्षों का उद्‌घाटन भी करते हैं जो 'छल' को दिखा सकते हैं, बचा सकते हैं।

वे ऐसे 'तर्कों' की ओर आते हैं जो सत्ता के तर्कों का प्रतिकार कर सकते हैं। इस तरह वे एक 'बहुलता' पैदा करते हैं। हर महान विचार को विखंडित करके वे 'बहुवचनता' स्थापित करते हैं। वे तमाम महान् विचारों, सिद्धांतिकियों को समस्याग्रस्त सिद्ध करते हैं। फूको कहते हैं, आधुनिक दर्शन के लिए केंद्रीय मुद्‌दा यह है कि हम जिस 'तर्क' से जीते हैं, वह क्या है ? इसके ऐतिहासिक परिणाम क्या हैं ? इसकी सीमाएँ क्या हैं ? खतरे क्या हैं ? यदि दर्शन का काम समीक्षात्मक बुद्धि में सक्रिय रहकर कार्य करना है तब हमें 'तर्क' के इस जटिल रूप को देखना होगा, तर्क की चक्करदार तिलिस्म को समझना होगा। उसकी अनिवार्यता के साथ उसके खतरों को भी समझना होगा।

फूको की इस समीक्षा का एक केंद्र राज्यसत्ता है। फूको बताते हैं कि यूरोप में सोलहवीं सदी के बाद सत्ता का एक नया राजनीतिक रूप पैदा हुआ। यह था नई राज्यसत्ता (स्टेट)। उसके बारे में अक्सर यह माना जाता है कि वह 'समग्रता' का खयाल रखती, 'समग्र' की, 'समष्टि' की सेवा करती है, व्यक्ति की नहीं। वह किसी वर्ग या समूह की होती है, व्यक्ति की नहीं। यह सच है, लेकिन राज्य की सत्ता न केवल समग्रीकरण करती है, एक ही समय वह व्यक्तिकरण भी करती है। यह एक अत्यंत छलपूर्ण प्रक्रिया होती है कि वह व्यक्तिकरण भी करती है, समग्रीकरण के साथ-साथ।

राज्यसत्ता की यह 'समग्रीकरण' की कथित प्रक्रिया क्या है ? हम यह देखें कि राज्यसत्ता व्यक्ति से क्या और कैसे संबंध बनाती है ?

'ज्ञानोदय' के साथ ही राज्यसत्ता ने व्यक्ति के साथ नए ढंग के संबंध स्थापित किए। यूरोप के संसदीय संबंधों के बीच से पैदा हुई क्षेत्रीय राजशाहियों के बीच वह ज्ञानोदय पैदा हुआ था। यहाँ व्यक्ति की मुक्ति के प्रश्नों को सुधार तथा प्रतिसुधारों के आंदोलनों में केंद्रीय प्रश्न बनाया गया। सोलहवीं सदी के मध्य से–'शासन की कला'

जैसे ग्रंथ आने शुरू हुए। यहाँ राज्यसत्ता की प्रवृत्ति पर प्रश्न नहीं थे, न ये कि राजकुमार लोग अपनी सत्ता किस तरह चलाएँ। यहाँ जरा दूसरे सवाल उठाए जाते थे। वे जीवन के हर क्षेत्र को घेरने वाले थे। वे घरों, आत्माओं, बच्चों, सूबों, स्कूलों, धर्म संस्थानों, परिवारों; सबको अपने में समाते थे। जीवन की लगभग सभी स्थितियाँ राजनीतिक प्रपंच के घेरे में इस तरह ली गईं। सेना के बड़े अभियान से लेकर सड़क पर चलने तक की तमाम गतिविधि राजनीतिक बना दी गई। सर्वोत्तम कार्य वह रहा जो आर्थिक रूप से कम खर्चीला हो, लाभकर हो, इकॉनॉमिकल हो। सरकार चलाने की कला आर्थिक हो गई। व्यक्ति, धन और परिवार सबको नियंत्रण में लेने का यही एक तरीका बन गया। राज्य पिता बन गया। समाज उसका परिवार।

फूको की ये अवधारणाएँ शुद्ध अनुभवात्मक हैं। हाँ, इन्हें समझने के लिए पहला प्रश्न आधुनिक राज्यसत्ता के समक्ष ही रखना होता है कि जिसे हम राज्य कहते हैं, राजनीति कहते हैं वह स्वयं एक 'नियंत्रण' है। ऊपर से नीचे तक आने वाला नियंत्रण, लगातार हर मानवीय गतिविधि को तय करने वाला नियंत्रण। 'राज्यसत्ता' सबके लिए न्यायसंगत बँटवारे का आधार है, यह विचार एक ठगिया विचार ही रह जाता है। फूको राज्यसत्ता की विविध अवधारणाओं का मूल्यांकन करते हैं।

एक विचार यह रहा कि राज्यसत्ता विभिन्न लोगों, वर्गों का एक समझौता है। फिर यह विचार बना कि वह एक निश्चित भूभाग की संप्रभुता का नाम है। फिर यह कि राज्य सभी के न्यायसंगत बँटवारे का नाम है। हर बार राज्यसत्ता का रूप बदला। 'न्यायसंगत बँटवारा' करने वाली परिभाषा में अचानक भौगोलिक सीमा हटा दी गई। अब राज्यसत्ता का कार्य मनुष्यों का प्रबंध रह गया। मनुष्य की संपत्ति, साधन, जीने के साधन, उनके घर, अस्तित्व सबका प्रबंध करने वाली संस्था बन गई राज्य।

पुराने राजशाही राज्यों में राज्यसत्ता जीवन में सर्वत्र नहीं थी। आधुनिक राज्यसत्ता हर कहीं हो गई। लेकिन राजनीतिशास्त्र में हमेशा इसे एक जरूरी व्यवस्था और न्यायसंगत व्यवस्था बनाया गया। यूरोप में ज्ञानोदय के बाद ऐसे अनेक 'प्रबंध' लिखे गए जो राज्यसत्ता के कामों को सहज ही न्यायसंगत सिद्ध करके चलते थे। फूको फ्रांस के इतिहास का हवाला देते हुए कहते हैं कि आधी सोलहवीं सदी के बाद, राज्यसत्ता का मायने 'प्रशासनिक' होने लगा, सत्रहवीं सदी के शुरू होते-होते 'राज्यसत्ता' और प्रशासन का एक 'विज्ञान' ही विकसित हो गया। राज करने की कला और राज्य के संपत्ति साधन का आकलन, यानी सांख्यिकी ने यहीं जन्म लिया। योजना ने नई किस्म के राजनीतिक तर्क को जन्म दिया। ऐसी योजना पद्धति और आयोजनाएँ, जिनसे बाद में कभी मुक्ति नहीं पाई जा सकी।

फूको का मुख्य अवदान इस बात में है कि उन्होंने आबादी, परिवार, अर्थव्यवस्था के बीच राज्यसत्ता के द्वारा बनाए जाते सूत्रों का खुलासा किया, उनके बीच आए दीर्घकालीन परिवर्तनों का संकेत किया और उन राजनीतिक प्रणालियों की पड़ताल की जो इस केंद्रीकरण की प्रक्रिया में बनीं। यूरोप के क्लासिकल युग में आबादी क्षेत्र,

राजनीतिक प्रणाली और आर्थिक स्थिति किस तरह एक सचेत प्रयत्न द्वारा नियंत्रित किए गए, यह चीज फूको के यहाँ बताई जाती है। वे कहते हैं कि आबादी का नियमन-नियंत्रण जब राज्यसत्ता का प्रमुख कार्य बन गया तो एक नई किस्म की 'सत्ता' का जन्म हुआ। फूको के अनुसार यह नई सत्ता 'जैव सत्ता' (बायो पॉवर) थी। फूको बताते हैं कि आधुनिक राज्यसत्ता की 'बायो पॉवर' मनुष्य जीवन और उसके नियमन को गणना योग्य बना देती है और इस तरह 'ज्ञान की सत्ता' (नॉलेज पॉवर) को जीवन को बदलने वाला 'एजेंट' बना देती है। वे कहते हैं कि 'आधुनिक मनुष्य एक ऐसा जानवर है जिसकी राजनीति ही उसके अस्तित्व को तय करती है।' 'बायो पॉवर' के अंतर्गत तमाम वैज्ञानिक श्रेणियों तथा स्पेसीज, आबादी, प्रजनन आदि ऐसे राजनीतिक हस्तक्षेप की 'वस्तु' बना दिए जाते हैं। यह बायो पॉवर का मानविकी वाला क्षेत्र है। दूसरा क्षेत्र है देह का। यहाँ देह को वैज्ञानिक रूप में नहीं, एक ऐसी चीज के रूप में लिया जाता है जिसे नियंत्रित-नियमित करना है। यहाँ फिर ज्ञान और सत्ता जुड़ जाती है। ज्ञान और सत्ता के इस नए संधि समीकरण का नाम ही 'तकनीक' (टेक्नोलॉजी) है। यह देह को बाँधती-खोलती, नियंत्रित करती है। तकनीक इसी देह के वस्तुकरण की तैयारी होती है। इन्हें हम अनुशासनात्मक तकनीक भी कह सकते हैं। इसे फूको ने 'डिसिप्लिन एंड पनिश' में विस्तार से विश्लेषित किया है।

अनुशासनात्मक तकनीक का रूप चाहे जो हो (चाहे वह कानून हो या कास्मेटिक्स), उसका मूल उद्देश्य है एक ऐसी 'देह' बनाना या तैयार करना जो प्रयोग, उपयोग और सुधार के लिए एक विनीत 'विषय' बन जाए। देह को इसके लिए कई तरह से बनाया जाता है। पीटी, ड्रिल, प्रार्थना, स्कूल कक्षा द्वारा, कार्य के स्तरीकरण द्वारा, जगह के नियंत्रण द्वारा। अनुशासन का यह नया ढंग समूचे 'देश' (स्पेस) का ही नियमन करता है। एक बार स्वीकृत, स्थापित हो जाने के बाद यह अनुशासन चक्र, सभी अनुशासित होने वाले व्यक्तियों को अपने घेरे में ले लेता है। एक फैक्टरी में यह उत्पादन में देखा जा सकता है जहाँ उत्पादन मनुष्यों को अपने घेरे में ले लेता है। स्कूल में यह अनुशासनात्मक व्यवहार पैदा करता है—कस्बों का, नगरों का अनुशासन भीड़ों को वश में करता है, आवाराओं को ठिकाने लगाता है। फूको के अनुसार, 'अनुशासनात्मक नियंत्रण' पूँजीवाद के विकास से सीधे-सीधे जुड़ा है। लेकिन पूँजी संचय और सत्ता संचय के बीच संबंधों को ठोस रूप में समझना होगा। फूको कहते हैं कि ये दोनों तत्त्व एक-दूसरे पर निर्भर हैं। इसमें एक-दूसरे का आदर्श पूरक बनता है।

स्पष्ट है कि अनुशासनात्मक तकनीक आधुनिक पूँजीवाद से पहले से चली आ रही हैं। वे पूँजीवाद की पूर्व शर्त हैं। व्यक्तियों को अनुशासन में डाले बिना और उनसे काम लिये बिना पूँजीवादी विकास संभव नहीं था, और लगभग समांतर ढंग से, आबादी के नियमन, नियंत्रण और वितरण के बिना पूँजीवाद संभव नहीं था। ज्ञान का और सत्ता का ऐसा अनुशासनात्मक तर्क पूँजीवाद का पूर्वज रहा है। इन तकनीकों के बिना यूरोप का पूँजीवाद पूँजीवाद न होता। फिर भी फूको का मुख्य विषय पूँजीवाद नहीं है। उनका

विषय है 'अनुशासन की राजनीति को खोलना।' 'मनुष्य' को 'विषय' बनाकर, गुलाम बनाकर चलने वाली सत्ता की राजनीति। उसके पीछे सक्रिय राजनीति तर्क पद्धति, जो सारे प्रकट और अप्रकट दमन को वैधता प्रदान करती चलती है। वे उस संधि को दिखाते हैं जहाँ राजनीतिक तर्क सत्ता के तर्क बनकर मनुष्य को नियंत्रण में लाते हैं।

जिंदगी में सत्ता किस तरह मनुष्य को नियंत्रित करती है, इसे देखना हो तो जेरेमी बैंथम के राजनीतिशास्त्र में अनुशासन की तकनीक देखें। इसे 'पैनोप्टीकोन' कहा गया। 'जेल' कहा गया। यही था अनुशासन की तकनीक का परम विचार। आधुनिक जेल। बैंथम ने कहा कि 'हर जेल कमरा एक अकेला क्षेत्र है जहाँ कैदी (मनुष्य) अकेला ही अभिनेता होता है। पर्यवेक्षण योग्य होता है, अपने जगत में किसी संबंध से अलग पर्यवेक्षण के लिए उपयुक्त। पर्यवेक्षण की यह सत्ता लगातार बनी रहती है और अनाम रहती है। यही जीवन का रूपक भी है। यही शरीर का रूपक भी। आप चाहे जेल में कैदी को देखें, पर्यवेक्षण करें, चाहे स्कूली बच्चों को नियंत्रित करें, चाहे घर में पत्नी को नियंत्रित करें। हर नियंत्रण इसी 'जेल पद्धति' (पैनोप्टीकोन) का सुफल है।' बैंथम बताता है कि हरम चलाने में यही पद्धति लागू होती है। इस पद्धति से वे हिजड़े नहीं रखने पड़ेंगे जो रानियों की पहरेदारी के लिए जरूरी थे।

जेल का स्थापत्य स्वयं ऐसा होता है कि बिना किसी पहरेदार के भी उसकी सत्ता का तंत्र लागू रहता है, यह आज के वक्त तक लागू रहा आया है। कैदी नहीं जान पाता कि पहरेदार कहाँ है, मीनार में है या कहीं और, उसे तो 'कायदे' से कमरे में ही रहना है। पता नहीं कौन कहाँ से देख ले ? इस तरह उसकी 'देख-रेख' सशक्त और सार्वदेशिक हो उठती है। अगर कैदी को कभी संदेह भी होता है कि कोई उसकी देख-रेख करता है या नहीं, तब वह स्वयं ही स्वयं की उसी ढंग से देख-रेख करने लगता है जैसी कि पहरेदार करता है। वह अपना पहरेदार बन जाता है। इस रूपक में पहेरदारों की भी पहरेदारी होती चलती है। प्रबंधन के इस तरीके में सत्ता किसी एक खास के पास ही नहीं होती जिसका इस्तेमाल वह व्यक्ति कर सकता है, और पूरी तरह से कर सकता है, बल्कि सत्ता की इस मशीन में सब एक साथ शामिल रहते हैं। वे भी, जिनके पास सत्ता होती है और वे भी, जिनके ऊपर सत्ता का उपयोग किया जाता है।

इस तरह 'देश' (स्पेस) की व्यवस्था होती है आधुनिक काल में। 'जेल' रूपक के रूप में 'पैनोप्टीकोन' हर कहीं है। वह अपनी सत्ता से 'देह' का नियंत्रण करती है, समूहों का नियंत्रण करती है, ज्ञान का नियंत्रण करती है। आधुनिक राज्य एक जेल ही है। यह प्रकट और अप्रकट सत्ता आदमी को देश में पकड़ती है, व्यवस्था के अनुक्रम (हाईरार्की) में पकड़ती है, संगठन में पकड़ती है। अठारहवीं सदी के फ्रांस में सत्ता बैंथम के शास्त्र पर पूरी तरह न भी चली हो, उसकी प्रक्रिया वही थी जो बैंथम ने सुझाई थी।

फूको बैंथम के शास्त्र की परीक्षा करते हुए एक अन्य अवधारणा तक आते हैं। 'सामान्य' होने की अवधारणा। 'जेल' सामान्य बनाती है। आदमी को कुछ नियमों में सामान्य बनाती है। शृंखलाबद्धता, नियमबद्धता ही सामान्यीकरण करती है। 'असामान्य'

से अलग करती है। 'सामान्य ज्ञान' हमें सामान्य बनाता है। यही सामान्य ज्ञान 'बायो पॉवर' की सत्ता का जरूरी औजार है। इसका काम है सुधार करना, ठीक करना (क्या हम अपनी समीक्षा में यही काम होता नहीं देखते ? तब क्या समीक्षा भी स्वयं सत्ता का विमर्श नहीं ?)। ऐसी सत्ता पैमाने बनाती है, गुणग्राहकता तय करती है, गुण तय करती है, उसमें क्रम निर्धारित करती है, वितरण क्षेत्र को व्यवस्थित करती है, एक सामान्य धरातल के गिर्द वह एक पूरी व्यवस्था रखती है।

यह सामान्यीकरण की सत्ता (नौर्मेटिव तर्कवाद) उसी तरह से सत्ता बनाता है जैसे शरीर में परजीवी वाइरस। कानून में यह प्रकट है तो स्वास्थ्य विज्ञान में भी यही है। समाजशास्त्र में यही है सामान्य ज्ञान। उन्नीसवीं सदी के बाद यह ज्ञान-सामान्यीकरण सर्वोपरि होता गया। वह अंततः सांख्यिकी और आँकड़ों में बदल गया। एक 'जनता' के लिए क्या 'सामान्य' है, क्या नहीं है, इसके नियम आँकड़ों में बदल गए। इस बायो पॉवर के चक्र से कुछ भी नहीं बचता। हर चीज सामान्य आँकड़ों में बदल जाती है। देह नाम में, खेल रिकॉर्ड में, विद्या अंकों में, ज्ञान सूचना में।

यह सामान्यीकरण की तकनीक समाज में विकृति को रोकने, उसे वर्गीकृत करने, व्यवस्थित करने का काम करती है। कुछ तकनीकें कुछ विकृतियों को पहचानने का काम करती हैं और फिर उन्हें ठीक करके सामान्य बनाने का कार्य दूसरी तकनीकें करती हैं।

लेकिन फूको बताते हैं कि ये तकनीकें जितनी बड़ी, जितनी 'विकृतियों' को खत्म करने, सामान्य बनाने के लिए सक्रिय होती हैं, उतनी ही विकृतियाँ नए-नए रूप में बनती रहती हैं। पागलों, चोरों, विक्षिप्तों, आवारों को जितना समाज से बाहर किया गया, वे उतने ही समाज में पैदा होते गए हैं। कारण स्पष्ट है। रोगी को स्वस्थ करने वाले औजार (सामान्यीकरण) में स्वयं रोग रहता है। इसीलिए अपराध समाप्त नहीं होते। क्योंकि 'बायो पॉवर' स्वयं एक अपराध का परिणाम होती है। इस क्रम में आँकड़े बढ़ते जाते हैं, विश्लेषण बढ़ते जाते हैं, खुफिया रिपोर्ट, जाँचें बढ़ती जाती हैं। राज्यसत्ता हर बार एक सकल समग्र आकलन करने जुटती है। नियंत्रण जाल को पक्का करती है और शास्त्र 'व्यक्ति' को सामान्य से 'बाहर' एक 'व्यक्तित्व' दिए चलते हैं। समग्रीकरण के साथ व्यक्ति कार्य चलता रहता है। सत्ता बाँटी जाती रहती है।

जब सत्ता का इतना जबर्दस्त चक्र है तब कोई क्या करे ? इसका जवाब फूको बहुत स्पष्ट ढंग से नहीं देते। वे सिर्फ इतना कहते हैं कि सत्ता के इस मकड़जाल को पहचानना ही 'ज्ञान' का एक नया क्षेत्र बनाता है। यानी राज्यसत्ता से व्यक्ति की मुक्ति करने में 'मुक्ति' नहीं है, बल्कि व्यक्ति को राज्यसत्ता के साथ ही व्यक्तिकरण से मुक्त करने में है। इसका नए ढंग से 'विषयकरण' करना होगा। हमें उपलब्ध 'व्यक्तिकरण' की प्रक्रिया से इनकार करना होगा, जिसे हम पर सदियों से लादा गया है।

फूको अपने प्रश्नों के उत्तर देते हैं, दूसरों के प्रश्नों के नहीं। वे मुक्ति का घोषणा-पत्र नहीं लिखते, समस्याएँ बताते हैं। हाँ, वे हर उस जगह प्रश्न उठाते हैं जहाँ समग्रीकरण और सत्ता और ज्ञान का दबाव बनता है। वे सत्ता के विमर्श को प्रश्नित

करते हैं।

फूको के लिए एक लेखक एक बुद्धिजीवी के रूप में क्या है ? इसे हम यों भी पूछ सकते हैं कि फूको के मन में अपने 'लेख' की और अपने 'लेखक' या बुद्धिजीवी की छवि क्या है ? क्या उसका कोई संदेश है ? हो सकता है ? इस अस्तित्ववादी प्रश्न का उत्तर फूको ठीक वैसे नहीं देते जैसे कि अस्तित्ववादी सार्त्र देते हैं। वे दावा नहीं करते कि वे तर्क, न्याय या प्रगतिशीलता की अवधारणाओं या शास्त्रवाद की अवधारणाओं के जरिए कोई उत्तर देते हैं। यही नहीं, कई बार वे बुद्धिजीवीपरक भविष्यद्रष्टा की संभावना से इनकार कर चुके हैं। उनकी राय में, सार्वभौमिक तर्क, न्याय तथा मानवता के नाम पर सत्ता के आगे सत्य कहने वाले सार्वभौमिक बुद्धिजीवी की अब कोई सांस्कृतिक इकाई नहीं रह गई है। बुद्धिजीवी का शासन खत्म हो गया है।

तब बौद्धिक कार्य में लगे लोग क्या हैं ? कहाँ हैं ? आज बुद्धिजीवी वही है जो अपने जैसे अन्य बहुत के साथ, राज्यसत्ता या उसकी जैसी किसी संस्था के साथ या उसके विरोध में किसी सत्ता के तर्क का प्रतिनिधित्व करता है। वह किसी शाश्वत सत्ता का प्रतिनिधि नहीं है। वह जीवन और मृत्यु का रणनीतिवेत्ता है। इस लेखक की वह हैसियत नहीं जो विक्टर ह्यूगो, एमिल जोला की रही। अब तकनीक विशेषज्ञ लेखक की जगह ले रहे हैं।

'व्हाट इज एन ऑथर' में फूको लेखक को ढूँढ़ते हैं। बदलते इतिहास में लेखक की स्थिति बदल गई है। पश्चिम में सत्रहवीं सदी तक 'ऑथर' की 'ऑथरिटी' थी। उस वक्त की रचनाएँ, 'टैक्स्ट' (पाठ), जो अंतरिक्ष विज्ञान, भूगोल इत्यादि के बारे में बताती थीं, तब 'सत्य' के रूप में स्वीकृत थीं। वे सत्य थीं, क्योंकि उनके साथ उनके लेखकों का नाम जुड़ा था। यह स्थिति अब बदल गई है। जब पुराने टैक्स्ट ने अपने सत्यापन के अलग तरीके बना लिये तो 'ऑथर' की ऑथरिटी कम हो गई। 'टैक्स्ट' के केंद्र में ऑथर नहीं रह गया। 'सत्य' सामान्य हो गया, 'अनाम' हो गया, 'यूनिवर्सल' हो गया।

साहित्य के क्षेत्र में यह कार्य थोड़ा दूसरे ढंग से हुआ। मध्यकाल में वे टैक्स्ट जिन्हें हम आज 'साहित्यिक' कहते हैं, लेखक के बिना भी प्रसार में रहती थीं। लेखक कौन है यह महत्त्वपूर्ण नहीं था। वह है, यही सूचना काफी होती थी। उन्नीसवीं सदी के शुरू से 'साहित्य' 'साहित्य' के रूप में उभरकर आया। और लेखक एक सार्वभौमिक बौद्धिक बन गया। वह 'स्वायत्त' और महत्त्वपूर्ण हो उठा। उसकी ऑथरिटी बढ़ती गई। साहित्यिक कृति के साथ 'प्रसिद्धि', 'यश' मिलने लगा और वह सत्ता से गहरे जुड़ने लगी। आधुनिक लेखक सत्ता की ओर खिंचने लगा।

फूको लेखक की एक तीसरी श्रेणी भी बताते हैं। यह है विमर्शकर्ताओं की। इसमें सामाजिक चिंतक आते हैं। फूको इस श्रेणी में मार्क्स और फ्रायड को रखते हैं, जिन्होंने अवधारणाओं के आधार बदले, अनुभव और विचार के धरातल बदले। जिन्होंने भविष्य के समाज की परिकल्पना बदली। इस क्रम में आइंस्टीन भी आते हैं। जेम्सक्लर्क

मैक्सवैल भी। विमर्शकारों की विशेषता यह है कि गलत साबित हुए हों या सही, उन्हें बार-बार संदर्भ में लाना पड़ता है। मार्क्स की भविष्यवाणी गलत हुई हो, वे बार-बार संदर्भों में आते हैं। फूको ऐसे ही विमर्शकारों में आते हैं, वे तर्कवादी हैं। वे न तो अतीत को भावुकता का विषय बनाते हैं न खतरनाक भविष्य से आँखें चुराते हैं। वे ज्ञान में नैतिक प्रश्नों का प्रवेश करते हैं।

# उत्तर-आधुनिकता और मार्क्सवाद

उत्तर-आधुनिकतावाद ने पिछले दो दशकों में कला के क्षेत्र में सबसे बुनियादी चुनौतियाँ पैदा की हैं। उसने कला के रूपों और प्रक्रिया (मोड) को चुनौतियाँ दी हैं। यही नहीं, सामाजिक सिद्धांतिकी तथा राजनीति के क्षेत्र में भी उसने गहरा असर डाला है।

उत्तर-आधुनिक विमर्शों ने 'आधुनिकतावाद' के सर्वस्वीकृत प्रस्तावों को प्रश्नांकित किया है, चुनातियाँ पेश की हैं। उत्तर-आधुनिक विमर्श ने एफ. आर. लीविस के द्वारा पेश की गई पूर्व-औद्योगिक सामुदायिकता का निषेध भी किया है। लीविस ने अपने विमर्श में औद्योगिक बोध के 'टुकड़े-टुकड़े अनुभव' का निषेध करते हुए सामुदायिक भाव को प्रधानता दी है। कला के क्षेत्र में पूर्वाधुनिक और आधुनिक, दोनों में अब तक पर्याप्त झगड़े रहे हैं। तब सामंतवाद बरक्स पूँजीवाद के द्वैत में सभी कला प्रस्ताव ढल जाते थे। तर्कहीनता और तर्कवाद, परंपरा और कानूनी प्रक्रिया के बीच, आनुवंशिक संबंध और यांत्रिकता के बीच कला के समस्त सवाल लगभग हल हो चुके थे।

मुक्ति के सारे महावृत्तांत तभी जन्मे थे। वे सामंतवाद के विरुद्ध संघर्ष में बने। पश्चिम के संस्कृति-चिंतन के इतिहास में लूकाच के आधुनिकतावाद विरोधी चिंतन, बैंजामिन के उत्साही आधुनिकतावाद और एडोर्नो के ज्ञानोदय के द्वंद्ववाद ने बहुत बुनियादी योगदान दिया है। ये सभी मार्क्सवादी हैं और इनके मार्क्सवादी चिंतन के बिना आधुनिकतावाद उस रूप में महावृत्तांतिक नहीं होता, जैसा कि बना। इन्होंने कला के तमाम पूर्वाधुनिक रूपों से आधुनिकता को अलग और स्पष्ट किया। उत्तर-आधुनिकतावाद पूर्वाधुनिक और आधुनिक दोनों तरह की अवध।रणाओं को ही चुनौती देता है, विखंडित करता है। वह इनके द्वारा कमाए गए सत्यों को 'समस्यापूर्ण' बनाता है। 'समस्याहीन' को समस्यापूर्ण बनाना ही उत्तर-आधुनिकता का लक्षण है।

यों उत्तर-आधुनिकता का इतिहास कुछ पुराना ही है। पहले-पहले जॉन बार्थ ने 1967 में कला के संदर्भ में इस पद का इस्तेमाल किया। लेकिन 1974 में पीटर बर्जर के 'थियरी डर अवांगार्द', 1979 में प्रकाशित ल्योतार की 'द पोस्ट-मॉडर्न कंडीशन : ए रिपोर्ट ऑन नॉलेज' तथा 1984 में प्रकाशित फ्रेडरिक जेमेसन की 'पोस्ट-मॉडर्निज्म' और 'द कल्चरल लॉजिक ऑफ लेट कैपीटलिज्म' ने उस बुनियाद को रख दिया जिसे इन दिनों 'उत्तर-आधुनिक शैतानी' कहते हैं और जिसने कलाओं और समाजशास्त्रों में उपद्रव खड़ा किया हुआ है।

उत्तर-आधुनिक कला ने बहुलतावाद को कुछ इस तरह खोला है कि जितने मुँह उतनी ही बातें दिखाई पड़ती हैं। उसकी 'परिभाषाएँ' हैं। कोई एक मुकम्मिल परिभाषा नहीं है। पीटर बर्जर उसे दादावाद तथा सुर्रीयलिज्म में पैदा हुआ मानते हैं, जब जीवन और कला के बीच उपलब्ध आधुनिकतावादी भेद की स्वायत्तता को इन आंदोलनों ने चुनौती दी। ल्योतार ने 'महावृत्तांतों के प्रति अविश्वसनीयता' की प्रवृत्ति को सामने रखा। आधुनिकता के समग्रतावादी वृत्तांत को ल्योतार ने निरंकुश माना और संदेहवाद को बहुलतावाद में बदला। उत्तर औद्योगिक समाज में चूँकि 'ज्ञान ही उत्पादक' हो गया, इसलिए ल्योतार ने महावृत्तांत (महाविचार, महान नायक, महामुक्ति आदि) को भविष्यहीन कहा। जेमेसन ने उत्तर-आधुनिकतावाद को वृद्ध पूँजीवाद के सांस्कृतिक तर्क के रूप में देखा, जिसमें बहुराष्ट्रीय निगमों की तकनीक और उपभोगवादी विचार सक्रिय हैं, जिसमें पेरोडी और पेश्टीच भारी रहती हैं, जहाँ अतीत वर्तमान बनता है, जहाँ शैली के नियम नहीं हैं, जो अंतर्राष्ट्रीय हैं। एनस हैलर के लिए उत्तर-आधुनिकतावाद 'अंततः बहुलतावाद' है और जो उत्तर-औद्योगिक समाज का परिणाम है। हैबरमास के लिए उत्तर-आधुनिकता एक योजना है, उपलब्धि नहीं है।

ल्योतार उत्तर-आधुनिकता को आधुनिकता का ही विस्तार मानते हैं। जेमेसन के 'वृद्ध पूँजीवाद' से यह विचार कुछ-कुछ मिलता है, क्योंकि उत्तर-आधुनिकतावाद को पूँजीवाद की आधुनिकता का विस्तार सहज ही माना जा सकता है। डेविड बैनेट और जॉन रंडेल उत्तर-आधुनिकतावाद को द्वंद्वात्मक ढंग से देखते हैं। रंडेल की नजर में उत्तर-आधुनिक क्षण एक ही साथ समझौते का क्षण भी है और संघर्ष का क्षण भी। जॉन रंडेल, मिलनर द्वारा संपादित 'पोस्ट-मॉडर्न कंडीशन' में कहते हैं कि उत्तर-आधुनिकता के बीज मार्क्स की रचनाओं में मिलते हैं, क्योंकि मार्क्स सबसे बड़े आधुनिक विचारक हैं। उत्तर-आधुनिकता, आधुनिकता के बीच पैदा हुआ वह क्षण है, जहाँ आधुनिकता थक गई है।

इस तरह उत्तर-आधुनिकतावाद की प्रकृति, पूँजीवाद की प्रकृति की तरह ही द्वंद्वात्मक है। डाइलैक्टिकल है। एक तरफ मनुष्य को अनुकूल बनाती हुई; दूसरी ओर उसे आलोचनात्मक विमर्श में सक्रिय करती हुई। लेकिन वृद्ध पूँजीवाद जितने जबर्दस्त ढंग से विचारों के पण्यीकरण में व्यस्त हैं, उसमें प्रकटतः यही दिखता है कि उत्तर-आधुनिकतावाद वृद्ध पूँजीवाद में मनुष्य को शामिल करने का दूसरा नाम है। इस तरह उत्तर-आधुनिकतावादी 'दुविधा' कला का एक असंभव क्षण है। वह शून्यवादी है। वह इतिहास-विरोधी है। वह वृत्तांत को खत्म करके अराजकता को न्यौता देता है। हैलर कहते हैं कि वह अपने 'बहुलतावाद' से अराजकता पैदा कर सकता है और अधिक व्यापक जनतंत्र तथा जनतांत्रिक कार्रवाई भी पैदा कर सकता है।

हिंदी में चूँकि उत्तर-आधुनिकतावाद इन दिनों तीखी प्रतिक्रियाओं का विषय बना है और उसकी बहुत-सी कमजोर आलोचना वामपंथी बुद्धिजीवियों की ओर से आती है, इसलिए यह देखना उपयोगी होगा कि मार्क्सवाद से उत्तर-आधुनिक दशा का क्या संबंध

बनता है ? 'मार्क्स एंड द पोस्टमॉडर्न इमेज ऑफ सोसाइटी' नामक निबंध में जॉन रंडेल ने लिखा है कि उत्तर-आधुनिकता आधुनिकता का अंग भी है और उसका विलोम भी। वह क्रमिक भी है और परिवर्तन भी। रंडेल मानते हैं कि इसे समझने के लिए मार्क्स के जो बहुत-से 'पाठ' दबे हुए हैं, उन्हें जगाना होगा।

'द पोस्टमॉडर्न कंडीशन' में ल्योतार ने आखिर में एक अंश में जवाब दिया है कि पोस्टमॉडर्न मॉडर्न का ही विस्तार है। इसका मतलब यही है कि ल्योतार आधुनिकता के समग्रीकरण में टूट देखते हैं। वे मानते हैं कि बहुत से उपकेंद्र उपलब्ध हैं जिनमें झगड़े हैं, जो सत्ता के नए रूपों को प्रकट करते हैं। आधुनिकता ल्योतार के लिए औद्योगिक पूँजीवाद का अंग है। आधुनिकता का महत्त्व यह नहीं है कि वह सभी क्रियाओं के नियम खोजती, स्थापित करती है, बल्कि यह है कि ऐसा वह अपनें समग्रतावाद के तहत निरंकुशता लागू करके संभव करती है। यह एकता, एकसूत्रता और समग्रता 'झूठी' है, क्योंकि यहीं महावृत्तांत बनते हैं। लेकिन पूँजीवाद के नए विकास ने नए-नए वृत्तांत भी बनाए हैं जो इन वृत्तांतों की परिधि के बाहर पड़ते हैं और इन्हें कमजोर करते हैं। ल्योतार कहते हैं कि उत्तर-आधुनिक वह है जो अप्रतिनिधि योग्य को प्रतिनिधित्व देता है, जो संतोषपूर्ण रूपों में संतोष नहीं लेता, जो रुचियों की सर्वानुमति का आनंद नहीं लेता, जो अप्राप्य के अतीत राग को नहीं गाता, जो नए प्रतिनिधित्व को तलाशता है, उसमें आनंद लेने के लिए नहीं, बल्कि अप्रतिनिधि योग्य को प्रतिनिधित्व देने के लिए ऐसा करता है। उत्तर-आधुनिक कलारूप पूर्व-स्थिर नियमों से चालित नहीं है और न उनसे आँके ही जा सकते हैं। वे परिचित श्रेणियों से नहीं आँके जा सकते। कलाकार और लेखक बिना किसी नियम के काम करता है, क्योंकि उन्हीं में से नियम बनते हैं कि क्या होना है। इसलिए 'कृति' और 'पाठ' घटना होते हैं (पूर्वनिर्धारित स्थिर रूप नहीं)।

ल्योतार कहीं भी उत्तर-आधुनिक को आधुनिक से पृथक नहीं मानते हैं– 'उत्तर-आधुनिकता आधुनिकता का आखिरी बिंदु नहीं है, बल्कि उसमें मौजूद एक नया बिंदु है और यह दशा लगातार है।' उत्तर-आधुनिकता की यह सातत्यमूलक छवि महत्त्वपूर्ण है। अनेक समीक्षक उसे आधुनिकता से एकदम विच्छिन्न मानते हैं। आधुनिकता महावृत्तांतों का युग है। वह ज्ञानोदय में जन्मे महावृत्तांतों को कहती है। उसमें 'रूह' या 'आत्मा' (हीगेल) की द्वंद्वात्मकता अपने आप में एक वैध स्थिति है। वहाँ अर्थ का कारक शास्त्र जन्म लेता है। उसमें तर्कसंगत यानी श्रमशील कर्ता की मुक्ति होती है। संपत्ति बनती है। ये तमाम स्थितियाँ अपनी साख तीन सौ साल के बाद बीसवीं सदी के उत्तरार्द्ध में खो देती हैं। यहीं कहीं उत्तर-आधुनिकता शुरू होती है जो महावृत्तांतों को 'ढलते' हुए पाती है, जब तकनीकी और साइबरनैटिक ज्ञान पुनरुत्पादक बन जाता है। पुराने तमाम वृत्तांत जहाँ समग्रतावादी होते थे, उत्तर-आधुनिकता के सूचना-निर्मित संबंध, संदर्भों और संबंधों में असमग्रता, अनेकता पैदा करते हैं।

कुछ सभंग, विकेंद्रित स्थिति तथा कुछ नवकेंद्रित स्थिति समाज की एक नई छवि

तो बना ही देती है, जो ल्योतार के परम निराशावादी उत्तर-आधुनिक विकेंद्र को फिर चुनौती देती है। ल्योतार जिस 'समग्रता' पर हमला बोलने की बात करते हैं, वह बहुराष्ट्रीय निगमों के विश्व बाजार या विश्व व्यापार संगठन के केंद्रवाद या पूँजी के केंद्रवाद में बदल जाता है। ल्योतार ने जिस प्रक्रिया को खत्म हुआ मान लिया था, वह फिर से शुरू हो सकती है। राष्ट्र-राज्यों की जगह विश्व बाजार और बहुराष्ट्रीय निगम आ जाते हैं, जिसका पर्याप्त जिक्र 'द पोस्ट-मॉर्डन कंडीशन' में स्वयं ल्योतार ने किया है। ल्योतार की समस्या यह है कि वे बहुराष्ट्रीय निगमों के केंद्र को, राष्ट्र-राज्यों के केंद्र को अपदस्थ करते तो दीखते हैं, लेकिन उनकी समग्रतावादी शक्ति पर हमला बोलने की कोई रणनीति नहीं सुझाते। जॉन रंडेल उनकी इसी सीमा की ओर इंगित करते हुए कहते हैं कि उत्तर-आधुनिकता में समाज एक ओर विखंडित और श्रेणीयुक्त बन जाता है, दूसरी ओर सूचना-निर्भर प्रबंधन में नियुक्त हो जाता है और इस जगत में हर विखंडित समूह अपने आसपास फिर केंद्र को बनता पाता है।

हालाँकि ल्योतार विखंडित समाज के उपकेंद्रों के संबंधों पर नजर रखते हैं। वे एक ऐसा समाज पेश करते हैं जहाँ वह 'लीला' बन जाता है। ल्योतार की एक सीमा यह भी है कि वह उत्तर-आधुनिक संबंधों को टकरावहीन मानते हैं। उनके तईं सब संबंध भाषा की लीला हैं।

ल्योतार के यहाँ आधुनिकता विज्ञान और सार्वभौमिक वृत्तांत दोनों का मेल है। सार्वभौमिक वृत्तांत अपनी वैधता आप लाते हैं। आजादी के मतवाले नायक या एक तर्कसंगत नौकरशाह, दोनों सार्वभौमिक वृत्तांत की वैधता के नमूने हैं। समाज और ज्ञान के बीच इस तरह एक सहजात मान्य संबंध बन जाता है, जहाँ ट्रेनिंग और शिक्षा अपने होने की वैधता प्रकट करती है। इसी में 'वैध कर्ता' (निपुण ज्ञानी) पैदा होता है। विज्ञान, राजनीति और लक्ष्योन्मुख कर्म तीन चीजें वैधता में सक्रिय रहती हैं। यहाँ कर्ता व्यक्ति नहीं होता। एक राज्य, सत्ता से ज्यादा एक दार्शनिक सत्ता होती है। एक सकलता होती है जो आलोचना और ज्ञान के आधार तय करती है। आधुनिक राष्ट्र-राज्य, राष्ट्रीयता, स्थिरता और गति पैदा करता है। इस हेतु तकनीशियन और राज्य दोनों हस्तक्षेप करते हैं। इस तरह ज्ञान समाज और राज्य से अविरल संबंध रखता है।

ल्योतार का मानना है कि महावृत्तांतीय मानक दूसरी लड़ाई के बाद बदल गए। ज्ञान की वैधता की साख खत्म हो गई। तकनीकी और तकनीकों ने उसे बदल दिया। बाजार की शक्तियों के नए तरीकों ने उसे बदल दिया। जिसके आगे कल्याणकारी राज्य भी हाशिए पर चला गया। ज्ञान के क्षेत्र एक-दूसरे से स्वतंत्र हो गए। उनकी वैधता राज्य से नहीं, उन्हीं से आने लगी। इस स्थिति ने ज्ञान के पॉजिटिविज्म और उपयोगितावाद को ध्वस्त कर दिया। फलतः महावृत्तांत या महानता के प्रति संदेह उत्पन्न हो गया। महानता अविश्वसनीय हो उठी।

महानता या महावृत्तांतों की 'अविश्वसनीयता' के अलावा उत्तर-आधुनिकता की विशेषता वैधता का विकेंद्रण है, विद्रूपण है। उत्तर-आधुनिकता में संबंध 'व्यावहारिक

(पैरालॉजिकल) होते हैं, 'सभंग' होते हैं, विपदग्रस्थ (कैटास्ट्रोफिक) होते हैं, असुधार्य होते हैं और विडंबनात्मक होते हैं। व्यावहारिकता उत्तर-आधुनिक संबंधों का सार है। आदर्शहीन, प्रतिबद्धताहीन संबंध, जो क्षण-क्षण बदलते हैं, वे मूलतः सत्तात्मक संबंध होते हैं। यह अराजकता की 'लीला' है, जिसे ल्योतार भाषा की लीला कहते हैं। व्यावहारिकतावादी संबंध, पुराने मान्य संबंधों को चुनौती देते हैं। इसके लिए 'भाषायी राजनीति' ही एकमात्र रणनीति है।

'द पोस्टमॉर्डन कंडीशन' के आखिरी हिस्से में ल्योतार 'भाषा के खेल' को खेलते हुए बताते हैं कि भाषा के नियम तभी बदलते हैं जब उन्हें खेलने वाला खुद उन्हें खेलते हुए बदले। यानी कि सूचना और तकनीक पर पहुँच और नियंत्रण ही वह मार्ग है जहाँ से 'खेल' बदला जा सकता है। लेकिन ल्योतार में 'परिवर्तन' की इच्छा का इतना अभाव है कि यह सुझाव भी एक निष्क्रिय सुझाव बना रहता है। कहने की जरूरत नहीं कि इस बिंदु पर ल्योतार बहुत पिटाई खाते हैं। यही मार्क्सवाद का दबाव है (और सही है)।

बरमैन ने 'आल दैट इज सॉलिड मैल्टस इनटू एअर' में कहा है कि आधुनिकता के महावृत्तांत 'नए' में उतने नहीं मिलते हैं, बल्कि लगातार अंतर्विरोधी खोजों में मिलते हैं और 'संप्रति' की खोज में हैं, जो अनंत संभावनाओं के द्वार खोलती है। इस दृष्टि से ल्योतार द्वारा आधुनिकता की परिकल्पना कुछ सरल नजर आती है। यद्यपि इसी बिंदु से वे उत्तर-आधुनिकता को आधुनिकता का विस्तार भी कहते हैं।

आधुनिकता सिर्फ ऐतिहासिक या भौगोलिक स्थिति नहीं है, बल्कि वह आधुनिक समाज को संभव करने वाली स्थिति है। आधुनिकता ऐतिहासिक रूप से निश्चित संबंधों, रूपों, संस्थाओं का संदर्भ देती है। वह व्यवहारसिद्ध व्याख्येय स्थिति है। वह तर्कसंगत स्थिति है जो श्रेणीबद्ध करती है, व्यवस्था करती है। आधुनिकता में औद्योगीकरण होता है, कलाएँ स्वायत्त बनती हैं, आलोचना संभव होती है। नए जनक्षेत्र बनते हैं। ये नए जनक्षेत्र राज्य के विकास के विरोध में खड़े होते हैं। 'स्वायत्त व्यक्ति' और 'स्वयंप्रभु समाज' के तर्क समाज में अंतर्विरोध पैदा करते हैं। यह स्थिति स्वयं बहुलता पैदा करती है और साथ ही समग्रता भी।

संस्कृति में आधुनिकता पुनर्जागरण, सुधार और ज्ञानोदय का नाम है, इसमें मानवजाति स्वायत्त हो जाती है। यह जगत स्वायत्त हो जाता है। मनुष्य आत्मसंभव और आत्मव्याख्येय हो जाता है। ज्ञानोदय में मनुष्य को त्रिधा कर्मी और त्रिधा तर्की पाया गया। ज्ञान, राजनीति और श्रम ये तीन चीजें मनुष्य की विशेषताएँ हैं। एंथ्रोपोलॉजी, जो ज्ञानोदय का समाज विज्ञान बनी, ने बताया कि मनुष्य ने स्वयं को ऐसे बनाया है। यह ज्ञानोदय ही महावृत्तांत है। सत्य, शांति और विकास ये महावृत्तांत हैं।

ये महावृत्तांत किस तरह संभव हुए ? यह सर्वानुमति कैसे बनी कि मनुष्य ऐसा हो ? ऐसे सवाल आधुनिकता को गड़बड़ा देते हैं।

यह मार्क्स ने बताया। मार्क्स ने मनुष्य की आत्मव्याख्येयता को पुनर्स्थापित किया और कांट एवं हीगेल से आगे पहुँचाया। इस अर्थ में मार्क्सवाद ज्ञानोदय का चरम

विकास हुआ। 'श्रम' की भूमिका बताकर मार्क्स ने ज्ञानोदय को नए अर्थ दिए। मनुष्य को 'स्वयं सक्रिय' बताया, स्वयं व्याख्येय भी और स्वयं परिवर्तनीय भी। मार्क्स ने कहा कि मनुष्यजाति अपना इतिहास और समाज खुद बनाती है। इस केंद्रीय स्तर से ही मार्क्स ने अपने समय की आधुनिकता की व्याख्या की। उसने मानव की 'स्वतंत्रता' की एक लगभग पूर्ण परिकल्पना की और उसे 'जरूरत' से जोड़ा, इस प्रयत्न में ही मार्क्सवाद विकसित हुआ जिसे ल्योतार आखिरी महावृत्तांत कहते हैं। (आधुनिकता के 'ढलान' के बावजूद मार्क्स की योजना व्यर्थ नहीं हुई है, क्योंकि उत्तर-आधुनिकता में भी उत्पादन संबंध, आजादी और मुक्ति के सवाल बचे रहते हैं। पूँजी से श्रम के संबंधों में मौजूद अंतर्विरोध जब तक हैं, मार्क्स के विचार सक्रिय रहेंगे।)

लेकिन मार्क्स का चिंतन आधुनिकतावादी एंथ्रोपोलॉजी से काफी आगे जाता है। वे मनुष्य की वर्गचेतना की बात करते हैं। 1844 की 'इकॉनोमिक फिलोसोफिकल मैनुस्क्रिप्ट्स' में मार्क्स कहते हैं कि चेतना का व्यावहारिक रूप भाषा है। उसी में समाज ज्ञान का निर्माण करता है। मार्क्सवाद में निहित समाजवाद का महावृत्तांत इसीलिए संभव हुआ, क्योंकि मार्क्स पूँजीवाद में से समाजवाद का रास्ता खोजते थे। वे श्रम को पूँजीवाद के बीच देखते हैं। इसीलिए उनके लिए एक ओर बुर्जुआ 'क्रांतिकारी' है, दूसरे वह शोषक हैं। पूँजीवाद में पूँजी ही नियंत्रक है (पूँजी ही महावृत्तांत है पूँजीवाद में)। बिना कहे वह नियंत्रित, अनुशासित करती है। पूँजीपति यानी बुर्जुआ वर्ग उसका अधिपति है। वह इस महावृत्तांत का नायक है। 'मैनिफैस्टो' में मार्क्स-एंगेल्स कहते हैं :

'उत्पादन के औजारों और इस तरह उत्पादन संबंधों और समाज को लगातार क्रांतिकारी ढंग से बदले बिना बुर्जुआ अस्तित्ववान नहीं रह सकता। उत्पादन के पुराने रूपों का अपरिवर्तित रूप में रख-रखाव, पिछले युगों की तमाम औद्योगिक वर्गों की विशेषता थी। उत्पादन में लगातार क्रांतिकारी परिवर्तन, तमाम सामाजिक स्थितियों में बेरोक उपद्रव, शाश्वत अनिश्चितता तथा आंदोलन, बुर्जुआ युग को अन्य तमाम पूर्व युगों से अलग करते हैं। पक्के, जमे-जमाए सभी संबंध जिनमें प्राचीन परंपराप्रसूत सामाजिक पूर्वग्रह सक्रिय होते हैं, झाड़ू मारकर बुहार दिए जाते हैं, और नए बने संबंध जब तक जमें कि पुराने पड़ जाते हैं। हर वह चीज जो ठोस है, हवा में भाप बनकर उड़ जाती है, हर पवित्र चीज अपवित्र हो जाती है, और अंततः मनुष्य गंभीरता के साथ अपने जीवन की वास्तविक स्थितियों और अपने संबंधों के आमने-सामने होता है।

'अपने सामान के लिए लगातार बढ़ते बाजारों की खोज बुर्जुआ को धरती के हर कोने में ले जाती है। उसे हर जगह घोंसला बनाना, हर जगह टिकाना है। हर जगह संपर्क बनाने हैं।'

'बुर्जुआ ने विश्व बाजार के शोषण के जरिए हर देश में उत्पादन और उपभोग को एक कास्मोपोलिटन व वैश्विक चरित्र दे दिया है। प्रतिक्रियावादियों की खिसियाहट के साथ, उसने उद्योग के नीचे से वह राष्ट्रीय पृष्ठभूमि खिसका दी है जिस पर वह बना था। पुराने राष्ट्रीय उद्योग खत्म कर दिए गए या खत्म किए जा रहे हैं। उनकी जगह

नए उद्योग बनते हैं, जिन्हें लगाना सब सभ्य देशों के लिए जीवन-मरण का प्रश्न हो जाता है। ये ऐसे नए उद्योग होते हैं जो स्थानीय कच्चे माल पर निर्भर नहीं होते, बल्कि दूर कोने-कोने के कच्चे माल पर निर्भर होते हैं। ये ऐसे उद्योग होते हैं जिनके उत्पाद सिर्फ घर में ही उपभोज्य नहीं होते, बल्कि धरती के हर क्षेत्र में पहुँचते हैं।' (विस्तार के लिए देखिए : कम्युनिस्ट मेनिफेस्टो।)

मार्क्स ने पूँजी का यह रूप 1848 में देख लिया था। यही उत्तर-आधुनिकता के लक्षण हैं। श्रम व पूँजी में इस तरह अंतर्भुक्ति को दुहरे अंतर्विरोधों से देखने (कि पूँजीवादी अपनी कब्र खोदने वालों को साथ पैदा करता है) के बावजूद मार्क्स किसी सरलीकरण की ओर नहीं जाते। अठारहवीं ब्रूमेर में मार्क्स कहते हैं, 'मनुष्य अपना इतिहास बनाते हैं, लेकिन अपनी स्वतंत्र इच्छा से नहीं, अपनी चुनी हुई परिस्थितियों में नहीं बनाते, बल्कि उन दी गई और मिली हुई स्थितियों में बनाते हैं जिनके सामने वे होते हैं।' (समकालीन बहुत से मार्क्सवादी अपने विमर्श में इन कथनों की जटिलताएँ भूल जाते हैं।)

स्पष्ट ही, मार्क्स द्वारा पूँजीवाद की व्याख्या और विखंडन बहुत जटिल और तनावपूर्ण हैं। वे जानते हैं कि पूँजीवाद ऐसी आत्मसजगता प्राप्त कर लेता है जो वर्ग-संबंधों को मात्र बनाती नहीं है, नियंत्रित भी करती है। पूँजीवाद की यह आत्मसजगता वह सांस्थानिक प्रक्रिया है जिसे मार्क्स श्रम, उत्पादन, तनख्वाह के रूप में बताते हैं, जिन्हें वे 'जीवन रूप' के रूप में भी बताते हैं। इसे देखना है तो 'ग्रंड्रिसे' में देखें। पूँजीवाद की अपनी केंद्रीय छवि बन जाती है जो आधुनिक युग के बहुआयामी रूप के केंद्र में रहती है। पूँजी के शासन में विनिमय मूल्य या दाम विनिमय मूल्य के भीतर से ही तय होते हैं। इसमें 'उत्पादन' प्रमुख न होकर मनुष्य के लिए साधन बन जाता है। इस तरह, पूँजी के आरंभिक चरण में अंतर्भुक्त श्रम धीरे-धीरे विकसित पूँजीवाद में वास्तविक 'अंतर्भुक्ति' के लिए तैयार होने लगता है। विकसित पूँजीवाद अधिक पूँजी-सघन होता है। (सोवियत संघ का पतन पूँजी की इसी सघनता के फलस्वरूप हुआ कहा जा सकता है।)

मार्क्स के पूँजी संबंधी विश्लेषण में धन या पैसे (मनी) की भूमिका का बड़ा महत्त्व है। खासकर 'ग्रंड्रिसे' (1857) में उनके विश्लेषण में मनी या पैसे की प्रकृति और भूमिका पर विस्तार से विचार किया गया है। विकसित पूँजीवाद के बारे में मार्क्स के विश्लेषण में 'धन' की भूमिका महत्त्वपूर्ण है। यह विश्लेषण दो तरह से आता है। अविकसित पूँजीवाद के मुकाबले विकसित पूँजीवाद में 'पैसे' की भूमिका बहुत ज्यादा बढ़ जाती है। यह दो तरह से होता है। प्रथमतः पूँजीकरण की प्रक्रिया की प्रकृति बदल जाती है और इस तरह वह ऐतिहासिक भौतिकवाद तथा उससे जुड़ी एंथ्रोपोलॉजी को समस्यापूर्ण बना देता है। 'पैसे' का 'मूल्य' पूर्व पूँजीवादी तथा पूँजीवाद सामाजिक रूपों के बीच का मंच बन जाता है। वेतनभोगी कामगार और पूँजीपति के बीच जो संबंध होते हैं वे 'वेज, लेबर-कैपिटल' संबंध होते हैं जो पुरुषसत्तात्मक संबंधों और व्यक्तित्व

को अपने में अंतर्भुक्त कर लेते हैं। पैसा स्वयं एक संवाद बन जाता है। (मार्क्स का 'पैसे' के संदर्भ में यह विश्लेषण ज्याँ बौद्रीआ के 'साइमूलक्रा' या 'छलना' के विश्लेषण से मिलाया जा सकता है। हम पाएँगे कि जिसे बौद्रीआ 'सिंबलिक एक्सचेंज' या 'प्रतीकात्मक विनिमय' कहते हैं, मार्क्स उसे ग्रंड्रिसे में 'पैसे' की लीला कह चुके हैं। इससे इतना ही सिद्ध होता है कि उत्तर-आधुनिकता, जिसे हम वृद्ध पूँजीवाद का सांस्कृतिक तर्क कहते हैं, के लक्षण मार्क्स ने पहले ही कह दिए थे। भले ही उन्होंने उसे पूरा देखा नहीं था। इस प्रकार उत्तर-आधुनिकता की पूँजीवादी व्याख्या और अवधारणा मार्क्सवाद के विकास में ही पढ़ी जा सकती है। इसके लिए खुली आँखों से 'ग्रंड्रिसे' को देखना जरूरी है। आज उत्तर-आधुनिकता के बहुत से प्रकट लक्षण मार्क्स के यहाँ बहुत पहले से दिखते हैं। फिर भी उत्तर-आधुनिकता को जो लोग 'षड्यंत्र' मानते हैं वे और जो हों, मार्क्सवादी या ऐतिहासिक भौतिकतावादी तो नहीं ही हो सकते। यदि वे होते तो पूँजीवाद के इस दौर के ऊर्जस्वी रूप को ऐतिहासिक विकास मानते। षड्यंत्र नहीं। क्योंकि 'षड्यंत्र' मानकर चलने से ऐतिहासिकता और भविष्यात्मकता दोनों का संहार हो जाता है।)

विकसित पूँजी में पैसा, 'मूल्य' (कीमत) की अभिव्यक्ति की जगह प्रतीकात्मक संहिता की ऐसी सामाजिक प्रक्रिया में बदल जाता है जो सत्ता और वर्चस्व के बीच नए संबंध बना देता है। पहले जो 'मूल्य' (कीमत) 'अमूर्त श्रम' था, वह बदलकर पैसे की 'सत्ता' में केंद्रित हो जाता है। पैसा प्रकटतः स्वतंत्र शक्ति बन जाता है।

ग्रंड्रिसे में धन या पैसा एक ऐसा सामाजिक प्रतीक है जो एक सार्वभौमिकता में सामाजिक संबंधों को व्यक्त करता है, उन्हें निश्चित करता है। पैसा आनुपातिक निर्भरता पैदा करता है और इस तरह पुरानी निर्भरताएँ खत्म कर देता है। पैसा संवाद बन जाता है, जो स्वयं एक एंथ्रोपोलॉजिकल संरचना है। 'कीमत के स्वायत्त प्रतिनिधि के रूप में पैसा'—यह मार्क्सवाद का प्रख्यात सूत्रीकरण है जो उन्होंने ग्रंड्रिसे में लिखा है। पैसे की विकसित स्वतंत्रता के बारे में, उसके प्रतीकात्मक वास्तवीकरण के बारे में मार्क्स के विचार बताते हैं, विकसित पूँजीवाद के ये रूप (पैसा) प्रतीकों की नई संरचना करते हैं और भाषा वैज्ञानिक संरचना करते हैं। जिस तरह मनुष्य की देह वनमानुष की देह का विकास है उसी तरह 'पैसे' की श्रेणी में पूर्व पूँजीवादी संबंधों, संरचनाओं का सार निहित है। बल्कि वह मानव जाति की निर्णायक क्षमताओं का द्योतक भी है।

पैसा भाषा की तरह काम करता है। यद्यपि मार्क्स पैसा और भाषा के सांग-रूपक को असुविधाजनक मानते हैं, क्योंकि इसमें 'दोहरे प्रभाव' होते हैं। लेकिन मार्क्स मानते हैं कि संवाद (इंटरकोर्स) के रूप में उनके काम एक जैसे हैं। भाषा या प्रतीक मार्क्स के लिए चेतना का व्यावहारिक रूप हैं। भाषा उसी तरह मनुष्य का 'सार्वभौम वास्तव' है जिस तरह उसका 'श्रम' सार्वभौम वास्तव है। इस प्रकार संवाद (इंटरकोर्स) के रूप में विनिमय (यानी आदान-प्रदान) भी प्रतीकात्मक होता है। पश्चिमी अफ्रीका के तटवर्ती नीग्रो लोगों के बीच 'बार्टर' के संदर्भ में मार्क्स कहते हैं कि आदान-प्रदान से पहले

'वस्तुएँ' दिमाग में और भाषा में 'प्रतीक' (बार्टर) बन जाती हैं, तभी उनकी अदला-बदली होती है। यह आदान-प्रदान और प्रतीकात्मकता उसकी अपनी (निजी बनाई गई) नहीं है, बल्कि संवाद (इंटरकोर्स) के जरिए काम करने वाली सामाजिक व्यवस्था का प्रकार्य है जो अपने चलन के लिए ऐसा प्रतीक गढ़ती है। विश्व बाजार के बारे में मार्क्स की टिप्पणियाँ उसे और भी स्पष्ट कर देती हैं। मार्क्स के अनुसार प्रतीकों का विनिमय ऐसी भौतिक और मानसिक प्रक्रिया है जो व्यक्तियों की इच्छाओं और बोध से स्वतंत्र है। प्रतीकों और भाषा का वास्तव (रूप) सामाजिक ऐतिहासिक संदर्भ से भी अलग नहीं होता। उसमें सामाजिक संवाद (इंटरकोर्स) के चिह्न सक्रिय रहते हैं। बल्कि ऐतिहासिक होने के कारण वह समाज की प्रवृत्ति को भी बताता है। इस प्रकार चेतना के रूप, जो अर्थ को वास्तव करते हैं, न तो समाज से कभी अलग होते हैं न मानव जीवन के क्षण से, जिसमें वे बनते हैं।

पूँजीवाद में प्रतीक के रूप में पैसा उस मात्रा तथा संगठनात्मकता को बताता है, जिसमें वह सक्रिय रहता है।

हम कह सकते हैं कि पैसा प्रतीक का भी प्रतीक है। मार्क्स के यहाँ पैसा पूँजीवाद का सार है। वह सिर्फ ऊपरी रूप नहीं है। वह पूँजीवाद की सारवस्तु है, उसका एक निश्चित अर्थ है। मार्क्स ग्रंड्रिसे में कहते हैं कि विनिमय मूल्य प्रतीकात्मक रूप में ही संभव होते हैं। इन प्रतीकों का वस्तुगत अस्तित्व होता है। वे सिर्फ अवधारणाएँ नहीं होते, बल्कि दिमाग में एक वस्तुगत ढाँचे में भी उपस्थित होते हैं।

इस प्रकार पूर्व पूँजीवादी अस्मिता का निर्माण पूँजीवादी विकास के लिए जरूरी है, क्योंकि वही उसका प्रतिरोधी बिंदु भी है। मार्क्स 'पैसे' के औजार से पूर्व पूँजीवादी और पूँजीवादी समाज में भेद करते हैं। पैसा पहले भी था, लेकिन मार्क्स के विश्लेषण के बाद वह एक निर्णायक कोटि के रूप में पहचाना गया। मार्क्स मानते हैं कि पैसा आधुनिक समाज को बनाने वाला तत्त्व है। अपने 'तीसरे प्रकार्य' में पैसा प्राचीन समुदायों को ध्वस्त कर, स्वयं समुदाय बन जाता है। विनिमय कर्म सभी तरह का माध्यम बन जाता है। जो व्यक्ति एक-दूसरे से अनभिज्ञ हैं, वे इस पर सभी तरह से निर्भर होते हैं। और इस तरह अनजाने नए संबंधों में आते हैं। यह संबंध विनिमय मूल्य में प्रकट होता है। इस विनिमय मूल्य से हरेक व्यक्ति का काम या उत्पाद एक प्रक्रिया बन जाता है और उसके लिए उत्पाद बनता है। वह हमेशा एक ही 'उत्पाद' पैदा करता है। 'विनिमय मूल्य' का उत्पाद यानी धन या पैसे का उत्पाद। व्यक्ति का पैसा ही दूसरों पर उसकी सत्ता तय करता है। मार्क्स की प्रसिद्ध उक्ति यहीं आती है कि 'हर आदमी अपनी सामाजिक सत्ता और समाज से अपने संबंध अपनी जेब में रखकर चलता है।' यह स्थिति उससे भिन्न है जिसमें परिवार या किसी कुल या समुदाय का कोई व्यक्ति स्वयं को प्राकृतिक ढंग से पुनरुत्पादित करता था या जिसमें उसकी उत्पादक क्रिया और उत्पादन में उसका हिस्सा उसके श्रम और उत्पादन का एक खास रूप लेता था जो उसके संबंधों को खास ढंग से प्रभावित करे।

मार्क्स इस तरह पैसे के केंद्र से समुदाय के जीवन का विखंडन करते हैं और पाते हैं कि पूँजी की इस अंतर्भुक्ति में सिर्फ सामाजिक जीवन ही नहीं, बल्कि तकनीकी और भौतिक वस्तुएँ भी अंतर्भुक्त हो जाती हैं।

ग्रंड्रिसे में पैसे का ऐसा विशद विवेचन बताता है कि मार्क्स भले ही उत्पादक शक्तियों को प्राथमिकता देते थे, लेकिन उनके विश्लेषण में सामाजिक संबंधों (पैसा) का भी उतना ही महत्त्व था। ग्रंड्रिसे में वे सामाजिक संबंधों, सामाजिक रूपों को भी पर्याप्त प्राथमिक बताते हैं। यह महत्त्वपूर्ण है, क्योंकि सामाजिक संबंधों पर इतना जोर उनके उत्पादक शक्ति की प्राथमिकता वाले सिद्धांत को द्वंद्वात्मक रूप से संतुलित कर देता है। (कठमुल्ले लोग सिर्फ उत्पादक शक्तियों पर जोर देते हुए ही मार्क्स को पढ़ते हैं।) ग्रंड्रिसे का महत्त्व यही है कि यहाँ मार्क्स पूँजीवाद के एक ऐसे रूप की परिकल्पना करते हैं, जहाँ पूँजी द्वारा जीवन का ऐसा संचालन होता है जो आधार और अधिरचना दोनों को प्रभावित करता है।

पूँजीवाद में, पैसे की दुनिया में, ऐसी अंतर्भुक्ति में, समाज स्वयं को एक सांस्कृतिक वस्तु समझने लगता है। यह वस्तुकरण ही किसी समाज की पहचान बन जाता है। पूँजीवाद में मूल्य और अतिरिक्त मूल्य की स्वायत्त प्रक्रिया 'बाजार' में संभव होती है। यह प्रक्रिया एक सांस्कृतिक प्रविधि बन जाती है और उसी तरह समझी जाती है। मूल्य की यह स्वायत्त गति सिर्फ विनिमय मूल्य में ही व्यक्त नहीं होती बल्कि 'उत्पादन के लिए उत्पादन' के नारे में प्रकट होती है और ऐसी संवाद व्यवस्था (इंटरकोर्स) पैदा करती ह जो पूँजीवाद के विस्तार को गति दे देती है। वह जीवन के अन्य क्षणों को अपना उपनिवेश बनाती है, अपना उपक्षेत्र बनाती है।

पूँजीवाद की यह गति मूलतः सामाजिक संबंधों की गति बन जाती है, जो स्वयं को फैलाते चलते हैं। पैसा 'पण्य' का चलन नहीं करता, बल्कि पण्यों के नामों की मिल्कियत पैदा करता है। इसी बिंदु पर पूँजीवाद को मजदूर वर्ग चुनौती देता है। ग्रंड्रिसे में मार्क्स का विश्लेषण बताता है कि वेतन एक प्रतीक रूप है जो पूँजी के सामने मजदूर की अधीनता को तय करता है और माध्यमीकृत करता है। वेतन लगातार इस भ्रम को पुनर्नवीकृत करता रहता है कि बेचने वाले और खरीदार के बीच अब एक निश्चित संबंध है। इस तरह एक भ्रम पैदा होता रहता है जैसे बेचने वाला और खरीदार दोनों बराबर हैं, आजाद हैं।

यदि हम मार्क्स के इस 'पाठ' को बौद्रीआ के पाठों से मिलाकर पढ़ें तो पाएँगे कि जो उत्तर-आधुनिकता है, वह बहुत कुछ मार्क्स के 'विकसित पूँजीवाद' का ही विस्तार है। पूँजीवाद की जिस विकसित अवस्था की मार्क्स ने चर्चा की है, वह उत्तर-आधुनिक दशाओं से मिलती-जुलती है जो अब उजागर और जगजाहिर हो रही हैं। मार्क्स ने ग्रंड्रिसे में सामाजिक संबंधों और अधिरचना को जो महत्ता दी उससे भी प्रकट है कि सामाजिक संबंध हर बार आधार से दो दूनी चार का संबंध नहीं रखते।

विकसित पूँजीवाद ही वह अवस्था है जो इन दिनों उत्तर-आधुनिकता है। अर्नेस्ट

मैंडेल जिसे 'लेट कैपीटलिज्म' कहते हैं, जेमेसन जिसे 'वृद्ध पूँजीवाद का सांस्कृतिक तर्क' बताते हैं हम उसे वृद्ध पूँजीवाद का आर्थिक, राजनीतिक और सामाजिक तर्क भी कह सकते हैं।

उत्तर-आधुनिकता पूँजीवादी विकास की एक नई स्थिति है और उत्तर-आधुनिकतावाद उसका सांस्कृतिक प्रत्यय। उत्तर-आधुनिकतावाद का अवदान यह तो है ही कि वह पूँजीवादी राष्ट्र-राज्य के समग्रीकृत निरंकुश मिजाज को निराशा से, संदेह से देखता है और आधुनिकता को लगभग सर्वत्र ही प्रश्नांकित करता है, समस्यापूर्ण करता है। उत्तर-आधुनिकतावाद एक सांस्कृतिक प्रत्यय है, जबकि उत्तर-आधुनिकता एक सामाजिक प्रत्यय है। जॉन मैकगोवान ने लिखा है कि उत्तर-आधुनिकतावाद संस्कृति और समाज के रिश्ते के बदले रूपों का दूसरा नाम है। आधुनिकतावादी बुद्धिजीवियों, संस्कृतिकर्मियों और सांस्कृतिक संस्थानों ने समाज को बदलने में जो भूमिका निभाई, जो दावे किए यह उनकी पड़ताल करता है और उन्हें समस्यापूर्ण मानता है। वह 'आधुनिकता की स्वायत्तता' की अवधारणा खंडित करके मानता है कि कुछ भी 'स्वायत्त' नहीं होता। मार्क्स के 'पैसे' का व्यापार इस अंतर्भुक्ति से मिलता-जुलता है कि पैसे के आगे कोई 'स्वायत्तता' नहीं ठहरती। इसीलिए उत्तर-आधुनिकतावाद कोई रास्ते नहीं देता। 'रास्ते' के लिए 'स्वायत्त' मनुष्य की परिकल्पना जरूरी है जिसे उत्तर-आधुनिकतावाद संभव ही नहीं मानता।

मार्क्स के युग में पूँजीवादी राज्यसत्ताओं की समग्रतावादी दृष्टि पूरी तरह प्रकट नहीं हुई थी। सर्वहारा वर्ग (मजदूर वर्ग) द्वारा पूँजीवादी वर्ग के विकल्प में बनाई गई सत्ताओं का पूँजीवाद के वातावरण में 'अंतर्भुक्त होने' से अलग विकास का रूप क्या बनेगा, यह सवाल भविष्य पर छोड़ दिया गया था। तब तकनीकी क्रांति नहीं हुई थी, सूचना क्रांति भी नहीं थी और पूँजीवादी का वह रूप पूरी तरह साक्षात नहीं हुआ था, जैसा कि आज है। यद्यपि मार्क्स ने सर्वप्रथम इसकी परिकल्पना की थी। यह विकसित पूँजीवाद है या वृद्ध पूँजीवाद या उत्तर-आधुनिकतावाद, कुछ भी कहें, बहस का विषय 'नाम' न होकर वह वास्तविकता ही हो सकती है जो इस पूँजीवाद में स्पष्ट होती है। चूँकि यह पूँजीवाद ही है, कोई षड्यंत्र नहीं, इसलिए मार्क्सवाद आज भी ढूँढ़ना चाहेगा कि वह स्वायत्त क्षेत्र कहाँ है जहाँ से प्रतिरोध शुरू होता है, विकल्प शुरू होता है। विचार का मुद्दा इस 'स्वायत्तता' को पुनर्संभव करना है। क्या नए किस्म के प्रतिरोधों के लिए नई जगह स्वयं उत्तर-आधुनिक स्थितियाँ नहीं बना रही ? उत्तर-आधुनिकतावाद ने स्वायत्तता पर जो प्रश्न उठाए हैं, वो गर्दन टेढ़ी करके सिर्फ दुत्कारे नहीं जा सकते। उनसे बचना नहीं, उनसे भिड़ना ही मार्क्सवाद का विकास कहला सकता है।

# उत्तर-आधुनिकता के 'डर'

उत्तर-आधुनिकतावाद जब से चलन में आया है, तभी से विवाद के केंद्र में है। 1975 के आसपास और कुछ बाद में उत्तर-आधुनिकतावाद ने वर्तमान की जो 'समीक्षा' दी वह पश्चिमी ज्ञानोदय के विरुद्ध थी और उसके आधारभूत सूत्रों को प्रश्नांकित करती थी। समाजशास्त्रों, इतिहास और दर्शन में उसने उन बने-बनाए स्वीकृत सिद्धांतों को समस्यापूर्ण बताया जो एकतावादी, समग्रतावादी और मुक्तिवादी थे। यहाँ तक बात ठहरती तो भी गनीमत थी। ज्यादती यह रही कि उत्तर-आधुनिकतावाद ने समूची ज्ञानोदयवादी योजना को समस्यापूर्ण ही नहीं बताया बल्कि यह दावा किया कि वह मौजूदा पश्चिमी सामाजिक व्यवस्था को रूपांतरित कर सकता है। यही इसका अंतर्विरोध था, और है, और यही उसके समीक्षकों का अंतर्विरोध बना।

इससे पहले कि हम उत्तर-आधुनिकतावाद के समीक्षकों की समीक्षा करें, हमें यह जान लेना चाहिए कि उत्तर-आधुनिकतावाद कोई एकायामी या इकहरी स्थिति नहीं है। उत्तर-आधुनिक सिद्धांतिकी के इन दिनों कम-से-कम चार संस्करण तो मौजूद ही हैं। ये चार हैं—उत्तर-संरचनावाद, नव मार्क्सवाद, नव व्यवहारवाद और फेमिनिज्म यानी स्त्रीवाद। स्पष्ट ही उत्तर-आधुनिकतावाद की कोई समग्रतावादी या सकलतावादी मुकम्मल परिभाषा संभव नहीं, क्योंकि वह स्वयं समग्रतावाद-विरोधी है। उसमें निहित बहुलतावाद स्वयं प्रमाण है कि उसमें 'मुंडे-मंडे मतिर्भिन्ना' होंगे ही। इसे देख तमाम समग्रतावादी विचार और सकलतावादी प्रत्यय इसकी भर्त्सना करते हैं।

जॉन मैकगोवान ने अपनी पुस्तक 'पोस्ट-मॉडर्निज्म एंड इट्स क्रिटिक्स' में एक जगह लिखा है कि उत्तर-आधुनिकतावाद एक ऐसी फिसलनदार पदावली है कि हम उसे आसानी से स्थिर नहीं कर सकते। वह शिक्षा-संस्थानों में तेजी से पनपती सिद्धांतिकी है या वह महानगरों, उपनगरों का स्थापत्य है या वह सलमान रश्दी या गैब्रील गार्सिया मारकेस या एंजेला कार्टर के नए उपन्यासों के रूप में है।

उत्तर-आधुनिकतावाद चूँकि 'स्वायत्तता' (व्यक्ति की समाज से स्वायत्तता और फलस्वरूप हस्तक्षेपकारी भूमिका) को संभव नहीं मानता, इसलिए उसके निंदक-समीक्षक भी उत्तर-आधुनिक कहाते हैं। उत्तर-आधुनिकता के समीक्षा कर्म की सबसे बड़ी दुविधा यही है कि चूँकि वह एक भौतिक, सामाजिक अवस्था या स्थिति है, ज्ञान की एक दशा है और विकसित पूँजीवाद की एक सर्वव्यापी सांस्कृतिक आर्थिक स्थिति है, इसलिए

समीक्षा कर्म 'स्वायत्त' नहीं रह पाता। मैकगोवान किंचित तकलीफ के साथ कहते हैं कि मैं उन सब लेखकों को उत्तर-आधुनिकतावादी कहता हूँ जो उसका विरोध करते हैं।

मैकगोवान कहते हैं (वे हैबरमास से प्रभावित हैं जो स्वयं उत्तर-आधुनिकता के एक समीक्षक हैं) कि 'मैं नहीं जानता कि हम किसी ऐसे नए ऐतिहासिक काल में हैं जो पिछले से अलग है, ताकि हम इस नए 'ब्रांड' को उचित ठहरा सकें। लेकिन मुझे पूरा यकीन हो चला है कि समकालीन बुद्धिजीवी की अपने कर्म की भूमिका की अवधारणा बदल गई है। बीसवीं सदी में निश्चित की गई प्रतिरोध की रणनीतियाँ नए विद्रोहियों को प्रभावी नहीं लगतीं।'

उत्तर-आधुनिकतावाद के तीन प्रस्ताव केंद्रीय हैं—समग्रतावादी सार्वभौमिक सत्यों का नकार, कांटीय तर्कवाद का नकार और आधुनिकतावाद की सक्षमता का नकार। इससे अब तक के समाजशास्त्रों की अवधारणाएँ चुनौती पाती हैं और काम पाती हैं।

पश्चिमी दुनिया ने अपनी जवानी में एक सपना पाला—एक ऐसा केंद्रीकृत विश्व जिसमें एक सार्वभौमिक सिद्धांत में हर चीज डूब जाती है। लेकिन यह केंद्रीकृत विश्व और कुछ नहीं पूँजीवादी विश्व ही है, जिसने पश्चिम में चरमोत्कर्ष प्राप्त कर लिया है और साम्राज्यवाद के तरीके से शेष दुनिया को भी अंतर्भुक्त कर लिया है। इस सर्वव्यापी और सर्वक्षेत्रीय केंद्रीकृत यथार्थ के महाकाय (मोनोलिथ) में लगभग हर चीज शामिल है। 'मासूम' आधुनिकतावादी ही सोच सकता है कि वह इस सबसे अलग, स्वायत्त और स्वतंत्र है। उत्तर-आधुनिकतावाद कहता है कि इस पूँजीवाद के महाकाय में हर चीज शामिल है, अंतर्भुक्त है। कथित विद्रोही भी इसमें अंतर्भुक्त है। आधुनिकतावादी स्वायत्तता या आलोचनात्मक दूरी असंभव है जो पहले उपलब्ध थी और जिससे पूँजीवाद की समीक्षा संभव थी।

उत्तर-आधुनिकतावाद के बड़े से बड़े आलोचक ने इस प्रस्तावना की काट अभी नहीं खोजी है। जेमेसन से लेकर हैबरमास तक के पास विकसित पूँजीवाद के महाकाय की 'अंतर्भुक्तिवादी' शक्ति की कोई काट नहीं है। हैबरमास का 'संचारात्मक कर्म' 'अंतर्भुक्ति' को स्वीकार करके ही चलता है।

रूढ़िवादी आलोचक प्राचीन समाज के आदर्शन के लिए तड़पते रहे और आधुनिकतावाद से संघर्ष करते रहे। रैडिकल आलोचक उग्र सिद्धांतिकी बनाते रहे लेकिन पूँजीवाद अप्रतिहत वेग से अपने रास्ते चला। आधुनिकतावादी अपने समय की प्रभुत्वशाली संस्कृति (पूँजीवादी संस्कृति) से बच नहीं सके।

'पोस्ट-मॉडर्निज्म ऑर द कल्चरल लॉजिक ऑफ लेट कैपीटलिज्म' में एक जगह जेमेसन कहते हैं कि उत्तर-आधुनिकतावाद पूँजीवाद के इसी 'एपोथियोसिस' (ऐश्वर्य) से शुरू होता है। वह पूँजीवाद के उस सर्वव्यापकत्व में निहित है, जिसके तहत पूँजीवाद गैर-पण्यीय क्षेत्रों में भी जा पहुँचा है और हर चीज को 'पण्य' बना डाला है।

'लेट कैपीटलिज्म' के लेखक अर्नेस्ट मैंडेल ने कहा है कि वृद्ध पूँजीवाद में (ऐश्वर्य) समकालीन जीवन के तमाम क्षेत्र अंतर्भुक्त हो जाते हैं। जेमेसन इसे आगे बढ़ाते हुए कहते हैं कि पूँजीवाद के इस सर्वव्यापकत्व में भी एक तरह की 'समग्रता' निहित है।

उत्तर-आधुनिकतावाद इस तथ्य को स्वीकार करता है और इस समग्रता से निपटने के लिए वह बहुलतावाद को रणनीति की तरह इस्तेमाल करता है। जॉन मैकगोवान ने लिखा है कि उत्तर-आधुनिकता का लक्ष्य इसी पूँजीवादी समग्रता को विखंडित करना है। हम कह सकते हैं कि उत्तर आधुनिकतावाद 'वृद्ध पूँजीवाद' के अंतर्विरोधों का आत्म-विस्फोट है। इसके लिए वह समग्रतावाद के तले दबे-कुचले लोगों को सत्ता देती है। (भारत में दलित, पिछड़ों को सत्ता का आह्वान या स्त्री को सत्ता का आह्वान एक प्रकार के उत्तर-आधुनिक प्रतिकार ही हैं जो अब तक के औद्योगिक-बूर्ज्वा समग्रतावाद को, उसमें निहित ब्राह्मणवादी समग्रतावादी को चुनौती देते हैं।)

चूँकि उत्तर-आधुनिकतावाद सांस्कृतिक क्षेत्र का तर्क है, इसलिए यह स्वाभाविक ही है कि उसके समूचे विमर्श संस्कृति को मुख्य क्षेत्र मानें। संस्कृति में ही अब अर्थनीति, राजनीति सब शामिल है। उत्तर-आधुनिकतावादी लेखक, कलाकार आर्थिक-राजनीतिक संस्थानों की आलोचना प्रमुखतया न करके, पूँजीवाद के सांस्कृतिक क्षेत्र की समीक्षा या विमर्श बनाते हैं। वे वृद्ध पूँजीवाद द्वारा ग्रसित और उत्पादित सांस्कृतिक क्षेत्र की समीक्षा करते हैं। इस क्रम में सबसे पहला और बड़ा काम एडोर्नो-होर्खिमार का है। उनके प्रसिद्ध ग्रंथ 'डायलैक्टिक्स ऑफ एनलाइटिनमेंट' में विस्तार से यह बताया गया है कि ज्ञानोदय ने अंततः जिस सांस्कृतिक उद्योग को जन्म दिया, उसने जीवन के हर क्षेत्र को ग्रस लिया। उन्होंने विस्तार से बताया है कि किस तरह विज्ञापनों और लोकप्रिय संस्कृति (पॉपुलर कल्चर) की भाषा, पूर्ववर्ती भाषा को 'भ्रष्ट' करती है, किस तरह उसे 'सार्थक' नहीं रहने देती और किस तरह ऐसे 'चिह्नों' का संसार बनाती है जिनमें कोई शाश्वततावादी 'गुणवत्ता' नहीं होती।

इसे देखकर फ्रेडरिक जेमेसन ने उत्तर-आधुनिकता को 'सांस्कृतिक तर्क' की तरह रखा तो ठीक ही रखा, लेकिन वे तथा अन्य समीक्षक इस सांस्कृतिक जंजाल की कोई ऐसी सर्वाश्लेषी व्याख्या नहीं ही दे सके हैं जो समीक्षा के स्वायत्त क्षेत्र के लिए कोई जगह बनाती हो, जहाँ से उत्तर-आधुनिक की कायदे की समीक्षा संभव हो सके (जो लोग वृद्ध पूँजीवाद के सांस्कृतिक तर्कों को देख-देख, नाराजी में गाली देते हैं वे उन आरंभिक विद्रोहियों की तरह ही नजर आते हैं जो मशीन आने के ज़माने में, मशीनों को इसलिए घृणा का केंद्र मानते थे, क्योंकि वे उन्हें कष्ट देती थीं। उत्तर-आधुनिकतावाद को लेकर खिसियाहट तो बढ़ी है। (आलोचना का शास्त्र नहीं बढ़ा।)

यह बात सबसे पहले एडोर्नो ने ही लक्षित की कि सांस्कृतिक उद्योग के भीतर हमारी नई सांस्कृतिक पदावली दुर्भेद्य हो जाती है। चीजों से जुड़े हुए 'ब्रांड' (लेबल) ऐसी ही दुर्भेद्य पदावली है। इस क्रम में टॉक शो, सीरियल, रूपंकर, नानाविधि टी.वी., सिनेमा, वीडियो शो, एम.टी.वी. के गीत आदि और जोड़े जा सकते हैं। 'ब्रांड' की पदावली उन चीजों पर कोई रोशनी नहीं डालतीं जिन पर ये चिपकी होती हैं। वे वस्तुओं से हमारे सत्य संबंधों के खिलाफ पर्दे का काम करती हैं। वे सामाजिक कर्ता और भोक्ता के बीच भेद मिटा देती हैं। एडोर्नो आगे कहते हैं कि उपभोक्ता-पूँजीवाद में बिना

सोचे-विचारे चीजों का स्वीकार विज्ञापन को स्वयं 'समग्रतावादी' बना देता है। उत्तर-आधुनिकतावाद इसी समग्रतावाद से दो-चार होता है जब वह 'व्यंजकों' की नई समस्याओं को पहचानता है, उठाता है और एक नया सांस्कृतिक वितर्क खड़ा करता है। बौद्रीआ आदि के आखिरी निष्कर्षों के निराशावाद को छोड़ दें तो उनमें हमें उत्तर-आधुनिकतावाद के सांस्कृतिक विमर्श में निहित प्रतिरोध बिंदु पर्याप्त मिलते हैं।

बौद्रीआ के लेखन में आकर लगता है कि पूँजीवाद के उत्कर्ष का चेहरा कैसा है। बौद्रीआ के लेखन में ही हमें पता लगता है कि उन्नीसवीं सदी के पूँजीवाद ने बीसवीं सदी के इन अंतिम दिनों में 'सामाजिक प्रतिनिधित्व' को किस तरह अनुकूलित (मैनुपुलेट) किया है। 'इन द शैडोज ऑफ साइलैंट मैजोरिटीज' तथा 'साइमूलेशंस' में बौद्रीआ ने विस्तार से सिद्ध किया है कि किस तरह यथार्थ की 'नई छलना' ने भाषा और संबंधों को उलझाया है और 'अदृश्य' किया है। इसे पढ़कर ज्ञात होता है कि चीजें और दृश्य वे नहीं रहे हैं जो हुआ करते थे। पूँजीवाद के अतिविकसित वृद्ध जर्जर रूप ने अपनी ही शक्ल बदली है। परंपरागत ढंग से सोचने वाले मार्क्सवादी चिंतक, जो अभी भी 'उत्पादन के संबंधों' का विश्लेषण करने के आदी हैं और अभी भी 'मजदूर वर्ग' द्वारा राज्यसत्ता पर 'कब्जे' की पुराने ढंग की परिकल्पना करते हैं, पूँजीवाद के नए रूपांतरण को देख ही नहीं पाते। यह रूपांतरण महत्त्वपूर्ण है।

बौद्रीआ बताते हैं कि पूँजीवाद ने श्रम द्वारा उत्पादित माल पर अपने परंपरागत नियंत्रण से लेकर अब उन सामाजिक छवियों, प्रतीकों और संबंधों तक पर नियंत्रण कर लिया है जो समाज का संचालन किया करते थे। इसमें 'उत्पादन' ही शामिल नहीं है, बल्कि वे तमाम मानव गतिविधियाँ आ जाती हैं जो उत्पादकतावादी पूँजीवाद ने भी नियंत्रण में नहीं ली थीं। इस वृद्ध पूँजीवाद में, 'पूर्वानुमान, छलना और कार्यक्रम' द्वारा सामाजिक नियंत्रण होता है। 'साइमूलेशंस' में बौद्रीआ एक स्थान पर कहते हैं कि पहले जहाँ सामाजिक नियंत्रण उत्पाद से होता था और बहुत-सा क्षेत्र 'स्वायत्त' रह जाता था, अब नहीं बचता। अब एक चिह्न या मॉडल से नियंत्रण होता है। ये चिह्न या मॉडल यथार्थ से 'पृथक' रहते हैं। हम कह सकते हैं कि ये चिह्न या मॉडल उन वस्तुओं (यथार्थ) से पहले मौजूद होते हैं जिन्हें बनाया जाना होता है। बन जाने के बाद वे चीजें उसी तरह से चाही जाती हैं, खरीदी जाती हैं, जिस तरह चिह्न या मॉडल ने बताया होता है। इन चिह्नों का संदर्भ दोयम, तीयम स्तर पर दिखता है, इनके साथ-साथ नहीं दिखता। सच तो यह है कि उनके संदर्भ मात्र अनुपस्थित रहते हैं, क्योंकि चिह्न साक्षात वस्तुजगत को अपदस्थ करके ही आते हैं। बौद्रीआ कहते हैं कि 'यह पूँजी ही थी जिसने अपने इतिहास में अपने हर संदर्भ को नष्ट किया। अपने हर संबंध को खत्म किया। जिसने सच और झूठ के बीच आदर्श भेद को खत्म किया अच्छे और बुरे के बीच संबंध को खत्म किया, ताकि विनिमय और समतुल्यता का उसका नया नियम लागू हो सके। नया नियम, जो उसकी सत्ता का लौह नियम है।' अपने स्वरूप में विनिमय का नियम मूलतः प्रतीकात्मक है। आर्थिक नहीं है। पूँजीवाद हमेशा छलना (साइमूलक्रा) की ऐसी चिह्न-व्यवस्था इसलिए पैदा करता

है, ताकि अचानक उग आने वाले संकटों से खुद को महफूज रख सके, ताकि वह नई सामाजिक माँगों की नई जीवन शैली से महफूज रह सके। इस तरह वह अपने जगत को लगातार इस तरह पुनरुत्पादित करता रहता है कि हर बार वह अपने पुराने रूपों को ही अपदस्थ करता जाता है। नए पूँजीवाद ने पुराने पूँजीवाद के दिनों में 'उत्पादन पर जोर' के नारे को आच्छादित कर लिया है। बौद्रीआ के लिए यही उत्तर-आधुनिक जीवन रूप है। यह (पूँजीवादी) जीवन 'छलनामय' है, जिसमें 'चिह्नों' का एक ऐसा रूप सक्रिय होता है जो स्वयं को ही पुनरुत्पादित करता रहता है और कभी भी सच्चे लक्ष्यों तक नहीं पहुँचता। पूँजीवाद द्वारा समाज के चिह्नों की ऐसी पुनर्संरचना स्वयं उत्तर-आधुनिक रचना और बुद्धिजीवी के भाषावादी, सौंदर्यवादी और पाठीय आग्रह को औचित्य प्रदान करती है। बौद्रीआ मानते हैं कि विकसित पूँजीवाद की सत्ता चूँकि इन्हीं सांस्कृतिक क्षेत्रों में सक्रिय दिखलाई पड़ती है, इसलिए यहीं उसे चुनौती दी जानी चाहिए। (उत्तर-आधुनिकता के आलोचक पूँजीवाद से निपटने के इस तरीके को अवसर का लाभ नहीं देते, यद्यपि अन्य कौन सा तरीका कारगर हो सकता है वह भी कोई नहीं बताता। 'छलना' की द्वंद्वात्मकता क्या है सिवाय छलना के भितरघात के ? चिह्नों के भीतर विचरते हुए हमारे बहुत से आंदोलन इसलिए वीरगति को प्राप्त होते हैं, क्योंकि वे 'चिह्नों की छलना' को सत्य मानते हैं यानी शुद्ध षड्यंत्र। उत्तर-आधुनिकतावाद नए चिह्नशास्त्र को सक्रिय करता है। अब इससे 'अर्थवादी' किस्म की पुरानी समीक्षा गिर जाती है तो गिरे !)

'डायलैक्टिक्स ऑफ ऐनलाइटिनमेंट' में एडोर्नो-होर्खिमार ने विस्तार से बताया है कि किस तरह पश्चिम का विमर्श प्रकृति को नियंत्रण में लाने का विमर्श रहा है (फूको ने जिसे अपने ढंग से बाद में और विस्तार तथा गहराई दी)। मनुष्य को जीना है तो विकास है। विकास करना है तो प्रकृति (मनुष्य के भीतर और बाहर) पर नियंत्रण, पूर्ण नियंत्रण जरूरी है। तमाम ज्ञान-विज्ञान (ज्ञानोदय के आसपास बना) इसी उद्देश्य से प्रेरित है। सर्वत्र नियंत्रण। यही समग्रतावाद है, निरंकुशतावाद है। हर नियंत्रण पिछले पर भारी होता है। संगठन और प्रशासन बढ़ता जाता है। एडोर्नो बताते हैं कि हर प्रगति के साथ ही साथ दमन भी चलता है। नियंत्रण करने के लिए दमनकारी (प्रतिनिधित्व नियम) बनाए जाते हैं, अलगाव, विलगाव और लगाव की तकनीक बनाई जाती है। यही प्रतिनिधित्व की श्रेष्ठता है कि वह कितना सुसंगत है। अपने लक्ष्य के प्रति कितना समर्पित है। (वीर नायकों का चरित्र याद कीजिए।) पश्चिम का समूचा तर्कशास्त्र पूरी तरह अंतर्विरोधों रहित अवस्था प्राप्त करने का रास्ता है जो मूलतः नियंत्रण के रास्ते आता है। अपने भीतर के और बाहर के अंतर्विरोधों का दमन, भेद और भिन्नता, बहुलता की जगह एकसूत्रता, एकरूपता का आग्रह। तर्कशास्त्र जो आदर्श चीजों को गैर अंतर्विरोधी और संग्रथित मानता है, मूलतः 'भेद' करने वाला माना जाता है जो किसी एक केंद्र की ओर गतिमान रहता है, एक ही सूत्र में बँधता जाता है। इससे तो वही अच्छा था जब चीजें इस कदर अंतर्भुक्त नहीं थीं। परंपरागत पुराने तर्कशास्त्र में सभी चीजों की जगह थी। अंतर्विरोधहीन चीजें और अन्य सब अपनी-अपनी जगह रह सकती

थीं। भले ही उनमें अराजकता, अव्यवस्था थी। यह स्थिति नए तर्कवाद की कैद में बनाए जाते केंद्रवादी समाज से कहीं बेहतर थी। बहुविधितावाला तत्त्व उस संपूर्ण एकायामी केंद्र से बेहतर है और वह नए तर्कवाद से पूर्वस्थित है। लेकिन मनुष्य की इसी संपूर्ण की ओर जाना चाहिए, केंद्रीकृत इकहरी एकरूपता की ओर !

तर्कवाद द्वारा इस इच्छित वर्चस्व को उत्तर-आधुनिकतावाद प्रश्नांकित करता है। और यहाँ तक आता है कि वह तर्कवाद द्वारा विभेदीकृत और श्रेणीकृत विभिन्न प्रकार के साहित्यिक विमर्शों के भेद और भिन्नता को भी बहुत नहीं मानता। न उच्च या नीची कला श्रेणी मानता है, न रचनाकार और आलोचक में भेद मानता है, न व्यंजना और व्यंग्य में भेद मानता है। हर क्षेत्र में असल लक्ष्य है उस विशेषाधिकार को गड़बड़ाना जो इकहरा और एकायामी है और अपने 'अन्य' को दबाता है। यह काम एकरूपता में 'भेद' के तर्क और 'भिन्नता' की रणनीति के बिना नहीं हो सकता। उच्च कलाओं की स्वायत्तताँ, साहित्य की स्वायत्तता, उसकी शुद्धता और पवित्रता, उसकी शुचिता, पॉपुलर संस्कृति से उसका अस्पृश्य रहना इत्यादि विचार उत्तर-आधुनिकतावाद के आखेट हैं। यहीं 'स्त्रीत्ववाद' (फेमिनिज्म) उत्तर-आधुनिकतावाद के स्पेस की ही लीला है। क्योंकि स्त्रीवादी लेखन भी मर्दवादी केंद्र की श्रेष्ठता को चुनौती देता है। उत्तर-आधुनिक कला में उच्च कला या निम्न कला के भेद नहीं ठहरते। (लालू यादव अगर अपने घर में छोकरा नाच कराते हैं या संयुक्ता पाणिग्रही को कम पसंद करते हैं, या दोनों को नचाते हैं तो वे उत्तर-आधुनिक कलाचरण ही करते हैं। उत्तर-आधुनिक में सबको जगह है।)

कला के क्षेत्र में विकसित 'शुचिता' का विचार एक आधुनिकतावादी विचार है जिसे उत्तर-आधुनिकतावादी 'अटैक' करते हैं। वे आधुनिकतावाद द्वारा खोजी गई कला की 'स्वायत्तता' को भी खंडित करते हैं। इस काम के लिए 'पाठ' की रणनीति अपनाते हैं। 'पाठ बनाने' की रणनीतियाँ ही सहयोगी विमर्श-'विखंडन' (डिकंस्ट्रक्शन) के नाम से जानी जाती हैं। 'पाठ' (टैक्स्ट), जिसमें व्यक्ति, संस्थान या समाज सब आते हैं, में ऐसे तत्त्व हमेशा रहते हैं जिनके होने को 'पाठ' (टैक्स्ट) नकारना चाहते हैं। सच यह है कि यद्यपि हम बहुत कुछ को अलहदा करते हैं लेकिन कुछ भी अलग नहीं होता। इस विखंडन की रणनीति में पुराना मानवतावाद ध्वस्त हो जाता है, क्योंकि उसमें 'अस्मिता' की खोज होती है जो 'आत्म' को 'स्वायत्त' बनाती है।

(मुक्तिबोध के पाठक 'अँधेरे में' का विखंडन करेंगे तो पाएँगे कि वह कविता कुल मिलाकर बुर्जुआ मानवतावाद की स्थापना करती है, अस्मिता की खोज करती है। वह पूरी तरह एक आधुनिकतावादी कविता है। नायक का संघर्ष स्वायत्त होने का संघर्ष-भर है। इस तरह पढ़ने पर यह कविता प्रेमचंद के किसी उपन्यास से हलकी ही ठहरेगी, क्योंकि प्रेमचंद 'स्वायत्तता' पहले संभव करते हैं, मुक्तिबोध बहुत बाद में और काफी उधेड़बुन के बाद। मुक्तिबोध का नायक किसी महावृत्तांत में शामिल होने को विकल है, वह लगभग अधीनस्थ है, अपराध का मारा हुआ है, विचारधारा का शिकार है। प्रेमचंद में ऐसा अपराध नहीं है। वहाँ बुर्जुआ आधुनिकता की स्वायत्त प्रक्रिया सक्रिय है।)

मानवतावादी विचार किसी-न-किसी समग्र केंद्र की ओर ही दौड़ते हैं। उत्तर आधुनिकतावादी मानवतावादी अस्मिता को एक सामाजिक, ऐतिहासिक संरचना मानते हैं। आधुनिकतावादी अस्मिता को सामाजिक, ऐतिहासिक संरचना नहीं मानते। अस्मिता के निर्माण में 'अन्यों' का दमन भी वे स्वीकार नहीं करते। वे अस्मिता को इतिहास प्रदत्त मानते हैं, आत्मसर्जित नहीं मानते। इसीलिए 'स्त्रीत्ववादी' और गैर उपयोगितामूलक विमर्श उस अस्मिता की एकता को विभक्त करने लगते हैं।

आधुनिकतावाद में अस्मिता का निर्माण, जो 'अन्यों' के दमन और नियंत्रण से बनता है, राजनीति में बहुत स्पष्ट दिखाई देता है। उत्तर-आधुनिकतावाद की ओर से देखें तो ज्ञात होगा कि राजनीतिक स्तर पर पश्चिम ने अपनी 'अस्मिता' ही दूसरों की अस्मिता पर लादी है। अल्पसंख्यकों और स्त्रियों का दमन तथा गैर यूरोपीय जातियों का दमन मूलतः पश्चिम के उसी पागलपन का नतीजा है जिसमें हर जगह वह अपनी अस्मिता, एकसूत्रता और शुद्धता लादना चाहता रहा है। वह यह मानकर चला है कि एकीकृत, एकरस आत्म और राज्य ही प्रभावी ढंग से काम कर सकते हैं। उत्तर-आधुनिकतावादी मानते हैं कि पश्चिम का यह पागलपन उसके तर्कशास्त्र में निहित है। एकीकरण, एकसूत्रता, स्वायत्तता, एकता आदि नारे आधुनिकतावादी पश्चिम के नारे हैं, जिन्होंने अल्पसंख्यकों और औरतों को दबाया है। वे उसके श्रेणीकृत समाज में हाशिए पर फेंके जाते हैं या अप्रस्तुत ही रहते हैं। इसके आर्थिक, राजनीतिक परिणाम कितने घातक रहे हैं, यह आज किसी से छिपा नहीं है।

(अपने समाज के संदर्भ जागृत करके देखें। अल्पसंख्यकों, स्त्रियों और पिछड़ों, दलितों की अस्मिताएँ अब तक दबी रही हैं। पिछली दो सदियों में अधिक मजबूत हुई ब्राह्मणवादी व्यवस्था और पश्चिमी आधुनिकतावादी विमर्श की गहरी मित्रता के चलते ऐसा हुआ है। उपनिवेशवादी विमर्श और ब्राह्मणवादी विमर्श उस आधुनिकतावादी विमर्श में खाद-पानी ही बने जो यूरोप में चला और 'अन्यों' को हाशियों पर डालता रहा, दबाता रहा। सूचना, भूमंडलीकरण और पूँजी के तेज प्रसार ने अचानक इन 'अन्यों' को यत्र-तत्र जागृत किया है। यह खुद एक उत्तर-आधुनिक स्थिति की सूचना है।)

चूँकि पश्चिमी आधुनिकतावाद ने, परंपरागत तर्क को अपदस्थ कर अपना, एकीकृतवादी तर्क लादा। सिर्फ सत्ता ही नहीं लादी, वे विचार भी लादे जिन्हें हम मुग्ध होकर आधुनिक कहते हैं। सिर्फ समांतरतावाद के तहत तर्क करें तो राजनीतिक उपनिवेशीकृत आधुनिकता ने हमारे अर्थतंत्र को नष्ट किया तो क्या विचारों में बहुत कुछ नष्ट नहीं किया ? उत्तर-आधुनिकता पश्चिमी आधुनिकतावाद के वर्चस्व को उलटकर, परंपरागत तर्करूपों को जागृत करके उन्हें उनकी विविधता में बनाए रखना चाहती है, ताकि कोई अन्य विचार भी बने रहें जिनके तहत समाज बनते थे, चलते थे जिन्हें दबा दिया गया है।

इसे देख जो लोग परंपरा का अर्थ धार्मिक पुनरुत्थानवादी परंपरा से निकालने की जल्दबाजी में उत्तर-आधुनिकता को पुनरुत्थानवाद का पर्याय मानकर चलते हैं, मानने

को स्वतंत्र हैं, लेकिन उन्हें यह तो याद रखना ही होगा कि वृद्ध पूँजीवाद, उत्तर-आधुनिकता के केंद्र में, ऐसी किसी भी ऐतिहासिक पुनर्रचना को संभव नहीं करता जो आधुनिकतावादी पश्चिमी उपनिवेशीकरण के दौर में, नवजागरण के दौर में 'पुनरुत्थान' के रूप में जागृत हुई। पुनर्जागरण और नवजागरण दोनों आधुनिकतावादी ज्ञानोदय के विमर्श हैं। उत्तर-आधुनिकता में तो ये टूटते हैं। वृद्ध पूँजीवाद परंपरा को, इतिहास को, ज्ञानोदय की योजना को ही तहस-नहस करता है। वृद्ध पूँजीवाद का चंचल पैसा इन्हें आधुनिकतावादी महानता से रहित करके इन्हें 'पेरोडी' 'पेश्टीच' में ही संभव करता है। 'महान्' संभावनाएँ उत्तर-आधुनिकता में संभव ही नहीं हैं।

उत्तर-आधुनिक विकेंद्रण, विखंडन तथा बहुलतावादी राजनीति किस तरह आधुनिकता की बेदखली करती है, यह बात पश्चिमी जगत में इसलिए अब ज्यादा होती नहीं दिखती क्योंकि वहाँ पूँजीवाद ने अपने अन्यों (स्त्री को छोड़कर) को लगभग खत्म कर डाला है, लेकिन यह बात उन समाजों में स्पष्ट दिखती है जो 'अपने अन्यों' को खत्म नहीं कर सके हैं, यानी कि जिन समाजों में आधुनिकतावाद अभी एक संपूर्ण योजना नहीं बन सका है। उत्तर-आधुनिकता, इस प्रकार अर्ध आधुनिकता के संकटों में से ज्यादा आसानी से रास्ता बनाती है। यही समाज के नए प्रतिरोध क्षेत्र हैं जहाँ बहुलता एक प्रतिरोध बिंदु बन रही है। स्थानीय विशेषताओं की ओर लौटना, उन्हें जागृत करना, रुचियों, भाषाओं और व्यवहार की विविधता को बनाए रखने की इच्छाएँ अनेक रूपों में होती हैं। गाँधी का 'हिंद स्वराज' जिस तरह 'स्थानीयता' का दस्तावेज बनता है, वह अपने आप में एक प्रतिरोधात्मक उत्तर-आधुनिक दस्तावेज है जिसका विमर्श अभी फैलना है।

इस तरह उत्तर-आधुनिकतावाद सिर्फ नकारात्मक विमर्श नहीं है। यह सिर्फ 'हमला' नहीं है, उसमें विविधता को बनाने का रचनात्मक सुझाव भी निहित है। वह पश्चिमी मानवतावाद को निशाना बनाता है, लेकिन 'इतिहास फिर से लिखो' की मुद्रा में नहीं। वह पश्चिम को भी उसके परंपरात्मक तर्कशास्त्र की ओर ध्यान देने को कहता है। वह पश्चिमी विमर्श में 'आजादी' की जगह 'सत्य' के विमर्श की पेशकश करता है। आजादी का विमर्श 'सत्ता' का बनता है, 'सत्य' का विमर्श सत्ता का नहीं बनता। रिचार्ड रोर्ती ने 'कंटिंजेंसी एंड सोलिडैरिटी' में कहा है कि पश्चिम को अब समाज-लक्ष्य के रूप में, 'आजादी' की जगह 'सत्य' को रखना चाहिए और अपना विमर्श पलटना चाहिए, क्योंकि पुराना विमर्श नहीं रह गया है।

उत्तर-आधुनिकता से पूँजीवाद के संबंधों के बारे में विचार करें तो पाते हैं कि उत्तर-आधुनिकतावादी विकसित पूँजीवाद को भी एक एकीकृत 'सर्वभक्षी' प्रक्रिया मानता है जिससे कुछ भी नहीं बच सकता। पूँजीवादी द्वारा हर चीज का भक्षण उसकी प्रकृति में ही निहित है, क्योंकि इसके बिना न वह बना रह सकता है, न स्वयं को पुनरुत्पादित कर सकता है। पूँजीवाद उस सकलतावादी, समग्रतावादी सामाजिक संरचना का नाम है जिसके लिए पिछले रोमांटिक चिंतक व्याकुल रहे। यद्यपि एक दमनकारी समग्रतावाद

जन्मा, काल्पनिक (यूटोपियन) समग्रतावाद नहीं जन्मा। इस तरह उत्तर-आधुनिकतावाद में एक अंश रोमांटिक समीक्षा का भी सक्रिय माना जाता है। रोमांटिक समग्रता में सबको जगह है, वह सबका जनतंत्र है।)

रिचार्ड रोर्ती के शब्दों में उत्तर-आधुनिक सिद्धांतिकी एक 'विडंबनात्मक सिद्धांतिकी' (आयरनिस्ट थियरी) है जो अमर शाश्वत सत्यों और अनिवार्यताओं की खोज के विरुद्ध चलती है और जो किसी भी 'एकमात्र' व्याख्या या निष्कर्ष की योजना को चुनौती देती है।

उत्तर-आधुनिकता की सबसे बड़ी विशेषता यह भी है कि पश्चिम के भीतर से ही वह पश्चिमी वर्चस्ववाद को चुनौती देती है। वह उसके लिए पश्चिमी तर्कशास्त्र को चुनौती देती है, वह तर्कशास्त्र जो 'अस्मिता' के लिए भेद और 'भिन्नता' को दबाता है। इस तरह यह एक नैतिक विमर्श है। पश्चिमी तत्त्व मीमांसा, पुरुष सत्तात्मकता, मानवतावाद आदि ने अपनी अस्मिता के लिए 'भेदों' को दबाया है। उत्तर-आधुनिकतावाद 'भेदों' को उभारता है। इसलिए उत्तर-आधुनिकतावादी सिद्धांतिकी कोई 'एकमात्र' हल नहीं देती, बल्कि 'अपने-अपने हल' की संभावना बताती है। हम कह सकते हैं कि वह प्रतिरोधात्मक व्यवहारवाद है। उत्तर-आधुनिक चिंतक मानते हैं कि चीजों के बीच, सत्यों के बीच भेद और भिन्नता जो वे स्थापित करते हैं (जैसे ल्योतार, देरिदा, जेमेसन, बौद्रीआ अपने-अपने ढंग से स्थापित करते हैं), उसमें हर चीज अलग-अलग नजर आती है, हर सत्य अलग नजर आता है, अलग-अलग रंग में नजर आता है। इस 'भिन्नता' की स्थापना के बारे में जॉन मैकगोवान का कहना है कि भिन्नता को स्थापित करने में सापेक्षिकता का जो सिद्धांत उत्तर-आधुनिकतावादी लागू करते हैं उसमें एक ही साथ हीगेल और मार्क्स की व्याख्यात्मक पद्धतियों पर निर्भरता नजर आती है। इस तरह उत्तर-आधुनिकता यद्यपि आधुनिकतावादी समग्रता के विरुद्ध विमर्श बनाती है लेकिन प्रकारांतर से एक 'समग्र' अपना भी बनाती है। सिद्धांतिकी की समस्या ही यह है कि वह हर बार 'समग्रता' की ओर दौड़ती है। समग्रता का विरोध और स्वयं एक अभावपूर्ण नकारात्मक समग्रता—यह उत्तर-आधुनिकतावाद का अपना अंतर्विरोध है। उत्तर-आधुनिकतावादी इस अंतर्विरोध को स्वीकार करके चलते हैं।

कला की स्वायत्तता के मामले में उत्तर-आधुनिकतावाद कहता है कि कलाकार की स्वायत्तता एक असंभव स्थिति है। आधुनिकतावाद स्वायत्तता पर ही टिकी होती है। उत्तर-आधुनिकता उस आधार को ही नहीं मानती जिस पर स्वायत्तता टिकी होती है। इसीलिए वह कलाकार की 'सुधारक' भूमिका, रूपांतरणकारी भूमिका को अस्वीकार करती है। उत्तर-आधुनिक स्थितियाँ इस भूमिका को असंभव बनाती हैं। आधुनिकतावाद ने इस झूठ को बड़ी दूर तक सच बनाए रखा कि बुद्धिजीवी पूँजीवाद के बाहर के 'स्वायत्त' क्षेत्र में सक्रिय हो सकता है और इस तरह उसके विरुद्ध 'विपक्ष' की भूमिका, आलोचनात्मक भूमिका निभा सकता है। उत्तर-आधुनिक स्थितियाँ इस भूमिका को एक 'भ्रम' ही सिद्ध करती हैं। 'अजनबीपन में जीने को अभिशप्त' कलाकार—(यानी

आधुनिकतावादी कलाकार) जो पहले हस्तक्षेप करता बताया जाता था (क्योंकि अजनबी या बहिष्कृत लेखक-कलाकार पूँजीवाद से भी बहिष्कृत मान लिया जाता था)—उत्तर-आधुनिकता में 'खत्म' हो चला है। कलाकर विराट सांस्कृतिक उद्योग का एक हिस्सा है। आधुनिकतावादी कलाकार 'भ्रूच्च' कलाकार है। उत्तर-आधुनिकतावादी कलाकार पॉप-संस्कृति या लोकप्रिय संस्कृति का कलाकार है। आधुनिकतावादी एलीट कला ने जनता को त्यागकर जो शून्य बनाया है, उत्तर-आधुनिक कला उसे भरती है। (कवि सम्मेलन, मुशायरे, संगीत कैसेट, फिल्मी गाने, टीवी सीरियल आदि कला की उत्तर-आधुनिक स्थितियाँ ही हैं।) आधुनिकतावादी कला अपने श्रेष्ठिवाद में किसी भी जनसमूह से स्वयं को संबंधित नहीं मानती और अपनी शुद्धता और शील की रक्षा अकेले करती है। इसके विपरीत, उत्तर-आधुनिक साहित्य और कला का समाज से संबंध बुनियादी रूप से बदल जाता है। यह शाश्वत नहीं दैनिक, शुद्ध नहीं व्यावसायिक हो जाती है। कलाकार का बुनियादी (और आधुनिक) अजनबीपन हट जाता है। 'व्यवसाय' आ जाता है। उत्तर-आधुनिकता में 'महान' विशेषण नहीं होता। बहुत से अभावों के साथ 'कला' के 'अभाव' का नाम है उत्तर-आधुनिकता।

इस मायने में उत्तर-आधुनिकतावादी राजनीति जनतांत्रिक और बहुत दूर तक 'अराजक' कही जा सकती है। इस प्रकट अराजकता के जरिए वह जिस रैडिकल डैमोक्रेसी की व्यवस्था करती है, वह नए हाशिए पैदा कर सकती है। प्रतिरोध भी पैदा कर सकती है। बहुलतावाद की सुरक्षा कर सकती है। लेकिन कोई समग्र विकल्प वहाँ नहीं है। वह हो भी नहीं सकता, क्योंकि उत्तर-आधुनिकतावाद किसी की भी 'पूर्णता' का निषेध है।

विश्व-भर में उत्तर-आधुनिकता की व्यापक स्वीकृति और चलन का कारण उसका 'सांस्कृतिक व्यसन' (कल्चरल रिसीडिविज्म) होना है। आधुनिकतावादी सार्वभौमिक, अंतर्राष्ट्रीय रुचियों या सार्वभौमिक सत्यों की अलंबरदारी की जगह छोटे समूहों, स्थानीय सांस्कृतिक रूपों, रुचियों की उत्तर-आधुनिकता में ज्यादा जगह है। अमरीका के कैथोलिक हों या एशिया के इस्लामिक तत्त्ववादी, वे प्रतिरोधक बिंदु हैं जिन्होंने आधुनिकतावाद के सांस्कृतिक दबावों का प्रतिरोध किया है। (भारत में ऐसे अनेक धार्मिक, जातिगत, स्थानीय समूह एवं सांस्कृतिक समूह हैं जो आधुनिकता में नहीं हैं। यही अपना उत्तर-आधुनिक परिदृश्य है।)

# साहित्यिक सिद्धांतिकी की समस्याएँ

जेमेसन के 'पोस्ट-मॉडर्न' की सबसे बड़ी विशेषता इस बात को स्वीकार करने में निहित है कि वृद्ध पूँजीवाद (लेट कैपीटलिज्म) के द्वारा निर्मित उत्तर-आधुनिक स्थिति में वह जगह खो गई है जहाँ से कोई आलोचनात्मक विमर्श शुरू किया जा सकता। जेमेसन ऐसे साहसी मार्क्सवादी हैं जो इस जगह की कमी को स्वीकार करके चलते हैं और इसे वे 'कर्ता की मृत्यु' (डेथ ऑफ सब्जैक्ट) कहते हैं, 'इतिहास के विलोप' (इफेसमेंट ऑफ हिस्ट्री) तथा 'आलोचनात्मक दूरी की समाप्ति' कहते हैं। जेमेसन बताते हैं कि उत्तर-आधुनिक कला अतीत के जिन प्रतीकों, शैलियों और थीमों को 'रिसाइकिल' करती है, उस अतीत को वह उसकी किसी भी 'जीवित सार्थकता' से रहित कर देती है। अतीत अब 'तमाशे के समाज' के लिए छवियों का कोष-भर रह जाता है, और इस 'तमाशे' में गिरफ्तार 'कर्ता' 'सीजो-फ्रेनिक' बन जाता है जिसके लिए 'व्यंग्य-व्यंजक' की शृंखला टूट जाती है। किसी भी 'वाक्य' का अर्थ परस्पर भेदीकृत चिह्नों में से होकर आता है और जब व्यंजना करने वाली शृंखला टूट जाती है तो सीजोफ्रेनिया पैदा हो जाता है जिसमें हर 'चिह्न' असंबद्ध और असंपृक्त गड्डमड्ड में बदल जाता है। असंबद्ध, असंपृक्त, असंदर्भित छवियों, चिह्नों, बिंबों का अनंत प्रसार 'अर्थ' को स्थिर करने वाले संस्थानों, प्रक्रिया को तोड़-फोड़ डालता है। इतना सब 'यथार्थ' स्वीकार करने के बाद जेमेसन कहते हैं कि उत्तर-संरचनावाद का 'विखंडन' इस स्थिति को तोड़ता नहीं, मजबूत करता है। जेमेसन ये चाहते हैं कि फिर इस सबकी कोई सर्वाश्लेषी आलोचना बने। समीक्षा बने ! (ऐसी कामना किसकी न होगी, लेकिन जब 'स्थितियाँ' बदल गई हैं तो बदली स्थितियों का समीक्षाशास्त्र भी बदलेगा। उत्तर-संरचनावाद एक तरीका है, लेकिन एकमात्र तरीका नहीं, यह बात तो उत्तर-आधुनिकता ही कहती है। उत्तर-संरचनावाद को छोड़िए। कोई नई पद्धति लाइए। इस पर किसी का झगड़ा नहीं। मार्क्सवाद का नया संस्कार करें, ताकि कोई रास्ता निकले। एक रास्ता उत्तर-संरचनावाद देता है और दावा नहीं करता है कि वही एकमात्र रास्ता है।)

जेमेसन कहते हैं कि अगर जटिल समय में विरोध की, अतीत और भविष्य को पुनर्गठित और सुसंगत अनुभव बनाने की क्षमता खो गई है, तब यह देखना कठिन हो जाता है कि इस कर्ता के पास 'टुकड़ों के ढेर' के अलावा और क्या हो सकता है। उत्तर-संरचनावाद पर जेमेसन का यह प्रहार अच्छा है, लेकिन बहुत जल्द अपनी चमक

खो देता है, क्योंकि एक ओर वे इस 'कर्तव्यहीन' कर्ता को अस्तित्ववान मानते हैं दूसरी तरफ वे उसे कर्तृत्वहीनता का औचित्य देने वाला भी मानते हैं। उधर उत्तर-संरचनावाद यह वहम ही नहीं पालता कि उसे 'कर्ता' को नए 'कर्तव्य' देने हैं। जेमेसन कहते हैं कि बीमारी को इलाज नहीं माना जा सकता। वृद्ध-पूँजीवाद की सारी बीमारी यह है कि वह इतना व्यापक और इतना समग्र और जटिल है कि वह समकालीन दुनिया की असंभव समग्रता के बारे में सोच भी नहीं सकता। टुकड़ों-टुकड़ों में सोचना ही संभव है, जो यह बताता है कि कितनी भयावह स्थिति है।

स्पष्ट है कि जेमेसन उत्तर-आधुनिक सिद्धांतिकी को दूर तक एक छूट देते हैं। पद्धति में वे 'टैक्स्ट' से पीछा नहीं छुड़ा पाते। विचार में वे 'कर्ता' को राजनीतिक सक्रियता नहीं दे पाते। न तो मजदूर वर्ग और न कोई दूसरा प्रतिनिधि प्रकट होता है जो वृद्ध पूँजीवाद को आगे के भविष्य के बारे में बताए। कोई ऐसा समूह सामने नहीं आता जो हमें 'जरूरतों' के क्षेत्र से हटाकर 'आजादी' के क्षेत्र में ले जा सके। ऐसी भविष्यहीनता में वे द्वंद्वात्मकता का सहारा लेते हैं, 'द्वंद्वात्मकता की माँग है, हम लेट कैपीटलिज्म के उभार के धनात्मक या प्रगतिशील मूल्यांकन का सहारा लें।' इसके लिए मार्क्स का हवाला देते हुए वे कहते हैं कि मार्क्स कह चुके हैं कि इस विकास (पूँजीवाद) के एक ही साथ नकारात्मक और सकारात्मक दोनों पक्षों के बारे में असंभव की हद तक हमें सोचना चाहिए। जेमेसन कहते हैं कि ऐतिहासिक द्वंद्ववाद आगे जा रहा है और हमें वह मानना होगा जो यह ला रहा है, क्योंकि पूँजी के महाअस्तित्व के कारण सांस्कृतिक कर्म की उसके बाहर परिकल्पना करना एक पुराना विचार है। जेमेसन मानते हैं कि इसमें अनदेखी संभावनाएँ भी उपस्थित होंगी जो यह विकास अपने साथ पैदा करेगा।

(यहाँ फ्रेडरिक जेमेसन के मार्क्स के 'पाठ' से पूरी तरह सहमत हुआ जा सकता है कि क्योंकि जब तक पूँजीवाद रहना है, उसके तोड़ मार्क्सवाद को रहना है। ऐसा सिर्फ मूर्ख ही कह सकते हैं कि मार्क्सवाद का अंत हो गया। दरअसल विश्व पूँजीवाद के साक्षात होने पर मार्क्सवाद का विश्वरूप और उत्कट ढंग से प्रकट होगा।)

जेमेसन कहते हैं कि आलोचक और कलाकार इस वक्त के सबसे बड़े सहारे हैं, क्योंकि वे ही इस वक्त के फौरी कार्य पूरे कर सकते हैं। आलोचक का काम है कि वे हमें वृद्ध पूँजीवाद के बारे में सचेत करें, क्योंकि यह अभी तक किसी ने नहीं कहा कि पूँजीवाद 'ज्ञेय' नहीं रह गया है, हाँ इतना ही कहा गया है कि वह प्रतिनिधान के भीतर नहीं आ रहा। उत्तर-आधुनिकतावादी यही कहते हैं कि उसका प्रतिनिधित्व चालू रूप में संभव नहीं हो रहा। वह 'अज्ञेय' है, ऐसा उत्तर-आधुनिकतावादी नहीं कहते। अज्ञेय होना अलग बात है, अप्रतिनिधानीय यानी 'अकथनीय' होना दोनों अलग-अलग बातें हैं। कलाकार का काम है कि इन दिनों जो प्रतिनिधित्व में नहीं आता (कथन में नहीं आता), उसका प्रतिनिधित्व करे (कथन करे)। क्रांति तब तक ठहरी है जब तक प्रतिनिधित्व (कथन) के एकदम नए तरीकों को नहीं खोजा जाता, जो बहुराष्ट्रीय

पूँजीवादी यथार्थ को सही प्रतिनिधित्व दे सके, (उसका बखान कर सके) और फलतः हमें व्यक्तिगत रूप में तथा समूह के रूप में एक दिशा दे सके। हम कर्म एवं संघर्ष करने की क्षमता फिर से प्राप्त कर सकें जिसे इन दिनों तरह-तरह की छवियों ने असंभव कर रखा है। जेमेसन मानते हैं कि आजादी और कर्ता सिर्फ कुछ समय के लिए निलंबित-भर हैं और समीक्षा में महावृत्तांत की प्रतीक्षा में हैं। हमें द्वंद्ववाद का भरोसा करना है और उन संभावनाओं पर यकीन रखना है जो यह खोलेगा।

इस घटाटोप में यह आशावाद ही सहारा है। यह महत्त्वपूर्ण है। उत्तर-आधुनिक यथार्थ के बाद जेमेसन के विश्लेषण में निराशा का तत्त्व बढ़ा है। क्योंकि यहीं आकर उन्होंने माना कि वर्चस्वी व्यवस्था से संस्कृति की स्वायत्तता नहीं बची है और सीजोफ्रेनिक 'आत्म' (कर्ता, रचनाकार) इस जगत से जरूरी दूरी नहीं रख पाता है। 'थर्ड वर्ल्ड लिटरेचर इन द इरा ऑफ मल्टीनेशन कैपीटलिज्म' में जेमेसन कहते हैं कि मुक्ति के लिए हमें पश्चिम के बाहर देखना होगा। यह लेख 'पोस्टमॉडर्निज्म' का विस्तार ही है जिसमें जेमेसन ने कहा है कि यथार्थ की समग्र पहचान वर्चस्ववादियों के यथार्थ की जगह 'अधीनस्थ यथार्थ' में उपस्थित है। विकसित देशों में मजदूर वर्ग के बीच व्याप्त भ्रांतियाँ उन्हें दूसरी जगह आने को मजबूर करती हैं, जहाँ वे रूपांतरण के संभव कर्ता को पा सकें। (एजाज अहमद ने उनकी इस विकलता और विचलता को विकसित देशों में संभव 'बहुस्तरीयता' का दमन करने वाला कहा है। कहने की जरूरत नहीं कि जॉन मैकगोवान ने इसे उनका 'सरल निराशावाद' कहा है कि पश्चिमी जनता बर्बाद हो चुकी है और 'सरल आशावाद' कि अब भरोसा तीसरी दुनिया का ही है।)

जेमेसन का बार-बार मार्क्सवाद का स्मरण और संदर्भ बताना यह सिद्ध करता है कि उत्तर-आधुनिकता का निराकरण 'निंदा' करके नहीं, उससे द्वंद्वात्मक भिड़ंत से ही संभव है। इस वक्त का मार्क्सवाद यही हो सकता है। जेमेसन की विशेषता यह है कि वे वृद्ध-पूँजीवाद के वर्चस्व को (जिसका प्रकट रूप उत्तर-आधुनिकता है) मार्क्सवाद के जरिए ही समझना चाहते हैं। वे कहते हैं कि उत्तर-आधुनिक 'तमाशे' के दमनात्मक रूप में ही कहीं उसका उत्तर छिपा है। उनकी मुक्ति की भी कल्पना इस उत्तर-आधुनिक वर्चस्व से पलायन नहीं है। जिस तरह मार्क्स ने, आलोचना करते हुए भी पूँजीवाद को ऐसा अस्तित्व माना था जो शोषण के साथ भविष्य के बीज भी लाता है उसी तरह समकालीन मार्क्सवाद मानता है कि उत्तर-आधुनिक स्थितियाँ (वृद्ध पूँजीवाद) अनपेक्षित संभावनाओं के द्वार भी खोलेंगी। ये संभावनाएँ क्या हैं ? हमें जेमेसन अभी नहीं बता सकते। न वे राजनीतिक प्रकार्य बता सकते हैं।

जेमेसन के बाद उत्तर-आधुनिकतावाद के दूसरे महत्त्वपूर्ण समीक्षक टैरी ईगलटन हैं। जेमेसन विकल्प में सामाजिक और वर्गीय भविष्य की कल्पना करते हैं, ईगलटन व्यक्तिगत प्रतिरोध के मार्क्सवादी संस्करण की परिकल्पना करते हैं। कहने की जरूरत नहीं कि विद्रोह के लिए व्यक्तिगत विद्रोह की संभावना की यह परिकल्पना इन दिनों बहुत से मार्क्सवाद चिंतकों में आम है, जो मूलतः 'फूको' का असर है जो 'सत्ता और

हितों' में विरोध मानते हैं।

ईगलटन मानते हैं कि सभी तरह की सिद्धांतिकी हितवादी है, सत्तावादी है। 'लिटरेरी थियरी : ऐन इंट्रोडक्शन' में ईगलटन बताते हैं। ज्ञान कभी मूल्य निरपेक्ष नहीं होता। 'फंक्शन ऑफ क्रिटिसिज्म' में टैरी ईगलटन कहते हैं कि साहित्यिक समीक्षा का एक अपराध यह रहा है कि वह स्वयं अपनी निहित राजनीति के प्रति असचेत रही है। साहित्य की सिद्धांतिकी की आलोचना इसलिए नहीं होनी चाहिए कि वे राजनीतिक है, बल्कि इसलिए होनी चाहिए कि आने-अनजाने वे जिसे तकनीकी, स्वयं उपस्थित, वैज्ञानिक, सार्वभौमिक मूल्य सिद्धांत कहती हैं, उसके प्रति अंधी होती हैं। इस बात को आसानी से देखा जा सकता है कि वे किसी-न-किसी समूह के हित का साधन करती हैं। ईगलटन के लिए आलोचना की प्रकृति अनिवार्यता राजनीतिक ही है। राजनीतिक यानी सामाजिक जीवन को संगठित करने वाली प्रक्रिया। बुद्धिजीवी का काम सीधा है। उस सिद्धांतिकी और आलोचनात्मक विमर्श और व्यवहार को करना, जो उनके हितों को बढ़ाए। (हिंदी की चालू मार्क्सवादी समीक्षा और प्रगतिशील आंदोलन इन बातों को सिद्धांत का दर्जा दिए बिना ऐसा ही 'कर्म' करता आया है।) 'फंक्शन ऑफ क्रिटिसिज्म' में ईगलटन साहित्य और राजनीति के संबंध को एक सिद्धांतिकी का दर्जा देते हैं।

यहाँ एक सवाल इस आसानी को खासा गड़बड़ा देता है। अगर हम पूछें कि आलोचक के 'अपने हित' की अवधारणा क्या है ? क्या हितों की कोई सहजानुभूति होती है ? ये कठिन प्रश्न हैं और उत्तर भी अधिक जटिल हैं। अपने हितों की अवतारणा जिस भाषा में होती है, वही अपनी नहीं होती तो 'अपने हित' भला 'अपने' कैसे होते हैं ? यदि साहित्य के अध्ययन की भाषा सत्ता के द्वारा बनाई जाती है तब ऐसी भाषा हम कहाँ से लाएँगे जो शुद्ध हमारी हो, हमारे हितों को बताने वाली है। ऐसे में हमारी जगह, हैसियत, ताकत भी हमारे प्रतिरोध को संभव करती है।

'कैपीटलिज्म, मॉडर्निज्म एंड पोस्टमॉडर्निज्म' नामक लेख में वे कहते हैं समकालीन व्यक्ति स्वायत्त प्रतिनिधि की तरह काम करते हैं। वे विमर्शात्मक सत्ताओं की सृष्टि होते हैं। वृद्ध पूँजीवाद (लेट कैपीटलिज्म) का कर्ता (सब्जैक्ट) न तो मानवतावादी दौर का आत्मस्थ प्रतिनिधि है, न वह कामना का विकेंद्रित संजाल है, बल्कि दोनों का गड्डमड्ड है। इस कर्ता का रूप सिर्फ उपभोक्ता का नहीं है। कारण कि समकालीन समाज को अपने कर्ताओं (सब्जैक्ट) की किसी-न-किसी समाज-क्षेत्र में जरूरत होती है ताकि वह पुराने मानववादी व्यक्ति की तरह काम कर सके। भले ही वह अन्य क्षेत्रों में उत्तर-आधुनिकतावादी, विकेंद्रित उपभोक्ता बना रहे। यह अंतर्विरोध 'उत्पादक' हो सकता है। इसका अर्थ हुआ कि मानवतावादी कर्ता का अपना विवेक निर्णायक है। अपनी क्षमताएँ निर्णायक हैं। जेमेसन की तरह वे यह भी मानते हैं कि नया यथार्थ उग रहा है यद्यपि उसे कोई नाम नहीं दिया जा सकता।

ईगलटन यह मानते हैं कि मौजूदा अंतर्विरोध जटिल हैं जो सिद्धांतिकी को पूरी तरह बनने नहीं देते। वे इस चरम को एक संक्रमण मानते हैं। एक ओर समाज के

समग्रतावादी विचार हैं, जो बदनाम हैं, तो दूसरी ओर टुकड़ों की राजनीति है। इनमें किसी सिद्धांत का न बनना बताता है कि मामला सिर्फ सैद्धांतिक ही नहीं है, बल्कि बताता है कि सिद्धांतिकी में कुछ बुनियादी अवरोध और कठिनाइयाँ मौजूद हैं, दुविधाएँ मौजूद हैं और नए बदलाव में समाहार की प्रतीक्षा में हैं। उत्तर-आधुनिकता के चक्रव्यूह में फँसे रचनाकार को उस वक्त का इंतजार करना चाहिए। ईगलटन की विशेषता यह है कि कर्ता को वे एक ही साथ दुहरा व्यक्तित्व देते हैं। उनका कर्ता एक ही साथ 'स्वायत्त प्रतिनिधि' है और 'उपभोक्ता' भी है। यह अवधारणा उनकी उस बलवती कामना का परिणाम है जिसमें वे संस्कृति के विधारधारात्मक हितों की रक्षा करते हुए दृढ़तर प्रतिरोध और शोषक-शोषित के स्पष्ट भेद को उतना ही स्पष्ट करते हैं जितना उत्तर-संरचनावाद उन्हें इजाजत देता है।

ईगलटन परंपरागत मार्क्सवाद की 'छद्म चेतना' और 'वास्तविक चेतना' का सहारा लेते हैं। यहाँ उनकी वह अवधारणा बेकार हो जाती है जिसमें व्यक्ति के 'अपने हित' स्पष्ट होते हैं। वे मानते हैं कि समाजवादी बुद्धिजीवी को पॉपुलर संस्कृति और शिक्षा के संस्थानों में प्रतिरोधात्मक क्षेत्र बनाने चाहिए। प्रतिरोधात्मक क्षेत्र अभी मौजूद नहीं हैं, बल्कि उसकी जगह जनसंस्कृति (मास कल्चर) है जो विचारधारात्मक मथानी का काम करती है, जो 'पण्य' का चलन आसान बनाती है। समीक्षा का काम इसलिए लोगों के दिल और दिमाग को जीतने का है। समाजवादी क्षेत्र बनाने के लिए जरूरी है कि जिस जनसंस्कृति ने प्रतीकों को हड़प रखा है, उसके खिलाफ लगातार संघर्ष किया जाए। मार्क्सवादी आलोचक का काम यह है कि वह जनता की सांस्कृतिक मुक्ति के लिए सक्रिय रूप से सीधे हिस्सेदारी करे। आलोचक की भूमिका 'पण्य' के वर्चस्व का प्रतिरोध करना है। यह काम 'प्रतीकात्मक' को 'राजनीतिक' से जोड़ने से ही संभव है, उनके विमर्श से तथा व्यवहार से निपटने से ही संभव है, ताकि एक ऐसी प्रक्रिया बने जिसमें दबी हुई आकांक्षाएँ, जरूरतें, हित ऐसे सांस्कृतिक रूप बनें जो सामूहिक राजनीतिक शक्ति बन सकें। नई जनसंस्कृति के प्रतीकात्मक रूपों द्वारा कर्ता का निर्माण हो सकता है। दबी हुई यथार्थ स्थिति इसे संभव करती है। जनता को जनसंस्कृति (मास कल्चर) से मुक्त करके यथार्थ में वापस लाया जा सकता है। यही अलोचना का काम है। वह जनता को उसके सत्य तक लौटा सकती है, इस दबे सत्य को ऊपर ला सकती है।

यहाँ आलोचक मुक्तिदाता है, नायक है, जो जनता को किसी देवदूत की तरह 'पण्य' के जगत से मुक्त कराएगा। यह अवधारणा बताती है कि आलोचक समेत जनता भी इस बदले हुए प्रतीकात्मक (पण्य) जगत में रहती है और इस जगत से अप्रभावित और अस्पृश्य भी है। देवदूत बना आलोचक 'निर्दोष' है। एक बार प्रतिरोधात्मक प्रतिपक्षी 'जनक्षेत्र' पैदा हुआ, (जिसे वही पैदा करेगा), तब आलोचना के भीतर 'हित' की सक्रियता की बात अपने आप ठीक हो जाएगी। है न सर्वसुलभ और आसान रास्ता। (अपने यहाँ भी अनेक आलोचक ऐसा सोचते हैं।) आलोचक शुद्ध प्रबुद्ध ज्ञान है। (कबीर के 'गुरु' की तरह) जनता अज्ञानी है। आलोचक विशिष्ट है। वह हितवाद-निरपेक्ष

है। जगत का दुष्प्रभाव उस पर नहीं पड़ता। जनता पर ही पड़ता है। (क्या बात है ?)

ईगलटन मानते हैं कि आलोचना ही दबे हुए सत्यों को उजागर करती है। वह उन विचारों को बहाल करती है जो बुर्जुआ ने सकेरकर बाहर कर दिए थे। यह काम वही आलोचक कर सकता है जो तात्कालिक संघर्ष से अलग रहे, तटस्थ रहे और सिद्धांतिकी बनाए। आलोचक 'दूर' रहे तभी 'समग्र' दृष्टि बन पाएगी। जो 'शामिल' लोगों के पास हो ही नहीं सकती। वही जनता को सूचना देकर ज्ञानी बना सकता है। (यह याद रहे कि ईगलटन का 'आलोचक' डिसइंटरेस्टेड-हितवादरहित-ईश्वर है।)

टैरी ईगलटन जहाँ नई स्थितियों से मुकाबले की बात करते हैं, वहाँ एडवर्ड सईद समीक्षा को कुछ नए ढंग का प्रतिरोधी दर्जा देते हैं। उनके अनुसार आलोचना को व्यवस्था (सिस्टम) और संस्कृति के बीच खड़ा होना चाहिए। व्यवस्था का मतलब है विचार के समग्रीकृत और ठोसकृत रूप। सईद आलोचना को एक ही साथ स्थानीय मानते हैं। आलोचना को सिद्धांतिकी (समग्रतावादी) का विरोध करना चाहिए। उत्तर-आधुनिक संस्कृति के बारे में सईद ने लगातार सोचा है। वे मानते हैं कि हर संस्कृति मूलतः वर्चस्व की संस्कृति होती है। इससे निपटना आलोचना का काम है। आलोचना की यह प्रतिरोध क्षमता व्यक्तिगत चेतना में स्थित होती है, यहीं से आलोचना पैदा होती है। यह 'चेतना' संस्कृति और व्यवस्था दोनों से 'दूर' होती है, वह इन दोनों के बीच कहीं होती है। वे बुद्धिजीवी पर पूरा भरोसा करते हैं। किसी-न-किसी रूप में ये बुद्धिजीवी लोग ही होते हैं जो मूल्यों, विचारों तथा कर्म के लिए खड़े होते हैं। इनकी गतिविधि राष्ट्र, राज्य और राष्ट्रीय संस्कृति के वर्चस्व को जानबूझकर चुनौती देती है। यह 'आलोचना चेतना' सामाजिक है। दुनिया से पैदा होती है, पलायन से नहीं पैदा होती। आलोचक को इस दुनिया में रहना चाहिए, लेकिन इसमें तोष नहीं करना चाहिए।

एडवर्ड सईद स्वयं को व्यवस्था विरोधी तथा संप्रदाय विरोधी मानते हैं। वे आजादी और न्याय के प्रश्नों पर लड़ते हैं, फिर भी वे किसी भी एक सिद्धांतिकी को अंतिम नहीं मानते। यही 'अमान्यता' आलोचक को 'तटस्थ' जगह देती है। यद्यपि 'पूर्ण तटस्थता' असंभव है, फिर भी हर तटस्थता या पक्षधरता समान नहीं होती।

सईद की आलोचना 'यथार्थ पर आधारित' है। आलोचना और विद्वत्ता द्वारा किए ज्ञान के दावों का भी आधार है। आलोचना का लक्ष्य ज्ञान है। वह ज्ञान का निर्माण करती है। आलोचना जो ज्ञान पैदा करती है वह स्पष्ट तथा विविध होता है, क्योंकि उसमें स्वयं विवाद होते हैं। फिर भी आलोचना के सत्य की राजनीति उसके अपने सत्य से अलग मानी जा सकती है। (यहाँ सईद फूको से अलग बोलते हैं।)

एडवर्ड सईद का सबसे बड़ा काम 'ओरियंटलिज्म' है। उनका कहना है कि 'पूरब' की परिकल्पना एक निष्क्रिय प्रक्रिया थी जिसे बाद में पश्चिमी विमर्श ने बनाया। 'पूरब' कहीं नहीं है। वह पश्चिमी इतिहास के विमर्श ने बनाया है और वही है। पश्चिम द्वारा निर्मित 'ओरियंटलिज्म' नए किस्म का सांस्कृतिक रूपक है। यह अधीनता का रूपक है। पूरब की उपेक्षा के बारे में कहना इसलिए व्यर्थ है। सार्थक है तो पूरब से प्रतिरोधी

विमर्श बनाना और प्रतिरोधी से भिड़ाना है। इसलिए लेखक सिर्फ लिखता नहीं है। वह किसी-न-किसी लेखन या विमर्श के खिलाफ ही लिखता है। यह एक नैतिक स्थति है जो 'ओरियंटलिज्म' में व्यापी हुई है।

सईद की आलोचनात्मक रणनीति उत्तर-संरचनावाद से मेल खाती है और वहीं से आती है। वे 'भेद' की राजनीति की सार्थकता स्वीकार करते हैं। फिलीस्तीनी पहचान के 'भेद' पर उनके विमर्श में इसीलिए जोर है। 'भेद की राजनीति' अधिक सहनशील और जनतांत्रिक है। सईद मानते हैं कि 'भेद की राजनीति' सार्वभौमिक सहनशीलता बढ़ाने वाली है। यह एक असंभव स्थिति की कल्पना है, मगर आकर्षक है। उत्तर-संरचनावादी सिद्धांतिकी में वे अत्याचारी और अत्याचारित के बीच भेद का प्रवेश कराते हैं। 'भेद' से ही सईद उत्तर-संरचनावादी 'अन्य' का महत्त्व रेखांकित करते हैं। इसी 'अन्य' से कोई विकल्प निकल सकता है। पश्चिम के अन्य 'पूरब' से ही कोई विकल्प उठ सकता है। इसके लिए हमें 'मैट्रोपोलिटन संस्कृति' से दूर रहना है। सईद का मानना है कि प्रमुख वर्चस्व के विमर्शों में अत्याचारित लोगों के विमर्श नहीं होते, उन्हें बाहर कर दिया जाता है। (सबाल्टर्न सिद्धांतिकी यही मानती है।) विकेंद्रण का उत्तर-आधुनिकतावाद यहाँ से शुरू होता है।

उत्तर-आधुनिकतावाद के इन समीक्षकों में बहुत कुछ उत्तर-आधुनिक आता और जाता है। अच्छी बात यह है कि ये उत्तर-आधुनिकतावाद को 'एक स्थिति' जरूर मानते हैं और फिर किसी विमर्श की छटपटाहट इनमें सक्रिय है।

# जड़ मार्क्सवाद और उत्तर-मार्क्सवाद

वो शाम एक यादगार शाम थी और है।

'पहल' की पहल पर बीसवीं सदी के अवसान में कुछ बरसों का विलंब था जब मार्क्सवाद पर एजाज अहमद को बोलना था और प्रो. इरफान हबीब को सदारत करनी थी। बीसवीं सदी के विलंबित अवसान के इस दौर में मार्क्सवाद के अवसान के नारों से व्याकुल न जाने कितने उस शाम त्रिवेणी सभागार में पहुँचे थे। कहीं दिल के कोने में एक अहसास था और एक हलका-सा भरोसा था कि 'इन थियरी' के लेखक एजाज अहमद को सुनते हुए हमें ऐसा कुछ नया मिलेगा जिसकी इन दिनों बेहद जरूरत है। और कुछ नहीं तो 'नए' भरोसा मिलेगा।

वो शाम गवाह है कि हिंदी वालों ने एजाज को सुनने के लिए पलक-पाँवड़े बिछा दिए। खचाखच से भी कुछ ज्यादा भरा हॉल और डेढ़-पौने दो घंटे का उर्दू भाषण हिंदी वालों के लिए पारदर्शी था। विचारों के लिए विकल मन भाषा के भेद बहुत नहीं मानता। कठिन उर्दू शब्दों को भी एजाज ने इस तरह उचारा कि एक-एक मानी साफ होते गए। और एक इतिहास बना कि सबसे लंबा परचा सबसे ज्यादा लोगों ने दम साधे, प्रशंसायुक्त मन से सुना। इतने खूबसूरत और लंबे परचे के बाद इरफान ने उतना ही थोड़ा और मानीखेज वक्तव्य दिया।

भाषण दो स्तरों पर घटित हुआ। एक वह जो एजाज ने बोला और दूसरा वह जो छपे परचे के टैक्स्ट के रूप में श्रोताओं को मिला। श्रोता जब हाल से बाहर निकले तो अनेक चेहरों पर एक आवश्यक संतोष था। उन्हें लगता था कि बहुत दिन बाद (और सचमुच बहुत दिन) किसी ने दिल की बातें कही हैं। सोवियत समाजवाद के विघटन के बाद हिंदी बुद्धिजीवियों के हलकों में शायद पहली बार किसी ने यह भरोसा दिलाया है कि मार्क्सवाद का महत्त्व असंदिग्ध है और रहेगा। वह अहसास अनमोल था, क्योंकि हममें से अनेक उस निराशा में अरसे से ऊभ-चूभ करते आए हैं जो सोवियत विघटन से चारों ओर फैली है और मीडिया ने जिसे लगातार बनाया-बताया है।

यह भरोसा उन लोगों को ज्यादा मुफीद था जो बहुत अकेले रचनाकार थे। यह भरोसा उनके लिए भी मूल्यवान था जो कम्युनिस्ट आंदोलन में यकीन करते थे, करते हैं और यह भरोसा उनके लिए भी उपयोगी था जो मार्क्सवाद में अटूट यकीन करते हुए भी उसे समकालीन बनाना चाहते हैं। सबके बीच एक भरोसा ही वह संबंध था

जो गोष्ठी में बना था। यही एजाज का मकसद भी था और यही शायद 'पहल' का मकसद भी। जब पाँतों में पस्तहिम्मती फैली हो, हम एक लड़ाई हार गए हों तो कमांडर का काम है निराश-हताश पाँतों में हिम्मत भरना, उन्हें यकीन दिलाना कि जो रास्ता उन्होंने चुना, वो सही था और सही है। जो लक्ष्य था और है; वह सौ फीसदी सही है। जो लोग प्रगतिशील आंदोलन और जनवादी आंदोलन से जुड़े रहे हैं वे जानते हैं कि संघर्ष का विमर्श क्या होता है। साहित्य को क्रांतिकारी मशीन का कल-पुर्जा बनाने और वर्ग संघर्ष का औजार बनाने का अभ्यास हिंदी में पुराना है और प्रायः वह उन सावधानियों को मानता रहा है जो एजाज अहमद ने बताईं कि 'स्टालिनियत का एक तोहफा प्रगतिशील तहरीक के लिए यह रहा है कि अपनी किसी गलती का, किसी जुर्म का एतराफ न किया जाए और समाजवाद के नाम पर किए गए हर फैसले और हर काम को अच्छा ही कहा जाए। साम्राज्यवाद और उसके तरफदारों का तरीका यह रहा है कि समाजवाद की पूरी तारीख को जराइम की ही तारीख कहा जाए। प्रगतिशील तहरीक की बड़ी जरूरत है कि वो इन दोनों रास्तों से बचकर निकले और अपनी एक आजाद सोच बनाए और मेरा खयाल है कि आजाद प्रगतिशील सोच को आज सबसे बड़ा खतरा साम्राज्यवाद से है, क्योंकि जीत साम्राज्यवाद की हुई है।'[1]

एजाज अहमद जब परचा सुना रहे थे तो कुछ ऐसा 'लोगोसैंट्रिक' हो रहा था कि सुनते वक्त जहाँ मन नहीं अटका, पढ़ते वक्त अटक रहा है। दो पद अटकते हैं : 'प्रगतिशील तहरीक के लिए', 'आजाद सोच' और 'क्योंकि साम्राज्यवाद की विजय हुई है।' तर्क कुछ इस तरह चलता है कि समाजवाद की कट्टरता और साम्राज्यवाद की कट्टरता दोनों से बचना है और चूँकि साम्राज्यवाद की इस वक्त जीत हुई है, इसलिए पहली टक्कर इसी से है। (साथ ही एक अनुगूँज यह भी कि समाजवाद जीतता तो पहली टक्कर उसे दी जा सकती थी।)

सुनते हुए यह कार्यनीति जितनी सुखद लगी (भरोसा लौटा) परचा पढ़ते हुए उतनी नहीं लगी। तो क्या यह वाचिक का वह फरेब था जो भरोसे और मोहब्बत में हमेशा बनता है, लेकिन 'पठंत' में आते ही गायब हो जाता है और नई हकीकत बनने लगती है। एजाज का 'लेखक' (कर्ता) इन दिनों भी इतनी 'स्वायत्तता' अर्जित कर लेता है कि जिन दिनों संयुक्त साम्राज्यवाद की जीत हुई है वह दावा करता है कि 'हम' वही हैं, जबकि वह बार-बार कहता है कि 'उनमें' (साम्राज्यवाद में) एक नई शिद्दत आई है।[2] (इस शहादत पर फिदा होने का मन करता है) क्योंकि 'हम वहीं हैं जबकि वे जीते हैं, उनमें शिद्दत आई है ! वैसे उनकी जीत की मुहिम दूसरी लड़ाई के बाद ही शुरू हो गई थी।[3] (यद्यपि समाजवाद 'डिसओरिएंट'[4] भर हुआ है। लेकिन हम वही हैं ! साम्राज्यवाद

1. आज के जमाने में मार्क्सवाद का महत्त्व/भाऊसमर्थ व्याख्यानमाला/'पहल', पृ. 36-37
2. आज के जमाने में मार्क्सवाद का महत्त्व, पृ. 36
3. इनथियरी, एजाज अहमद, पृ. 21
4. वही, पृ. 30

जीता है लेकिन हम वही हैं ! साम्राज्यवाद जीता है तो कोई हारा भी होगा। हारा है समाजवाद ! जीता है साम्राज्यवाद। तब भी हम वही हैं जैसे थे ! नहीं अब 'हम' वही नहीं हैं और न वैसे हो ही सकते थे !)

चूँकि मार्क्स के दबे हुए सुरों ने 'मानवेच्छा' को पर्याप्त महत्त्व दिया है (यद्यपि उस पर विस्तार से प्रकाश नहीं डाला गया) इसलिए 'हम वही हैं' की दावेदारी किसी भी हिम्मतवर सेनानायक के मुँह से जब निकलती है तो 'इतिहास की इच्छा' जैसी नजर आती है। सुनते हुए यह कितना सुखद लगता है कि 'हम वही हैं,' लेकिन क्या यह मार्क्सवाद है ? क्या इस मूल्यांकन में मार्क्सवाद काम कर रहा है ? भारत की कम्युनिस्ट पार्टियाँ मानती हैं, यानी कि उनका मूल्यांकन है, कि समाजवाद हारा नहीं है। उनके दस्तावेजों में अभी भी मुख्य अंतर्विरोध समाजवाद और साम्राज्यवाद के बीच है। समाजवाद पीछे हटा है, हारा नहीं है। (और यह मूल्यांकन बहुत हद तक सही है।)

कम्युनिस्ट चिंतन में ऐसे सामान्यीकरणों के बड़े गहन अर्थ निकलते हैं। समूची रणनीति और कार्यनीति बदल जाती है, भूमिकाएँ बदल जाती हैं। चूँकि मार्क्सवाद एक समग्र सुसंगति चाहता है, इसलिए ऐसे सूत्रों का बनुयादी महत्त्व होता है, अंतर्विरोधों के ठीक-ठीक निर्धारण का बुनियादी महत्त्व होता है। अगर साम्राज्यवाद जीत गया है तो कम्युनिस्ट आंदोलनों के सारे अंतर्विरोध बदलने लग जाते हैं। साम्राज्य जीता है, समाजवाद हारा है तो मुख्य अंतर्विरोध तो गया। समाजवादी दुनिया नहीं बची। और अगर संयुक्त साम्राज्यवाद जीता है तो बाकी के तीन अंतर्विरोधों में कौन सा प्रमुख बना ? समाजवादी प्रतिरोध के केंद्र का क्या हुआ ? उसके गिरने से राष्ट्रीय बुर्जुआ के साम्राज्यवाद से अंतर्विरोध भी गड़बड़ाया, बुर्जुआ अकेला हुआ, लेकिन एजाज तो 'राष्ट्रीय बुर्जुआ' की श्रेणी नहीं मानते।[1] अंतर्साम्राज्यवादी अंतर्विरोध भी कमजोर हुए (जापान के बावजूद और यूरोपीय केंद्र की कशमकश के बावजूद) और मजदूर वर्ग और भी निहत्था हुआ। सारी दुनिया उपनिवेश बनी। ऐसे में एकमात्र काम 'आजादी की लड़ाई' हुआ ! एजाज के सूत्र यही संकेत देते हैं ऐसा है नहीं कि लेखक कम्युनिस्ट आंदोलन के अंतर्विरोधों की स्थिति में आए परिवर्तनों को नहीं जानता, लेकिन 'इन थियरी' इन्हें अभी भी सलामत मानता है। एजाज अहमद उन्हें थोड़ा बढ़ा-चढ़ाकर देखते हैं। शायद यह लेखकीय शैली हो लेकिन इससे वह स्वायत्त क्षेत्र और भी खत्म हो जाता है जहाँ से प्रतिरोध दिया जा सके, 'आजाद' सोच विकसित हो सके।

शीतयुद्ध खत्म हो चुका है। समाजवाद हार चुका है। साम्राज्यवाद जीत चुका है, लेकिन नुस्खा शीतयुद्ध वाला ही है। 'आजाद सोच'। आजाद प्रगतिशील सोच। कठमुल्लापन (डाग्मेटिक) से मुक्त और आत्महीनता से भी मुक्त। हम कह सकते हैं कि एजाज अहमद की सोच कम-से-कम 'आजाद प्रगतिशील सोच' है। (शीतयुद्ध में दोनों पाटों के बीच में अपनी 'आजादखयाली' की जगह बनाता आया प्रगतिशील लेखक पार्टियों के लिए कितना महत्त्वपूर्ण रहा है, यह यहाँ बहस का विषय नहीं है। असली कम्युनिस्ट

---

1. इनथियरी, एजाज अहमद, पृ. 30

विमर्श में यह लेखक फैलो ट्रेवलर है। यह भी तब है जब पार्टी कमजोर हो रही हो, अन्यथा गद्दार है, क्योंकि वह क्रांतिकारी मशीन का कल-पुर्जा नहीं बनता।)

'आजाद' से हमें भरोसा मिलता है कि पार्टियों में जाए बिना भी लेखक एक बड़ी भूमिका निभाता है, निभा सकता है। 'कम-अज-कम इल्म के मैदान में तो यादों का चिराग जलाए रखने की दो ही उस्लूब सबसे ज्यादा कारगर हैं—इतिहास और साहित्य'[1] आजाद सोच के लिए साहित्य पर इतना भरोसा जरूरी है। और यह भरोसा उसे कल-पुर्जे से आगे का दरजा देता है। वह नायक बन जाता है। [यद्यपि वह आजाद इच्छा (स्वायत्त क्षेत्र) जिसमें वह नायक बन सके, कमबख्त साम्राज्यवाद की जीत यानी उत्तर-आधुनिकता ने छेक लिया है फिर भी किसी-किसी लेखक के पास वह मौजूद है। रेअर कमोडिटी !] टैरी ईगलटन भी सहित्य और साहित्यकार (आलोचक) पर ऐसा ही जोर देते हैं, लेकिन शीतयुद्ध के दिनों में देते हैं। एजाज अहमद इन दिनों में देते हैं। और हम पाते हैं कि देरिदा लेखन पर ही सबसे ज्यादा जोर देते हैं। इतना कि इतिहास के बराबर साहित्य को दर्जा देते हैं। यहीं वे प्रतिरोध की सत्ता मानते हैं। देरिदा उत्तर-संरचनावाद के अलंबरदार हैं। उत्तर-संरचनावाद को एजाज, 'मेट्रोपोलिटन (साम्राज्यवादी) देशों की साहित्यिक सिद्धांतिकी' कहते हैं।[2] क्लासिकी कम्युनिस्ट लोग साहित्य की स्वायत्तता को संदेह की नजर से देखने के आदी रहे हैं। 'स्टालिनियत' ने हमेशा साहित्य की स्वतंत्रता को खतरनाक माना है (वह तो मशीन का कल-पुर्जा होता है)। स्टालिनियत से बचना है तो साहित्य में आना है। साहित्य में आना है तो जीते हुए साम्राज्यवाद से लड़ने का काम कैसे होगा ? बार-बार हर बार, अपने निर्मल गुस्से में वे प्रतिरोध देखते हैं, वस्तुस्थिति के आकलन में नहीं।

क्रोध ! एजाज की टैक्स्ट का यह स्थायी भाव है। इससे लगता है कि उनका मिज़ाज रचनाकार का है, जो भावों से परिचालित हो सकता है (पहल की गोष्ठी में बोलते हुए भी वे उत्तर-आधुनिकतावादियों पर अपने क्रोध को न्यौछावर करते थे, नीचे का होंठ बाईं ओर से थोड़ा दबता था।) यही उनका मानवतावादी विमर्श था और रहना चाहिए। चूँकि वे करीब बीस साल अमरीकादि में रहे हैं, वहाँ के विश्वविद्यालयों में पढ़ाया है, इसलिए उनकी रिसर्च में एक तरह की प्रामाणिकता भी ढूँढ़ी जा सकती है। क्रोध में यदि मूल्यांकन थोड़ा इधर-उधर हो जाए तो क्या हुआ। मामला लाक्षणिक ही समझना चाहिए। यह लाक्षणिकता ही ठहरी कि 'इन थियरी' में जिस उत्तर-संरचनावाद को मैट्रोपोलिटन देशों की 'साहित्यिक सिद्धांतिकी' कहकर उसे हिकारत से देखते हैं वहीं परचे में 'डिकंस्ट्रक्शन (विखंडन) को वे मार्क्सवादी विचार से यों जोड़ते हैं : 'देरिदा बार-बार कहते हैं कि डिकंस्ट्रक्शन मार्क्सीय सिद्धांत का ही एक हिस्सा है और इस सिद्धांत से पीछे हटने की नहीं बल्कि आगे बढ़ने की कोशिश है।'[3] यह विचलन है या

1. आज के जमाने में मार्क्सवाद का महत्त्व, पृ. 37
2. इनथियरी, पृ. 34
3. आज के जमाने में मार्क्सवाद का महत्त्व, पृ. 33

क्षति-पूर्ति ? बहरहाल, सिद्धांतिकी निर्माण में क्षतिपूर्ति उलटे मुँह गिरती है। डिकंस्ट्रक्शन के प्रति एजाज अहमद की ये सहनशीलता उनकी टैक्स्ट का, आत्यंतिक हिस्सा नहीं बनता, तर्क कौशल का हिस्सा बनता है जो उन्हें वहीं ले जाता है जहाँ उन्हें ठहरना पसंद नहीं। यह प्रमाण है कि मार्क्सवादी विमर्श में डिकंस्ट्रक्शन उतनी ही तेजी से घुसा चला आता है, जितनी उसे रोकने की पुरजोर कोशिश होती है।

एजाज अहमद जब मार्क्सवाद के महत्त्व की बात करते हैं तो वे बहुत ही आकर्षक और मनोहर नजर आते हैं। खासकर वो अंदाज, जिसमें वे मार्क्सवाद के दुश्मनों से निपटते हैं, दिल को जीतने वाला होता है। इसे देखना हो तो फ्रेडरिक जेमेसन की 'थर्ड वर्ल्ड साहित्य' थीसिस पर अहमद का लंबा लेख (इनथियरी में) देखने योग्य है। जेमेसन की तर्कसंगत ढंग से दूर तक 'पिटाई' करते हुए वे यह भूल जाते हैं कि तीसरी दुनिया के साहित्य पर जेमेसन का जरूरत से ज्यादा भरोसा यदि है तो उसमें खुद एजाज अहमद भी दूर तक शामिल हैं। उनका टैक्स्ट भी जेमेसन के अर्थों में 'तीसरी दुनिया का टैक्स्ट' ही है।[1] अन्यथा उनका अमरीका में रहना, और फिर तीसरी दुनिया से पहली दुनिया (मैट्रोपोलिटन दुनिया) पर गोले छोड़ना इस तरह तो संभव नहीं होता। 'इनथियरी' में जितनी शिद्दत से 'मार्क्सवाद' के 'विरोधियों' से बहस की गई है, उसका भरोसा तभी तो है, क्योंकि जेमेसन के यहाँ पहली दुनिया में तो कुछ बचा नहीं है। जेमेसन की निराशा का जो कारण है, वही एजाज अहमद की आशा का भी तो कारण है। एजाज जिन पाँच सितारा बुद्धिजीवियों को (यथा नैयपाल, रश्दी, एडवर्ड सईद आदि को) पश्चिम की वैधता का प्रमाण मानते हैं, उन्हें पहली दुनिया में 'स्थापित'[2] मानते हैं, स्वयं एजाज अहमद उससे अलग या स्वायत्त नहीं हैं। उसका समूचा विमर्श वही अमरीकी-यूरोप में बना है और वैसा ही है। एकदम जैटसैटिंग बुद्धिजीवी का !

लेकिन फिलहाल उनके 'मार्क्सवाद के महत्त्व' के बारे में और 'मार्क्सवाद' के बारे में ही सोचा जाए। इस संदर्भ में पहली दुविधा ही पहला तर्क कौशल बन उठती है। क्योंकि 'कई बुद्धिजीवियों के लिए आज जमाना पोस्टमॉडर्निज्म का जमाना है,[3] 'पोस्टमॉडर्निज्म का खयाल है कि उनकी (जिनकी तादाद कुछ हजार तक है) तरफ से किए गए ऐतराजात का जवाब फराहम करना इंतहाई जरूरी है। लेकिन चूँकि ऐसे पोस्टमॉडर्निस्टों की तादाद कुछ हजार तक ही है, जबकि सोवियत संघ की टूट के बाद करोड़ों ऐसे लोग हैं जिनकी जिंदगी मार्क्सवाद के किसी-न-किसी सवाल के साथ जुड़ी हुई है।[4] (और चूँकि इन सवालों से पोस्टमॉडर्निस्टों को कोई मतलब नहीं है इसलिए पोस्टमॉडर्निज्म के ऐतराजात का जवाब कि संख्या में कुछ हजार हैं' कहके टैक्स्ट के बाहर कर दिया जाता है।) फालतू बकवास करने वालों के मुँह लगना किसी भी मार्क्सवादी को शोभा

1. इनथियरी, पृ. 109
2. वही।
3. आज के जमाने में मार्क्सवाद का महत्त्व, पृ. 7
4. वही, पृ. 8

नहीं देता। खासकर तब, जब देश में 'फासिस्ट' खतरा हो।

इसलिए मार्क्सवाद के महत्त्व का प्रश्न निश्चय ही एक स्वतंत्र प्रश्न होना चाहिए, यद्यपि उसे आज के जमाने को भी संबोधित करना चाहिए। 'आज का जमाना' पोस्टमॉडर्निस्टों के लिए मार्क्सवाद पर ऐतराज उठाने का जमाना है। लेकिन एजाज के 'आज का जमाना' में तीन बड़े मसाइल उसकी शक्ल बनाते हैं। साम्राज्यवादी दबाव का मसला, सांप्रदायिकता का मसला, जनतांत्रिक इदारों का मसला। इन मसलों से निपटने के लिए जनवादी लोकतांत्रिक कौमी एकता की जरूरत है। जिस सोच की, आर्ट की, अदब की और राजनीति की जरूरत है, इसके मर्कज पर जो साम्राज्यवाद विरोधी, सैक्युलर, रोशनखयाल और प्रगतिशील आंदोलन ही हो सकता है, जिसका रंग निखारने और चोखा करने में पिछले कमोबेश सत्तर साल के दौरान मार्क्सवाद ने इस देश में बहुत अहम और कहीं-कहीं तो बिलकुल मर्कजी किरदार अदा किया है।[1] बेशक ! आधुनिक भारत के निर्माण में ऐसा ही होना था। किसी हद तक ऐसा हुआ भी।

इसके आगे एजाज साहब कहते हैं कि मैं आज के जमाने को पोस्टमॉडर्निज्म का जमाना नहीं समझता, बल्कि एक तरफ तो तरह-तरह के जनवादी जमूरी आंदोलनों और दूसरी तरफ साम्राज्यवाद के बिलकुल नए और हमेशा से ज्यादा जालिम दौर का जमाना समझता हूँ।[2] (पोस्टमॉडर्निज्म में तो साम्राज्यवाद का सवाल दबाया जाता है !)

जाहिर है कि इतनी सारी चुनौतियों में मार्क्सवाद का महत्त्व असंदिग्ध है, क्योंकि वहीं हमें इन चुनौतियों से निपटने के तरीके मिलते हैं। लेकिन मामला इतने कथन से नहीं निपट सकता। इसलिए महत्त्व का सवाल थोड़ी देर के लिए अपना देश-काल प्राप्त करने लगा है। 'महत्त्व की बात करते हुए एक चीज जो हमारे जेहन में बिलकुल साफ होती है, वो है सोवियत यूनियन का टूटना। रूस, यूगोस्लाविया और पूर्वी यूरोप के सारे देशों की कम्युनिस्ट सरकारों का गिरना, इन सारे देशों का पश्चिमी साम्राज्यवाद के सामने इस हद तक झुक जाना कि मलेशिया, ईरान और ब्राजील जैसे देश भी उस हद तक नहीं झुक रहे और चीन और वियतनाम में 'मार्केट सोशलिज्म' के नाम पर सरमायादाराना रिश्तों का तेजी के साथ फैलना। इस हिसाब से हमारे सवाल का मतलब यह बनता है कि सोवियत यूनियन के टूट जाने के बाद चीन में सरमायादारी के हद तक फैल जाने के बाद इस नए जमाने में मार्क्सवाद का क्या महत्त्व हो सकता है ?'[3]

चूँकि वो सबूत खाक में मिल गया है कि जिसके केंद्र में मार्क्सवाद था (1917 से 1939 तक तो था ही[4]) और चूँकि मजबूत सियासती व्यवस्था के बगैर किसी राजनीतिक सिद्धांत का महत्त्व ढूँढ़ना मुश्किल है, इसलिए भी इस नए जमाने में मार्क्सवाद का महत्त्व हमें (यानी बहुत से लोगों को) समझ नहीं आता।

---

1. आज के जमाने में मार्क्सवाद का महत्त्व, पृ. 8
2. वही।
3. वही।
4. वही।

जिस तर्ककौशल और उसमें सक्रिय दुविधा का जिक्र हम कुछ पहले कर आए हैं, वह यहाँ यों प्रकट होती है, 'इसका मतलब यह हुआ कि किसी सिद्धांत का ठीक या गलत होना उसके अपने उसूलों पर निर्भर नहीं होता और न इस बात पर निर्भर है कि दुनिया को और दुनिया में आने वाली नित नई तब्दीलियों को समझने में वो किस हद तक हमारी मदद करता है, बल्कि दारोमदार इस बात पर है कि कोई रियासती निजाम हो, जो उसकी नुमाइंदगी करे और अगर वो रियासतें टूट जाएँ जो इस सिद्धांत की नुमाइंदगी का दावा किया करती थीं, तो साबित हो जाता है कि नजरिया गलत था। इस तरह से देखा जाए तो मार्क्सवाद की अलग कोई तारीख नहीं रह जाती, बल्कि सोवियत यूनियन की तारीख के अंदर घुल जाती है...सोवियत यूनियन टूट जाए तो मार्क्सवाद का महत्त्व खत्म हो जाता है, क्योंकि उसकी अलग कोई तारीख नहीं।'[1]

एजाज सोवियत संघ की तारीख को मार्क्सवादी तारीख से उचित ही अलगाते हैं। मार्क्सवाद की तारीख सोवियत यूनियन और दूसरी कम्युनिस्ट पार्टियों और सरकारों की तारीख से बहुत पुरानी और बहुत बड़ी तारीख है। और यह तब तक रहनी है जब तक सरमायादारी मौजूद है।[2]

और सच ही, 'सोवियत संघ के टूटने को समझने की सबसे अच्छी कुंजी भी मार्क्सवाद में ही है।' क्योंकि मार्क्सवाद सिर्फ सिद्धांतिकी नहीं है, वह एक व्यवहार भी है। मार्क्सवाद बार-बार यही कहता है कि मार्क्सवाद का अध्ययन मार्क्सवादी ढंग से ही संभव है। यानी सिद्धांत को व्यवहार से जोड़कर और व्यवहार को सिद्धांत से जोड़कर ही उसका अध्ययन किया जा सकता है, उसका व्यवहार किया जा सकता है। इसलिए यह तो माना जा सकता है कि मार्क्सवाद की तारीख सोवियत संघ से भी पुरानी है, लेकिन इस झपट्टे में यह भला कैसे भूला जा सकता है कि सोवियत संघ समेत समाजवादी दुनिया का विघटन और बिखराव ठोस ऐतिहासिक हकीकत है और मार्क्सवाद के महत्त्व का कोई भी विमर्श इस हकीकत की चीर-फाड़ किए बिना नहीं हो सकता। एजाज अहमद 'मार्क्सवाद सोवियत-संघ-का-पर्याय-नहीं-है' के सही तर्क में एक ऐसी सफाई पैदा करते हैं कि यह पूछने को जगह नहीं बचती कि भाई सोवियत संघ पर्याय नहीं, एकमात्र व्यवहार न सही, एक व्यवहार था तो वह किस विधि सफल न हुआ, और असफल भी हुआ तो क्योंकर ! और क्या 'आज का जमाना' इस 'असफलता' या 'टूट' के मार्क्सवादी विश्लेषण के बिना समझा जा सकता है ? तमाम कम्युनिस्ट पार्टियों की तरह एजाज साहब इस बुनियादी सवाल से पूरी तरह टकराए बिना ही आज के जमाने को समझने-समझाने चल देते हैं ! यही तर्क कौशल हमें कायल करता है जो दुश्मन की पहचान पहले करता है, 'आत्म' की पहचान भूल जाता है। हमारा मत है कि समाजवाद के विघटन के द्वंद्वात्मक विश्लेषण में ही कहीं हमारे जमाने की सही

1. आज के जमाने में मार्क्सवाद का महत्त्व, पृ. 9-10
2. वही, पृ. 10

मार्क्सवादी व्याख्या छिपी है। समाजवाद के विघटन में साम्राज्यवाद की भूमिका तो है ही, समाजवादी व्यवहार की अपनी मौलिक समस्या की भूमिका भी रही है और आगे भी रहनी है। आज के जमाने को समझने के लिए उन्हें नजरअंदाज नहीं किया जा सकता। और यह भी सच है कि इन्हें समझने के लिए मार्क्सवाद से बेहतर कोई दर्शन नहीं है। लेकिन एजाज साहब इस दर्शन से उसे खोलते नहीं चलते।

यहीं वे एक और कमाल की बात कहते हैं कि 'मार्क्सवादी सिद्धांत के अंदर बहुत सी आलोचनात्मक धाराएँ रही हैं जिन्होंने कोई सरकारी पॉलिसी कबूल नहीं की।'[1] यानी मार्क्सवाद में बहुत सी अंतर्धाराएँ हैं। वह इकहरी धारा नहीं है, उसमें बहुत सारी धाराएँ आज भी सक्रिय हैं, इनसे मिलकर ही वह बहुत बड़ी धारा बनती है। (क्या यह मार्क्सवाद का विकेंद्रण नहीं है, एक उत्तर-आधुनिक विकेंद्रण ?)

मार्क्सवाद सिद्धांत-व्यवहार का द्वंद्वात्मक दर्शन है। फिर भी सोवियत पराभव मार्क्सवाद की समस्या नहीं है और मार्क्सवाद बहुत सी धाराओं से मिलकर बना है, यानी मार्क्सवाद सर्वहारा का ही केंद्रीय दर्शन नहीं है। ऐसे संकेत एजाज के टैक्स्ट में पढ़े जा सकते हैं जो सिर्फ कार्यनीतिक वक्तव्य तो नहीं हैं, लेकिन जिसमें कार्यनीतिक शैली अपनाई गई है कार्यनीति स्पष्ट है। शत्रु की पहचान करो। अभी अपने हाल पर मत जाओ।

लेकिन एजाज एक जगह फिर सही उँगली रखते हैं। 'मार्क्सवाद को अपनी तारीख नए सिरे से समझनी है और यह तय करना है कि आज के इनकलाबों में वो किस तरह भाग लेगा और किस तरह के नए सिद्धांत, कैसी नई राजनीति की अब जरूरत है।'[2] आत्मसमीक्षा की जगह इतने से संतोष करें, क्योंकि फौरी काम लामबंदी का ही है। व्यवहारवादी की तरह एजाज कहते हैं कि 'आज हम न सिर्फ अपनी नाकामियों का कड़वा फल खा रहे हैं, बल्कि खुद अपनी कामयाबियों और उस नई सोच का आधार बनाकर आगे न बढ़ सकने की सजा भुगत रहे हैं।'[3] काश, वे उन नाकामयाबियों के बारे में भी थोड़ा कहते तो आज के जमाने के ये कठिन पेचीदा सवाल साफ होते।

'आज के सवाल' आज के सवाल ही हो सकते हैं। वे वहीं से शुरू होते हैं जहाँ समाजवाद का विघटन हुआ। नए समाजवाद के लिए उन सारे सवालों को सोचा जाना चाहिए जो एजाज साहब ने ऊपर उठाए हैं, लेकिन वे सवाल जो मार्क्सवाद के भीतर के सवाल की तरह उठाए गए हैं, उन पर सोचने की फुर्सत नहीं रह गई है।

चूँकि साम्राज्यवाद नए सिरे, नई शिद्दत से उभरा है, ग्लोबल कल्चर के नाम पर साम्राज्यवादी कल्चर का हमला जोरों पर है। उधर सांप्रदायिक शक्तियाँ खतरा बनी ही हैं, तीसरे लोकतंत्र की समस्याएँ हैं, इसलिए रास्ता क्या है ?

यह कि 'आज के जमाने में राष्ट्रवादी चेतना की नुमाइंदगी बुर्जुआजी नहीं कर सकती, बल्कि मेहनतकश जनता ही कर सकती है। आर्थिक दुनिया में राष्ट्रवाद की बात

1. आज के जमाने में मार्क्सवाद का महत्त्व, पृ. 11
2. वही, पृ. 16-17
3. वही, पृ. 17

आज की कौमी बुर्जुआजी सौदेबाजी के लिए करती है, जैसे ऐनरॉन के मामले में आज महाराष्ट्र की सरकार कर रही है।'[1] यानी साम्राज्यवाद के नए हल्ले में दुनिया-भर का बुर्जुआ संयुक्त हो गया है, इसलिए राष्ट्रवाद की बात वह नहीं कर सकता। करता है तो सौदेबाजी के लिए। यानी अब सिर्फ मजदूर वर्ग ही राष्ट्रवाद की बात कर सकता है। यह है साम्राज्यवाद की नई शक्ति और तत्संबंधी मार्क्सवाद में मजदूर वर्ग की रणनीति। साम्राज्यवाद संयुक्त हुआ तो मजदूर वर्ग राष्ट्रवादी हो गया। यहाँ यह नहीं कहा जा रहा है कि मजदूर वर्ग ही अन्य ढुलमुल वर्गों की नुमाइंदगी करता है (यह पहले भी सच था)। कहा जा रहा है कि मजदूर वर्ग को राष्ट्रीयतावादी होना होगा। बुर्जुआजी एनरॉन से सौदेबाजी करता है, लेकिन पश्चिम बंगाल की सरकार नई औद्योगिक नीति के तहत विदेशी पूँजी से समझौता-सौदेबाजी करती है तो क्योंकर ? चीन का 'मार्केट सोशलिज्म' स्वयं नहीं बताता है कि मजदूर वर्ग भी सौदेबाजी पर उतर आया है ? एजाज की टैक्स्ट में पश्चिम बंगाल, चीन का यह अनुभव दोबारा नहीं आता, क्योंकि यह साम्राज्यवाद के उनके संघर्ष के केंद्र 'राष्ट्रवाद' को मजदूर वर्ग के लिए सुरक्षित नहीं छोड़ता। चीन का मजदूर वर्ग अपने राष्ट्रवाद में पानी मिला रहा है, क्यूबा भी मिला रहा है, फिर भी एजाज कहते हैं कि बुर्जुआ ही अपराधी है राष्ट्रवाद को समर्पित करने का। इस तर्क में एक वहम राष्ट्रवाद का है जो बुर्जुआ के द्वारा त्याग दिए जाने के बाद भी एक संस्था के रूप में मजदूर वर्ग के लिए बचा रहता है ! (क्या मार्क्स ने नहीं कहा कि मजदूर वर्ग का कोई राष्ट्र नहीं होता ?)

एजाज अहमद के 'आज के जमाने' में राष्ट्रीय बुर्जुआ का अस्तित्व नहीं है। 'इन थियरी' में वे बार-बार इस बात को रेखांकित करते हैं। खासकर तीसरी दुनिया के साहित्य वाले संदर्भ में। बल्कि उसकी सौदेबाजी उत्तर-आधुनिकता की कामना में प्रकट होती है।[2] इसलिए अब साहित्य में राष्ट्रीय-रूपक संभव नहीं है।

उत्तर-आधुनिकता इसी कौमी बुर्जुआजी का विस्तार है। 'साहित्य की दुनिया में इसी कौमी बुर्जुआजी के नुमाइंदे आजकल देश-विदेश की बात या तो ऊँची जातियों की क्लासिकी मैटाफिजीकल संस्कृति के नाते से करते हैं या साहित्य को आज के समाज से और हमारी आँखों तले बुनते हुए समकालीन इतिहास से अलग करके ऐसी सौंदर्यात्मक दुनिया की तरफ ले जाना चाहते हैं जिसमें कोई पैबंद क्लासिकी संस्कृति का होता है तो कोई जोड़ आधुनिकतावाद का, और इस तरह एक नई किस्म की देरी और कम्प्राडोर उत्तर-आधुनिकता हमारे बीच जन्म ले रही है।'[3]

कौमी बुर्जुआजी तो गया। उधर मजदूर वर्ग भी मार्केट सोशलिज्म में गया। तब बचा क्या ? क्या करें ? एक ऐसी क्रिटिकल थियरी या आलोचनात्मक सिद्धांतिकी ईजाद करें जिस पर गहरी छाप मार्क्सवाद की हो और चूँकि इस पर पड़ी मार्क्सवाद की गहरी

---

1. आज के जमाने में मार्क्सवाद का महत्त्व, पृ. 25
2. इनथियरी, पृ. 102
3. आज के जमाने में मार्क्सवाद का महत्त्व, पृ. 25

छाप को कभी मिटाने और कभी अपनाने की कोशिश[1] पोस्टमॉडर्निज्म की है, इसलिए क्रिटिकल थियरी को उससे भी बचाना है।

गजब का साहस है, गजब की क्षतिपूर्ति। एडोर्नो-होर्खिमार की डाइलैक्टिक्स ऑफ ऐनलाइटिनमेंट जिस क्रियटिकल थियरी की बुनियाद में सक्रिय है और जिससे 'महावृत्तांत के खात्मे' तथा मार्क्सवाद के टोटलिटेरियन वृत्तांत होने की बात निकलती है तथा जो उत्तर-आधुनिक विमर्शों का प्राथमिक संदर्भ बिंदु है, एजाज अहमद उसी क्रिटिकल ('कुख्यात' फ्रैंकफर्ट स्कूल या क्रिटिकल थियरी) को उत्तर-आधुनिकता से बचाने की बात करते हैं। उनकी एक परेशानी यह भी है कि 'व्यवहारवादी' उत्तर-आधुनिकतावादी मार्क्सवादी को अपनाते भी हैं। (चील को घोंसले में भी मांस होता है !)

बुर्जुआ गद्दारी कर चुका है और बुर्जुआजी की क्रिटिकल थियरी जिससे पूरे शीतयुद्ध में मार्क्सवाद में नकब लगाई गई, उसी को बताया जाना है ! यह एजाज के 'मार्क्सवाद' की नई कार्यनीति ठहरी। बुरी नहीं। लेकिन कवायद काफी कठिन रहेगी। जोखिम ज्यादा है। कमबख्त आज के जमाने की व्यावहारिकता का यही तकाजा है। और व्यावहारिकता ससुरी उत्तर-आधुनिकता है !

एजाज अहमद के 'आज के जमाने' के मूल्यांकन का केंद्र है साम्राज्यवाद की शिद्दत। चूँकि वे अमरीका आदि में खूब रहे हैं, इसलिए बेहतर जानते होंगे कि यह कितना ताकतवर है, सो इसे हम उनकी प्रथम सूचना रिपोर्ट की तरह ही लें। रिपोर्ट चौंकानेवाली है। लेकिन मार्क्स ने बहुत पहले ही भविष्य बता दिया था पूँजीवाद का।

पूँजीवाद के बारे में मार्क्स-एंगेल्स ने तकरीबन डेढ़ सौ साल पहले जो कहा था वह आज सिर्फ सच हो रहा है, इसलिए यह न बौखलाने की बात है, न चौंकने की बात कि आज पूँजीवाद विश्व-भर में छाया हुआ है। जिसे एजाज साम्राज्यवाद की जीत कहते हैं वह और कुछ नहीं, उसी पूँजीवाद का विकास है जो मार्क्स ने अपने जमाने में देखा था और जिसके बारे में कम्युनिस्ट मेनिफेस्टो में विस्तार से लिखा था :

'बुर्जुआ वर्ग उत्पादन के औजारों को लगातार बदले बिना नहीं रह सकता। वह उत्पादन संबंधों को भी लगातार बदलता चलता है और इस तरह वह समाज के समूचे संबंधों को बदलता चलता है। पुराने ढंग की उत्पादन प्रक्रिया को बनाए रखना पुराने औद्योगिक वर्गों की पहली शर्त होती थी। उत्पादन को लगातार बदलना, सभी सामाजिक स्थितियों में उपद्रव करना, अमर किस्म की अनिश्चितता पैदा करना और आंदोलन करना बुर्जुआ युग की वो पहचान है जिनसे वह पहले के युगों से अलग होता है। प्राचीन परंपरा पुष्ट सभी निश्चित, जमे-जमाए संबंध, संस्कार और विचार, झाड़-बुहार दिए जाते हैं, नए बने संबंध स्थिर होने से पहले ही पुराने पड़ जाते हैं। वह सब कुछ जो ठोस है, हवा में उड़ जाता है, हर पवित्र चीज दूषित हो जाती है, और अंततः मनुष्य गंभीरता से पहली बार अपने जीवन की वास्तविक दशा को जान पाता है और अन्य मनुष्यों

1. आज के जमाने में मार्क्सवाद का महत्त्व, पृ. 25

से अपने संबंधों की समक्षता में होता है।

'अपने उत्पाद के लिए लगातार बढ़ते हुए बाजार की जरूरत बुर्जुआ वर्ग को धरती-भर दौड़ाती है। उसे हर जगह टिकना है, रुकना है और हर जगह अपने संबंध बनाने हैं।'

'बुर्जुआ वर्ग ने विश्व-बाजार के शोषण के जरिए हर देश में उत्पाद और उपभोग को वैश्विक (कास्मोपोलिटन) चरित्र दे दिया है। प्रतिक्रियावादियों को लज्जित करते हुए, उसने उस राष्ट्रीय आधार को नीचे से खींच दिया है, जिस पर उद्योग खड़े थे। सभी पुराने स्थापित राष्ट्रीय उद्योग या तो नष्ट किए जा चुके हैं या रोजाना खत्म किए जा रहे हैं। उनकी जगह नए उद्योग पैदा हो रहे हैं, जिनकी शुरुआत सभी सभ्य राष्ट्रों के लिए जीवन-मरण का सवाल है, ऐसे उद्योग जन्म ले रहे हैं जो अपना देसी कच्चा माल इस्तेमाल नहीं करते, बल्कि दूर-दराज से लाए कच्चे माल का इस्तेमाल करते हैं। ऐसे उद्योग बन रहे हैं जिनके उत्पाद देश में ही नहीं, धरती के हर कोने में उपयोग किए जाते हैं। पुरानी जरूरतों की जगह जिन्हें देश के उद्योग पूरा करते थे, नई जरूरतें पैदा की जाती हैं, जिनके तोष के लिए अन्य वातावरण तथा दूर के उत्पाद चाहिए। पुराने जमाने के स्थानीय तथा राष्ट्रीय एकांत तथा आत्मनिर्भरता की जगह, हर क्षेत्र में नया समागम पैदा होता है, सार्वभौमिक अंतर्निर्भरता पैदा होती है। जैसे यह भौतिक क्षेत्र में होता है, बौद्धिक क्षेत्र में भी होता है। विभिन्न राष्ट्रों के अपने-अपने बौद्धिक सृजन सबकी समान संपत्ति बन जाते हैं। राष्ट्रीय पक्षपात और संकीर्णता अधिकाधिक असंभव होती जाती है और असंख्य राष्ट्रीय और स्थानीय साहित्यों के बीच एक विश्व-साहित्य पैदा होता है !'[1]

क्या यह उत्तर-आधुनिक सचाई नहीं है ? तब चौंकना क्या और चीत्कार कैसा ?

किसी भी उच्च-भ्रू विमर्श में, किसी भी वामपंथी विमर्श में इन दिनों 'कम्युनिस्ट मेनिफेस्टो' का जिक्र नहीं आता। मेनिफेस्टो के उक्त अंश यह बताने के लिए काफी हैं कि क्यों नहीं आता। मेनिफेस्टो बताता है कि पूँजीवाद एक ऐतिहासिक प्रक्रिया है और उससे यह बात भी समझ में आती है कि समाजवाद का जो संस्करण खड़ा किया गया वह पूँजीवाद की हद से बहुत परे अभी जा नहीं सकता था। समाजवाद किसी खुफिया षड्यंत्र की वजह से न गिरकर पूँजीवाद के दबाव से गिरा। मेनिफेस्टो बहुत पहले उस नक्शे को खींच देता है जो हमारे सामने अपने सबसे नंगे रूप में मौजूद है। समाजवाद के सत्तर साल भोग लेने के बाद यह यकीन करना बहुत से लोगों को कठिन है कि वह अपने अंतर्विरोधों तथा पूँजीवाद से उसके अंतर्विरोधों की वजह से भी गिर सकता था। 'साम्राज्यवाद जीता समाजवाद हारा' में इस तरह इतिहास या ऐतिहासिक भौतिकवाद नहीं बोलता, एक प्रच्छन्न स्टालिनिस्ट ही बोलता है। स्टालिन ने 1935 के आसपास यह ऐलान कर दिया था कि अब समाजवाद का 'युग' आ गया। कम्युनिस्ट मेनिफेस्टो आज के जमाने को 'बुर्जुआ' कहता था, कहता है। समाजवादी आंदोलन और समाजवादी विचार उसका एकमात्र विकल्प और प्रतितर्क है, लेकिन समाजवादी युग ?

---

1. कलेक्टेड वर्क्स/मार्क्स-एंगेल्स/जिल्द-6, पृ. 487/488

नहीं ! अभी युग तो बुर्जुवा ही है। समाज के लिए यह युग (आज का जमाना) इसलिए संकटग्रस्त है, क्योंकि समाजवाद हारा है, साम्राज्यवाद जीता है। स्पष्ट ही इस भाषा में जो डर छिपा है (और फिर डर से निपटने की तरकीब) वह मार्क्स के यहाँ नहीं है। इसीलिए यह परचा फ़ैज़ अहमद फ़ैज़ की नज्म की निराशा में खत्म होता है :

अब जो भी चाहो छान करो,
अब जो भी चाहो दोष धरो
छाती तो वही है घाव वही
अब तुम ही कहो क्या करना है
यह घाव कैसे भरना है ?

आज के युग में मार्क्स का महत्त्व यही है कि कम-से-कम कम्युनिस्ट मेनिफेस्टो को हम एक बार फिर पढ़ें और जानें कि पूँजीवाद अपने उरुज पर उसी 'ऐतिहासिक' ढंग से आया है जैसा मार्क्स ने लिखा था और यह कोई 'साजिश' नहीं है, ऐतिहासिक स्थिति है। मार्क्स का टैक्स्ट इस पूँजीवाद को फाँदने की अनुमति नहीं देता। महान लेनिन ने अपने प्रबल प्रयत्नों से प्लेखनोव को तब भले हरा दिया हो, लेकिन आज के रूसी कम्युनिस्ट सत्तर साल के बाद और अनंत तकलीफों के बाद यह तथ्य बेहतर समझ रहे हैं कि पूँजीवाद क्या है और उसमें कैसे जीना है।[1]

एजाज की 'इनथियरी' में भी साम्राज्यवाद ही साम्राज्यवाद है। 'यद्यपि साम्राज्यवाद के वर्चस्व के नीचे अनेक ऐसी संस्कृतियाँ रहती हैं, लेकिन वे प्रतिरोध नहीं बनती हैं।'[2] राष्ट्रवाद साम्राज्यबाद का विलोम है, इसमें एजाज को शक है। उसका विलोम सिर्फ समाजवाद ही हो सकता है।[3] और चूँकि समाजवाद हार गया है, इसलिए क्या करें ? क्रांतिकारी राष्ट्रवाद तो सहारा नहीं है ! (लेनिन के साम्राज्यवाद की व्याख्या में एक निश्चित राष्ट्रवाद को जगह थी, राष्ट्रीय प्रतिरोधों को जगह थी, एजाज साहब के प्रतिरोध में एक झटके में सर्वहारा राजसत्ता ही चाहिए। चूँकि वह है नहीं, इसलिए निहत्थे रहिए और भयभीत रहिए।)

साम्राज्यवाद कितना भयानक है ? जैट सैटिंग, अंतर्राष्ट्रीय कुछ बहुत संपन्न लोग ही समझ सकते हैं कि वे पढ़ने-लिखने, भाषण देने की क्षमता के कारण साम्राज्यवाद के चंगुल से छूट निकले हैं। ग्लोबीय यात्राओं में वे भूल ही जाते हैं कि साम्राज्यवाद से उनके संबंध राष्ट्र-राज्यों में आ जाते हैं और वहाँ साम्राज्यवादी वर्चस्व से छूट निकलने का रास्ता ही नहीं बचता, जब तक कि भिन्न किस्म की राष्ट्रीय योजना के लिए काम न किया जाए और अपने राष्ट्र-राज्य को नई क्रांतिकारी शक्ल देने के प्रयत्न न किए जाएँ ! फिर भी वह जगह एजाज के पास कैसे बच रहती है जिसमें प्रतिरोध हो सकता

1. आज के जमाने में मार्क्सवाद का महत्त्व, पृ. 39
2. इनथियरी, पृ. 8
3. वही, पृ. 11

है ? दुनिया-भर की कम्युनिस्ट पार्टियाँ राष्ट्र को सत्ता मानती हैं। एजाज भाई नहीं मानते। उन्हें चाहिए तो सिर्फ क्रांतिकारी 'राष्ट्र'। विकास का सूक्ष्म प्रयत्न ठहरा !

'इनथियरी' (1994) एजाज अहमद की एक महत्त्वपूर्ण किताब है, जहाँ वे साहित्य को समाज का चिह्न मानते हैं, जहाँ वे उत्तर-आधुनिकता को राष्ट्रवाद मानकर चलते हैं और उत्तर-संरचनावाद को राष्ट्रवाद का संरक्षक बताते हुए सिद्धांत के क्षेत्र में आ रहे घपलों की ओर इशारा करते हुए कहते हैं कि (चूँकि उत्तर-संरचनावाद ने मार्क्सवाद के भी कुछ प्रच्छन्न तत्त्वों को अपने में मिला लिया है, जिनमें से एक फेमिनिज्म भी है और इस तरह वह एक छलिया बहुरूपिया बन गया है) समस्या बहुत जटिल है। उसमें बहुत से अंतर्विरोधी तत्त्व सक्रिय हैं। इस समय एक ऐसी रैडिकल थियरी सक्रिय है जो अपने अतीत के मार्क्सवादी तत्त्व का खंडन करती है। राष्ट्रीय बुर्जुआ राज्य का उत्थान और पतन इस रैडिकलवाद का मूल भाव बन गया है। पूँजीवाद का भूमंडलीय आक्रमण हो रहा है और अस्सी के दशक के खत्म होते-होते उसकी भूमंडलीय विजय हो चुकी है, उत्तर-संरचनावाद चढ़ान पर है। साहित्य सिद्धांत के इतिहास में राष्ट्रीय विचारधारा का उत्थान-पतन हो चुका है जो विश्व के भीतर होने वाले अन्य सिद्धांतवादी तथा राजनीतिक विकास से जुड़ा है। इसलिए 'नई सिद्धांतिकी' चाहिए जो इन सबसे अलग हो, सही हो। 'इनथियरी' की कामना है यह।

लेकिन 'इनथियरी' उत्तर-आधुनिकतावाद के प्रस्तावों का सीधा प्रतिउत्तर नहीं देती। वह कहीं एडवर्ड सईद के माध्यम से, कहीं सलमान रश्दी के माध्यम से उत्तर-आधुनिकता से बहस करती है। इसके लिए एजाज पहले यह सिद्ध करते हैं कि राष्ट्रीय बुर्जुआ द्वारा दी गई प्रगतिशील सांस्कृतिक उत्पाद की सिद्धांतिकी खत्म हो गई है। उत्तर-औपनिवेशिक राज्यों की जड़ता और भी स्पष्ट हुई है, और उत्तर-संरचनावाद उस शून्य को भरने की कोशिश की है, जो पुराने राष्ट्रीय बुर्जुआ की सिद्धांतिकी की विदाई ने पैदा किया है जिसमें सांस्कृतिक राष्ट्रवाद को इन दिनों भ्रम, मिथ, टोटलाइजिंग, वृत्तांत कहकर उपेक्षित किया जा रहा है। सांस्कृतिक राष्ट्रवाद के प्रति यहाँ हमदर्दी व्यर्थ और नकली है, क्योंकि एजाज की नजर में सांस्कृतिक राष्ट्रवाद तो पोस्टमॉडर्न ही है, सब पोस्टमॉडर्न ग्रिड का हिस्सा है। लेकिन राष्ट्रवाद को फिर भी बचाना है, इसलिए राष्ट्रवाद को अपदस्थ करने वाली सिद्धांतिकी से पंगा है।

राष्ट्रवादी सिद्धांतिकी के होने-न होने के बारे में जानना हो तो एजाज की तीसरी दुनिया के साहित्य के बारे में कुछ संदर्भ देखे जा सकते हैं, साथ ही जेमेसन के राष्ट्रीय रूपक वाली सिद्धांतिकी को भी देखा जा सकता है। वे कहते हैं :

'तीसरी दुनिया के साहित्य की अवधारणा अमरीका और इंग्लैंड के विश्वविद्यालयों में बनी है। भारत के विश्वविद्यालय इन पर ज्ञान के लिए हमेशा निर्भर हैं। ज्ञान वहाँ से चलता है और यहाँ विराजमान हो जाता है। मैट्रोपोलिटन विश्वविद्यालयों के परजीवी हैं हमारे विश्वविद्यालय। इसे देखना हो तो अंग्रेजी विभागों में देखें। जब तक लातीनी उपन्यास दिल्ली पहुँचता है तब तक वह तीसरी दुनिया के साहित्य के अभिलेखागार में

प्रोसेस, सलेक्ट करके धर दिया जाता है। मैट्रोपोलिटन ज्ञानी अपने ज्ञान से उसे सिद्ध करके रख देते हैं। यह भूमंडलीय सांस्कृतिक उत्पाद है।' (यह साम्राज्यवाद का हिस्सा है। जिनसे ये उत्पाद आते हैं वहाँ उन केंद्रों में अपने दमन मौजूद हैं। साहित्य का यह अंतर्राष्ट्रीयवाद साम्राजी पूँजी का हिस्सा है। इसलिए वामपंथ के अंतर्राष्ट्रवाद और पूँजी के अंतर्राष्ट्रीयवाद के बीच की भेदक रेखा स्पष्ट की जानी चाहिए। एजाज इसे पुस्तक में साफ-साफ नहीं कर पाते।)

एजाज के अनुसार, तीसरी दुनिया के साहित्य की अवधारणा में चार तत्त्व हैं–(क) समकालीन साहित्य सिद्धांतिकियाँ, (ख) मैट्रोपोलिटन राजधानियों में गैर-पश्चिमी लेखकों की टैक्स्ट की उपलब्धता, (ग) गैर-पश्चिमी प्रवासियों की उपलब्धता, (घ) नई तीसरी दुनिया के सिद्धांतिकी की उपलब्धता। यह सब मिलकर मार्क्सवाद का सुविधाजनक विकल्प बनाकर पेश किया जाता है। इस तरह एजाज अपनी साहित्य सिद्धांतिकी के संकेत देते हैं।

पश्चिम में एजाज का एकमात्र सहारा हैं रेमंड विलियम्स। (इंग्लैंड में रहकर भी) वे स्वयं पश्चिमी 'साम्राजी-ग्रिड' से बाहर रहे। उन्होंने सबसे पहले साहित्य की सिद्धांतिकी दी। पाल द मान और हैरोल्ड ब्लूम उदार साम्राज्यवाद के सरगने हैं। इनमें पॉल द मान के 'नवनाजियों' के साथ संबंध रहे तो निंदनीय हुए। (मार्क्स ने बाल्जाक को सामंतीय होते हुए भी यथार्थवादी कहा तो कहा होगा, नवस्तालिनी इच्छाओं में दूसरे किसी को, अपने से अन्य को जीने का हक नहीं। सो पाल द मान के विचार और व्यवहार दोनों इस मार्क्सवादी पद्धति के सामने घोर अपराधी है। यद्यपि पॉल द मान ने इन आरोपों को कभी नहीं माना[1] और सिर्फ व्यापक 'समानता' ही स्थापित होती है[2] तब भी एजाज की अदालत में पूरी मुकम्मल सजा के काबिल है पॉल द मान। अपने रामविलासजी ने जिंदगी-भर ऐसी सजाएँ वर्गशत्रुओं को दी हैं। यह है स्तालिन से भी आगे का एजाज द्वारा साहित्य का शुद्धीकरण।) पॉल द मान की एक खता यह भी है कि वह रूमानवादी हेडेगर से प्रभावित हैं। 'चूँकि वह हेडेगर की तर्कवाद-विरोधी शिक्षा में दीक्षित था, इसलिए देरिदा की तरफ जाना स्वाभाविक था। उधर अमरीकी विखंडनवाद में कोई रैडिकल राजनीति नहीं थी, न फ्रांसीसी मूल के विखंडन में। इसीलिए पॉल द मान द्वारा हर टैक्स्ट को 'हर्मेटिक' (गुप्त) बनाया जाना स्वाभाविक ही था।'[3] (ऐसी दो दूनी चार मार्का समीक्षाएँ हिंदी के प्रगतिवाद के तूफानी दौर की याद दिलाती हैं)। 'अमरीकी साहित्यालोचना में जो तर्कवाद-विरोधी तत्त्व हैं, उसका असर मान पर काफी था। इसलिए इस आलोचना में तर्कवाद और ज्ञानोदय के लिए घृणा-भरे नारे स्वाभाविक थे। जब पेरिस से विखंडन का फैशन आया तो वह खुलकर खेला।'

'नव्य समीक्षा में 'निकट पाठ-प्रविधि' तब भी गनीमत थी। वह 'जनता' की थी।

---

1. इनथियरी, पृ. 54
2. वही।
3. वही, पृ. 55

विखंडन तो एक विकसित तकनीक ही बन गई, जिसकी ट्रेनिंग जरूरी थी। इसमें तर्कवाद के विरुद्ध घृणा भरी थी। इसी दौर में पश्चिम में साहित्य सिद्धांतिकी बनी। उस समय की राजनीति ने और विखंडन की तकनीक ने गहरा असर डाला। कार्टर और रीगन के दौर में आए बहुत से वामपंथी समीक्षक इसकी चपेट में आए। वे वियतनाम युद्ध और मान के बीच फँसे।'[1]

'साहित्य खास' हो उठा। (भाषा खास। खास ज्ञान, अपने व्यवहार के लिए जिम्मेदार, अपने नियमों के लिए जिम्मेदार, बाहर की दुनिया से असंयुक्त)। इसमें दर्शन, मनोविज्ञान सब आ जुटे। फ्रायड लाकाँ के जरिए आए। नतीजा यह कि साहित्य 'रीडिंग-भर रह गया। बहुत से विमर्शों में से एक विमर्श-भर रह गया जिसकी खासियत यह रह गई कि वह अपनी भाषा में, और अलग था। भाषा के बाहर कुछ था ही नहीं। पाठ के बाहर कुछ नहीं था। अब हर चीज साहित्य थी। देरिदा, पॉल द मान, फूको, ल्योतार ने ग्रामशी को हड़पने की कोशिश की। यह उपद्रव वियतनाम युद्ध से जुड़ा है। वियतनाम युद्ध के दिनों में पश्चिमी बुद्धिजीवी ने दुनिया में अपनी जगह पर प्रश्न उठाने शुरू कर दिए, अपनी अवधारणाओं पर प्रश्न उठाए।

'फ्रांस के दगालवाद के बाद बहुत से नए उपद्रव हुए। 1968 में जो कुछ हुआ उसके बाद कम्युनिस्ट विरोध प्रवृत्ति शुरू हुई। पेरिस के अवां-गार्दवादी घटिया पूँजीवादी हो गए और अंततः उपभोक्तावादी बन गए। क्रिस्टीएवा जैसे व्यक्तित्व दक्षिणपंथी प्रतिक्रियावादी हो गए। तब देरिदा, फूको, ल्योतार, बौद्रीआ, देलूज, गुट्टारी आए जिन्होंने आराम से घोषित किया कि कर्ता मर चुका है। सामाजिक मर चुका है'[2] इत्यादि।

'निष्कर्ष कि अमरीकी ऐंग्लो साहित्य सिद्धांतिकियाँ मूलतः प्रतिक्रियावादी रही हैं। अमरीका में मार्क्सवादी रंग की कोई भी सिद्धांतिकी संभव नहीं है। काले, स्त्रीत्ववादी या तीसरी दुनियावादी सिद्धांतिकी (यों तीसरी दुनिया पहली दुनिया की ग्रिड का हिस्सा है !) का बुर्जुआकरण हो सकता है, वे तीसरे दुनियावाद में निहित राष्ट्रवाद में हजम हो सकते हैं। या आजकल की चालू टुकड़ों की सिद्धांतिकी में खत्म हो सकते हैं, क्योंकि अभी ये बुर्जुआ संस्कृति में अंतर्निहित हैं। वे कर्ता की मृत्यु की सिद्धांतिकी में दफन हो सकते हैं। वे स्थानीयतावादी राजनीति या विचित्रतावाद में खत्म हो सकते हैं। या कि जैसा उत्तर-संरचनावादी कहते हैं, वे सामाजिक खात्मे में खत्म हो सकते हैं, कर्ता की स्थिरता के असंभव होने में खत्म हो सकते हैं, राजनीति के खत्म होने में खत्म हो सकते हैं। तीसरी दुनियावादी सिद्धांतिकी और उत्तर-संरचनावाद की दोस्ती इन दिनों द्रष्टव्य है।'[3]

उधर साम्राज्यवाद है, इधर साहित्य में टुकड़ों वाली सिद्धांतिकी ! दृश्य भयंकर है। बचाना बहुत कुछ है। चीजें इतनी साफ हैं। बस इतना साफ नहीं है कि उत्तर-संरचनावाद

---

1. इनथियरी, पृ. 56
2. वही, पृ. 60
3. वही, पृ. 65

कर्ता की मृत्यु की बात करता है तो किस कर्ता की ? यूरोपीय ज्ञानोदय के कर्ता की ? और यह मान ही लिया जाता है कि जो कर्ता ज्ञानोदय में बना बस वही एकमात्र कर्ता है विश्व का और वही अमर है। और उसे बचाने का जो तरीका अपनाते हैं उसमें भी चीजें साफ हैं। दो टूक। इधर वियतनाम वार, उधर उग्रता। इधर उसका अभाव, उधर वह ठंडा। सिर्फ रैडिकलिज्म की खातिर अमरीका युद्ध जारी रख सकता है ! एजाज के यहाँ साम्राज्यवादी देश में, समाज के भीतर कोई 'अन्य' मौजूद नहीं है। चारों तरफ प्रतिक्रिया का बोलबाला है। चीज जब तक मार्क्सवाद की कसम लेकर नहीं कही जाती, वह अस्तित्व नहीं रखती। मार्क्स ने समाजवाद का 'अन्य' पूँजीवाद कहा, पूँजीवाद का 'अन्य' समाजवाद कहा। एजाज साहब मार्क्सवाद का अन्य (पूँजीवाद) को नहीं मानते कि उसमें भी कुछ जान है (यद्यपि वह संसार पर शासन करता है)। ऐसा गजब एक-केंद्रवादी लोगोसैंट्रिक गामला है, इसलिए जरा से भी बहुलतावाद की बात करना यहाँ अपराध है। समाजवाद के गिरने के कारणों को समझने के लिए बहुत दूर जाने की जरूरत नहीं उन्हें। एजाज के ऐसे मूल्यांकनों में देखा जा सकता है कि वे शुद्ध स्तालिनी माँग करते हैं, जहाँ मतभेद बचते नहीं हैं। जहाँ साहित्य में वर्ग संघर्ष वैसा ही सुस्पष्ट नजर आता है जैसा राजनीति में आता है।

'तीसरी दुनियावाद की सिद्धांतिकी समाजवाद के पिछड़ने और राष्ट्रीय बुर्जुआ के उभार के बाद शुरू हुई। इसी तरह उपनिवेशी विमर्श भी शुरू हुए जो सबको अतीत में ले जाने लगे। चूँकि राष्ट्रवाद को तीसरी दुनिया में वैचारिक शक्ति का निर्णायक स्रोत उन्हीं समीक्षकों ने कहा जो स्वयं उत्तर-संरचनावाद के कायल थे, इसलिए तीसरी दुनिया का राष्ट्रीय बुर्जुआ से मोह भंग हुआ। राष्ट्रवाद की समीक्षा का काम उत्तर-संरचनावाद और विखंडन को दे दिया गया। इसका नमूना सबाल्टर्न (रणजीत गुहा इत्यादि) योजना है जो मूलतः उत्तर-संरचनावादी हैं। (नेशन एंड नैरेशन में होमी के. भाभा ने सिद्ध किया है, अल्पसंख्यक या हाशिए आत्मबहिष्कार नहीं हैं। वे आधुनिकता की उस योजना में (प्रगति, एकसूत्रता, सांस्कृतिक संगठन, राष्ट्र और अतीत में) हस्तक्षेप हैं जो अधिकारवाद को राष्ट्रवाद के नाम पर औचित्य देती है।)

'होमी के. भाभा खुद ऐसी भौतिक स्थितियों में रहते हैं जो उत्तर-आधुनिक हैं। जिनमें आधुनिकता के तमाम लाभ ही वे भूमिका बनते हैं जिनसे आधुनिकता पर ऐसा फैसले दिए जा सकते हैं। यानी प्रगति और लंबे अतीत को खारिज करने के लिए ऐसा बुद्धिजीवी ही चाहिए जो जड़ से उखड़ा हुआ हो; अति संपन्न, अति आधुनिक हो।'[1] (एजाज की यह पद्धति खुद उत्तर-आधुनिक विमर्श की पद्धति है जिसमें व्यक्ति का चरित्र, उसकी निजता और विचार में आधुनिकतावादी चौहद्दियाँ विमर्श के बाहर नहीं रखी जातीं। एजाज एडवर्ड सईद के साथ भी ऐसा ही सलूक करते हैं और सलमान रश्दी के साथ भी। और यह भूल जाते हैं कि यह पद्धति स्वयं उन पर भी लागू होती

1. इनथियरी, पृ. 68

है। सिर्फ संपन्न होना अपराध है तो वे क्या भिखारी हैं ? यदि उखड़ा होना उत्तर-संरचनावादी बनाता है तो कस्बों से शहरों, गाँवों से कस्बों, तीसरी दुनिया से पहली में जाने वाले ढेर सारे लोग और बीस साल अमरीका में डालर कमाने वाले एजाज साहब किस श्रेणी में आएँगे ? इस 'मार्क्सवादी' पद्धति से व्हाइट-कालर 'ईर्ष्या' और खीझ का सिद्धांत तो बनेगा, मार्क्सवादी सिद्धांतिकी नहीं ! एजाज की तर्कशैली इस तरह पाइंट जीतने की शैली बन जाती है। उन्हीं के तर्क से क्या पूछा जा सकता है कि नेहरू फैलोशिप पाने वाला व्यक्ति क्या नेहरू को वैधता नहीं देता, जबकि भारतीय मार्क्सवादियों में नेहरू वे नेता रहे हैं जो एक जमाने में 'रनिंग डॉग ऑफ इंपीरियलिज्म' थे !)

उत्तर-संरचनावाद के खिलाफ तर्क इस तरह आता है कि 'जिन देशों के लोगों को अभी आधुनिकता के न्यूनतम लाभ अस्पताल या अच्छी स्वास्थ्य बीमा योजना तक नसीब नहीं हैं, वहाँ के लोग इस शब्दावली को (जो नेशन एंड नैरेशन में है) वहन नहीं कर सकते।' (हिंदी में भी उत्तर-संरचनावाद और उत्तर-आधुनिकतावाद के स्वरों को सुनकर कई लोग कह उठे हैं कि यह देश तो पिछड़ा हुआ है, यहाँ तो आधुनिकता भी ठीक से नहीं आई है, यहाँ इनका क्या होगा ! यह तर्क ऐसा ही है कि पहले सभी बंदर मनुष्य बन जाएँ तभी पूँजीवाद लागू होगा !) एजाज के इस तर्क में ऐसा भोलापन छिपा है जो स्थानीय दुर्भेद्यता को मानता है। इस तर्क में यह भी निहित है कि तीसरे देशों में अभी आधुनिकता का चरण पहले पूरा होना है, तब कहीं उत्तर-आधुनिकता की चर्चा समीचीन है, यानी उत्तर-आधुनिकता का इंतजार-भर करना है। (वैसे उससे कोई परेशानी नहीं है !) निंदकों से ऐसी आत्मप्रवंचना की उम्मीद नहीं की जाती। क्या हम कहें कि एजाज उत्तर-आधुनिकता के शत्रु उतने नहीं, जितने उसके मुंतजिर हैं ?

एजाज चाहते हैं कि दुनिया को समग्रता में देखा जाए। वे इसीलिए उन सब उत्तर-संरचनावादियों पर बरसते हैं, उत्तर-आधुनिकतावादियों को शाप देते हैं जो समग्रतावाद को, महावृत्तांत बाँधने को निरंकुशतावादी ज्ञान प्रवृत्ति कहते हैं। उत्तर-संरचनावादी यही करते हैं, उत्तर-आधुनिकतावादी यही करते हैं। सबाल्टर्न यही करते हैं। एजाज कहते हैं, 'इन रैडिकल लोगों का मुख्य काम ज्ञानोदय के तर्कवाद को ही अस्वीकृत करना है।'[1]

(सिर्फ दृष्टांत की तरह पढ़ें—सूरदास के भ्रमर गीत में उद्धव-गोपी संवाद में उद्धव का संवाद आधुनिकतावादी किस्म का तर्कमूलक है, गोपियों का संवाद तर्कविरोधी। गोपियाँ उद्धव की हजार बार की अहंकार-भरी बदतमीजियों को बर्दाश्त करती हैं। वे जवाब नहीं देतीं कि तुम्हारा ईश्वर और ज्ञान मिथ्या है। वे कहती हैं कि हो सकता है वह सच हो। लेकिन तुम्हारा ईश्वर हमारे किसी काम का नहीं है। यानी अनुभव का नहीं है। यहाँ अनुभव का यह आग्रह उद्धव के पश्चिम के तर्कवाद की तरह पूर्वी वेदांती तर्कवाद का कायल न होकर एक उपयोगितावादी तर्क है। ज्ञानोदय का तर्कवाद पश्चिम का अकेला तर्कवाद है जिसने साम्राज्यवाद को, समग्रतावाद को जन्म दिया है। यहाँ तक

1. इनथियरी, पृ. 68

कि एडोर्नो के 'डाइलैक्टिक्स ऑफ ऐनलाइटिनमेंट' में फासिज्म तो दिखाई देता है, साम्राज्यवाद नहीं। लेकिन एजाज को इसमें से कुछ भी दिखाई नहीं देता। एजाज चाहेंगे कि पहले उन्हीं सारे चरणों से गुजरें जिनसे पश्चिम गुजरा है, तभी हम आधुनिक बनेंगे और फिर समाजवादी। हे ईश्वर ! अच्छे समाजवाद का जैट सैट बुद्धिजीवियों के पास क्या कोई दूसरा नक्शा नहीं है ! इसलिए गाँधी का 'हिंद स्वराज' एजाज के लिए पुनरुत्थानवादी है। एजाज की सिद्धांतिकी का नक्शा 'एक' ही है। उससे मतभेद की गुंजाइश नहीं है। तकनीक और पर्यावरण के उभरते सवालों के बीच भी यहाँ 'हिंद स्वराज' एक पुनरुत्थानवादी टैक्स्ट है।)

'इनथियरी' के इस किंचित विश्लेषण से यह स्पष्ट है कि सिद्धांतिकी-निर्माण की समस्या गंभीर है। 'इनथियरी' में एजाज, जेमेसन को सिद्धांतिकी-संकट को अपने ढंग से समझने के लिए 'शाप' भले ही दे लें, सलमान रश्दी की 'शेम' और एडवर्ड सईद के 'ओरियंटलिज्म' को कोस लें; लेकिन प्रस्तुत उत्तर-आधुनिक प्रश्नों का स्पष्ट उत्तर वे नहीं देते। मार्क्सवाद समेत आधुनिकतावाद को उत्तर-आधुनिकता ने जहाँ-जहाँ 'समस्यात्मक' बनाया है, वहाँ-वहाँ के जवाब उनके पास नहीं हैं। यदि कुछ है भी तो जिद, क्रोध, शाप, और दुहराव। इनसे सिद्धांतिकी नहीं बनती।

जैसे पूँजीवाद एक द्वंद्वात्मक प्रक्रिया है उसी तरह वृद्ध पूँजीवाद और उसका 'सांस्कृतिक तर्क' (यद्यपि उत्तर-आधुनिकता इतनी-भर नहीं है) भी द्वंद्वात्मक है। समाजवाद के कमजोर होने की वजह से समाजवाद से 'प्रेम करने वालों' का क्षोभ फूटता है तो द्वंद्वात्मकता की समझ बिला जाती है। हमारे 'शाप' ही हमारी दृष्टि बन जाते हैं। हम इस तरह मार्क्स को 'डेटेड' करते हैं, 'अपडेट' नहीं करते। उसका 'नया पाठ' नहीं करते। सिद्धांतिकी की सारी समस्या मार्क्सवाद को 'अपडेट' करने की है। उसे 'नए पाठ' में बदलने की है। पूँजीवाद स्वयं को 'अपडेट' करता रहता है, लेकिन अपने मार्क्सवादी 'अपडेट' होने से भय खाते हैं।

भविष्य मार्क्सवाद में ही है, लेकिन जड़ मार्क्सवाद में नहीं...

# संरचनावाद बरक्स उत्तर-संरचनावाद

उत्तर-आधुनिक परिदृश्य में सिद्धांतिकी ('थियरी') के क्षेत्र में भारी उपद्रव नजर आता है। उत्तर-आधुनिक स्थितियों के होने का इससे बड़ा प्रमाण और कुछ नहीं हो सकता कि वह किसी विचार को सिद्धांत रूप में स्थापित करने की चिंता का अवसर भी नहीं देती। अपने तीव्र छलनामय प्रपंच और लीला के बीच वह न किसी 'सिद्धांत' को टिकने देती है, न बसने देती है। बहुरूपी अति चंचल यथार्थ का आगमन पिछली तमाम पद्धतियों को व्यर्थ करता चलता है। आधुनिकता के तमाम समीक्षात्मक औजार भोथरे होने लगते हैं।

बिना सिद्धांत-ग्रंथन के भी इसने पिछले तमाम सिद्धांतों की चूलें हिला दी हैं। दर्शन, मनोविज्ञान, राजनीतिशास्त्र, समाजशास्त्र, सर्वत्र ही चले आते मानक और ज्ञान-प्रविधियाँ नई स्थितियों में बहुत हद तक निरर्थक जान पड़ती हैं।

आधुनिक हिंदी समीक्षा जो मूलतः यूरोप के आधुनिकतावादी विभिन्न संप्रदायों से प्रभावित रही है, यदि आज की स्थितियों की कोई सर्वाश्लेषी व्याख्या में नाकाम नजर आती है, और अपने जगत की सांस्कृतिक समस्याओं के समक्ष दयनीय नजर आती है तो हमें कोई आश्चर्य नहीं होना चाहिए क्योंकि आधुनिक हिंदी समीक्षा जहाँ से उधार लेती रही है, आज समीक्षा का संकट वहीं ज्यादा गहराया है। पश्चिमी समीक्षाशास्त्र में कल तक बेहद दबाव रखने वाले तमाम संप्रदाय और समीक्षक-चिंतक यथा एफ. आर. लीविस, आई. ए. रिचार्ड्स, अमरीकी नव्यालोचना और संरचनावादी संप्रदायों से प्रेरित-प्रभावित समीक्षाएँ अब अपने समय से बहुत पीछे नजर आती हैं। [हिंदी की समीक्षा में तो अभी संरचनावाद भी पूरी तरह से प्रवेश नहीं कर पाया है, लेकिन जहाँ ऐसा हुआ है वहाँ भी अधकचरापन अधिक है। हिंदी समीक्षा की दीनता के दृश्य दिखाने के लिए यह हिस्सा नहीं लिखा जा रहा। लेकिन उसकी दरिद्रता की ओर संकेत करना इसलिए जरूरी है क्योंकि उसकी दरिद्रता (कई स्तरों पर मौलिक होते हुए भी) पश्चिमी समीक्षाशास्त्र में मौजूदा संकट के कारण और बढ़ गई है। हमारी समीक्षा अभी रूप और अंतर्वस्तु की कभी न पाई जाने वाली द्वंद्वात्मकता, प्रतिबद्धता और स्वतंत्रता, अनुभववाद और इतिहासवाद के युग्मों के उजाड़ में किसी बिजूके की तरह खड़ी है।]

पश्चिम में अपनी स्थितियों के बदलाव और विचारों की सीमाओं का तीखा अहसास यहाँ तक आया है कि आज वह बदलने को आकुल है और एक तेज परिवर्तन

की गिरफ्त में है। लेकिन यह अंग्रेजी समीक्षा में उतना नहीं हो रहा जितना कि फ्रांसीसी, इतालवी, जर्मन अथवा अमरीकी समीक्षा में हो रहा है। वहाँ आधुनिकतावादी समीक्षा के व्यर्थ हो जाने के तथ्य को अब स्वीकृत कर लिया गया है और विखंडन, उत्तर-संरचनावाद ही नहीं उत्तर-विखंडनवादी प्रयत्न बन-बिगड़ रहे हैं।

इतिहास में देखें तो पाते हैं कि आधुनिक समीक्षा-सिद्धांतिकी मूलतः 'मूल्यबोध' वाली अवधारणाएँ हैं जो औद्योगीकरण की संवेदनशून्यता के मुकाबले औद्योगिक मूल्यबोध और संवेदनायुग्मों से परिचालित हैं। साहित्य-समीक्षा के इतिहास को देखें तो पता चलता है कि अब तक की समीक्षा 'मुक्ति के वृत्तांत' या 'मुक्ति के रूपक' को रचना में खोजने की कोशिश है। यह समीक्षा सर्वत्र राष्ट्र (राष्ट्रवाद, राष्ट्रीय मुक्ति आंदोलन स्वतंत्रता पूँजीवादी मानवतावादी विकास आदि) अथवा सर्वहारा (समाजवाद, साम्यवाद) के वृत्तांतों की खोज का दूसरा नाम है।

कहने की जरूरत, नहीं कि ये दोनों इतिहास आधुनिक बोध यानी ज्ञानोदय (ऐनलाइटिनमेंट) की परंपरा को निभाने वाले हैं। क्योंकि वे उसी का ऐतिहासिक विकास है। यहाँ साहित्यिक प्रतिबिंबवाद है। जिस समाज का वह प्रतिबिंब है, वह उससे बाहर है। समीक्षा का काम इस प्रतिबिंब को समाज, राष्ट्र या र्सवहारा की अभिव्यक्ति मानना है। यही आधुनिक ज्ञानावस्था है। ज्ञान का एक नया हेतुवाद है। पूर्व-आधुनिक अज्ञान नष्ट होना है। नया आना है। ज्ञानोदय करना है। जो 'कृति' ज्ञानोदय कराए वह क्रांतिकारी, आधुनिक और महान है। मानववाद, लोकवाद और समाजवाद परस्पर शत्रु-मित्र होते हुए भी समीक्षा में एक रेखीय प्रणाली बनाते हैं। साहित्य के केंद्र में मनुष्य है। मनुष्य है तो उसकी भावनाएँ, संवेदनाएँ, संबंध हैं, वे संबंध यथार्थ हैं। वे यथार्थ से कैसा संबंध बना रहे हैं ? वे सामाजिक विकास को बाधित करते हैं तो त्याज्य हैं। बढ़ाते हैं तो स्वीकार्य। आधुनिकता ने जीवन एवं साहित्य समीक्षा का यह आसान फार्मूला चलाया है।

रामचंद्र शुक्ल, रामविलास शर्मा, नामवर सिंह हिंदी साहित्य में या तो राष्ट्र के महावृत्तांत को खोजते हैं या समाजवाद के महावृत्तांत को। (यह अलग बात है कि यूरोप में यद्यपि यह खोज पुरानी हो गई है जहाँ अब उनके विद्यार्थी भी इसे नहीं खोजते। और मार्क्सवादी भी नहीं खोजते) हिंदी में आधुनिकता के प्रति इस जिद के चलते अपने समय से पिछड़ जाने की व्यर्थता भयावह है। इसे समझने के लिए हम यहाँ पहले समीक्षा की आधुनिक अवधारणाओं का एक न्यूनतम रेखाचित्र जरूरी समझते हैं।

आधुनिक समीक्षा का 'दर्पणवाद' यूरोपीय 'पॉजिटिविज्म' का परिणाम है जो 'कला' को एक स्वतंत्र विषय मानकर चलता है और जो कलाओं पर प्रकृति विज्ञानों के नियम लागू करता है। कहने की जरूरत नहीं कि फ्रांसीसी दार्शनिक आगस्ट डी कौम्ते के पॉजिटिविज्म का इस पर असर रहा है। यह साहित्य में अनुभवों, अनुभववाद को प्रश्रय नहीं देता था बल्कि तथ्यों की चिंता करता है। इस क्रम में कोई भी 'रचना' या कृति अधिकतम अपने युग का 'दर्पण' मानी जाती है और उसी तरह पढ़ी जाती है।

हिप्पोलइट टेन ने कौम्ते के विचारों को आगे बढ़ाकर बताया कि कृति में अपने समय की छाप होती है, उस छाप को देखना समीक्षा का काम है। (हिंदी की आज की तमाम शोध पद्धति इसी 'पॉजिटिविज्म' पर आधारित है।) यूरोपीय साहित्य का उन्नीसवीं सदी का एक बड़ा हिस्सा इसी के प्रभाव में लिखा गया। 'व्यक्तित्व और कृतित्व' मार्का अध्ययन पॉजिटिविज्म के सबसे अच्छे उदाहरण कहे जा सकते हैं जो साहित्यिक पाठ को लेखक की जिंदगी, उसके वैचारिक हेतु, उसके वातावरण, उसके स्रोतों का अध्ययन करके बताते हैं कि किसी साहित्यिक कृति के पाठ में किन-किन व्याख्याओं का हाथ है, कि रचना व्यक्तित्व एवं वातावरण का दर्पण है। रचना का अर्थ करने के लिए बीज शब्दों का ऐतिहासिक अर्थ भाषाविज्ञान से लाया जाता है।

'पॉजिटिविज्म' मानकर चलता है कि रचना में कोई विशेष मूल्य निहित होता है (मानने को आज भी लोग मानते हैं) लेकिन खोजते वक्त वह उनमें ऐतिहासिक तथ्यों की खोज किया करता है। (जैसाकि कुछ इतिहासकारों में पिछले दिनों मानस में राममंदिर का जिक्र देखना चाहा। रामचंद्र शुक्ल की आलोचना पद्धति इस पॉजिटिविज्म का हिंदी में एक अच्छा उदाहरण है। रामविलास जी इसी श्रेणी में आते हैं। नामवर जी भी यहीं खड़े हैं।)

एफ. आर. लीविस ने पाजिटिविज्म के इस क्रम को उलटा और साहित्यिक कृति के 'कृति' रूप को स्थापित किया। कहने की जरूरत नहीं कि एफ. आर. लीविस और नव्यालोचकों के बीच उठे विवाद ने लीविस की स्थापनाओं को स्पष्ट किया जिनका प्रभाव अंग्रेजी साहित्य और फिर हिंदी साहित्य पर पड़ा।

लीविस की अवधारणाओं के केंद्र में दो प्रश्न थे। कविता की प्रकृति क्या है और उसका 'मूल्य' क्या है ?

लीविस के मतानुसार, 'कृति' अपने से बाहर अपनी वास्तविकता (यथार्थ) से संबद्ध होती है, वह वास्तविकता को पकड़ती है, वह जीवन से संबद्ध होती है, वह अपने समय के विचार के साथ चलती है, उसमें निजी सपने या कल्पना को अवकाश नहीं होता, वहाँ कोई भाव भावमात्र के लिए नहीं आता।

लीविस का मानना है कि आलोचक का काम मूलतः एक अच्छे पाठक का काम है। उसका काम है कि वह कृति के 'अनुभव' का अनुभव करे, उसके ठोस और पूर्ण रूप में। फिर इस अनुभव को अपने पाठकों को बताए। यह काम उसे कविता के मिजाज के अनुरूप ही करना चाहिए यानी उस भाषा में करना चाहिए जो स्पष्ट हो, तुलनाक्षम हो और जो मूल्यांकन कर सके। 'लेखक के अनुभव को पाठक तक पहुँचाना', लीविस की समीक्षा का हेतु यही है। यहाँ सिद्धांत-गठन नहीं हुआ करता। साहित्य यहाँ पाठक (समीक्षक) और लेखक के बीच का संचार है। जिस तरह आम बोलने वाला अपना संदेश दूसरे पाठक तक पहुँचाता है उसी तरह लेखक अपने पाठक तक पहुँचाता है। (आज के बहुत से हिंदी समीक्षक लीविस के मॉडल में ही फँसे हैं। वे आज भी किसी पाठक की तलाश में निकले होते हैं।) संदेश यहाँ अंतर्वस्तु है। रूप वह आकार है जिसमें संदेश

या अंतर्वस्तु रखी गई है। रूप के 'दौने में रखी अंतर्वस्तु को पाठक खा ले। बस। यह समीक्षा है। लीविस की समीक्षा-शैली का सूत्र यों बनेगा, 'लेखक भाषा में, पाठक के लिए यथार्थ के बारे में एक संदेश लिखता है।'

नव्य-समीक्षा ने यहीं कुछ प्रतिप्रश्न उठाए। उसने पूछा कि लेखक-पाठक के इस 'ईसा-मूसा' वाले खेल में साहित्यिक पाठ (टैक्स्ट) की गुणवत्ता देखने-परखने की गुंजाइश कहाँ है ? लेखक-पाठक में संबंधों का ठीक-ठीक रूप क्या है ? पाठक की भूमिका यहाँ क्या है ? भाषा की स्थिति क्या है ?

कहने की जरूरत नहीं कि लीविस की मान्यताएँ जो पहली बार लेखक-पाठक के युग्म की स्थापना करती थी, बहुत शीघ्र किसी सिद्धांत पर पहुँचे बिना समाप्त हो जाती थीं। रूसी रूपवाद ने 'विशिष्ट भाषा' को साहित्य का हेतु कहा तो जड़-मार्क्सवादियों ने उसे अधिरचना का हिस्सा मानकर छोड़ दिया। एक ने रूप को अंतिम माना और रूप की पूजा में लग गया तो दूसरा अंतर्वस्तु की पूजा में। नव्यालोचना ने अंतर्वस्तु और रूप के युग्म को स्वीकारा लेकिन 'अंतर्वस्तु क्या है ?' की जगह 'कैसे है ?' को समीक्षा का हेतु बनाया। नव्यालोचना ने दूसरी बात पाठ (टैक्स्ट) और लेखक के संबंध के संदर्भ में उठाई। 'पॉजिटिविस्ट' संप्रदाय साहित्यिक कृति के सत्य को व्यक्तित्व से मिलाकर सिद्ध करता था। लीविस में भी इसकी स्वीकृति किसी हद तक थी। नव्यालोचना ने लेखक के हेतु और उसके अनिश्चय का प्रश्न उठाया और पूछा कि कृति में माने गए लेखक के 'हेतु' सिद्ध कैसे हों ? वे या तो मनोविज्ञान से सिद्ध हो सकते हैं या इतिहास से। तब साहित्य एक स्वतंत्र प्रकार्य कैसे रह पाएगा ? नव्यालोचना ने एक बुनियादी आपत्ति पाठ और पाठक के संबंध में उठाई। लीविस के यहाँ यह मानकर चला गया कि इधर लेखक ने जो कहा, उधर पाठक ने वही समझा। लेकिन एक फ्रायडीय पाठक टैक्स्ट में कुछ और पढ़ेगा जबकि एक मार्क्सवादी पाठक कुछ और ? फिर पाठक ही जब पाठ का निर्धारक है तो उसकी भूमिका सिर्फ दूसरे कोने पर बैठे रसिक मात्र की क्यों है कि ताली बजाए और घर जाए ?

बाद में आई. ए. रिचार्ड्स ने पाठक की स्थिति को थोड़ी जगह दी। उसने पाठक को ऐतिहासिक रूप से आवश्यक स्थान दिया। साहित्यिक पाठक के निश्चय से पाठक की ऐतिहासिक सांस्कृतिक स्थिति निर्णायक मानी।

उपरोक्त विवरण का अर्थ इतना ही है कि लीविस के बाद समीक्षा के हेतु और प्रक्रिया को लेकर जितने प्रश्न पैदा हुए उतने ही संपद्राय उठ खड़े हुए। यहाँ हम कुछ प्रमुख संप्रदायों का संक्षिप्त परिचय देना चाहेंगे।

इस क्रम में सबसे पहला आधुनिक समीक्षा संप्रदाय रूसी-रूपवाद था जिसे 'शब्द की वापसी' नाम के (1914) अपने लेखक के जरिए विक्टर स्क्लोवस्की ने आरंभ किया। ट्राट्स्की की किताब 'लिटरेचर एंड रिवोल्यूशन' (1923) में इस रूपवाद पर बड़ा कड़ा प्रहार किया गया है। कहने की जरूरत नहीं कि बाद में रूपवाद पर उठी तमाम बहसें ट्राट्स्कीवादी हमलों से भरपूर रही हैं जिन्हें मार्क्सवाद के नाम पर किया गया है।

इन हमलों की अनुगूँजें हिंदी में अभी तक उसी ढंग से जारी हैं।

रूपी-रूपवाद मास्को लिंग्विस्टिक सर्किल तथा पीटर्सबर्ग में सक्रिय 'ओपोजा' संप्रदाय के बीच से जन्मा। रोमान जैकोबसन ने इस रूपवाद यानी काव्यभाषा के सिद्धांत को उसकी दार्शनिक ऊँचाइयों तक पहुँचाया। उस समय साहित्य के प्रचलित काव्यभाषा-सिद्धांतों के प्रति साहित्यकारों में गहरा असंतोष था और एक भविष्यवादी काव्यांदोलन ने चली आती साहित्यिक मान्यताओं को चुनौती दे दी थी। 1917 की क्रांति के बाद 1930 तक आते-आते यह संप्रदाय निस्तेज हो गया। इसमें बड़ी भूमिका समाजवादी सत्ता की थी जिसने काव्यभाषा के खोजियों को पतनशील करार दिया। लेकिन काव्यभाषा के ऐसे अध्ययन का स्थानांतरण हो गया। 'प्राग लिंग्विस्टिक सर्कल' के रूप में, मास्को को छोड़ गए रोमन जैकोबसन ने प्राग में 1926 में इस संप्रदाय को स्थापित किया। यहाँ जान मुकारोवस्की और जूबेत्को उनके साथ आए लेकिन दूसरी लड़ाई के छिड़ने एवं चेकोस्लोवाकिया पर जर्मनी के हमले के आसपास यह स्कूल भी विदा हो गया।

बाद की संरचनावादी दृष्टि और 'संरचनावाद' के बीज यहीं पड़े जो बाद में लेवीस्ट्रास ने विकसित किए। इसलिए समकालीन संरचनावाद एवं उत्तर-संरचनावाद की जटिल बहसों में जाने से पहले रूसी रूपवाद तथा प्राग संप्रदायों की अवधारणाओं का एक परिचय जरूरी है क्योंकि वे बाद की तमाम समीक्षा पद्धतियों को किसी-न-किसी रूप में प्रभावित करती रही हैं। नव्यालोचक रेने वेलेक खुद प्राग-संप्रदाय के सक्रिय सदस्य हो गए थे जिन्होंने रूपवाद की प्रभावशाली व्याख्याएँ अपनी पुस्तक 'थियरी ऑफ लिटरेचर' (1949) में दी जिसका असर हिंदी में सातवें-आठवें दशक में देखने को मिल। (देखिए नामवर सिंह की 'कविता के नए प्रतिमान' पुस्तक)।

रूसी-रूपवाद पहला संप्रदाय है जिसने 'साहित्य के रूप में साहित्याध्ययन' की एक संपूर्ण पद्धति प्रस्तुत करने का प्रयत्न किया। यूरोप में रूसी-रूपवाद पर अध्ययन और बहसें लगातार मिलती हैं लेकिन हिंदी में रूपवाद की अवधारणा की गंभीरता तक स्पष्ट नहीं है। यह मनोरंजक ही है कि मार्क्सवाद के नाम पर जिन लोगों ने रूपवाद को निंदनीय माना, वे उसे जाने बिना ही ऐसा करते आ रहे हैं।

हमने संकेत किया कि उन्नीसवीं सदी के बाद के दिनों में पॉजिटिविज्म ने साहित्य को समझने का एक आवयविक सिद्धांत देना चाहा। इसमें समीक्षक या विशेषज्ञ का काम कृति के स्रोतों की पड़ताल करना होता था। इतिहास, आत्मकथा का प्रमाण जुटाना होता था। इस चक्कर में कृति दोयम दर्जे का अस्तित्व बन जाती थी। साहित्य एक ऐसा औसत अजायबघर बन जाता था जिसमें दर्शन भी होता था, इतिहास भी, राजनीति भी, मनोविज्ञान भी, सौंदर्यशास्त्र भी (हमारे तमाम शोध ग्रंथ इसी फटीचर पॉजिटिविज्म के शिकार हैं)। रूसी रूपवाद इस पॉजिटिविस्ट 'अति' के विरुद्ध एक वैचारिक विक्षोभ था।

रूपवाद क्या है ? रूसी-रूपवाद के एकनबॉम ने बताया कि यह रूपवाद कोई पद्धतिशास्त्र नहीं है, सौंदर्यशास्त्र है। यह साहित्य का एक आत्मनिर्भर और स्वतंत्र विज्ञान

तैयार करने का ऐसा प्रयत्न है जो साहित्य-सामग्री का अध्ययन कर सके। इसलिए रूपवादी के सामने मूलभूत प्रश्न यह नहीं होता कि वह साहित्य को कैसे देखे बल्कि यह होता है कि साहित्य के अध्ययन का वास्तविक विषय क्या है ! रूपवाद की इस चिंता के भीतर प्रतिबिंबवाद (यथार्थ जिसका फल है) तथा अभिव्यंजनावाद नहीं आते। ये दोनों खारिज हो जाते हैं। अब तक साहित्य को या तो लेखक के व्यक्तित्व की अभिव्यक्ति समझा गया था या समाज का प्रातिनिधिक प्रक्रिया-प्रतिबिंब। रूपवाद ने कहा कि यदि कृति किसी लेखक के व्यक्तित्व की अभिव्यक्ति है तो हम साहित्याध्ययन के नाम पर अंततः लेखक की आत्मकथा और मनोविज्ञान को खोजते रह जाएँगे। यदि प्रतिबिंब मानें तो हम इतिहास, राजनीति और समाजशास्त्र के विद्यार्थी होकर रह जाएँगे। रूपवाद ने कहा कि प्रतीकवाद जो 'कला को बिंबों का विचार' कहता है, अंततः कला के बाहर चला जाता है। तत्त्व-विज्ञान और मनोविज्ञान में निकल जाता है।

रूसी-रूपवाद ने बेहद स्पष्टता और दृढ़ता से सिद्ध किया कि साहित्य को किसी भी अन्य चीज में बदलकर नहीं देखा जा सकता। यहाँ साहित्य अन्य शास्त्रों से भेद के आधार पर ही अलग है। साहित्य का विषय इस तरह साहित्य न होकर अन्यों से उसका भेद स्थापन है और उन बातों का अध्ययन है जो उसे अलग करती हैं।

यहीं स्क्लोवस्की का 'अपरिचयीकरण' (डिफेमिलियराइज) का सिद्धांत सिद्ध होता है जिसके तहत अनुभव हमारी आदतों में, हमारे रोजमर्रा में अंतर्भुक्त हो जाते हैं, उन्हें अपरिचित बनाना ही साहित्य है। चलना, एक अंतर्भुक्त यथार्थ है। हम सब चलते हैं। हम सोचते भी नहीं हम कैसे चलते हैं लेकिन जब हम नृत्य करते हैं तो चलने की विशेषताएँ स्थापित होती हैं। इसलिए नृत्य कला है, रूप है। इसी तरह सामान्य भाषा अंतर्भुक्त हो जाती है। कविता इस भाषा को कभी टेढ़ी, कभी कठिन, कभी जटिल बनाकर अपरिचय से परिचय देती है। यही रूपवाद है। कविता में रोजमर्रा की भाषा अजनबी बनाई जाती है। यही शब्द का अजनबीकरण है। यही नयापन है। यही उसका रूप है। 'काव्यात्मक भाषा मूलतः रूपात्मक ही होती है' क्योंकि जहाँ कहीं रूप हो, अपरिचयीकरण होगा (स्क्लोवस्की)। काव्यभाषा रोजमर्रा की भाषा से सिर्फ इसलिए अलग नहीं होती क्योंकि उसके शब्द रोजमर्रा की जिंदगी में नहीं मिलते बल्कि इसलिए अलग होती है क्योंकि उसकी तरकीबें (लय या तुक) रोजमर्रा के सामान्य शब्दों को नया (अपरिचित) बनाती हैं, उनके स्वरों को बदलती हैं। प्रकटतः कठिन या जटिल रचना इसीलिए 'रचना' कहाती है।

रूसी-रूपवाद की 'अपरिचयीकरण' की वह अवधारणा आगे चलकर भाषा का मामला बन जाती है जिसने रूपवाद को एक चुनौतीपूर्ण संप्रदाय बनाया। इस रूपवाद के अनुसार साहित्य समीक्षा का हेतु व्यवहार और काव्य की भाषा के 'विरोध' में प्रकट भेद को विश्लेषित करना है। यह काम 'अपरिचयीकरण' की प्रक्रिया खोजकर किया जा सकता है। अपरिचयीकरण को 'भेद' के जरिए स्थापित किया जाता है। सिर्फ कविता के भीतर रहते हुए उसके भेद (रूप) की स्थापना नहीं हो सकती। उसकी स्थापना तभी होगी जब

वह भिन्नता स्थापित करेगी। कविता के भीतर से कविता की व्याख्या अथवा परिभाषा असंभव है। कविता, 'जो कविता नहीं है' की तुलना से ही स्थापित होती है। अपने भीतर से नहीं। रूपवाद अपने रूप को अपने से बाहर जाकर ही सिद्ध करता है।

रूसी-रूपवाद ने सबसे बड़ा काम यह किया कि उसने साहित्य की प्रचलित सर्वसंग्रहवादी दृष्टि को व्यर्थ कर दिया और साहित्याध्ययन को एक स्वतंत्र अनुशासन बनाया। मनगढ़ंत अंदाजों और मनगढ़ंत निष्कर्षवाद से मुक्त कर रूपवाद ने समीक्षा को एक निश्चित अध्ययन में बदल दिया। सच तो यह है कि रूपवाद उन तरकीबों का अध्ययन था जो भाषा को अजनबी यानी नया बनाती हैं। इस तरह इसे रूपवाद भी कहना उचित न था। लेकिन यही नाम चला क्योंकि इनके विरोधियों ने उन्हें यही नाम दिया। एकनबॉम ने तो कहा कि वे रूपवादी नहीं हैं बल्कि 'विशेषान्वेषी' हैं। विशेष तत्त्व की खोज उन्हें रूपवादी बनाती है।

रूपवाद का इतिहास दिलचस्प है। इसके आरंभ में साहित्य कला और रूप का पर्याय बने रहे। कला तकनीक बन गई। साहित्यिक तरकीब असली औजार बन गई। यहाँ एक कृति कलात्मक तरकीबों का सार बन गई। बाद में रूपवाद ने पाया कि लगातार दुहराव से तरकीब भी 'परिचित' बन जाती है। इस तरह यह भी पाया गया कि साहित्यिकता सिर्फ तरकीबों में नहीं है, वह 'अवरुद्ध भाषा' में ही नहीं है बल्कि 'अवरुद्ध रूप' में भी है। स्क्लोवस्की ने कहा कि 'तकनीक (तरकीब) के रूप में कला, उसकी रूप-व्यवस्था खुद, एक हद के बाद परिचित और स्वतःस्फूर्त चीज बन जाती है। (एक ही तरह की काव्यरूढ़ि काव्यभाषा में पैदा होते कितनी देर लगती है ?) इसलिए कला इससे भी अपने भेद 'अपरिचय' से स्थापित करती है। वह प्रचलित व्यवस्था को तोड़ती है, उसमें अव्यवस्था पैदा करती है।

रूसी-रूपवाद का दुनिया-भर के साहित्य एवं भाषा चिंतन पर असर हुआ। इस रूपवाद ने साहित्य को रचनाकार और परिस्थिति से अलग कर दिया। लिखित 'पाठ' या 'टैक्स्ट' की अवधारणा के पहले बीज यहीं पड़े जो बाद में संरचनावाद तथा उत्तर-संरचनावाद के बुनियादी और निर्णायक पद बने। यहीं आधुनिक भाषाविज्ञान और साहित्य में एक नया संबंध स्थापित हुआ। यह एक आधुनिकतावादी घटना थी। यही भाषाविज्ञान का संरचनावादी सूत्र था जो संचार के उद्देश्य के लिए भाषा की संरचना के प्रकार्य को समझने की कोशिश में था। फर्डीनांद सासूर (1857-1913) ने भाषा में संरचनावाद की नींव डाली। यह रूसी-रूपवाद के लगभग समांतर हुआ। इसीलिए आधुनिक संरचनावाद और उत्तर-संरचनावाद सासूर को अपना जनक मानते हैं।

सासूर की अवधारणाएँ कई अर्थों में क्रांतिकारी अवधारणाएँ रहीं। सासूर मानते हैं भाषा एक व्यवस्था (सिस्टम) है। वह चिह्नों की निर्मिति है। चिह्न जो मनमाने और भेदपरक होते हैं। एक भाषाई चिह्न में दो तत्त्व होते हैं। एक स्वर-बिंब (या लिखित बिंब) और दूसरा उसका विचार। पहला तत्त्व 'व्यंजक' (सिग्नीफायर) है, दूसरा है 'व्यंग्य' (सिग्नीफायड)। मसलन, 'पेड़' शब्द पढ़ या सुनकर हम एक व्यंजक प्राप्त करते हैं जो

तुरंत ही हमारे मन में 'पेड़' का व्यंग्य बन जाता है। चिह्न के ये दो तत्त्व नियमरहित हैं। इस मनमानेपन के भी दो कारण हैं। एक है भाषागत परंपरा। 'पेड़' कहने से बहुत-से व्यंजकों का समूह अपने आप हमें 'व्यंग्य' तक ले आता है। यह है व्यंजक की व्यंग्य से कार्यकारकता। यह भाषिक परंपरा का फल है। दूसरा यह कि व्यंजक व्यंग्य की पूरकता के भीतर कोई 'अनिवार्य' स्वाभाविकता नहीं होती। व्यंजक और उसके मायने (व्यंग्य) इसीलिए 'मनमाने' होते हैं।

शब्द-अर्थ की परस्परता का मनमाना अथवा नियमरहित होना ही वह तत्त्व है जो सासूर ने भाषाविज्ञान और संरचनावाद को दिया। इसने भाषा की दुनिया और यथार्थ के बीच एक अनिवार्य 'टूट' पैदा कर दी। शब्द हमारे अनुभवों का संचार करते हैं, वे सिर्फ उन्हें 'बिंबित' या अभिव्यक्त मात्र नहीं करते। चीजें (यथार्थ) इसीलिए शब्दार्थ तय नहीं करतीं, बल्कि शब्द ही अर्थों को तय करते हैं। शब्द उस तमाम अनुभव को रूप देते हैं जो बिना भाषा के नहीं बताया जा सकता। यथार्थ शब्दों को अर्थ नहीं देता। शब्द यथार्थ को अर्थ देते हैं। नियंत्रित करते हैं। इस तरह 'पेड़' अपने से बाहर पेड़ की अभिव्यक्ति नहीं हैं बल्कि 'पेड़' चिह्न के माध्यम से हम पेड़ को झाड़ी, झंखाड़, घास-पात से अलग कर पाते हैं। इस तरह व्यंग्य एक-दूसरे से अभिन्न हैं।

यदि यथार्थ और शब्द का संबंध मनमाना है तो हम अर्थ कैसे प्राप्त करते हैं ? व्यंजक अर्थ कैसे पैदा करता है ? सासूर कहते हैं कि चिह्न का काम (अर्थ) अन्य चिह्नों के साथ संबंध—यानी भेद—से निश्चित होता है। हम शब्दों को उनके आपसी भेद से समझते हैं। उनके भेद ही उन्हें अर्थ देते हैं। हम उनके भेदन से अनुभवों के खंड प्राप्त करते हैं। वही अर्थ होते हैं। हम 'पेड़' को ऐसे ही समस्वर—पैर, पेड़ा, पैड़ स्वर से अलगाते हैं और व्यंग्य के रूप में हम झाड़ी, झंखाड़ से अलग करते हुए अर्थ पाते हैं। इस अर्थ में भाषा एक व्यवस्था है जिसके हर तत्त्व की स्थिति उसके संपूर्ण ढाँचे में स्थित होने में है। सासूर ने आगे चलकर भाषा व्यवस्था (लांग) तथा व्यक्तिगत संचार (परोल) से भेद किया और स्पष्ट किया कि संरचनावाद का काम भाषा-व्यवस्था ('लांग') की पड़ताल करना है, 'परोल' की नहीं।

सासूर से पहले भाषा के इतिहास के 'विकास' को देखा जाता है। यह ऐतिहासिक (डाइक्रोनिक) अध्ययन था। सासूर ने जोर दिया कि असल देखने की बात यह है कि भाषा अपना काम कैसे करती है ? यही 'सिंक्रोनी' है यानी व्यंजक-व्यंग्य की प्रक्रिया का अध्ययन। सासूर ने बताया कि इतिहास खोजने वाली पद्धति के निष्कर्ष अलग हैं और भाषा के काम का अध्ययन करने वाली पद्धति (सिंक्रोनिक) के अलग।

शब्दार्थ की खोज में आगे जाकर सासूर ने बताया कि हर भाषा का अपना वाक्य-क्रम, शब्द-क्रम (सिंटेग्मैटिक) है। लेकिन हमें अर्थ प्राप्त करने के लिए 'जो नहीं है' उससे जोड़कर देखना होता है। यही 'संदर्भ' है।

साहित्य चिंतन पर इस पद्धति का बहुत गहरा असर हुआ। रूसी-रूपवाद की तरह सासूर के निष्कर्षों के दूरगामी परिणाम हुए। दोनों ने ही 'अर्थ' की प्रक्रिया को नए ढंग

से देखा। चिह्न के मनमाने मिजाज की अवधारणा ने कालांतर में संरचनावाद को विकसित किया जिसने भाषा और यथार्थ के बीच की 'टूट' को रेखांकित किया। यहीं से यह विचार निकला कि हरेक अर्थ अपने यथार्थ से स्वतंत्र होता है। बाद के संरचनावाद ने इसे और भी स्पष्ट किया।

यहीं हम 'प्राग संप्रदाय' की चर्चा करें क्योंकि इसकी चर्चा के बिना आधुनिक संरचनावाद तथा उत्तर-संरचनावाद को नहीं समझा जा सकता।

यह एक ऐतिहासिक तथ्य है कि रूपवाद और सासूर के शब्दार्थ-सिद्धांत को प्राग संप्रदाय ने ही संयुक्त किया। यहीं कायदे से संरचना (स्ट्रक्चर) और प्रकार्य (फंक्शन) शब्द स्थापित हुए और साहित्य समीक्षा में आए। प्राग रूपवादियों ने, जो 'प्राग लिंग्विस्टिक सर्कल' के नाम से जाने जाते थे, 1942 में अपनी अवधारणाएँ दीं। जान मुकारोवस्की इस सर्किल के मुखिया थे। भाषा और साहित्य के अध्ययन के लिए संरचना और संरचनात्मक शब्दों की यहीं विधिवत व्याख्या की गई। सर्कल का कहना था कि भाषाविज्ञान का लक्ष्य भाषागत व्यवस्थाओं को समझना है। कविता भी एक तरह की भाषागत संरचना है। संरचना क्या है ? वह भाषा में विभिन्न तत्त्वों के संबंधों की व्यवस्था है। साहित्य में संरचना रूप और तरकीब दोनों का समाहार है। रूपवाद ने अंतर्वस्तु और रूप के परंपरागत विरोध को चुनौती दी थी और रूप और अंतर्वस्तु की जगह 'तरकीब' और 'सामग्री' पर जोर दिया था। 'तरकीबें' वे तरीके थे जो 'अपरिचित' बनाने के काम आते थे। वे ही कविता के प्रकार्य थे।

संरचना के अंतर्गत साहित्य के भाषागत स्वर से लेकर विषय तक सब कुछ आ जाते हैं। मुकारोवस्की ने बताया कि संरचना के रूप में साहित्यिक पाठ (टैक्स्ट) का चिह्न बन जाता है जिसमें व्यंजक और व्यंग्य एक जटिल संबंध में अनुशासित रहते हैं। संरचनावाद पाठ की संपूर्णता में उसके संगठन की ओर ध्यान देता है। पाठ की संरचना उसके भीतर स्थापित संबंधों की सकल व्यवस्था भी है।

इस दृष्टि से साहित्यिक पाठ तो संरचना है ही, संचार का कोई भी रूप संरचना है। भाषा का 'प्रकार्य' दोनों तरह के रूप में भेद करता है। काव्यात्मक पाठ अपने प्रकार्य से अलग होता है। रोमान जैकोबसन ने 1968 में अमरीका में 'क्लोजिंग स्टेंटमेंट' वाले अत्यंत प्रख्यात लेख में बताया कि किसी भी संदेश के छह प्रकार्य होते हैं जो किसी भी संचार में मौजूद छह तत्त्वों के समांतर चलते हैं। ये हैं—(क) वाचक, (ख) श्रोता (वाचित), (ग) संदर्भ, (घ) संहिता, (ङ) संपर्क माध्यम और (च) संदेश। कविता का प्रकार्य 'संदेश' के केंद्र में होता है। वाचक यदि केंद्र में है तो उसके संदेश में प्रकार्य है। श्रोता या पाठक केंद्र में है तो प्रभाव एक प्रकार्य है। यदि संदर्भ केंद्र में है तो संदेश की स्थिति प्रमुख हो उठती है। संहिता पर जोर है तो भाषा की आंतरिक संरचना यानी व्याकरण पर जोर है। यदि संपर्क माध्यम पर जोर है तो दुहरे संवाद पर जोर आ जाता है। हर सूरत में इस तरह संदेश पर जोर रहता है। यही काव्यात्मक प्रकार्य है।

इस अवधारणा में सभी पाठ बराबर आ जाते हैं। भाषा के तमाम रूपों में ये प्रकार्य

हो सकते हैं। यदि भाषा में काव्यात्मक प्रकार्य है तो वह भाषा काव्यात्मक हो जाती है और काव्य उसका प्रकार्य हो जाता है। भाषा का प्रकार्य जितना अपरिचय पैदा करेगा उतना ही वह काव्यात्मक होगा। आलोचक का काम साहित्य के सामाजिक संबंधों की अनदेखी करना नहीं है बल्कि कविता-भाषा के तमाम संबंधों को समझना है। यह संबंध कविता विधा से बाहर भी हो सकता है।

कहने की जरूरत नहीं कि प्राग सर्कल ने साहित्य एवं भाषागत सिद्धांतों को चिह्न-विज्ञान के क्षेत्र में केंद्रित कर दिया। सासूर ने कुछ पहले चिह्न-विज्ञान की बात की थी कि चिह्न-विज्ञान एक ऐसा विज्ञान है जो समाज के भीतर चिह्नों के जीवन का अध्ययन करता है। (हम आगे देखेंगे कि यह बात बाद में फ्रांसीसी संरचनावादियों में विकसित हुई और उत्तर-संरचनावाद तक किस तरह आई।) प्राग सर्कल के मुखिया मुकारोवस्की ने 1936 में कविता को 'एक चिह्न-वैज्ञानिक तथ्य' कहा था तो मूलतः यह कहा था कि कलात्मक कृतियाँ एक खास तरह के चिह्न व्यवस्था रखती हैं जिन्हें एक खास चिह्न-विज्ञान से ही समझा जा सकता है। इस चिह्न-विज्ञान की खासियत यह है कि यह एक ही साथ साहित्य को 'बाह्य' से स्वतंत्र भी करता है और संबद्ध भी रखता है।

कविता का शब्दार्थ कविता के बाहर के बिंबन में नहीं बल्कि 'वाच्यार्थ' में है। लेकिन यह वाच्यार्थ बिना 'भेद' के स्थापित नहीं होता और इस तरह यह बाहरी समाज से जुड़ जाता है। रोजमर्रा की हमारी भाषा हमारा 'कैदखाना' होती है। काव्यभाषा इस कैद को तोड़ती है अपरिचय की पद्धति से। वह परंपरागत चिह्न-व्यवस्था को तोड़ती है। वह चिह्नों को मुक्त करती है, नया बनाती है। यही चीज है जिसे मुकारोवस्की 'बहुविधि जटिल यथार्थ से साक्षात्कार' की प्रविधि कहते हैं। यही तत्त्व प्राग सर्कल को रूपवाद की सीमाओं से बाहर निकाल देता है। चिह्न-विज्ञान के जरिए इनका रूपवाद 'सामाजिक' हो उठता है।

प्राग सर्कल का संरचनावाद, बाद के संरचनावाद से काफी भिन्न है। छठे-सातवें दशक का फ्रांसीसी संरचनावाद साहित्य की सकल संरचना को 'सकल चिह्न-व्यवस्था' की तरह देखता है, जबकि प्राग सर्किल हर 'पाठ' को अलग 'एक चिह्न' व्यवस्था की तरह देखता था। नया संरचनावाद साकल्यवादी (टोटलिस्ट) है, प्राग सर्किल वाला ऐसा नहीं था। प्राग संरचनावादी विश्लेषक का काम यह है कि वह कृति (पाठ) में, प्रचलित भाषाई विचलन (भिन्नता) को देखे। देखे कि वह विचलन 'पाठ' में, 'वाक्य' में किस तरह आता है, फिर उसे अन्य स्तर (लय, अक्षर विन्यास, विषयवस्तु आदि) से मिलाए और पाठ की सकल संरचनात्मक संपूर्णता को सिद्ध करे। इस तरह प्राग सर्कल की पद्धति किसी पाठ के सकल प्रभाव को उसकी संपूर्णता में जाँचने की पद्धति है।

प्राग सर्किल ने साहित्य को संरचना की तरह समझने, पढ़ने के विचार को अच्छी तरह स्थापित कर दिया। उन्होंने साहित्य के विश्लेषण को भाषा के विश्लेषण में संभव माना। आधुनिकतावादी तमाम साहित्य इससे प्रभावित हुआ। वह 'अपरिचयीकरण' की

तरकीब अपनाते हुए ही स्थापित हुआ। नयापन जितना होगा, उतना ही वह आधुनिक होगा। यह सत्य–नित्य नूतनता का सत्य–प्राग सर्किल के चिंतन के बिना ऐसे न आता जैसे कि आया।

प्राग सर्किल में मुकारोवस्की के बाद रोमान जैकोबसन एक बड़े सिद्धांतवेत्ता के रूप में प्रकट होते हैं। एक भाषाविज्ञानी के रूप में वे कहते हैं कि काव्यात्मक और गैर काव्यात्मक पाठ का भेद भाषावैज्ञानिक ढंग से सिद्ध किया जा सकता है। 'किसी बात को क्या चीज काव्यात्मक बनाती है ? यह सवाल भाषाविज्ञान का सवाल है।' जैकोबसन ने बहुत जोरदार ढंग से भाषाविज्ञान और साहित्य को परस्पर पूरक सिद्ध किया।

प्राग सर्कल के मुताबिक नियम या चालूपन के विपरीत जाकर ही पाठ अपनी काव्यात्मकता सिद्ध करता है। जैकोबसन ने कहा कि हर भाषाई संदेश दो प्रक्रियाओं में चलता है–(क) अनुपस्थित बहुत-सी चीजों में से एक का चयन, (ख) चयनित के व्यवस्था संबंध का चयन। पहला सासूर का 'सिंटैग्मैटिक' सा है जिसे जैकोबसन 'तुल्यता' (इक्विवेलेंस) कहते हैं। दूसरे को सासूर 'एसोसिएटिव' कहते हैं तो जैकोबसन समुच्चय (कंबीनेशन) कहते हैं।

जैकोबसन का मानना है कि काव्यात्मक भाषा में 'चयन' की प्रक्रिया अथवा 'चयन' की व्यवस्था यानी समुच्चय 'अनुपस्थित' वस्तुओं से ही तय नहीं होती बल्कि 'चुने गए' शब्दों में प्रमुख 'शब्द' से होती है। 'कविता का व्याकरण और व्याकरण की कविता' नामक लेख में जैकोबसन ने कविता के काव्यत्व को भाषा में सिद्ध करने के लिए एक नया व्याकरणशास्त्र ही रच डाला। उसने 'चयन' के तमाम तरीकों को लागू किया। शेक्सपियर की सॉनेट की उसकी विश्लेषण पद्धति बाद में चलकर काफी ख्यात हुई। उन्होंने बताया कि भाषा की संरचना ही काव्यरूप की नियामक है तथा प्रभाव रूप में भी नियामक है।

प्राग सर्कल और जैकोबसन के संरचनावादी विचारों के संदर्भ में अमरीकी नव्यालोचना (न्यू क्रिटिसिज्म) के कुछ महत्त्वपूर्ण सूत्रों का जिक्र जरूरी है क्योंकि आधुनिक संरचनावाद की पुष्टि में इसका भी हाथ रहा है।

चौथे-पाँचवें दशक में अमरीका में जॉन क्रो रैंसम, डब्लू. के. विमसौट, क्लींथ ब्रुक्स, एलैनटेट ने आई. ए. रिचाड्र्स तथा ईलियट की साहित्य के बारे में युद्ध-पूर्व की अवधारणाओं को विकसित किया। यों नव्यालोचना का जन्म हुआ। यह सच है कि वह रूपवाद के मुकाबले स्वतंत्र ढंग से पैदा हुई फिर भी इसमें और रूपवाद में समांतरताएँ मिलती हैं। रूपवाद ने भी 'पॉजिटिविस्ट' समझ (कि साहित्य समाज का दर्पण है) को नकारा और नव्यालोचना ने भी नकारा। दोनों ने साहित्य को अन्य शास्त्रों से अलगाया।

नव्यालोचना ने अंग्रेजी जगत को बहुत दूर तक प्रभावित किया। (हिंदी में उसकी अनुगूँजें आज तक सुनाई देती हैं।) इसका कारण यह था कि नव्यालोचना ने युद्ध पश्चात् की स्थितियों के शीतयुद्धीय वातावरण में साहित्य को विचारधारा के हमले से महफूज रखने में कुछ अचूक नुस्खे दिए। यही नहीं, वह दुनिया-भर के विश्वविद्यालयों

में पढ़ाया गया। वह एक स्वीकृत विचार बना रहा। इसने रूपवाद की अतियों से बचने की कोशिश की और 'मार्क्सवाद' के नाम पर चले पॉजिटिविज्म के खतरों से भी साहित्य को बचाने का प्रयत्न किया।

नव्यालोचना ने साहित्य को भाषा का पर्याय नहीं माना और साथ ही उसकी स्वायत्तता की रक्षा भी करनी चाही। आई. ए. रिचार्ड्स ने 'साहित्य के संचार' और 'साहित्य के मूल्य' सिद्धांत पर जोर दिया था। उन्होंने 'निजी' तथा 'सामाजिक' पर जोर दिया और इनके बीच मौजूद अंतर्विरोधों का दूर तक समाहार करने की कोशिश की थी। इसका बेहतर प्रमाण 'प्रिंसिपल्स ऑफ लिटरेरी क्रिटिसिज्म' है। रिचार्ड्स ने अपनी पहली पुस्तक 'द मीनिंग ऑफ द मीनिंग' में भाषा के दो कार्यों को बताया। एक प्रतीकात्मक अथवा संदर्भात्मक जो बाहरी दुनिया के बारे में कहती है। दूसरी भाषा भावात्मक है जो व्यक्तिगत भावनाएँ जगाती है। पहले का उदाहरण विज्ञान की भाषा है। दूसरे का उदाहरण काव्यभाषा है। भावात्मक भाषा, रिचार्ड्स के लिए काव्यभाषा है जो कर्म तथा दर्शन की भाषा से अधिक महत्त्वपूर्ण है क्योंकि वह हमारे भावक्षेत्र के स्वास्थ्य का संस्कार करती है। यही उसका मानववाद है। यही उसका मूल्यबोध है (जिसकी चर्चा हिंदी में आज भी बहुत होती है)। रिचार्ड्स ने कहा कि जिस तरह डॉक्टर आदमी के शरीर के स्वास्थ्य के लिए चिंतित होता है, आलोचक मनुष्य के दिमागी स्वास्थ्य के लिए चिंतित होता है।

रिचार्ड्स के यहाँ अनुभव की स्वतंत्रता, मानव-मूल्य की अंतिमता पर इतना जोर है कि वह अंततः लेखक से अधिक पाठक की सत्ता पर जोर देते हैं। पाठक और आलोचक में यहाँ कोई बड़ा भेद नहीं दिखता। आलोचक को चाहिए कि वह पाठ को अधिकतम ध्यान ('अवधानतापूर्वक पाठ' देखिए—'कविता के नए प्रतिमान' में बहुप्रयुक्त शब्द)। काव्य पढ़ते हुए हमें धीरे-धीरे 'सही मानसिक स्थिति' में आ जाना चाहिए। यानी कविता के मूड के पास पहुँचना चाहिए। और इसी मानसिक स्थिति की पड़ताल करनी चाहिए। (हिंदी में आलोचक कवि की प्रतिबद्धता, मानसिकता की आज भी पड़ताल करते हैं।) पढ़ने के अनुभव पर जोर देना रिचार्ड्स की विशेषता है। (हिंदी में बहुत से लोग अनुभव की तलाश में पहले पाठ की तलाश करते हैं, यह रिचार्ड्स का अप्रत्यक्ष अवदान है)।

रिचार्ड्स की पठन प्रक्रिया लेखक की भावभूमि तक पहुँचने की है। लेखक की मनःस्थिति और भावस्थिति तक पहुँचना आलोचक होने की पूर्व शर्त है। इसलिए एक 'अच्छी कृति को एक अच्छे पाठक की तलाश रहती है। लेखक और पाठक की ऐसी संपूर्ण संगति रूपवाद मे नहीं है। रूपवाद में तो लेखक से मुक्त ही है कृति लेकिन रिचार्ड्स के लिए 'पाठ' एक पारदर्शी स्थिति है। पाठ एक माध्यम-भर है जो लेखक के भावों का वहन है। 'प्रैक्टिकल क्रिटिसिज्म' में रिचार्ड्स उन अड़चनों को बताते हैं

जो पाठक (आलोचक) को लेखक की भावभूमि तक पहुँचने नहीं देती। ध्यान से देखें तो पाएँगे कि रिचाड्‌र्स साहित्य के संचार का चिंतन आलोचना का काम मानते हैं। संरचनावाद की दृष्टि से इसका मिलान करें तो रिचाड्‌र्स बहुत अधिक अनुभववादी नजर आते हैं। वे मानते हैं कि यथार्थ और रचना के अर्थ में एक 'टूटन' है जिसे 'पठन' के 'अवधान' से पाठक को भरना है। पाठक शब्द पढ़कर अर्थ तक पहुँचता है। ऐसा सहज संभव नहीं। उसके लिए प्रयत्न करना होगा। शब्दार्थ वस्तुजगत पर निर्भर करता है, भाषा इस जगत का प्रतिबिंबन करती है।

आज हम रिचाड्‌र्स की बहुत सी अवधारणाओं को व्यर्थ पाते हैं। खासकर भावात्मक भाषा की विशिष्टता की अवधाणा को। मूल्यबोध की अवधारणा भी आज व्यर्थ नजर आती है और सर्वोपरि 'लेखक-कृति-पाठक' की प्रक्रिया भी अधूरी नजर आती है। रिचाड्‌र्स के शिष्य विलियम ऐंपसन ने 'सैवन टाइप्स ऑफ एंबिग्युटी' में आगे चलकर रिचाड्‌र्स के सूत्रों को और भी स्पष्ट किया।

नव्यालोचना के आधार रूप में दूसरा बड़ा नाम टी. एस. ईलियट का है। यों ईलियट ने कोई व्यवस्थित सिद्धांत नहीं दिया, लेकिन उनके लेखन का काफी दूरगामी असर पड़ा। कविता भावात्मक भाषा में होती है, अथवा वह सिर्फ संचार करने के लिए होती है—इन अवधारणाओं को ईलियट ने नहीं माना। ईलियट के प्रख्यात उद्धरण कि 'कविता भाव से पलायन है। व्यक्तित्व की अभिव्यक्ति नहीं, बल्कि व्यक्तित्व से पलायन है' का सार यह है कि कविता अनुभव का साक्षात्कार करती है, उसे सीधे कहती है लेकिन अन्य वस्तुओं के माध्यम से कहती है। यह 'ऑब्जेक्टिव कोरिलेटिव' के जरिए से करती है। ईलियट का कहना था कि लेखक का अनुभव और पाठक के अनुभव अलग-अलग रहने ही चाहिए। नव्यालोचना ने आगे चलकर इन्हीं सूत्रों से आलोचना का अपना शास्त्र बनाने की कोशिश की।

नव्यालोचना पद का प्रचलन 1941 से आगे हुआ। अमरीकी समीक्षक जॉन क्रोरैंसम ने इसे चलाया। और देखते-देखते यह चल निकला। चौथे-पाँचवें दशक में क्रोरैंसम के अलावा, क्लींथबुक्स, एलैनटेट, विमसाट तथा मोनरो बीड्‌र्सले आदि एक नवीन सिद्धांत खोजने को तत्पर थे। यह एक बेहद सक्रियता का समय था। ये चार-पाँच लोग बहुत से मसलों पर आपस में असहमत रहे। लेकिन समीक्षा के नए सिद्धांत की खोज में ये सब शामिल रहे।

नई समीक्षा का पहला और बड़ा निशाना 'पॉजिटिविज्म' रहा। एलैनटेट ने रचना को लेखक का 'ओढ़ना-बिछौना' बना देने की समझ पर हमले किए। उसने कहा कि आलोचना का काम साहित्यिक 'पाठ' के तत्त्वों की खोज है। पॉजिटिविस्टिक समझ में विकल्प के समीक्षा रूप की खोज करते हुए विमसाट-बीड्‌र्सले ने 'द इंटेंशनल फैलेसी' और 'द अफैक्टिव फैलेसी' नामक संयुक्त लेख लिखे जिन्होंने 'नव्यालोचना' को एक विकल्पात्मक पद्धति बनाने में योगदान दिया।

विमसाट-बीड्‌र्सले का मानना था कि एक कविता चूँकि कविता है, इसलिए एक

वस्तु है, वस्तुगत वस्तु। न कि निजी कृति। व्यक्तिगत चीज नहीं। रचते वक्त लेखक की भावनाएँ जो भी हों, वे अर्थ को 'तय' नहीं करतीं, न प्रभाव को करती हैं, न वे कृति के प्रकार्य को तय करती हैं। जहाँ तक लेखकीय अनुभव का प्रश्न है आलोचना के लिए वह उतना ही सच है जितना साहित्यिक पाठ के लिए है और वह 'अनुभव' कोई रहस्यमय नहीं है, बल्कि उसे हर वह व्यक्ति समझ सकता है जो उसकी भाषा और संस्कृति को जानता है। लेखक का हेतु (उद्देश्य) सिर्फ इतना है कि वह देखे कि क्या वह कविता करने में सफल रहा है और वह भी कविता की शर्तों पर देखना होगा। इसलिए आलोचना के नाम पर लेखक की जीवनी की खोज करना व्यर्थ है। परिस्थितियों की खोजबीन असंभव है। उसकी विचारधारा की उधेड़बुन व्यर्थ है, रचना के बारे में उनका मत लेना व्यर्थ है। आलोचक का काम है शब्दों का इतिहास समझना। उसका काम उस भाषा के ऐतिहासिक अर्थ को समझना है जो 'पाठ' में इस्तेमाल हुई है। कोई रचना कैसे अस्तित्व में आई ? किसी कविता की रचना-प्रक्रिया क्या है ? नव्यालोचना के लिए ये प्रश्न दोयम दर्जे के प्रश्न हैं। इतिहास की भूमिका नव्यालोचना से खारिज नहीं है तो वह केंद्रीय भी नहीं है। उनके विचार रिचार्ड्स से मिलते हैं कि 'अनुभव' लेखकीय 'पाठ' में ही निहित है लेकिन वे रिचार्ड्स से अलग भी होते हैं कि 'आलोचना का काम' पाठ के प्रभाव का ग्रहण नहीं, बल्कि रचना को एक 'वस्तु' के रूप में देखना है। रचना देखने की जगह उसका प्रभाव पहले देखना उलटे बाँस बरेली ले जाना है। क्योंकि प्रभाव का कारण तो 'वस्तु' (कृति) में निहित है। और यह प्रभाव भी हर पाठक पर अलग-अलग ही होगा। इसलिए नव्यालोचना ने माना कि हमें एक ओर प्रभाव और दूसरी ओर अर्थ, दोनों को अलग-अलग जाँचना चाहिए। असल चीज 'अर्थ' खोजना है क्योंकि वही तो कृति का 'वस्तुगत' सत्य है। प्रभाव की जाँच-पड़ताल करना आलोचना का काम नहीं है। इस तरह आलोचना एक वस्तुगत कार्य है और आलोचना हेतु साहित्यिक पाठ ही है।

नव्यालोचना ने माना कि 'साहित्यिक पाठ' का एक खास प्रकार का पाठ होता है आलोचना का काम उसकी इसी खासियत को बताना है। लेखक के हेतु और प्रभाव के बीच विरुद्धों का सामंजस्य लेखक के दिमाग में संभव नहीं होता बल्कि पाठ के अर्थ अथवा संरचना में ही संभव होता है। ब्रुक्स के लिए संरचना के मायने 'पाठ में अर्थ की योजना' है। यह अर्थ की 'समग्रता', संपूर्णता है। पाठ के भीतर विरोधी तत्त्व (हेतु और प्रभाव) के तनाव से पैदा होने वाली जटिलता तनाव का समाहार, पाठ की भीतरी संगति को सिद्ध करता है। पाठ में आलोचना इन्हें खोजती-पहचानती है। यही पाठ की सकल सिद्धि है।

नव्यालोचना स्पष्टतः संरचनावादियों और रूपवादियों से भिन्नता रखती है। नव्यालोचना रिचार्ड्स से भी मतभेद रखती है। 'अर्थ' की अवधारणा को लेकर ये मतभेद प्रकट होते हैं। रिचार्ड्स के लिए 'अर्थ' वही है जो भाव जगाता है, लोक से जोड़ता है, वस्तुजगत के दर्शन कराता है। नव्यालोचकों के लिए कविता का अर्थ ज्ञान देना है, ज्ञान क्षेत्र में

संक्रमण करना है। वह भावोत्तेजना नहीं करता, प्रेरणा नहीं देता है बल्कि शुद्ध ज्ञान का क्षेत्र बनता है।

इस संक्षिप्त भूमिका के बाद हम संरचनावाद पर फिर आएँ।

सासूर के यहाँ यथार्थ और उसके बोध यानी वस्तुगत यथार्थ और दिमाग के बीच की खाई बहुत साफ थी। सासूर मानते थे कि दुनिया का ज्ञान बहुत जटिल रूपों में आता है, इस भाषा के भीतर से आता है। जटिल होने के कारण इसके वाहक चिह्न स्वतंत्र होते हैं। यह स्वतंत्रता ही शब्द और अर्थ को अलगा देती है। शब्द यथार्थ की खिड़की नहीं बनते। वे यथार्थ के शीशे नहीं बनते, दर्पण नहीं होते बल्कि शब्द अपने साथ अन्य तमाम व्यंजकों, व्यंग्यों को लिये आते हैं। इस तरह हमारा वस्तुज्ञान हमसे स्वतंत्र एक संहिता से बँधा होता है, परंपरा से बँधा होता है जिसके सहारे से हम तरल अनुभवों को स्थिर करते हैं। इसलिए भाषा के बिना ज्ञान के क्षेत्र में प्रवेश संभव ही नहीं है। हमारा यथार्थ इस तरह, अनेक भाषाओं के द्वारा पैदा अपने भीतर के साम्य और वैषम्य से बनता है। विचार और अर्थ की यह परंपरा नए संरचनावाद का प्रथम बिंदु है।

नए संरचनावादियों में समाजशास्त्री नृतत्व-विज्ञानी क्लॉड लेवी स्ट्रॉस और रोलाँ बार्थ प्रमुख हैं। सासूर की अवधारणाओं को इनके यहाँ गहराई और विस्तार मिला। रूपवाद और पूर्ववर्ती संरचनावाद ने पॉजिटिविज्म और अस्तित्ववादी समझ को उसका स्थान दिखाने की भूमिका तैयार कर दी थी। स्ट्रॉस तथा बार्थ ने संरचनावाद को एक पूरे विज्ञान के रूप में विकसित करने की कोशिश की। सातवें दशक में स्ट्रॉस, बार्थ, फूको, अल्थूसर, लाकाँ आदि ने अपने-अपने मार्ग से आकर संरचनावाद को एक पूर्ण शास्त्र का रूप दिया। यों यह कोई एकीकृत भाषागत अथवा साहित्यगत आंदोलन नहीं था लेकिन इसका असर बहुत व्यापक हुआ। संरचनावाद 'विचार की एक पद्धति' के रूप में स्थापित हुआ।

संरचनावाद का इतिहास अस्तित्ववाद से एक गंभीर मुठभेड़ के रूप में शुरू हुआ। छठे दशक के मध्य में फ्रांसीसी बौद्धिक क्षेत्र में सार्त्र और मार्लो पोंटी के अस्तित्ववाद का बोलबाला था। यह भी एक 'विचार-पद्धति' थी। इसके दो सिरे थे। एक मानववाद, दूसरा इतिहासवाद। यह मनुष्य के अस्तित्व की विचित्र विडंबनामूलक स्थिति का साक्षात्कार करते हुए विकसित हुआ था। सार्त्र मानते थे कि अस्तित्ववाद ही मानववाद है। (क्योंकि यह मानव के सकल अस्तित्व को ही जीवन का स्तर मानता है, चूँकि मनुष्य ही जिंदा है)। संरचनावाद के शुरू होने के बाद अस्तित्ववाद इतिहासवाद हो गया। सार्त्र ने कहा कि अर्थ से पहले अस्तित्व होता है। अस्तित्व अपने अतीत से सर्वथा मुक्ति का दूसरा नाम है। यही पूर्व-स्वतंत्रता है। लेकिन यह भी स्थिति ऐतिहासिक है। अस्तित्ववादी मानवतावाद मूलतः ऐतिहासिक (वादी) था। संरचनावाद ने अस्तित्ववाद के इन दो तत्त्वों को सबसे पहले अपना निशाना बनाया।

प्रश्न उठता है कि संरचनावाद ने अस्तित्ववाद पर हमला क्यों किया ? उसने उसके 'मानववाद' पर हमला क्यों किया ?

इसलिए कि मानववाद, चेतना की पूर्वस्थिति स्वीकार करता है, वह चेतन विषय की उपस्थिति स्वीकार करता है। अस्तित्ववाद का उत्स 'चेतना' को मानता था। वह मनुष्य को एक 'सोचने वाला व्यक्ति' मानकर चलता था। (इसके लिए वह देकार्त का ऋणी था।) यही व्यक्ति आधुनिकता का सार था।

अस्तित्ववाद कहता था कि, (क) वस्तुजगत (समाज) के बिना चेतना (व्यक्ति) असंभव है। (ख) चेतना (व्यक्ति) नकारात्मक ही हो सकती है। (ग) वह तभी संभव है जब वह वस्तुजगत (समाज) को नष्ट कर दे। इसीलिए सार्त्र का व्यक्ति ईश्वर का 'विलोम' था। ईश्वर ने शून्य से सृष्टि की। सार्त्र के अनुसार मनुष्य ने उस सृष्टि में शून्य पैदा किया।

'अहं' की एक अनंत लीला अस्तित्ववाद का सार थी। स्वतंत्रता भी एक निराशा थी क्योंकि वह भी बंधन थी। यह जीवन की अर्थहीनता थी। अंततः मुक्ति एक 'व्यर्थ' भावना बन जाती थी। यह आदमी अपने भीतर चैन नहीं पा सकता था। संरचनावाद में चेतना की संप्रभुता, सर्वोच्चता और प्राथमिकता एक 'मूर्खता' थी। यहाँ 'संरचना' प्राथमिक थी।

संरचना क्या है ? संरचना, स्थापत्य कला में, विभिन्न अंगों की व्यवस्था का नाम है जिसमें हर चीज एक-दूसरे से संबद्ध हो जाती है, जिसमें अलग-अलग तत्त्व एक-दूसरे से जुड़ जाते हैं, जिसमें एक निश्चित रूप उभरता है जो अनेक-स्तरीय संरचना के लिए 'मॉडल' यानी आदर्श होता है, अंतिम संरचना होता है। यह अंतिम संरचना जो हर छोटी से छोटी संरचना में होती है, 'अर्थ' का केंद्र होती है। वह हर चीज को मायने देती है।

यह नया संरचनावाद प्राग सर्किल के संरचनावादी विचार से सीधे जुड़ता नजर आता है। संरचना के भीतर ही अर्थ, उससे बाहर नहीं है, ऐसे विचार पहले भी कहे गए थे। निकोलाई त्रुबेत्सकोई ने कहा था कि विविध विज्ञानों में संरचनावाद प्रकट हो रहा है। तब वह भौतिकशास्त्र, रसायनशास्त्र, भाषा-विज्ञान, मनोविज्ञान में प्रकट हो रहा था। संरचना के रूपात्मक विचार की इस विजय ने लगभग हर क्षेत्र में अपनी छाप छोड़ी।

संपूर्णता का विचार, आत्म-नियमन का विचार और रूपांतरण का विचार--ये तीन विचार संरचनावाद का सार हैं। हर स्थिति संपूर्ण है, सकल है। वह अपने नियमों से परिचालित है। वह लगातार रूपांतरित होती है।

अब तक का ज्ञान, आवयविक संरचना के मुकाबले रूपात्मक (मनुष्यकृत) संरचना का विचार नए संरचनावाद का सार है। संरचनाओं का रूपांतरण वाला तत्त्व इस नए संरचनावाद की एकमेव विशेषता है जो मानता है कि संरचनाएँ रूपांतरित होती हैं, इसीलिए उनका अध्ययन उपयोगी है ज्ञान के लिए। इस संरचनावाद ने 'अनुभववाद' को एकदम हंकाल दिया। रूपांतरण के तत्त्व ने ही संरचनावाद को संस्कृति के क्षेत्र में

प्रवेश करने का अवसर दिया। पुराना संरचनावाद समाजशास्त्रों, विज्ञानों के क्षेत्र का था, नया संरचनावाद सांस्कृतिक संहिताओं का शास्त्र बना।

नए संरचनावादी प्रायः संस्कृति के रूपाकारों को संरचना के रूप में लेते हैं। वे उनकी प्राथमिकता तथा अन्य निर्णायक विशेषताओं की खोज करते हैं जिनसे उस रूप में गति आती है, आत्मानुशासन आता है, संपूर्णता आती है। यह सब उन्हें सतह पर ही मिलता है, रूप में ही मिलता है। सासूर ने बहुत पहले कहा था कि रूपों के भीतर गहरे में बहुत सी संरचनाएँ काम करती हैं। इसका मतलब यह नहीं कि गहराई में जाने का हर प्रयत्न संरचनावादी है। संरचनावादी वह प्रयत्न है जो गहनता से उतरकर छिपे तंत्र को, संरचना को देखता है। यानी तंत्र के 'हार्डवेयर' की नहीं, तंत्र के 'सॉफ्टवेयर' की पड़ताल ही संरचनावाद है। संरचनावादी होने के लिए जरूरी है कि किसी संरचना में दो चीजें अनिवार्यतया हों : (क) कि वह रूपात्मक हो, रूपांतरण करने वाली हो, वह सिर्फ अनुभववादी स्थिति न हो। (ख) और वह यानी संरचना अपने 'सामाजिक समग्र' के साथ एक सही स्तर (सतह) पर उपलब्ध हो।

लेवीस्ट्रॉस ने समाजशास्त्रों में संरचनावादी अध्ययन के लिए तीन चीजें अनिवार्य बताईं : (क) अध्ययन योग्य वस्तु सार्वभौमिक सत्ता रखने वाली हो, वह हर समाज में उपस्थित हो, (ख) उनकी पद्धति एक रूप वाली हो, (ग) वे सुपरिभाषेय और सुव्याख्येय हो। कहने की जरूरत नहीं कि भाषाविज्ञान में तत्त्व मिलते हैं। इसीलिए भाषाविज्ञान सरंचनावाद का सबसे बड़ा अखाड़ा बना।

संरचनावाद का अवदान यह है कि इसने समूचे जीवन को भाषा की संरचनाओं में सुव्याख्येय और सुपरिभाषेय सिद्ध किया। साहित्यिक संरचनावाद तो इस भाषिक संरचनावाद का एक पूरक हिस्सा-भर है। साहित्य में संरचनावादी सिद्धांत में हम पाते हैं कि लेखक का लोप, रूप की वापसी, विज्ञानसम्मत विश्लेषण क्षमता आदि बातें पहले भी हुईं लेकिन संरचनावाद ने इन्हें पूरे शास्त्र का रूप दे दिया। इसीलिए संरचनावाद का महत्त्व अलग है। सबसे महत्त्वपूर्ण बात यह है कि संरचनावादी पद्धति अंततः 'आलोचनात्मक विमर्श' (क्रिटिकल थियरी) के सामने ही प्रश्न खड़े कर देती है। यहाँ आलोचना की भाषा उतने ही नए सवाल खड़े करती है जितने कि साहित्य भाषा में मिलते हैं।

संरचनावाद मूलतः भाषावैज्ञानिक पद्धति है इसलिए संक्षेप में उसके भाषावैज्ञानिक रूप का परिचय जरूरी है। सासूर के यहाँ भाषा की विराट संरचना ज्ञान के तमाम क्षेत्रों का मॉडल थी। इसने अनुभववाद की पुष्टि की आवश्यकता और पॉजिटिविज्म की बाह्य वस्तुवादी अनिवार्यता खत्म कर दी। और रूप को, अभिव्यक्ति को 'चिह्न' में बदल दिया जिसका अर्थ बहुत कुछ परंपराओं, संबंधों और व्यवस्थाओं पर निर्भर है। लेवीस्ट्रॉस पहले बड़े चिंतक हुए जिन्होंने सासूर के इस संरचनावाद को आगे बढ़ाया और संरचनात्मक विज्ञान की अवधारणा विकसित की।

लेवीस्ट्रॉस ने पाया कि चाहे गोत्र-संबंध या पारिवारिक संबंध हों (किनशिप) या

भोजन पकाने की विधि, सभी की संरचना वैसी है जैसी कि भाषा की है। यानी कि वे तभी तक अपना अर्थ देते हैं, जब तक वे किसी विराट संरचना (परिवार अथवा घर) के भाग होते हैं। नृविज्ञानी का काम इस संरचना की पड़ताल करना है। इसके लिए वह भाषावैज्ञानिक औजारों का इस्तेमाल कर सकता है। कहने की जरूरत नहीं कि लेवीस्ट्रॉस के बेहद गहन और व्यापक अध्ययनों के बाद संस्कृति के संरचनावादी समाजशास्त्र ने जन्म लिया जिसने ज्ञान के तमाम क्षेत्रों को प्रभावित किया।

यहाँ से हम साहित्य के संरचनावाद में प्रवेश करते हैं। प्रवेशद्वार पर फ्रांसीसी संरचनावादी रोलाँ बार्थ हैं, जिन्होंने सासूर और स्ट्रॉस की अवधारणाओं के समांतर साहित्य की संरचनावादी व्याख्याएँ संभव कीं। उन्होंने संस्कृति को 'भाषा' माना। इस 'भाषा' के 'चिह्न' चुने, संरचनाएँ चुनीं, और बताया कि आधुनिक संस्कृति की संरचना भाषा की तरह है। अपनी प्रख्यात पुस्तक 'द फैशन सिस्टम' में बार्थ ने फैशन के 'व्याकरण' की खोज की। बार्थ में आकर ही संरचनावाद एक क्रांतिकारी साहित्यिक अवधारणा बनी। 'ऐलीमेंट्स ऑफ सीमियोलॉजी' में बार्थ ने संरचनावाद की लगभग अंतिम किस्म की संहिता विकसित की। यहीं से 'विधाओं' की संरचना और 'वृत्तांत' की संरचना की पड़ताल संभव हुई। आलोचना सूक्ष्म-भाषा बनी जो उन संहिताओं को अर्थ देती है जो एक पाठ को संभव करती हैं। बार्थ ने आलोचना को एक स्वतंत्र काम बना डाला। उन्होंने बताया कि चिह्न विज्ञान (सोमियोलॉजी) एक ऐसी सूक्ष्म भाषा (मेटालैंग्वेज) है कि जो प्राथमिक भाषा (भाषागत वस्तु या पाठ) से आगे निकल जाती है। वह ऐसी दूसरी भाषा हो जाती है जो पहली भाषा से आगे जाती है। यह पद्धति संरचनावाद का असली विमर्श है। रचना के चिह्नों की संहिता को आगे बढ़ाना और उन्हें आजाद कर देना। यहीं से समीक्षा कर्म की दीनता खत्म हुई। यों बार्थ अपनी उक्त अवधारणा की जकड़बंदी से वाकिफ थे जिसे बाद में उन्होंने ढीला भी किया लेकिन साहित्यिक संरचनावाद की मूल पद्धति और प्रकृति को यथावत माना। उन्होंने इसे यह कहकर तोड़ा कि आलोचना की सूक्ष्म भाषा आगे चलकर स्वयं प्रथम भाषा (पाठ) बन जाती है और स्वयं अपने लिए किसी अन्य अतिभाषा (आलोचना) की दरकार रखती है।

रोलाँ बार्थ का संरचनावाद समीक्षा के दर्शन का संरचनावाद बन जाता है। वे अपनी पद्धति के अँधेरों से बेहद परिचित थे और कहते थे कि संरचनावाद उन्हीं चिह्नों की कैद में फँस सकता है जिन्हें वह प्रकाश में लाता है। चिह्नों के जरिए उन्होंने प्रथम भाषा (पाठ) की संरचना प्राप्त की थी। कारण कि हर संरचना एक हद के बाद अपनी संहिता को स्वाभाविक (नेचुरलाइज) बनाने लगती है, इसलिए उसे बार-बार 'देखना' पड़ता है। इसीलिए बार्थ एक क्रांतिकारी नतीजे पर पहुँचे कि संरचनावाद सिर्फ पद्धति नहीं, वह एक कर्म है, व्यवहार है, वह 'पाठ' का उन्मुक्त व्यवहार है। वह एक सतत पाठ है।

बार्थ का समूचा लेखन दूसरे युद्ध के बाद की स्थितियों में 'लेखन-कर्म' के समय और रूप की तलाश कहा जा सकता है। युद्ध ने अस्तित्ववादी 'प्रतिबद्धता' को जन्म

दिया जिसे जीद और सार्त्र ने दार्शनिक अर्थ दिए। बार्थ ने इसी अस्तित्ववादी प्रतिबद्धता के मुकाबले अपना प्रसिद्ध ग्रंथ 'राइटिंग डिग्री जीरो' (1953) लिखा और फिर बाद में 'कैमरा लूसिडा' लिखा। बार्थ ने सार्त्र के नैतिक हेतुओं को स्वीकार नहीं किया। 1948 में सार्त्र ने 'व्हाट इज लिटरेचर' में लेखक के नायकत्व (अवांगर्दत्व) को नैतिक हेतु प्रदान किए और लेखक को जुझारू सिपाही और शुद्धतावादी नैतिकतावाद का रूप दिया। यही सकल आधुनिक रूप था लेखक का। 'राइटिंग डिग्री जीरो' में बार्थ सार्त्र का नाम लिये बिना मानो उत्तर देते हैं कि साहित्य एक संचार है, भाषा है, पाठ है। सार्त्र साहित्य में समस्या का अंत देखते हैं। बार्थ समस्या में साहित्य पाते हैं।

बार्थ दो तरह के लेखक मानते हैं—एक वे जो 'कुछ' लिखते हैं। ये हेतुवादी, प्रतिबद्ध हैं। सार्त्र के आदर्श लेखक। (इस दृष्टि से हिंदी का समूचा प्रगतिशील साहित्य सार्त्रीय है, मार्क्सीय नहीं)। दूसरे वे जो सिर्फ 'लिखते' हैं। यही लेखक की मुक्ति है। प्रतिबद्धता लेखन को औजार नहीं बनाती बल्कि वह स्वयं एक तरह की 'लेखन शैली' भर बन जाती है।

संरचनावाद के सूत्रों को समझने के लिए बार्थ का 'द फैशन सिस्टम' एक अवश्य पठनीय पुस्तक है। यहाँ बार्थ का संरचनावाद पूरी तरह विकसित होता है। फैशन की संरचनाओं की खोज करते-करते वे अंततः कहते हैं कि फैशन की भाषा फैशन ही है। ऐसे वाक्य उनके लेखन में भरे पड़े हैं जो बार-बार संरचनात्मक पूर्णताओं की ओर इशारा करते हैं। राइटिंग डिग्री जीरो यानी शून्य-लेखन। संरचनाओं की खोज के अंतिम सिरे पर पहुँचकर अंततः मिलने वाला शून्य। जैसे फ्रांस का ईफिल टावर। एक रिक्त-संरचना। यह रिक्त ही शून्य-लेखन है। यह हर संरचना में होता है। यह 'शून्य-लेखन' ही असली अर्थ पैदा करता है। यही 'खला', यही 'शून्य' 'मिथ टुडे' में है। 'माइथोलॉजीज' में है। सार्त्र ने संरचनावाद को समाज के उन तमाम क्षेत्रों पर लागू किया जो प्रायः ठोस (सामाजिक) अर्थ देनेवाले कार्यव्यापार थे। और अपने विकट विश्लेषण से पाया कि हरेक संरचना अंततः 'शून्य-लेखन' है, अभाव लेखन है, एक परमशुद्ध और रिक्त चिह्न है। चिह्न जो नितांत खाली हो चुके हैं। परम संरचना ईफिल टावर (ईश्वर, संविधान, राजनीतिक दल आदि परम संरचनाएँ हैं) अपनी अनुपयोगिता से ही 'शुद्ध' चिह्न बनती है। साहित्य की अनुपयोगिता ही उसकी नैतिक उपयोगिता है।

बार्थ के 'ऐंपायर ऑफ साइंस' (1970) ने 'चिह्नों के साम्राज्य' को खोला। चिह्नों की 'शुद्धता'; उनकी 'लीला' की खबर जितनी बार्थ को है उससे अधिक उनसे पहले किसी संरचनावादी को नहीं है। रूप का ऐसा सघन अध्ययन कि रूप और क्रिया का हर चिह्न अपनी भीतरी संहिता सहित स्पष्ट हो जाए, इसके लिए 'चिह्नों का साम्राज्य' एक संपूर्ण संरचना है। (इसे बौद्रीआ के 'चिह्नों के प्रतीकात्मक विनिमय' के साथ पढ़ा जाए तो संरचनावाद और उत्तर-संरचनावाद की परस्परता खुलती है।)

रोलाँ बार्थ के यहाँ व्यवस्था और संरचना के प्रति एक प्रबल आग्रह है। संरचना को बार्थ एकल-समग्रता तक ले जाते हैं। संरचना यहाँ एक पूरी तरह बोधगम्य समवाय

है। संरचना के बाहर बोध नहीं है। यहीं 'लेखक की मृत्यु' छिपी है क्योंकि अर्थ उसके पास नहीं, पाठ (टैक्स्ट) में, पाठ की संरचना में है।

एक हद के बाद बार्थ को समीक्षा में ही विखंडन के चिह्न प्रकट होने लगे थे लेकिन बार्थ स्वयं संरचनावादी ही बने रहे। अंत तक। विखंडन उनके चिंतन में वहाँ-वहाँ उभरा जहाँ-जहाँ वे अर्थ की मुक्ति की बात करते हैं। इसे समझना चाहिए।

रोलाँ बार्थ 'पढ़ने' को आलोचना नहीं मानते। आलोचना कर्म पढ़ने के कर्म से भिन्न है। एक अच्छा पाठ, अवधानपूर्वक पाठ, अधिक से अधिक एक पाठ का शब्दशः दुहराव-भर है। आलोचना कर्म में आलोचक पाठ से एक जरूरी दूरी स्थापित करता है। आलोचना का काम 'एक पाठ के लिए एक अर्थ का निर्माण' है। सिर्फ 'अर्थ खोलना' नहीं। इसका कारण है। कारण यह कि पाठ की संरचना 'एक अर्थ' नहीं रखती। एक अर्थ है तो खोलना होगा। अनेकार्थ हैं तो उनमें से एक बनाना होगा। संरचना के चिह्न और संहिता अनेकार्थ की स्थिति पैदा करती है। 'पाठ' हमेशा बहुलार्थी या अनेकार्थी होता है। यह इसलिए होता है क्योंकि पाठ में लेखक का एकार्थ अनुपस्थित रहता है। लेखकीय उद्देश्य और हेतु के खात्मे के बाद पाठ के इकहरेपन या एकमात्र अर्थ की अवधारणा समाप्त हो जाती है। संरचनावाद की यह व्यवस्था जो पाठ से अर्थ की उपस्थितियों को चिह्नों की स्वतंत्र लीला पर निर्भर मानती है, वहाँ किसी के निजी अर्थ की कोई गुंजाइश नहीं है। यही वह संरचनावादी सिद्धांत में विषयी (लेखक) का विकेंद्रण है। यही वह बिंदु है जहाँ बार्थ अचानक उत्तर-संरचनावादी सूत्रों के संकेत देते हैं जिनका पूर्ण विकास जॉक देरिदा के विमर्श में देखने को मिलता है।

बार्थ का कहना साफ है कि लेखकीय संकल्प के अभाव में आलोचना का काम पाठ के एकमात्र अर्थ को निकालना नहीं है, बल्कि पाठ में संभव या मौजूद अनेक अर्थों के इशारों के बावजूद, किसी एक अर्थ की स्थापना है। बार्थ ने कहा कि यदि शब्द का एक ही अर्थ होता तो तब कोई साहित्य ही न होता। साहित्य स्वयं बहुलार्थता पर टिका है। साहित्य अमर इसीलिए है क्योंकि वह एक व्यक्ति को अनेक अर्थ देता है, इसलिए नहीं कि वह बहुत से लोगों पर एक ही अर्थ थोपता है।

यहीं से संरचनावादी वृत्तांत सिद्धांत को नया अर्थ दिया। खासकर तोदोरोव ने वृत्तांत की व्याख्या के नए सूत्र दिए। बार्थ ने भी वृत्तांत को अपना विषय बनाया। तोदोरोव की तरह बार्थ ने भी बताया कि वृत्तांत मूलतः भाषा की तरह की संरचना है। 'एक वृत्तांत एक लंबा वाक्य है। हर वाक्य एक लघु वृत्तांत है।' वृत्तांत की मूल इकाई प्रकार्य की श्रृंखला (शुक्लजी का कार्य-व्यापार) है। दूसरी इकाई चरित्रों के बारे में सूचना की 'सूची' है। बार्थ का मानना है कि वृत्तांत में कहानी कहने वाला पाठ की स्वतंत्रता के लिए खतरे की तरह है, जिसे कहानी के आसपास भी नहीं होना चाहिए। वृत्तांत पूरी तरह एक आत्मनिर्भर व्यवस्था है जिसके अपने कायदे हैं। लेखक का 'चिह्न' वृत्तांत में स्वयं मौजूद रखता है। चिह्न-विज्ञान उसे खुद ढूँढ़ लेता है। उसे वहाँ अलग से खुद मौजूद रहने की जरूरत नहीं। लेखक वृत्तांत का कोई संदर्भ नहीं बनता। संदर्भ के जरिए पाठ

में कुछ नया नहीं आता।

बार्थ 'पाठ' के अर्थनिर्माण के लिए 'पाठ' को 'सघन' नहीं करते बल्कि फैलाते-बिखेरते हैं। पढ़ने के दौरान पाठक द्वारा चुने गए किसी पद, वाक्य, मुहावरे से पाठ की संरचना संभव है। इसी से अर्थ की बहुलता मिलती है। बार्थ बताते हैं कि साहित्य के निर्माण में पाँच संहिताएँ काम करती हैं। पहली संहिता 'व्याख्यावादी' होती है और 'पाठ' में संभव होती है। दूसरी, चिह्न-संहिता (सेमिक कोड) जो मूल विचार को तय करती है। तीसरी है प्रतीकात्मक संहिता जिसमें अर्थ बहुमुखी होता है। चौथी संहिता कार्य-व्यवहार की होती है। पाँचवीं संहिता सांस्कृतिक वातावरण की होती है। इन संहिताओं के भीतर ही 'पाठ' अपने 'अर्थ' का निर्माण करता है। ये संहिताएँ लेखक और पाठक दोनों की समान थाती होती हैं। रोलाँ बार्थ कहते हैं कि ये पाँच संहिताएँ एक ऐसा संजाल बनाती हैं, जिसमें से होकर सारा पाठ गुजरता है। इस संहिता में यथार्थ स्वयं एक पाठ बन जाता है। इस तरह यथार्थ के बारे में लिखना किसी शब्द को किसी चीज से जोड़ना नहीं, एक पाठ को दूसरे पाठ (शब्द को शब्द) से जोड़ना-भर है।

यहीं से बार्थ 'अंतर्पाठीयता' पैदा करते हैं। यथार्थ, सत्य, लेखक, पाठक में कौन कब पाठ बन रहा है, यह दुविधा साहित्य से उसका प्रतिनिधिकता का अधिकार छीन लेती है। बार्थ के लिए यथार्थवाद 'यथार्थ की नकल' नहीं है बल्कि 'नकल की नकल' है। साहित्य का सत्य एक छलना-भर है। वह संहिताओं द्वारा दिया गया धोखा है। चरित्र इन संहिताओं में आकर सच्चे मनुष्य नहीं रहते। वे चिह्नों द्वारा पैदा किए जाने वाले प्रभाव के औजार होते हैं। ये यथार्थ नहीं होते। न लेखक लेखक रहता है। वह संहिताओं का संग्रह-भर होता है। पुराने क्लासिक साहित्य में झाँकती, एक निश्चित संदेश का वहन करती लेखक की तसवीर बहुलतावादी पाठ में खत्म हो जाती है। पाठ जितना बहुवाची है, उतना ही पाठक को वह अपने स्रोतों तक पहुँचने से रोकता है। 'लेखक की मृत्यु' नामक लेख में बार्थ साफ कहते हैं कि लेखक नहीं पाठक ही वह इकाई है जो पाठ के बहुमुखी अर्थ के केंद्रों को स्थिर करता है।

संक्षेप में बार्थ के संरचनावादी सिद्धांतों ने 'पाठ' को एक निर्विकल्प स्थिति प्रदान की। विचारधारा और पॉजिटिविज्म ने एक दौर में अपने को 'स्वाभाविक' बना लिया था, संरचनावाद ने उसे अस्वाभाविक और अवांछित करार दिया। 'रचना' पाठ बनी जिसे 'निर्मित' किया जा सकता है। और जिसे पुनर्निर्मित किया जा सकता था और जरूरी होने पर जिसे 'तोड़ा' (विखंडित किया) जा सकता है। विखंडन के पाठ के 'निर्माण की प्रविधि' को समझा जा सकता है। 'पाठ का निर्माण' ही असली 'पाठ' है, लेखकीय अनुभवों तक पहुँचना नहीं।

# उत्तर-संरचनावाद, विखंडन और देरिदा

पिछले दो-ढाई दशक से साहित्य-संस्कृति के क्षेत्र में उत्तर-संरचनावाद ने गहरा असर डाला है। उत्तर-संरचनावाद भाषा के क्षेत्र में निजता, तादात्म्य और अर्थ के पुराने सोच को खंडित करता हुआ आया हैं।

साहित्य समीक्षा के क्षेत्र में जॉक देरिदा ने विखंडन की जो पद्धति विकसित की उसका बहुत दूर तक असर हुआ। इसने साहित्य की चली आती 'प्रकृति' और 'रूप' की अवधारणाओं को बदल डाला। और सिर्फ साहित्य-समीक्षा पर ही असर नहीं हुआ, देरिदा की पद्धति ने भाषा और दर्शन की प्रश्नोत्तरी को भी बदल दिया। समाजशास्त्र और इतिहास के क्षेत्र में मिशेल फूको के लेखन ने विचार की प्रकृति और इतिहास की अवधारणाओं को बदल डाला। जॉक लाकाँ ने यही काम मनोविश्लेषण के क्षेत्र में किया। उन्होंने अपने विश्लेषण से संस्कृति के निर्माण और बोध की प्रक्रिया को समझने के तरीके बदल दिए। समूचा नया 'व्याख्यावाद' खड़ा कर दिया। जैसाकि हम शुरू में देख चुके हैं, फ्रांसुआ ल्योतार ने इतिहास के परम आधुनिक क्षणों को नए सिरे से विखंडित किया और उत्तर-आधुनिक क्षणों को खोजा। यहीं से सभ्यता-संकट के प्रश्न शुरू हुए।

उत्तर-संरचनावाद सिर्फ एक पद्धति की तरह ही नहीं आया, वह एक दार्शनिक रूप की तरह भी आया। फ्रांस में सातवें-आठवें दशक में विकसित हुआ यह विचार आज विश्व के बौद्धिक वातावरण का निर्णायक स्वर है और उत्तर से उत्तर-संरचना विकसित करने में मददगार है। यूरोप के मौजूदा चिंतन पर इसकी गहरी छाप है और आज के भूमंडलीय यथार्थ में यह एक भूमंडलीय अवधारणा की तरह ही पढ़ा जा सकता है।

उत्तर-संरचनावाद उत्तर-औद्योगिक युग की रणनीति भी कही जा सकती है और विखंडन भी। यों यह सच है कि स्वयं फ्रांस में भी उत्तर-संरचनावाद की स्वीकृति उतनी नहीं हुई जितनी कि संरचनावाद की हुई थी। इसका कारण है। संरचनावाद आधुनिक राज्यसत्ता व समाज का पूर्णतम रूपवाद था और है, जबकि उत्तर-संरचनावाद उत्तर-आधुनिक समय का उत्पाद है इसलिए वह एक विराट विखंडन में ही अपनी सिद्धि करता है इसीलिए वह एक 'रणनीति' के रूप में तो स्वीकृति होता है, समाज में वह जल्दी स्वाभाविक नहीं बनता।

उत्तर-संरचनावादी विचार-पद्धति सातवें दशक के मध्य में आरंभ हुई। विकराल राज्यसत्ताओं के सामने मानव अधिकारों की माँग, आधुनिक जकड़बंदी से छटपटाकर

पीछे लौटकर धार्मिक एवं तत्त्ववादी चिंतन में शरण ढूँढ़ना मूलतः उत्तर-आधुनिक स्थितियों को स्वीकार करना था। यहाँ आकर महान संरचनावाद की राजनीति स्वयं निरंकुश प्रतीत होने लगी और उत्तर-संरचनावाद के जरिए उसके सीमांतों पर प्रहार किया गया। नैतिकता के आधारों के प्रश्न, राजनीति की नैतिकता के प्रश्न, आधुनिकतावादी निरंकुश जनतंत्रों में मानव अधिकारों का उद्घोष, नए-नए ढंग से उठने लगे। नीत्शे और हेडेगर की बड़े पैमाने पर वापसी हुई।

उत्तर-संरचनावाद संरचनावाद के सीमांतों की प्रतिक्रिया में शुरू हुआ। लेवीस्ट्रॉस द्वारा विकसित संरचनावाद में निरंकुशता के तत्त्व सबसे पहले (1950) लाकाँ ने खोजे। लाकाँ ने बताया कि स्ट्रॉस की पद्धति मनुष्य समाज को अंततः एक मशीन की तरह सुपरिभाषेय और कथनीय बनाती है। यह खतरनाक है। वह मनुष्य को केंद्र में नहीं रखती। 1981 के आसपास मिशेल फूको ने 'मैडनैस एंड सिविलाइजेशन' में अच्छी तरह सिद्ध किया कि किस तरह हमारे आधुनिक विज्ञान एवं समाजविज्ञान 'दमनकारी' हैं। 'द सेवेज माइंड' के प्रकाशन के बाद मिशेल फूको ने संरचनावादी स्ट्रॉस के नृविज्ञान और सार्त्र के इतिहासबोध की धज्जियाँ उड़ा दीं।

उत्तर-संरचनावाद के केंद्र में सासूर या लेवीस्ट्रॉस नहीं हैं बल्कि नीत्शे हैं। फूको ने माना है कि नीत्शे के अध्ययन के बाद ही उसे इतिहासवाद और हीगेलवाद को छोड़ने की जरूरत महसूस हुई। यह द्वंद्वात्मकता ठीक विपरीत यात्रा है। लाकाँ ने मनोविज्ञान में, फूको ने सांस्कृतिक रूपों के क्षेत्र में और सुई अल्थुसर ने सिद्धांत के क्षेत्र में यात्राएँ सातवें दशक में शुरू कीं।

लेकिन उत्तर-संरचनावादी दिशा में सबसे निर्णायक हस्तक्षेप सातवें दशक के मध्य में जॉक देरिदा के 'स्पीच एंड फिनोमिना', 'राइटिंग एंड डिफरेंस' तथा 'ऑफ ग्रामाटोलॉजी' जैसे अध्ययन के रूप में आया। संरचनावाद का चला आया वर्चस्व टूट गया।

जॉक देरिदा का लेखन विधाओं के वर्गीकरण को व्यर्थ करता है क्योंकि वह उनमें से किसी एक में अँटता नहीं। विखंडन का कोई परंपरागत रूपविधान संभव ही नहीं है। वह दर्शन होते हुए भी दर्शन नहीं है। वह आलोचना होते हुए भी आलोचना नहीं है।

विखंडन क्या है ? इस पर सोचते हुए देरिदा कहते हैं कि विखंडन की क्रिया याद दिलाती है कि भाषा किस तरह दर्शन की योजना को जटिल बनाती है या बाहर फेंकती है। विखंडन विचार को 'निरस्त' करता चलता है। विचारधारा जो पश्चिमी दर्शन का सत्तावादी भ्रम है। विचारधारा यानी तर्क जो पश्चिमी समाज का संचालक रहा है। विखंडन इस तर्क को व्यर्थ करता है। इस अर्थ में देरिदा दार्शनिक कम समीक्षक अधिक हैं। देरिदा के यहाँ 'रचना' और 'समीक्षा' में भी भेद है, जैसा कि नव्यालोचकों के यहाँ है। विखंडनवादी दृष्टि में सब बराबर हैं। आलोचना, दर्शन, भाषाविज्ञान, नृविज्ञान आदि तमाम मानव विज्ञान देरिदा के लिए विखंडन वस्तु है। सभी कुछ देरिदा का लक्ष्य है।

पॉल द मान ने 'ब्लाइंडनैस ऐंड इनसाइट' में नव्यालोचना का विखंडन किया और

पाया कि रचना में आधारभूत रूपकों को ढूँढ़ने के लिए नव्यालोचना को पढ़ना अंततः एक ऐसी 'अंधता' है जो नव्यालोचना की अंतर्दृष्टि में ही निहित है। नव्यालोचना कविता को शाब्दिक मूर्ति (वर्बल आइकॉन) मानती है। देश-काल से परे। स्वयंभू संरचना यही इसकी अंधता है। रचना के आवयविक रूप में 'तनाव' और 'अस्पष्टताओं' की बात करना अंधता है। यह इकहरी आलोचना 'अस्पष्टता' और तनाव की आलोचना बन जाती है।' पॉल द मान ने कहा—'रूप' एक कहानी बन जाता है, व्याख्या करने वाले व्याख्याता का निर्माण बन जाता है।

विखंडनवादी दृष्टि में साहित्यिक पाठ और आलोचना में कोई भेद नहीं है। चूँकि दोनों रूप अर्थ की बहुलता-जटिलता और आशयों को ढूँढ़ते चलते हैं इसलिए किसी भी एक रूप का दूसरे के मुकाबले विशेष दर्जा नहीं हो सकता। न 'रचना' या 'पाठ' बड़ा है, न समीक्षा बड़ी है। सभी प्रयत्न बराबर हैं। क्योंकि सभी 'लेखन' हैं। अरसे तक आलोचना में यह गलतफहमी पैदा की गई है कि 'रचनात्मक' भाषा आलोचनात्मक भाषा से बड़ी है, प्राथमिक है। यह मानकर चला गया कि साहित्यिक पाठ में एक प्रामाणिक अनुभव बैठा रहता है और आलोचक का काम उसकी ओर इशारा करना होता है।

देरिदा ने कहा कि यह पश्चिमी विमर्श का अपराध है कि वह भाषा के खेल को नष्ट करता है, उसे एक अर्थ प्रदान करना चाहता है जैसाकि 'वाक्' (वाणी) में होता है। वाक् में (वाचित) एक 'अर्थ' उपस्थित होता है। वक्ता का आशय। आशय और कथन की एकतानता होती है। इसीलिए साहित्यिक पाठ को 'अर्थ की उपस्थिति' का पाठ कहा जाता है। यह पश्चिमी विमर्श (विचार-विमर्श) का रहस्यवाद है। इसे पाठ और 'विमर्श' की छद्म-सीमाओं को तोड़कर ही भेदा जा सकता है।

'विमर्श' की प्रक्रिया को इसके लिए उलटना जरूरी है। विखंडन में पाठ-प्रक्रिया 'अलग' होती है। पढ़ने का ढंग बदलना होता है। साहित्यिक पाठ (टैक्स्ट) को अलग ढंग से पढ़ा जाना होता है। पाठ इसलिए नहीं पढ़े जाने चाहिए कि अंतर्दृष्टि खोजनी है, बल्कि उन अंधताओं को पाना है जो अंतर्दृष्टि की सीमा होती है। पाठ की 'स्वायत्तता' को इस क्रम में तोड़ दिया जाता है।

यह विखंडनात्मक पाठ ही देरिदाई विखंडन का स्रोत है। यह क्या है ? देरिदा के अनुसार उनका 'पाठ' एक 'कार्रवाई' है। उसमें कई नतीजे कोई निष्कर्ष नहीं है। यदि कुछ है तो 'भेद' की भाषा है। 'भेद' स्थापना। यही अलग चीज है।

हम देख चुके हैं कि सासूर के संरचनावाद में 'भाषा' अर्थ का भेदक (डिफरेंशियल) संजाल है : व्यंजक-व्यंग्य के बीच एक-एक का संबंध नहीं है। ध्वनि और बोध का भेद शब्दों को अलग (भेद) करता है। भेदों की संरचना पर ही भाषा निर्भर है। संरचनात्मक होने का कारण ही भाषा अपने में असीम अर्थ भरती है। यह अवधारणा आधुनिक भाषाविज्ञान का आधार बनी। अब भाषाविज्ञान को एक निश्चित संरचना का आधार मिल सकता था, एक-दूसरे से संबद्ध निर्भर तत्त्वों का व्याकरण (सिंक्रोनी)। इस

तंत्र ने स्वभावतया उन्नीसवीं सदी के इतिहासवादी भाषाविज्ञान (डाइक्रोनिक) को हाशिया दे दिया। सासूर ने भाषा की आम व्यवस्था (लांग) और भाषा के स्वतंत्र वाक् (परोल) में भेद किया। इसका असर सांस्कृतिक चिंतन पर पड़ा। अब तमाम सांस्कृतिक रूप 'व्याकरण' के रूप में पढ़े जा सकते हैं। भाषाविज्ञान ने इस तरह लगभग हर मानव विज्ञान को समझने का दावा किया।

देरिदा ने यहीं उसकी सीमा की ओर इशारा किया। सासूर के वाक् (परोल) और लिखित (लांग) के द्वैतवाद को देरिदा ने अंतर्विरोधी पाया और कहा कि यह द्वैतवाद पश्चिमी द्वैतवादी चिंतन का फल है। सासूर की भाषा के बीच 'वाचक' की भूमिका अंततः केंद्रीय रहती है। परोल यानी स्वतंत्र वाक् करने वाला प्रमुखता पाता है। यह वाचक ही तो पुराना लेखक है। देरिदा इसे संरचनावाद का अंदरूनी 'रोग' मानते हैं। वे पूछते हैं कि हम उस 'वाक्' को कितना आजाद और 'विशिष्ट' मानें जो स्वयं एक व्याकरण के रूप में भाषा की उपस्थिति (प्रेजेंस) की दरकार रखता है। सासूर के चिंतन का यह भीतरी अंतर्विरोध है। उक्त अवधारणा में एक व्याकरण के रूप में 'भाषा की मौजूदगी' 'सासूर' नहीं मानता। स्वतंत्र भाषा अर्थ के लिए 'भाषा' की दरकार रखती है। यह सत्य दबा हुआ है सासूर में। 'लेखन' 'वाक्' से छोटा है, यह तत्त्व सासूर के चिह्नविज्ञान का आपत्तिजनक तत्त्व है। देरिदा कहते हैं।

'लिंग्विस्टिक्स ऐंड ग्रामाटोलॉजी' (1977) में देरिदा बताते हैं कि सासूर के यहाँ लेखन बाकायदे दूसरे दर्जे का बनाया गया है। यह तरीका 'दबाए गए अर्थ' के दृश्यमान अंतर्विरोध की ओर इंगित करता है। इन अंतर्विरोधों को देखकर हमें भाषाविज्ञान से आगे लेखन-विज्ञान (ग्रामाटोलॉजी) और पाठ-विज्ञान खोजना पड़ता है।

देरिदा बताते हैं कि बोला गया शब्द (वाक्) बोलने वाले की दरकार रखता है ताकि प्रामाणिकता पा सके। सासूर 'लिखित' को जीवनरहित भाषा मानता है। बोला गया शब्द सीधा अर्थ देता है। लेकिन लिखित शब्द की सत्ता (शुद्ध उपस्थिति) को खो देता है। देरिदा इस अवधारणा को पश्चिमी तत्त्वदर्शन का कुफल मानते हैं जो सासूर की संरचनावादी अवधारणाओं की भयावह सीमा है।

देरिदा कहते हैं कि लेखन भाषा की पूर्वशर्त है। वह 'वाक्' से पहले मौजूद रहती है। इसलिए लेखन को दोयम नहीं कहा जा सकता। लेखन, देरिदा के लिए एक स्वतंत्र खेल या लीला है। लीला का यह तत्त्व, अनिश्चय का यह तत्त्व संचार के हर रूप में मौजूद रहता है। लेखन इसीलिए अर्थ का 'अनंत तबादला' (डिस्पलेसमेंट) है जो भाषा का अनुशासन करता है और इकहरा नहीं रहने देता और जो उसे स्वतः प्रामाणिक बनाता है। 'वाक्' भी इस तरह 'आम लेखन' है। भाषा (लिखित) हमेशा प्रसारण और भेदक संकेतों का संजाल है जिसे 'वाक्' करने वाला अकेला नहीं समझ सकता। इसलिए स्वर और 'इंद्रिय' का सहज सासूरीय बंधन अपर्याप्त रहता है। 'वाक्' को स्वयंभू कहना दरअसल 'भाषा' के 'लेखन' से डरना है। यही तत्त्ववाद है जो लेखन से डरता है। पश्चिमी तत्त्ववाद 'लेखन' से डरता है।

सारी समस्या शब्दार्थ की है। 'शब्द' के बाद 'अर्थ' कि 'अर्थ' के बाद है 'शब्द' ? 'लिखित' को दोयम रखने के प्रयत्नों को देरिदा पश्चिमी दर्शन के इतिहास में खोजकर सिद्ध करते हैं। पश्चिमी दर्शन की चिंता यह है कि यदि अर्थ अपने आपमें प्रकट होता, स्वयंभू होता तो भाषा हमारी 'बाँदी' बन जाती और समस्या बनने की जगह हमारे विचारों की वाहक बन जाती। देरिदा इस तरह भाषा और विचार के संबंध को 'उलट' देते हैं। यही विखंडन है। यह निर्णायक है। यही विखंडन की 'हिंसा' है। यहीं देरिदा संरचनावाद को 'विखंडन' की पूर्व-शर्त कहते हैं। सासूर ने संरचना को उस बिंदु तक पहुँचाया जहाँ वह अपनी संरचना में कैद हो गया। उसने भाषा की बात करते-करते 'भाषा' को ही दबा दिया। वाक् को प्रमुख और प्राथमिक बना दिया। विखंडन एक ऐसी रणनीति बनाता है, जो दिए गए 'पाठ' के तत्त्वों का क्रम उलटा कर देता है और उन विरोधों (तनाव) को तोड़ देता है जिस पर 'पाठ' टिका होता है। लेखन 'वाक्' से प्राथमिक नहीं है लेकिन् वह अधिक मौलिक है। वाक् और लेखन के 'विरोध' की यदि कायदे से समीक्षा नहीं की गई तो वह एक अंध-आस्था बन जाती है। (यह पश्चिमी दर्शन में 'विखंडन' से पूर्व रही है।)

विखंडन इस प्रकार एक कार्रवाई (स्ट्रैटेजिक) है। पढ़ने की कार्रवाई। पढ़ना जो पाठ से बँधा है और जो 'बंद' नहीं है। देरिदा अपनी विखंडनवादी रणनीति की व्याख्या नहीं करते। विखंडन 'अवधारणा' नहीं है क्योंकि यहाँ कोई पक्की विचार योजना नहीं है, जिसमें फिट होकर 'लेखन' अपनी जगह प्राप्त कर ले। इसके विपरीत संरचनावाद में एक अवधारणा थी जो बहुत जल्दी एक निश्चित पद्धति में बदल जाती थी और जो 'पाठ' को फटाफट एक सकल योजना में बदल देती थी। 'पाठ' के 'अनिश्चित' तत्त्वों को छोड़ देती थी। इस खतरे से बचने के लिए देरिदा इकहरे समीक्षा पद नहीं मानते। इसीलिए वे पार्थक्य या भेद (डिफरेंस) पर जोर देते हैं क्योंकि यह पद व्यंजक के स्तर पर ही निर्णायक पार्थक्य-स्थापित करने को कहता है। देरिदा 'डिफर' और डेफर' दोनों के आशयों को 'डिफरेंस' में खेलते देखते हैं। पार्थक्य और परता। (दूरी, देरी)। 'पार्थक्य' अर्थ से 'परता' पैदा करता है। परता 'परस्परपूरक' पैदा करती है। एक अर्थ इस तरह अपने लिए अनंत 'परस्परता' पैदा करता है। हर समीक्षा रचना की पूरक है। रचना समीक्षा की पूरक। पार्थक्य (डिफरेंस) और परत्व (डेफरेंस) का यही खेल पाठ की अनिर्वचनीयता स्थापित करता है। यह चीज उसे अवधारणा अथवा बंद सिद्धांत बनने से रोकती है। वह अंतिम पाठ के अंतिम अर्थ, मूलतः लेखन को ही नष्ट कर देता है। इसलिए नया अर्थ है तो पूरक रूप में। अर्थ के पूरक खेल के रूप में।

देरिदा के लिए 'लेखन' एक ही साथ तमाम सांस्कृतिक कर्म का स्रोत है और अपने भीतर निहित ज्ञान को 'दबाने' वाला भी है। विखंडन इस 'लेखन' की कैद में दब रहे 'अर्थ' को मुक्ति देता है। इसीलिए देरिदा कहते हैं, 'पाठ के बाहर कुछ नहीं है।'

एडमंड हसेर्ल की फिनोमिनोलॉजी का विखंडन करते हुए देरिदा ने बताया कि हर पाठ अपने भीतर विखंडन की क्रिया छिपाए रखता है, क्योंकि पाठ जिसे 'दबाता' है

उसी से 'मैत्री' भी करता है। विखंडन का काम पाठ के 'दमित तत्त्व' को पाठ के 'प्रकट तत्त्व' के सामने रखना है। यह 'दमित तत्त्व' और दबाने वाला 'प्रकटत्व' दोनों के बीच एक संशय (एपोरिया), एक स्वयंनिर्मित अंतर्विरोध पैदा होता है।

एपोरिया यानी संशय। यह लेखन में तब पैदा होता है जब लेखक छिपाने और बताने के बीच खेलता है। देरिदा के यहाँ इस 'एपोरिया' का महत्त्व है। यह 'पार्थक्य' और 'परस्परता' को द्योतित करता है। विखंडन उसी संशयावरोध (एपोरिया) को खोलता है जो विचार और भाषा के बीच बनता है और जो पाठ सत्य का 'ठेकेदार' होने का भ्रम रचता है। इस तरह सदा से चला आता 'सत्य' का खोजी 'दर्शन' भी विखंडित हो जाता है। दर्शन अंततः एक लेखन-भर रह जाता है जो अपने से बाहर के यथार्थ पर अधिकार नहीं रखता। ('गोदान' इस तरह जमींदारी का 'पाठ' हो सकता है उसमें 'गऊ दान' की कामना उसे हिंदू-पाठ भी बता सकती है। कामायनी 'मनु' की जगह 'श्रद्धा' का, 'आनंदवाद' की जगह 'वेदना' का पाठ हो सकती है, रामचरितमानस रामराज्य की जगह कलयुग का पाठ हो सकती है।)

विखंडन के केंद्र में अनेक विद्वान नीत्शे के विध्वंस के विचारों की खोज करते हैं। नीत्शे नाजीवाद के विचार का जनक भी कहा जाता है जिसने 'हिटलर' को संभव किया। नीत्शे के विचारों में 'महामानव की तलाश' और शाश्वत पुनरावतार (ईटरनल रिटर्न) आदि तत्त्व आज भी नीत्शे की स्थिति को अरक्षणीय बनाते हैं। देरिदा ऐसे नीत्शे का भी विखंडन करते हैं।

विखंडन पर नीत्शे के प्रभाव को पहचानने का जो सूत्र मिलता है, वह है 'सत्य' को लेकर नीत्शे का संदेहवाद। बहुत से लोग इसे 'विखंडन' के 'संशयवाद' से एकमेक कर डालते हैं। नीत्शे पश्चिमी दर्शन की समीक्षा करता है और भाषा की सीमाओं को बताता है। देरिदा भी यहीं पहुँचते हैं।

नीत्शे में हमें विखंडन के बीज मिलते हैं। वह हर पाठ पर संशय करता है। वह कहीं चैन नहीं पाता। अपने भीतर भी नहीं। नीत्शे के लिए दार्शनिक सत्य के 'ठग' हैं, सत्य जो भाषा में रहता है। सत्य की कैद में रहता है और निकलता नहीं है। इसे छिपाकर पश्चिमी दर्शन ने अपना काम चलाया है। तर्कवाद छिपाने के कर्म का सर्वोत्तम अस्त्र है। तर्क ने दर्शन की कल्पना-शक्ति को नष्ट कर दिया है। नीत्शे 'आधुनिक ज्ञान' को 'असत्य' कहता है। सभी दर्शन अलंकृत भाषा के 'आभरण' मात्र हैं जो सत्य को छिपाते हैं। देरिदा भी ऐसे अनेक निष्कर्षों पर पहुँचते हैं। दोनों में क्या साम्य है ?

विज्ञान का विखंडन करते हुए देरिदा कहते हैं कि विज्ञान मूलतः तर्क के दमनकारी विचार का विमर्श है। उसका विखंडन उसे आजाद करता है। नीत्शे अनुभव में उसे आजाद करते हैं। देरिदा 'चिह्नों' के खेल में। देरिदा ने नीत्शे के मूलतः भारी-भरकम अतीत को तोड़ा। देरिदा भी अतीत के पाठ का विखंडन करते हैं।

देरिदा की मौलिकता यह है कि उनका विखंडन 'सत्यता' का दावा करने वाले 'तर्क' को उसी के विरोध में खड़ा करके देखता है और उससे छिपने (दमित) वाले अर्थ को

खोजता है। यह देरिदा की 'पाठात्मक रणनीति' (पढ़ने का ढंग) है। पश्चिमी दर्शन की योजना सत्य की उपस्थिति और भाषा की प्राथमिक उपस्थिति की योजना रही है। भाषा की अलंकार-योजना (विशेषण योजना) इस सत्य को कहते हुए भी छिपाती है। विखंडन का काम इसी अंतर्विरोध (विशेषण और विशेष्य के अंतर्विरोध) को प्रकट करना है। यह 'अच्छे' और 'बुरे' का अंतर्विरोध नहीं है क्योंकि ये दोनों तो दो विशेषण हैं। यह पार्थक्य (अलंकार) मात्र हैं जो 'सत्य' को दबाते हैं। असल बात दो तत्त्वों का पार्थक्य 'पाठ' की 'बहुमुखता' में निहित रहता है।

नीत्शे की तरह मार्टिन हेडेगर का असर भी विखंडनवाद पर दिखता है। विखंडनवाद में और हेडेगर के 'व्याख्यावाद' में कई असमानताएँ हैं। हेडेगर के लिए अस्तित्व के क्षण में सत्य की प्रामाणिकता रहती है। देरिदा सत्य की इस अंतिम प्रामाणिकता को अस्वीकृत करते हैं। अस्तित्व में नहीं, वे सत्य को 'पाठ' में देखते हैं।

हेडेगर द्वारा नीत्शे के पाठ को देरिदा प्रश्नांकित करते हैं।

देरिदा मानते हैं कि मार्क्स और नीत्शे के बीच कहीं उत्तर-संरचनावाद के तत्त्व छिपे हैं। यहीं से विखंडन की 'राजनीति' आती है।

अपने एक साक्षात्कार में देरिदा ने राजनीतिक प्रतिबद्धता और विखंडन के संबंध के बारे में कहा है कि मार्क्स और लेनिन के 'पाठ' अभी तक कायदे से किसी ने नहीं पढ़े हैं, उन्हें अभी पढ़ा जाना है। उन्हें पूर्वनिश्चित अर्थों के अनुरूप व्याख्यायित नहीं किया जा सकता जो पाठ के पीछे छिपे पूर्वनिश्चित 'व्यंग्य' को ढूँढ़ निकालते हैं (दुनिया की कम्युनिस्ट पार्टियाँ यही करती रही हैं।) मार्क्सवाद का विखंडन दरअसल मार्क्स के पाठ की अनेकमुखता को निकाल सकता है, खासकर आदर्शवाद से इसके अलगाव की अनेकमुखता को और यह भी दिखेगा कि हीगेल के आदर्शवाद को खंडित करने के क्रम में मार्क्स का पाठ स्वयं खंडित हुआ है।

देरिदा के पार्थक्यवाद और द्वंद्ववाद में भेद है। अपने एक साक्षात्कार (पोजीशंस 1981) में देरिदा बताते हैं कि द्वंद्वात्मक भौतिकवाद की भाषा 'अलंकृत' भाषा ही है। अलंकार जिन्हें 'अवधारणा' कहा जाता है मार्क्सवाद में। ये अवधारणाएँ पूर्व मान्यताएँ ही हैं। पहले इनमें छिपे तत्त्व-मीसांसावाद (मेटेफिजिक्स) का पता लगाना चाहिए।

मार्क्सवादी क्षेत्र में देरिदा के 'पार्थक्यवाद' को लेकर बाद में बहुत से प्रश्न उठे। कहा गया कि क्या देरिदा का विखंडन पाठ से राजनीति और इतिहास को बाहर रखने का एक नवरहस्यवाद नहीं है ?

कुछ कहते हैं कि विखंडन अद्वंद्वात्मक प्रणाली है जिस पर समाजार्थिक प्रभाव नहीं पड़ते। कहने की जरूरत नहीं कि उत्तर-संरचनावाद पर पड़े मार्क्स और नीत्शे के प्रभावों का विश्लेषण इस संदर्भ में एक उपयोगी क्षेत्र है।

देरिदा अपने व्यापक लेखन में मार्क्स के प्रति एक गहन चुप्पी साधे दिखते हैं। यह आश्चर्यजनक लगता है। यूरोप में ऐसी चुप्पी असह्य और असंभव लगती है। देरिदा 'हीगेल' पर लंबी टिप्पणी करते हैं, मार्क्स पर नहीं। बहुत बाद में देरिदा 'मार्क्सवाद

का प्रेत' नाम से लंबा निबंध अवश्य लिखते हैं। उनका झगड़ा मार्क्स से ज्यादा नहीं है, पश्चिमी तत्त्व मीमांसा से है। हीगेल में 'चेतना और इतिहास' की एकता और अतिरिक्त 'अर्थवाद' को देरिदा 'हीगेल विरोधी' मानते हैं। एक 'हेतु-विहीन चेतना' का 'प्रसारण' हीगेल को अंतर्विरोधी बनाता है।

यहीं फ्रेडरिक जेमेसन द्वारा देरिदा की समीक्षा का बिंदु आता है। जेमेसन ने पाया कि अर्थ की लीला मार्क्सवाद-विरोधी तत्त्व है। एक अन्य मार्क्सवादी समीक्षक टेरी ईगलटन भी यही मानते हैं कि उत्तर-संरचनावाद, पद्धति के नाम पर एक 'अराजकता' भर है। दरअसल, जेमेसन अथवा ईगलटन—दोनों संरचनावादी ढंग से देरिदा को जवाब देते हैं।

देरिदा संरचनावाद को एकदम व्यर्थ नहीं कहते। वे सिर्फ यह बताते हैं कि अंत में संरचनावाद भाषा की कैद में बंद हो जाता है। देरिदा मानते हैं कि संरचनावाद ने इस प्रश्न को लगभग अंतिम ऊँचाई से उठाया कि क्या भाषा चीजों को तय करती है ? क्या भाषा चीजों को 'देश' में स्थापित कर उन्हें नियंत्रित करती है ? क्या ऐसा करते हुए स्वयं भाषा 'देश' में स्थिर नहीं होती है ? देरिदा कहते हैं कि भाषा चीजों को स्थिर करते हुए स्वयं जब स्थिर होने को अभिशप्त है तो वह अपनी कैद बना लेती है। संरचनावाद की यही बड़ी सीमा है कि वह अपनी कैद अपने आप है।

टेरी ईगलटन ने 'क्रिटिसिज्म एंड आइडियोलॉजी' (1976) में नीत्शे के बहाने उत्तर-संरचनावाद पर संक्षिप्त विचार किया है। ईगलटन को 'पाठ' की 'मुक्ति' पर घोर आपत्ति है। पाठ की मुक्तिवादी पद्धति उन्हें पसंद नहीं। राजनीति में भी पाठ की नितांत मुक्ति 'बुर्जुआ अराजकतावाद' का प्रतिबिंब लगती है उन्हें। एक आधिकारिक केंद्र से आधिकारिक-प्रामाणिक अर्थ को हटाकर, शुद्ध स्वतंत्र लीला में अर्थ खोजने का अर्थ अर्थ का निषेध करना है। नीत्शे यही करता है। (टेरी ईगलटन के लिए देरिदा भी यही करते हैं।) ईगलटन विखंडन को एक ऐसी 'रहस्यवादी' और अनंत प्रक्रिया मानते हैं जो रूपांतरयामी 'अर्थ' को खोलते हुए स्वयं को 'बंद' करना भूल जाता है।

ईगलटन नए मार्क्सवादी हैं, जो समीक्षा की भूमिका 'पाठ' से बाहर मानते हैं और उसे 'पाठ' से बाहर के किसी वैज्ञानिक केंद्र से जुड़ा मानते हैं। कहने की जरूरत नहीं कि ईगलटन मार्क्सवाद के भीतर बैठे पुराने पॉजिटिविज्म से इंच-भर इधर-उधर नहीं जाते। हम देख चुके हैं कि स्वयं संरचनावाद ने पॉजिटिविज्म को किस तरह व्यर्थ सिद्ध किया। ईगलटन का सिद्धांत उसी तरह के तत्त्ववादी मार्क्सवादियों की तरह अलग से आता है और पाठ की चीरफाड़ कर मतलब की बात निकालता है। इस 'हेतुवाद' पर हम पहले ही चर्चा कर आए हैं। ईगलटन साहित्य को विचारधारा का प्रतिनिधि मानते हैं।

कहने की जरूरत नहीं कि विखंडन इस तरह की किसी भी आधिकारिक वैज्ञानिक स्थिति की अनुपस्थिति मानता है जो पाठ से बाहर 'नजर' आती है। ऐसा कोई विज्ञान नहीं जो दूर रहकर अर्थ दे। यदि है तो 'विखंडन योग्य पाठ' ही है। (फ्रेडरिक जेमेसन

इतिहास में अर्थ की मुक्त लीला संभव मानते हैं, ईगलटन नहीं मानते।)

मार्क्सवादी तत्त्वचिंतक लुई अल्थुसर ने विखंडन का एक नया मार्क्सवादी संस्करण दिया। उनका कहना था कि मार्क्सवाद स्वयं एक विखंडनवाद है जो पाठ की प्रक्रिया को वहाँ तक ले जाता है जहाँ विचारधारा को पाया जा सके। एक अन्य मार्क्सवादी उत्तर-संरचनावादी पियरे माशेरे समीक्षा को 'पाठ' से बाहर होती हुई मानते हैं।

'ऑफ ग्रामाटोलॉजी' में एक जगह देरिदा कहते हैं कि 'विखंडन अपने ही किए का शिकार होता रहता है...'

विखंडन कई बार एक आसान काम भी समझा गया है। बहुत से समीक्षक विखंडनवाद को इसलिए आसान मानते हैं कि यहाँ कोई निश्चित नियम नहीं दिए जाते न उन्हें खोजना होता है। विखंडन चूँकि अंतहीन और खुला हुआ है इसलिए भी अनेक समीक्षक उसे आसानी से अपना लेते हैं। विखंडन में 'निष्कर्षों' और नतीजों की फिक्र नहीं होती, अनेक लोगों के लिए, इसलिए भी, विखंडन उनकी काहिली का मंच बन जाता है।

ऐसा दृश्य हमें अमरीकी विखंडनवाद के एक बड़े तबके में दिखाई पड़ता है। देरिदा का प्रभाव पिछले दिनों अमरीका में इसीलिए बढ़ता दिखा। अनेक लोगों ने विखंडन को आसान पद्धति मान लिया जिसमें कुछ भी नहीं करना था। और किसी भी नियम से बेपरवाह होकर निष्कर्षों को रोककर सिर्फ मनमाने ढंग से समीक्षा की जा सकती थी। सिर्फ पॉल द मान ने यह बताया कि देरिदा का विखंडन अति विकसित बौद्धिक समीक्षात्मक प्रयत्न है और वह वस्तुतः बच्चों का खेल नहीं है। देरिदा, लेकिन, इस 'खेल' के प्रति उतने चिंतित नहीं हैं।

देरिदा के प्रभाव में आए ज्योफ्री हार्टमैन और जे. हिलिस मिलर को विखंडनवाद के 'अराजक' संप्रदाय का माना जाता है। पॉल द मान को 'विखंडन' को व्यवस्था देने वाला माना जाता है। हार्टमैन और मिलर विखंडनवाद के व्याख्यात्मक स्वातंत्र्य को उसके अंतिम अमरीकी छोर पर ले जाते हैं जहाँ 'पाठ' ही 'नष्ट' हो जाता है। पाल द मान, अलबत्ता विखंडन के तर्क को स्थापित करते हैं।

पॉल द मान ने विखंडन को पूरी रणनीति में समझा और अपने पाठ से बताया है कि हर पाठ में 'तर्क' और 'रूप' का झगड़ा फैला रहता है। यही चीज समीक्षा में भी रहती है। समीक्षा में यह वहाँ प्रकट होता है जहाँ 'व्यवस्था' सिद्धांत में बदलती है। समीक्षक की 'अंधता' का सबसे 'अँधेरा क्षण' वही होता है जहाँ वह सबसे अधिक 'अंतर्दृष्टि' दिखाता है। कोई भी पाठ, मान की नजर में 'पूर्ण' नहीं होता। पढ़ते हुए वह एक पहलू से ही खुलता है। यही 'अंधता का कोना' होता है जिसे 'विखंडित' करना होता है, तोड़ना होता है। लेकिन यह भी एकदम साफ-साफ संभव नहीं होता। आलोचना इस तरह एक सतत 'संकट' होती है। यह संकट अपने 'मूल' में ही नजर आता है।

पॉल द मान ने 1979 में अपने ग्रंथ 'एलीगरीज ऑफ रीडिंग' में 'पढ़ने के सिद्धांत' को विकसित किया जो विखंडन के कुछ महत्त्वपूर्ण सूत्र खोलता है। रूपक

(मैटाफर) और अन्योक्ति (मेटानिमी) साथ ही 'प्रतीक' और 'विमर्श' द मान के सिद्धांत के आधार हैं। अपने विखंडन से वे रूपक अथवा अन्योक्ति के विरोध को देखते हैं पाठ में। यहाँ प्रतीक में 'विषयी' और 'विषय' के बीच अभेद-रूपक को तोड़ना पड़ता है। पॉल द मान का विखंडन भाषा के सार्थक (उपदेशात्मक, संदेशात्मक) रूप को तोड़कर उसके अलंकार के शुद्ध रूप तक पहुँचता है। हलका-फुलका पाठ करने, तोड़ने का प्रयत्न अधिक 'पाठ' की एक नैतिक व्याख्या करके खत्म हो जाता है। इस तरह विखंडन नहीं होता। पाठ का अर्थ तभी पैदा होता है जब हम आत्मालोचना से शुरू करें। द मान कहते हैं कि पाठ स्वयं विखंडनात्मक 'पठन' छिपा रहता है।

देरिदा के अवदान पर फिर लौटें।

देरिदा मानते हैं कि अब भी हम संरचनावाद में कैद हैं। विखंडन उसके बिना संभव नहीं है। हम कह सकते हैं कि उत्तर-संरचनावादी प्रविधि के लिए हमेशा संरचना चाहिए।

देरिदा कहते हैं कि अब तक की वह भाषा और वह विचार केंद्रवादी (लोगोसैंट्रिक) रहा है, जो अपनी प्रामाणिकता के लिए बाहर से समस्या जुटाता रहा है। पश्चिमी दर्शन का मूल स्वर यही रहा है कि भाषा किसी-न-किसी विचार और 'हेतु' की बाँदी रही है जो भाषा से बाहर होता। (साहित्य समीक्षा में इसे यों कहा जाता है कि अंतर्वस्तु रूप से बाहर होती है, स्वतंत्र होती है। भाषा इसकी माध्यम-भर है। इस तरह भाषा दोयम दर्जा रखती है।)

'अनुभव भाषा से बाहर होता है' इस विश्वास के अनेक रूप और संस्करण हैं। संरचनावाद में यह है। सासूर में 'वाक्' भाषा का माध्यम है। यही केंद्रवाद है भाषा में। देरिदा इसके विकल्प में एक अन्य शब्द जाते हैं 'भेद' या 'भिन्नता'। 'पार्थक्य और परता' दोनों को बताने वाला शब्द है यह। जब भाषा का एक तत्त्व (वाक्) दूसरे (भाषा) से संबद्ध होता है तो 'भिन्नता' नहीं खोता। वह भिन्नता स्थापित करता है। भाषा में अर्थ कभी पूरा नहीं रहता, बल्कि यह भाषा के दूसरे तत्त्वों के संदर्भों पर निर्भर रहता है। यह पार्थक्य और परता ही भाषा को बनाती है। संरचनावाद रूप और वस्तु को अविभाज्य मानता है। संरचना देरिदा में आकर 'व्यंजक' की 'शृंखला' बन जाती है।

देरिदा के पाठ की रणनीति इस प्रकार चलती है।—लेखन चूँकि लेखक के हेतु से अनुशासित नहीं है इसलिए वह एक स्वतंत्र पाठ है। इसका अर्थ यह है कि पाठ का अर्थ बाहर से प्रमाणित नहीं करना है। यही लेखन (साहित्यिक पाठ) की अद्वितीयता है कि उसका प्रमाण उससे बाहर नहीं है। परंपरागत रूपवाद यह नहीं है। यह दरअसल अब तक के लेखन में हेतुवाद का खात्मा है। समीक्षा कर्म इसीलिए 'हेतुओं' और बाहरी प्रमाण की खोज नहीं है। वह विखंडन मात्र है।

विज्ञान से साहित्य विखंडन के जरिए ही अलग होता है और अपने पैरों पर खड़ा होता है क्योंकि विज्ञान अपने से बाहर प्रमाण चाहता है, साहित्य नहीं चाहता।

कहने की जरूरत नहीं कि देरिदा के अवदान ने अब तक चले आते आलोचना सिद्धांतों की चूलें हिला दी हैं। अब तक सोचा जाता था कि साहित्य समीक्षा या सिद्धांत

'किसी चाकर के चाकर' थे। 'यथार्थ' की चाकर 'रचना'। रचना की चाकर 'आलोचना'। नौकर की नौकरी। विखंडन ने इस स्थिति को खत्म करके पहली बार आलोचना को स्वतंत्र सत्ता दी है। आलोचनात्मक सिद्धांत यहीं आकर एक विधा बने हैं। यहीं आकर साहित्यिक समीक्षा के दर्शन और समाजशास्त्र का दर्जा ग्रहण किया है। समीक्षा विखंडन की रणनीति में आकर एक सांस्कृतिक प्रक्रिया बनी है। विखंडन साहित्य की उत्तर-आधुनिक स्थिति है। देरिदा की विखंडन-रणनीति मूलतः एक साहित्यिक रणनीति है। विखंडन से साहित्य-सिद्धांत नामक विधा भी आरंभ होती है। यही 'सिद्धांत-विधा' मूलतः आलोचना की विधा है जो दुनिया देखने-पढ़ने की एकमात्र उत्तर-आधुनिक विधा है।

विखंडन उत्तर-संरचना का पर्याय नहीं है। विखंडन एक रणनीति है जो उत्तर-संरचनावाद को भी विखंडित करती है।

विखंडन का उत्स 'पाठ' में है। यहाँ 'पाठ' के 'पाठक' और 'पढ़ने की क्रिया' पर जोर है। यहीं से लेखन 'लेखक' के केंद्र से निकलकर 'पाठक' के बीच आ जाता है। पाठक लेखक के नायकत्व के मुकाबले एक प्रतिनायक बन जाता है। पाठक का यह नवावतार संरचनावाद ने शुरू कर दिया था क्योंकि उसे 'पाठ' के 'अंतर्पाठ' को पैदा करना था। 'पाठक' के बिना 'लेखन' की मुक्ति नहीं है। बार्थ ने इसी तरह की उत्तर-संरचना की अवधारणा शुरू की। देरिदा ने उसे चरम पर पहुँचाया।

यहीं से 'स्त्रीत्ववादी' पाठ का श्रीगणेश हुआ जो बाद में चलकर उत्तर-संरचनावाद का एक अंग बना। एक पाठक के रूप में पाठ के साथ चलते हुए अब तक के छिपे हुए अनेक अर्थ खुलने लगे। कुछ भी लेखकगत नहीं रहा। न लेखक के इरादों पर भरोसा रहा। सार्वभौमिक मानववाद के परखच्चे उड़ गए। 'द अथॉरिटी ऑफ एक्सपीरिएंस : एसेज इन फैमिनिस्ट क्रिटिसिज्म' में मौरियाने एडेम्स ने लिखा कि अब 'पूरी तरह वस्तुगत होने' और 'पक्षपात रहित होने' का बहाना खत्म हो गया। अब हमें जेन आयर 'मर्दों' की नजर से नहीं देखती। अब हमें जेन आयर में 'एक औरत की शादी में निर्भरता का अर्थशास्त्र' नजर आता है। केट मिलैट ने तो साहित्य में स्त्री-छवि को सेक्सवादी राजनीति की तरह पढ़ा। एक औरत ने पढ़ते हुए अपने नतीजे निकाले।

'औरत की तरह पढ़ना' यह उत्तर-संरचनावाद का एक नितांत विखंडनात्मक तत्त्व है। 'यह कोई सैद्धांतिक अवधारणा नहीं है' जैसा कि शोजाँ फैल्मान ने लिखा है, 'बल्कि यह एक जीवित कर्म है जिसमें सेक्सवादी तादात्म्य काम करता है।' स्त्रीवादी समीक्षा इसी दृष्टि का फल है जो उत्तर-संरचनावाद का एक जबर्दस्त औजार है। एलेन शुवाल्टर ने 'टुवाड्र्स ए फेमिनिस्ट पोयटिक्स' में कहा है कि एक औरत के रूप में पढ़ने के पाठ में सक्रिय सेक्सीय संहिता की सार्थकता आसानी से समझ में आती है।'

कहने की जरूरत नहीं कि 'औरत के पाठ' के जन्म ने अनुभव की 'संपूर्णता' को लेखक से हटाकर पाठक के 'पाठ' में केंद्रित कर दिया। पाठ में अर्थ एक ऐसी चीज होता है, जिसे अर्जित करना पड़ता है। मर्दवादी आलोचना प्रायः इस 'अर्जन' को नजरअंदाज करती है। अब तक की आलोचना मर्द-लेखक के इरादे (हेतु) को सबके लिए

समान हित वाला मानकर चलती रही है। उत्तर-संरचनावादी 'औरत के पाठ' ने इस अवधारणा को खत्म कर दिया।

लेकिन औरत का 'पाठ' सभी औरतों को हर बार आसानी से प्राप्त नहीं होता। कारण कि वे अपने 'लिंगभेद' के कारण होने वाले 'पार्थक्य' के प्रति सचेत नहीं होती। मर्दों की भाषा में औरत को भी मर्दानगी से तादात्म्य स्थापित करना होता है। ऐसे पाठ में अर्थ को 'मानवतावादी' बताया जाता है। विखंडन यही 'औरतों' के लिंग-भेदी 'दमन' को सामने लाता है।

स्त्रीत्ववादी समीक्षा और पाठ के बाद साहित्य के पाठ की अवधारणा बदल गई। अब तक का समीक्षाशास्त्र मूलतः 'पितावादी' अथवा 'मर्दवादी' रहा। जिसमें लेखक की भूमिका पितामह की तरह होती है, वही 'अर्थ' को वैधता प्रदान करता है। समीक्षा लेखक (मर्द) को स्थापित करती रही है। स्त्रीवादी समीक्षा ने इन तमाम स्तरों पर चली आती समीक्षा को गहरी चुनौती दी है।

उत्तर-संरचनावाद ने 'लिंगभेद' को प्रखर करते हुए औरत के पाठ को विशेष सिद्ध किया। इससे स्वयं साहित्य में एक नई स्थिति पैदा हुई।

विखंडन के कुछ सूत्रों को यों पढ़ा जा सकता है :

—परंपरागत दर्शन में परस्पर विरोधी तत्त्वों में शांतिपूर्ण सह-अस्तित्व नहीं माना जाता। वहाँ एक हिंसक श्रृंखला (आइरार्की) को उलटना जरूरी होता है। यह विखंडन का प्रथम कदम है। क्रम का उलटना।

क्रम उलटने से जो शून्य बनते हैं उनमें हस्तक्षेप किया जा सकता है। कार्य-कारण श्रृंखला उलटने से विखंडन शुरू होता है।

—देरिदा का दूसरा सूत्र यों है : विखंडन करते हुए हमें देखना होगा कि पाठ जो बात कहना चाहता है, उसे 'दबाता' कैसे है ? इसके लिए विखंडन उन्हीं सिद्धांतों का सहारा लेता है जिन्हें यह विखंडित करता है।

—कारण-कार्य के उलटने से कार्य-कारण बन जाता है। कार्य से कारण की ओर आया जाता है।

—लेखन 'वाक्' का पूरक है। वाक् स्वयं एक पूरक। हर पाठ लेखन का पूरक है। पूरकों की एक श्रृंखला है साहित्य। और कुछ नहीं।

—विखंडन पाठ का केंद्र नहीं ढूँढ़ता ताकि उसकी सारी समस्याएँ एक बार में ही समाप्त हो जाएँ।

—पार्थक्य वह गति है जिससे भाषा बनती है।

—इतिहास कोई विशेष अधिकार वाला क्षेत्र नहीं, वह भी एक पाठ है।

—'उलटना' एक खेल है। अर्थ इसी में छिपा है।

विखंडन कोई सिद्धांत नहीं है जो किसी शास्त्र का रास्ता दिखाए (यह ज्ञान के क्षेत्र

में बनाई शृंखला में निहित 'विरोध' को खोल देने का काम करता है। यह हर उस सिद्धांत की उन कठिनाइयों की ओर इशारा करता है जो पाठ का 'एकमात्र तरीके' से अर्थ करने को अर्थ का 'एकमात्र तरीका' बताते हैं। जो लेखक के हेतु, परंपरा के हेतु और पाठक के हेतु को एक-रैखिक बताते हैं। जो छिप या दब जाते हैं, या छूट जाते हैं। इन हेतुओं की साधारणीकरण और सामान्यीकरण की शक्ति जब एक नए समांतर विचार में रोपी जाती है तो वहाँ एक अतिरिक्त अवशेष रह जाता है जो उस एकसूत्रता (एकार्थ) का उल्लंघन करता है, उसे चुनौती देता है, प्रतिरोपण करता है...विखंडन की इस प्रक्रिया में हर चीज दाँव पर लग जाती है।)

—प्रतिरोपण या कलम लगाना ही असली हस्तक्षेप है। 'पठन' स्वयं एक प्रतिरोपण है।

—प्रतिरोपण की यह पद्धति विचार की परंपरागत प्रक्रिया को भंग कर देती है और नई प्रक्रिया शुरू करती है। वह ध्वनियों, चित्रों, शब्दरूप और अर्थ के नए संबंध बनाती है।

—लेखन, इस तरह एक पूरक कर्म है। पूरक यानी एक प्रयत्न। बाहर से किया गया। पूरक ही 'पार्थक्य' पैदा करता है।

—विखंडन में परस्पर विलोम तत्त्व इस प्रकार चलते हैं—उपस्थिति-अनुपस्थिति। वाक्-लेख। दर्शन-साहित्य। शाब्दिक-अलंकारगत। केंद्रीय-उपकेंद्रीय या हाशिए वाले। ये तथा ऐसे अन्य विलोम लगातार मौजूद रहते हैं। उपस्थित अर्थ के मुकाबले अनुपस्थित अर्थ, वाणी का विलोम लेखन, दर्शन का विलोम साहित्य, शब्दों की जगह अलंकार, केंद्र के विलोम उपकेंद्र, (अथवा इनका उलट क्रम) हर वक्त रहता है।

—इन विलोमों को 'तोड़ने' के लिए, इनके संबंध और संहिता को पहचानने के लिए, 'विलोम' को नष्ट नहीं किया जाता। विलोम को खत्म मानेंगे तो फिर 'एकार्थवाद' ही रह जाएगा। तब या तो उपस्थिति अर्थ रह जाएगा या अनुपस्थिति अर्थ।

—पाठ में हमेशा मौजूद 'विलोम' (अपोजीशन) को तोड़ने के लिए, उसे अलग ढंग से देखना पड़ता है। इसका तरीका इस तरह है—(क) पहले देखना है, कि पाठ में मौजूद विलोम तत्त्व संबंधी हैं अथवा विचारधारात्मक हैं। इसके लिए बहुत से पाठों को पढ़ना पढ़ता है और विचारधारा को व्यवस्थित करना होता है। यह भी दिखाना होता है कि किस तरह यह विचारधारा पाठ के भीतर खुलती है, (ख) इस काम में विलोम तत्त्वों को याद रखना पड़ता है। इस काम के लिए विलोम तत्त्वों का पहले क्रम स्पष्ट किया जाता है और फिर उनका क्रम उलटकर एक नया प्रभाव प्राप्त करना होता है।

—विखंडन इस तरह दुहरा काम है। (डबल मूवमेंट) भीतर-बाहर एक साथ चलता हुआ।

—दर्शन एक केंद्रवादी है। साहित्य उभयकेंद्रवादी। दर्शन एक सत्य, एक तर्क, एक व्यवस्था देखता है, साहित्य हर बार नया अर्थ।

—समीक्षा एक जाँच की तरह की प्रक्रिया है।

—विखंडन अनुपस्थिति अथवा 'परित्यक्त' या 'निकाल दिए गए' में दिलचस्पी रखता है।

—चूँकि विखंडन बाहर और भीतर दोनों के विलोम की जाँच करता है इसलिए स्त्रियों, दलितों, कवियों, देवताओं तथा पागलों के पास भी 'सत्य' का होना मानता है। वह मानता है कि औरतें, कवि, देवता, पागल, हाशिए के लोग, सब जिन व्यवस्थाओं में रहते हैं, वे उनमें अपनी हाशियाकृतस्थिति से 'सत्य' प्राप्त कर सकते हैं। वे ऐसे सत्य खोज सकते हैं जो 'सर्वानुमति' को गलत सिद्ध कर सकते हैं और जो अभी तक के 'रूप' (समीक्षा) में दिखाई नहीं दे सकते।

—जो कहते हैं कि विखंडन शुद्ध व्यवहारवाद या समीक्षा का अवसरवाद है। ~ह सच नहीं।

—हर व्याख्या की दो व्याख्या हो सकती हैं। कोई भी व्याख्या अंतिम व्याख्या नहीं होती। यही अर्थ की लीला है, फ्री प्ले है।

—हर पाठ का अर्थ और पाठक का अनुभव पृथक होता है, यही 'अर्थ' का दोहरा चरित्र है।

—अगर अर्थ का अर्थ अनंत है, यदि एक व्यंजक दूसरे व्यंजक से मिलता जाता है तब क्या अर्थ के अनिश्चय की स्थिति पैदा होती है ? किसी हद तक यह संभव है। लेकिन इस तरह हर भाषा अपने विखंडन में बहुत कुछ ऐसा पाती है जो मलबे या अवशेष की तरह बचा रह जाता है। इससे यह अर्थ नहीं निकाला जा सकता कि हमें अर्थ ढूँढ़ने का प्रयत्न बंद कर देना चाहिए। गणित में तमाम प्रश्न हल नहीं होते तो भी क्या गणितज्ञ प्रयत्न छोड़ देता है। साहित्य में भी यही सच हो सकता है। साहित्य में 'अर्थ के अनिश्चय' की स्थिति में उसे व्यर्थ मान लिया जाता है। यह ठीक नहीं।

—अर्थ की लीला दरअसल विश्व की लीला है जिसमें 'पाठ' नए-नए सूत्र, संबंध और संदर्भ पैदा करता रहता है।

—पाठ का अंदरूनी तर्क वैसा ही है जैसा पौधे की 'कलम लगाना' (प्रतिरोपण)। पौधे में बाहर से नई कलम लगाना, जोड़ना, घटाना, साफ करना, रोपना यही विखंडन की रणनीति की कार्रवाई है। जिस तरह कलम लगाने के बाद नया पौधा बनता है।

—इस तरह एक विचार से दूसरे विचार की ओर यात्रा करने से विखंडन नहीं होता, वह विचार व्यवस्था के क्रम को उलटने से तथा गैर-वैचारिक व्यवस्था के क्रम को उलटने से संभव होता है। उदाहरण के लिए लेखन एक क्लासिक विचार है जो कुछ हेतु (विधेय या कर्म) लेकर चलता है। ये हेतु पाठ को अपनी कैद से बाहर नहीं जाने देते जिनमें हम समीक्षा करते हैं। विखंडन ऐसा नहीं है। वह इसी पूर्णता के चक्र पर उँगली रखता है। सत्य संरचना में भी हो सकता है और वहाँ भी जहाँ वह संरचना नहीं है। सत्य जितना उपस्थित होता है, उतना ही अनुपस्थित भी हो सकता है।

—विखंडन सत्य का नया सिद्धांत नहीं है बल्कि 'पाठ' का सिद्धांत है, लेखन का सिद्धांत है। वह उन शून्यों में जाता है जहाँ सत्य हो सकता है।

—विखंडन कोई तयशुदा विमर्श नहीं है।

—वह पक्षधरता भी नहीं है और न विध्वंस ही है। विखंडन सिर्फ 'व्यंग्य' तक महदूद नहीं है।

—हरेक पाठ एक अधूरा (या गलत) पाठ (मिसरीडिंग) होता है। इसीलिए हर बार नया और नया होता है।

—विखंडन दुहराव (पाठ), बिखराव (उलटक्रम) और विद्रूपण (प्रतिरोपण) द्वारा पैदा किया जाता है। यह एकसूत्रीय नियम नहीं देता। उसमें पृथक-पृथक तत्त्व चलते हैं।

विखंडन चूँकि एक 'रणनीति' है, पद्धति या प्रणाली नहीं इसलिए वह 'नियम-रहित' होकर पाठीय-लीला को पहली नजर में बहुत आकर्षक ढंग से रखती है। लेकिन उसे अपनाना-निभाना टेढ़ी खीर ही है। यही नहीं, अमरीका में, जहाँ विखंडन का प्रभाव सबसे अधिक नजर आता है, वहाँ हरेक का विखंडन अलग-अलग है; हार्टमैन का अलग, हिलिस मिलर का अलग, द मान का अलग और एडवर्ड सईद का अलग।

विखंडन विकसित यथार्थ की (उत्तर-आधुनिक अतियथार्थ की) व्याख्या की एक रणनीति है। सारी समस्या 'पाठ' की है। 'पाठ' खोलने की। पाठ को पढ़ने की। उसके विलोमों की लीला का विखंडन करने की। अनेक बुद्धिजीवियों के लिए विखंडन अंत में स्वयं के विरुद्ध ही चला जाता है। वह अब तक चले आते तमाम दर्शनों और प्रणालियों की सीमाएँ बता देता है लेकिन इस क्रम में वह उस चक्रव्यूह से आगे नहीं निकल पाता जिसे वह बनाता है। निकलना उसका हेतु भी नहीं है। यही उसकी मौलिकता है कि वह अंतिम सत्य कहने का दावा नहीं करता।

देरिदा का समूचा प्रयत्न अब तक के ज्ञान की 'वैधता' की प्रणालियों पर प्रश्न उठाता है। यह तत्त्व देरिदा को उत्तर-आधुनिकता में मौजूद स्थितियों की 'वैधता' के प्रति उठने वाले प्रश्नों का नया व्याख्याकार बनाता है। इस उत्तर-आधुनिक परिदृश्य में देरिदा एक नई वैचारिक वैधता की तरह आते हैं। वे ल्योतार और बौद्रीआ के द्वारा उठाए गए वैधता और अवैधता के प्रश्नों के पूरक प्रश्न उठाते हैं।

लेकिन देरिदा को उत्तर-आधुनिक या उत्तर-संरचना में महदूद करना उनके समग्र आकलन से बचना है। जैसाकि रिचार्ड रोर्ती ने कहा है, 'देरिदा के पाठ के गलत ढंग से पढ़े जाने के कारण उन्हें अनेक लोग उत्तर-आधुनिकता का पर्याय समझ लेते हैं, जबकि वह उत्तर-आधुनिकता का भी विखंडन करते हैं।'

देरिदा का ऐतिहासिक महत्त्व इस तथ्य में है कि देरिदा ने साहित्यिक सिद्धांत को एक निर्णायक विमर्श का स्तर दे दिया है। साहित्य-सिद्धांत अब तक अन्य शास्त्रों के प्रतिबिंब या अनुषंग के रूप में पढ़ा जाता था। देरिदा के बाद साहित्य सिद्धांत अब अन्य दर्शनों और शास्त्रों से ऊपर अथवा बाहर समझे जाने लगे हैं। देरिदा ने अपने अध्ययन से सिद्ध किया है कि दर्शन और साहित्य में कोई भेद नहीं है। चूँकि हरेक दर्शन अंतः 'रूपक' है, इसलिए हरेक दर्शन साहित्य ही है। इसलिए दर्शन, समाजशास्त्र, साहित्य में कोई 'भेद' नहीं है। सब कुछ को एक 'पाठ' की तरह ही पढ़ा जा सकता है। हर विज्ञान

को 'पाठ' की तरह 'पढ़ना' और उसकी एक निजी पद्धति विकसित करना एक शास्त्रहीन स्थिति पैदा कर देता है। शास्त्रहीनता विखंडन की मूल विशेषता है।

क्रिस्टोफर नोरिस ने कहा है कि विखंडन उत्तर-संरचनावादी ढंग का विमर्श नहीं है। वह पाठ का अतिनिकट और अंतरंग 'पठन' है।

यों अभी तक देरिदा को इतिहास में रखकर देखने का प्रयत्न कम ही हुआ है। इसका बड़ा कारण देरिदा की पाठ-पठन पद्धति है। लेकिन 'मोड ऑफ इन्फार्मेशन' में मार्क पोस्टर ने अपने गहन अध्ययन से यह निष्कर्ष निकाला है कि 'पाठ' की स्वतंत्रता और 'अ-निजता' की चरम सीमा पर पहुँचकर देरिदा जिस पाठ—शुद्ध पाठ की कल्पना करते हैं कंप्यूटरीकृत लेखन का पाठ उसके लगभग समांतर बैठता है। मार्क पोस्टर कहते हैं कि देरिदा की रणनीति इलैक्ट्रोनिकीय (टीवी, वीडियो) के विखंडन को भी संभव करती है। देरिदा ने अपनी किताब 'पोस्टकार्ड' में इस तरह के नए 'पाठ' के संकेत दिए हैं।

देरिदा यहीं माध्यम और पाठ के अंतर्संबंधों को खोलते हैं। यहीं (माध्यम में आकर) लेखन 'एक-केंद्रीयता' के खिलाफ जाता है।

देरिदा की रणनीति नए युग के लेखन को विखंडित करने के कुछ संकेत देती है। इलैक्ट्रॉनिकीय माध्यमों द्वारा संशोधित लेखन में 'पाठ' की अस्थिरता, अकेंद्रीयता स्वयंसिद्ध हो चली है। देरिदा इसे पाठ में पैदा करते हैं। अब यह खुद-ब-खुद पैदा होती है। देरिदीय रणनीति इस नए पाठ को खोलने के महत्त्वपूर्ण संकेत देती है।

देरिदा के विखंडन की राजनीति क्या है ?

यों देरिदा ने राजनीति का विखंडन नहीं किया लेकिन दार्शनिक सिद्धांतों के विखंडन की प्रक्रिया में वे कुछ महत्त्वपूर्ण इशारे देते हैं। वे विखंडित करते हुए बताते हैं कि पश्चिमी दर्शन और हिंसा तथा दमन में अन्योन्याश्रय संबंध हैं। इसका कारण पश्चिमी विचार में निहित एक-केंद्रीयता है। इसका विखंडन करते हुए देरिदा हाशियाकृत 'पाठों' को 'प्रतिरोपण' के संकेत देते हैं। यह दुनिया के लिए यह एक आश्वस्तकारी स्थिति है। विखंडन हाशिए की दुनिया के उपकेंद्रों को केंद्रों के मुकाबले बराबरी का दर्जा देता है। इस तरह विखंडन पश्चिम-विरोधी और साम्राज्यवाद-विरोधी सिद्धांत की तरह भी पढ़ा जा सकता है। उसे चाहें तो नव-साम्राज्यवाद के विरुद्ध रणनीति की तरह भी इस्तेमाल किया जा सकता है, जैसा एडवर्ड सईद करते हैं।

देरिदा ने यूरोपीय दर्शन और चिंतन की पिरामिडीय पद्धति (केंद्रवादी पद्धति) को तोड़ दिया है। इससे पश्चिम के केंद्रवादी (या नव-साम्राज्यवादी अथवा वर्चस्ववादी) विचार-संप्रदायों में खासी खलबली है क्योंकि देरिदा उनके वैचारिक केंद्रवाद, निरंकुशता और हिंसा का अंत करने के नए औजार उन लोगों को देते हैं जो अब तक दबे-कुचले या उपेक्षित रहे हैं।

हिंदी साहित्य का अब तक का इतिहास इस दृष्टि से एक केंद्रवादी-इतिहास नजर आता है। शुक्लजी के आधुनिक इतिहास में कितने हाशिए दबे हैं, कितने उपेक्षित

उपकेंद्र परिधि पर डाले गए हैं और तब से अब तक स्वीकृत हैं, यह पड़ताल देरिदा की रणनीति से ही संभव है। कहने की जरूरत नहीं कि हजारीप्रसाद द्विवेदी का 'कबीर' अनजाने इधर इशारा करता है। (यद्यपि 'कबीर' की 'कलम' लगाकर द्विवेदी जी बाद में कबीर को ही 'केंद्र' बना बैठते हैं, वे अंततः एक नया केंद्र ढूँढ़ते ही हैं और इस तरह संरचनावाद के दायरे में रह जाते हैं।)

साहित्य-शास्त्र अथवा रचना-प्रक्रिया के क्रम के विलोम-क्रम देखकर या केंद्रवादी तमाम इकाइयों को विखंडित करके हम उपेक्षित जातियों एवं स्त्री-अनुभव के केंद्रों, हिंदी भाषा से दबे उप-जातीय, स्थानीय भाषाई साहित्य केंद्रों को तलाश सकते हैं जो 'लोद संस्कृति' के तोलमोल वाले मर्द-केंद्रवाद में दफन रहे हैं।

उपभोक्ता-संस्कृति के विखंडन में देरिदा की रणनीति अचूक ढंग से काम आ सकती है। टीवी में चिह्नों के फ्री-प्ले को, बहुत से बाजारगत केंद्रों के विकेंद्रण को देखने में देरिदा ही एक पद्धति और प्रतिरोध की रणनीति देते हैं क्योंकि वही आश्वस्त करते हैं कि यूरोप के वर्चस्व का युग खत्म हुआ, अमेरिका का भी खत्म होगा, और हाशिए पर खड़े समाज अपने-अपने उपकेंद्रों—अपने-अपने स्वत्व—में लौटेंगे।

देरिदा की साहित्यिक रणनीति पहली बार साहित्य को अन्य शास्त्रों के मुकाबले में एकमात्र भरोसे का विमर्श सिद्ध करती है। अंततः साहित्य अधिक स्वतंत्र और स्वयं-केंद्रित हो सकता है और अन्यों पर अपनी निर्भरता समाप्त कर सकता है।

कह सकते हैं कि देरिदा के 'विखंडन' में साहित्य की पहली बार मुक्ति संभव है।

'विखंडन' कोई मजाक नहीं है जैसे कि उत्तर-आधुनिकता मजाक नहीं है। कुछ विद्वानों के अनुसार देरिदा के विखंडन के कुछ सूत्र भारतीय बौद्ध धर्म के चिंतन में आ मिलते हैं। जिन्हें 'विखंडन' के विदेशी होने पर ऐतराज हो वो उसे ऐसे पढ़ें।

'विखंडन' एक मार्क्सवादी रणनीति भी है। जेमेसन 'मार्क्स' को 'पूँजी' का मौलिक विखंडनकर्त्ता मानते हैं। क्या हम 'विखंडन' का कोई अपना पाठ संभव कर सकते हैं ?

# विखंडन : लेखन का शास्त्र

'नव्यालोचना' की 'अंधता' वहीं थी, जहाँ वह सबसे ज्यादा अंतर्दृष्टि दिखाती थी। यह बात पॉल द मान ने 'ब्लाइंडनेस एंड इनसाइट' (1971) में बाजाप्ता बताई। पॉल द मान ने 'नव्यालोचना' के भीतर मौजूद 'विरोधों' को सक्रिय पाया। यह विखंडनवादी 'पाठ' के जरिए ही संभव हुआ। यहाँ मान ने बिखंडन को आधुनिक साहित्यशास्त्र पर पहली बार लागू किया। मान ने बताया कि अगर हम 'नव्यालोचना' के रूपकों को, रूपकों के आधारों को विखंडित करें तो हमें उनके 'अंधत्व' का वहाँ पता चलता है जहाँ वे सबसे ज्यादा चमकदार भी होते हैं। मान ने बताया कि जहाँ रचना और सिद्धांतिकी में सबसे ज्यादा 'अंतर्दृष्टि' कही जाती है, वहीं कहीं उसमें अंधत्व भी होता है।

नव्यालोचकों का मानना था कि कविता का 'शाब्दिक मूर्ति' (वर्बल आइकॉन) है। कविता अर्थ की 'कालातीत' और आत्मस्थ संरचना है। ('कालातीत' हिंदी की वर्तमान समीक्षा का प्रिय शब्द है। जो विशेषण किसी कृति में देखे जाते हैं, वे इसी 'कालातीत कला दृष्टि' के कायल होते हैं। वे यह मानकर चलते हैं कि कविता में कोई 'अर्थ' मौजूद है, 'पूर्व-स्थिति' है, जिसे आलोचक को खोलना है। ऐसा समीक्षा कर्म मूलतः 'नव्यालोचना' या अमरीकी नव्यालोचना है जो इन दिनों भी खूब होती है।) नव्यालोचना का यह 'रूपवाद' था। लेकिन जब पॉल द मान इसे विखंडित करने चले तो पाया कि नव्यालोचना 'वर्बल आइकॉन' के अपने दावे को कहीं नहीं निभाती थी। पाया गया कि नव्यालोचक जिस प्रकार की 'आवयविक' और स्वयंभू संरचना को प्रस्थान बिंदु मानते थे वह आवयविकता 'एंबीगुइटी' और 'तनाव' जैसे तकनीकी शब्द-पदों से नष्ट होती थी जो नव्यालोचना के केंद्र में थे। नव्यालोचना कृति के 'तनावों और 'एंबीगुइटीज' की शिकार हो जाती थी। वह 'एकता' या 'अन्विति' उसे नहीं मिलती थी जिसे वह खोजने चलती थी। जिस अन्विति को 'तनाव' इत्यादि में वह खोजती थी, वह मूलतः होती नहीं थी। 'रूप' की खोज अंततः काल्पनिक भ्रमण बन जाती थी और अंततः 'व्याख्याकार' द्वारा—'व्यवस्था की हड़बड़ी' बन जाती थी। व्यवस्था जो आलोचक की कामना में होती थी, विचार में होती थी किंतु जो 'शब्दकृति' में नहीं ही होती थी। पॉल द मान ने बताया कि नव्यालोचना मूलतः अवयववादी आलोचना ही थी जो आवयविक रूपकों पर निर्भर थी, वह अंततः व्याख्याता और टैक्स्ट के 'द्वंद्वात्मक अंतःखेल' पर टिकी थी, यहीं कहीं

'निकट पाठ' या 'अवधानतापूर्वक पाठ' होता था। ('अवधानतापूर्ण पाठ' के लिए देखिए : 'कविता के नए प्रतिमान'--नामवर सिंह)। नामवर सिंह ने कविता के नए प्रतिमान में 'अवधानतापूर्वक पाठ' पर जोर दिया है। वह नव्यालोचना के इसी रूपक पर आधृत है जो कविता को शब्द-मूर्ति मानता है। (मूर्ति हो तो चरणों में बैठना होगा। अर्घ्य-नैवेद्य चढ़ाना होगा लेकिन इसमें मूर्ति कम, व्याख्याकार की भावना ज्यादा रहेगी। 'फिर जाकी रही भावना जैसी, प्रभु मूरति देखी तिन तैसी' के हिसाब से अंततः व्याख्याता पर निर्भर हो जाएगी। इस तरह रचनाकार/आलोचक अर्थ का अधिष्ठान बन जाएगा लेकिन इस पूरे क्रम में रचना को भी एक आवयविक और प्राकृतिक संरचना मान लिया जाएगा। इस तरह यह बात भुला दी जाती है कि रचना आवयविक यदि है तो व्याख्याता की गुंजाइश कहाँ है।)

पॉल द मान ने यहीं नव्यालोचना की 'अंधता' को खोजा। विखंडन में साहित्यिक कृति के 'निकट' या 'अवधानतापूर्वक पाठ' विधि और अन्य विधियों में कोई फर्क नहीं देखा जा सकता। विखंडन में चूँकि हर तरह का 'लेखन' 'हेतु' और 'अर्थ' का वितंडा खड़ा करता ही है, इसीलिए 'साहित्य' को कोई विशेषाधिकार नहीं ही दिया जा सकता है। विखंडन में यह 'विशेषाधिकार' संभव नहीं है कि रचना की भाषा को आवयविक मानकर उसे विशेष दर्जा दिया जाए, 'मूर्ति' माना जाए और आलोचना को दोयम दर्जे का मानकर चला जाए। देरिदा ने बार-बार यही सिद्ध किया है कि हर लेखन की अपनी 'अंधता' और 'अंतर्दृष्टि' होती है, इसलिए 'लेखन' और 'लेखन' में कोई चरित्रगत फर्क नहीं खड़ा किया जा सकता जो अब तक खड़ा किया जाता रहा है।

चूँकि मामला अवधारणाओं का ही है और यदि यह अवधारणा मानकर चला जाए कि 'लेखन' है तो 'काव्यदेवता' की श्रेष्ठता का वह रूपक गिर जाता है जो परंपरा से माना, मनवाया जाता रहा है। 'रचनात्मक भाषा' और 'आलोचनात्मक भाषा' में जो भेद परंपरा से माना जाता रहा है, 'लेखन' और 'लेखन' में जो 'फर्क' करके चलता रहता है, विखंडन में वह संभव नहीं रहता।

'लेखन' और 'लेखन' में 'भेद' है, इस किस्म की अवधारणा इस केंद्रवादी विचार से निकलती है जिसके अनुसार 'साहित्यिक टैक्स्ट' में अर्थ के प्रामाणिक (ऑथेंटिक) या आत्मस्थ या स्वयं-प्राप्त (सैल्फ पजैस्ड) अनेक स्तर (परतें) निहित रहते हैं जिन्हें आलोचक को पहचानना होता है, जिनकी ओर इशारा करना होता है। इस काम को करने के लिए ही वह साहित्य को पढ़ता है। देरिदा की नजर में यह अवधारणा उसी पश्चिमी पूर्वग्रह से परिचालित है जो 'लेखन' को दोयम दर्जे का मानकर चलती आई है, या जो भाषा के 'स्वतंत्र खेल' को साहित्य का 'अनागरिक' कहती आई है, जो 'वाक्' में 'निहित' एक स्थिर अर्थ की कल्पना को पालती आई है। 'वाक्' या बोली गई भाषा में 'अर्थ' हमेशा 'व्याप्त' (मौजूद) माना जाता है कि यह अर्थ एक तरह की आंतरिक 'आत्म सजगता' (सैल्फ सर्वेलैंस) के जरिए वाचक के पास सुरक्षित होता है, वाचक के 'अनुभव' और हेतु या इरादे या उद्देश्य के बीच कहीं 'फिट' होता है। (पश्चिमी दर्शन

जैसी अवधारणा किस कदर हमारे शास्त्रों में निहित है, इसे हर कहीं देखा जा सकता है। वैदिक पंडितों के ब्राह्मणवादी केंद्रवाद से लेकर, जहाँ कहीं भी 'वाचक' की प्रमुखता है, वहाँ हर जगह अर्थ का अधिष्ठान वाचक बनाया जाता है। पश्चिमी साम्राज्यवाद की यह अवधारणा ब्राह्मणवादी केंद्रवादी अवधारणाओं से किस कदर दोस्ती रखती है, इस पर टिप्पणी करने की जरूरत नहीं।)

इस अवधारणा का ही यह विस्तार है कि साहित्यिक 'टैक्स्ट' में 'स्वयंप्रमाणित' अर्थ और सत्य रहता है। देरिदा के अनुसार यह विशेषाधिकार उसी 'डर' का परिणाम है जो 'लेखन' को दोयम मानता है, पाठीयता को दोयम मानता है और जो भाषा के पश्चिमी दर्शन का सार है। अर्थ के 'उत्स' और 'उपस्थिति' का यह रहस्यवाद तभी तोड़ा जा सकता है जब विमर्श की उन काल्पनिक सीमाओं का ध्वस्त कर दिया जाए जो साहित्य को समीक्षा से या दर्शन को तथा दर्शनेतर को दोयम और भिन्न मानते हैं। देरिदा इन्हीं काल्पनिक सीमाओं को तोड़कर चलते हैं।

साहित्य के विमर्श की इन्हीं काल्पनिक सीमाओं को तोड़ डालने से साहित्य का अब तक का विमर्श उलट जाता है। यही नहीं वह हमारे पढ़ने के ढंग को भी बदल देता है। वह कहता है 'आलोचनात्मक टैक्स्ट' हमें अलग ढंग से पढ़ना चाहिए। हमें उसे व्याख्यात्मक अंतर्दृष्टि के लिए नहीं बल्कि उन अंधताओं को खोजने के लिए पढ़ना चाहिए जो उसकी 'अंतर्दृष्टि' के साथ पैदा होती हैं।

पॉल द मान इसी चीज को आगे बढ़ाते हुए कहते हैं कि आलोचनात्मक टैक्स्ट को भी उसी सजगता से पढ़ा जाना चाहिए जिस सजगता से गैर आलोचनात्मक टैक्स्ट पढ़ा जाता है। यह निष्कर्ष महत्त्वपूर्ण है क्योंकि यह आलोचना को उसका समान दर्जा बहाल करता है। इससे आलोचक की 'स्थिति' स्पष्ट करने में मदद मिलती है कि उसका रचना से क्या रिश्ता बनता है। आलोचक को यह अवधारणा आचार्य पद पर नहीं बैठने देती जो एक अनुशासन के तहत किसी 'कृति' का विशिष्ट पाठ करे, उसके अर्थ का व्याख्याता बने। विखंडन इसके उलट, उसे रचना का विनीत सेवक बनाने की जगह 'स्वयंभू' बनाता है। आलोचक अपने अनुशासित व्याख्यावाद से जो खोता है, 'आलंकारिक हितों' से उसे प्राप्त करता है। विखंडन में आलोचना के स्थान का क्रम उलट जाता है। साहित्यिक टैक्स्ट के विखंडनवादी पाठ में यह क्रम उलटता है। यहाँ साहित्यिक कृति की प्रामाणिकता प्राथमिक नहीं होती और इस तरह वह 'सम्मानजनक दूरी' नहीं रहती जो अब तक आलोचक को रखने योग्य बताई गई है। इस विखंडन में कृति की स्वायत्तता पर हमले किए ही जाते हैं। बिना हमलों के, साहित्य के अर्थों को चुनौती नहीं दी जा सकती, साहित्य के उपादानों को चुनौती नहीं दी जा सकती। इस तरह बिना झुके विखंडन यह करता है। लेकिन इस हमले में, इस प्रश्नीयता में, साहित्य एक आलंकारिक जटिलता में प्रवेश पाता है, आलंकारिक जटिलता में स्वयं को पाने लगता है जहाँ उसके अँधेरे, उजालों से ज्यादा चमकते हैं।

इस अर्थ में ही देरिदा का विखंडन एक 'कार्रवाई' है, 'एक्टिविटी' है, कोई सूत्रबद्ध

फार्मूला नहीं है जहाँ कोई तैयारशुदा उत्तर मौजूद हो। विखंडन एक ऐसी कार्रवाई है, जो निष्कर्षवादी तरकीब के खिलाफ सक्रिय रहती है। यहाँ हर चीज 'अनंतिम' है, अंतिम नहीं।

'ऑफ ग्रामेटोलोजी' में देरिदा लिखते हैं–'लेखन' की यह 'व्याप्ति' 'वाक्' से नहीं शुरू होती। लेखन की यह बहाली 'वाक्' के भीतर मौजूद तमाम ढोंगों और प्राथमिकताओं को तोड़ देती है। खासकर 'सत्य' की व्यंजना के दावे को।

लेकिन देरिदा इस निष्कर्ष पर अचानक नहीं पहुँचते बल्कि पश्चिमी भाषा दर्शन (और साहित्य दर्शन) से पूरी तरह झगड़ते हुए पहुँचते हैं। यह झगड़ते हुए पहुँचना 'संदेह' से शुरू होता है और 'विखंडन' तक पहुँचता है। इसी मायने में देरिदा का सबसे बुनियादी झगड़ा पश्चिमी दर्शन और दार्शनिकों से है। (और यह हमारे लिए महत्त्वपूर्ण है क्योंकि पश्चिमी साम्राज्यवादी वर्चस्व को वे उसी के केंद्र से एक चुनौती देते हैं। यह वर्चस्व साहित्य-संस्कृति की अवधारणाओं में किस तरह और कहाँ-कहाँ है यह देरिदा के विखंडन से ही समझा जा सकता है। इसी तरह 'भाषाविज्ञान' के प्रचलित छलों को भी समझा जा सकता है जो अभी 'वाक्केंद्र' से शुरू होता है और 'लेखन' को दोयम मानकर चलता है।)

लेखन और किताब में भेद है। ग्रामेटोलॉजी में पहला अध्याय इस वाक्य से शुरू होता है–किताब का अंत, लिखने की शुरुआत है। लेखन या लिखने पर इतना जोर है देरिदा का कि पहली बार पाठकर्त्ता विचार करता है कि क्या लेखन और भाषा में फर्क है ? देरिदा कहते हैं कि लेखन और भाषा में फर्क है ? देरिदा लेखन में 'भाषा को स्वयं भाषा के खिलाफ' पाते हैं।

संरचनावाद में भाषा केंद्रीय है–भाषा, जिसके केंद्र में 'वाक्' है। आधुनिक भाषा-विज्ञान को ढाँचा देते हुए सासूर ने बताया कि भाषाविज्ञान को 'विज्ञान तभी कहा जा सकता है जब हम उसे संरचनाओं का संजाल (सिंक्रोनिक) मानें। ऐसा मानने पर भाषाविज्ञान का ऐतिहासिक अध्ययन (डाइक्रोनिक) व्यर्थ हो जाता है, जो अनुमान पर भी चलता है। ऐसा करने के पीछे सासूर के मन में 'एकांत वाक्' (पारोल) और संरचना (लांग) में भेद रहा। उनका मानना रहा कि सुव्यवस्थित संरचना से पूर्व एक 'वाक्' अवश्य सक्रिय रहता है क्योंकि तभी संरचना में अर्थ 'व्याप्त' हो पाता है। यहीं से सासूर ने ऐसी अवधारणाओं के बीज दिए कि भाषा ही नहीं, सभी तरह की सांस्कृतिक व्यवस्थाएँ या संरचनाएँ व्याकरणिक (सिंक्रोनिक) ढंग से बोधगम्य हैं। इस ढंग से हम उनके व्यंजकों (और चिह्नों) की क्रमिक व्यवस्था को अंततः जान सकते हैं।

इस प्रकार भाषाविज्ञान व्याकरण के आसपास पहुँच जाता था। सासूर ने स्वयं ही कहा कि चूँकि भाषाविज्ञान समझने का एक माध्यम-भर है इसलिए वह एकमात्र माध्यम नहीं रह सकता। भाषाविज्ञान सिर्फ एक संहिता है। सासूर ने कहना चाहा कि चिह्न विज्ञान (सीमियोटिक्स) के बाद भाषा सामाजिक जीवन में निर्णायक हो उठेगी। सासूर का अर्थ यह था कि भाषा पारदर्शी हो उठेगी। चिह्न-विज्ञान उसे पारदर्शी बनाएगा। वह

समाज को ठीक-ठीक पढ़ मकेगी। यानी 'बोध' के बीच भाषा का व्यवधान नहीं रहेगा।

लेकिन क्या भाषा फिर व्यवधान नहीं बन जाती ? क्या वह वही 'एकार्थ' दे सकती है जो 'एकार्थ' कल्पित किया जाता है ? सासूर के चिह्न-विज्ञान में यह संभव है यानी उसमें भाषा और यथार्थ में सौ फीसदी तादात्म्य संभव है लेकिन क्या वाकई ? देरिदा कहते हैं कि नहीं, यह संभव नहीं है और यहीं, इसी बिंदु पर भाषा अपने खिलाफ खड़ी हो जाती है। भाषा का दावा भाषा में ही खंडित होता है।

देरिदा ने यहीं सासूर के संरचनावाद के पश्चिमी तत्त्व-मीमांसावाद की कमजोर रग ढूँढ़ निकाली जो 'वाक्' में ही अर्थ की 'व्याप्ति' मानकर चलता था। देरिदा ने बताया कि संरचनावाद की सासूरी व्याख्या अर्थ की उपस्थितिमूलक व्याख्या है। देरिदा ने कहा कि भाषाविज्ञान को यह हक नहीं दिया जा सकता कि वह संरचनावाद की व्यवस्था करे।

देरिदा सासूर के 'वाक्' के प्राथमिक आग्रह को पकड़ते हैं और यहीं 'वाक्' और 'लेखन' के बीच में मौजूद तनाव को रेखांकित करते हैं। तमाम संरचनावादी, यहाँ तक कि बार्थ भी इस तनाव या अंतर्विरोध से ग्रस्त नजर आते हैं। देरिदा कहते हैं कि 'वाक्' को प्राथमिक माननेवाली सिद्धांतिकी तब व्यर्थ ही है। हम देखते हैं कि वह स्वयं अपनी सार्थकता के लिए उस भाषा पर ही निर्भर रहती है जिसे व्यवस्था कहा जाता है, व्याकरण कहा जाता है। यानी 'वाक्' की प्राथमिकता भी 'लिखित' से ही तय होती है फिर 'वाक्' प्रथम कैसे हुआ ?

देरिदा के अनुसार सासूर की उक्त अवधारणा में मौलिक किस्म की 'अंधता' है। वे उस समस्या को नहीं समझ पाते जो उनके विमर्श की प्रविधि में ही पैदा होती है। उनकी अवधारणा में 'लेखन' में एक दमित तत्त्व है, साथ ही भाषा की अवधारणा दमित है जो एक व्यंजक व्यवस्था के रूप में किसी भी 'वाक्' (या अर्थ की पूर्व-स्थिति को) स्वीकार नहीं करती।

देरिदा की तरकीब है उन रूपकों की खोज-पड़ताल करना जो संरचनावाद की अवधारणाओं के पीछे खड़े हैं। सासूर के द्वारा दबा दिए पक्ष को देरिदा उजागर करते हुए बताते हैं कि सासूर के भाषाविज्ञान में भाषा को जानबूझकर दोयम दर्जे पर लाया गया है, अवनत किया गया है। लेकिन सासूर की यह रणनीति दमित किंतु स्पष्ट अंतर्विरोधों से टकराती है। इस तरह इन अंतर्विरोधों को देखते हुए हम भाषाविज्ञान की हदों को तोड़कर ग्रामोटोलॉजी या व्याकरणशास्त्र या लेखनशास्त्र और पाठीयता (टैक्स्चुअलिटी) में पहुँच जाते हैं।

(यदि 'वाक्' की प्राथमिकता भंग कर दी जाए तो लेखन के शास्त्र का जन्म होता है, 'लेखन' अपनी जगह पाता है। कहने का अर्थ यह है कि अब तक जो भाषाशास्त्र-मूलक साहित्यशास्त्र है वह 'वाक्' को प्रथम मानकर 'उलटे बाँस बरेली' ले जा रहा है। देरिदीय अर्थ में हम कह सकते हैं कि हम जिस साहित्यशास्त्र को पढ़ते हैं, वह लेखन के बारे में नहीं होता। लेखन उसमें दब जाता है लेकिन 'लेखन' को बराबर रख दिया जाए या वाक्-लेखन के क्रम को विखंडन में उलट दिया जाए तो साहित्य-लेखन ही नहीं,

उसके समीक्षा-लेखन का क्रम भी बदल जाता है। यानी हमें साहित्यशास्त्र नहीं लेखन-शास्त्र चाहिए। विखंडन लेखन का शास्त्र है। यही नया साहित्यशास्त्र है।)

....देरिदा पश्चिमी तत्त्व-मीमांसावाद को मुख्य कारक मानते हैं। 'वाक्' वहाँ रूपक का काम करता है। रूपक वह कि 'वाणी' सत्य और प्रमाण का रूपक बन जाती है। वह 'स्वयंभू अर्थ', 'जीवित अर्थ' का रूपक बन जाती है। वाणी की प्राथमिकता वाचक की प्राथमिकता बन जाती है। वाणी को प्रथम मानना अंततः एक रूपक की तरह ही है। 'वाचक' के इस रूपक में यह अपने आप मान लिया जाता है कि वाचक बोलते हुए 'स्वर' और 'बोध' में तादात्म्य और एकतानता अनुभव करता ही है। इस तरह वह आंतरिक स्तर पर एक तत्काल अर्थ प्राप्त कर लेता है और इस तरह वह पूर्ण और पारदर्शी होता है। इसके विपरीत 'लेखन' इस प्रकार की 'शुद्ध अर्थ' की उपस्थिति को नष्ट करता है। लेखन वाणी के मुकाबले दूर की चीज है। वह गैर वैयक्तिक माध्यम है। वह ऐसा प्रपंच या धोखा है जो 'हेतु' और 'अर्थ' के बीच पड़ता है जो 'कथन' और 'बोध' के बीच पड़ता है। लेखन वह प्रपंच है जो ऐसी जगह 'वाक्' को ले जाता है जहाँ वाक् की 'प्रामाणिकता' की बलि चढ़ा दी जाती है, जहाँ पाठ (टैक्स्ट), पाठीय (टैक्सचुअल) फैलाव की लीला पर निर्भर हो जाता है। इस प्रकार लेखन उस समझ को चुनौती है जो परंपरागत ढंग से सत्य को 'स्वयंभू' (सेल्फ प्रेजेंट) मानता है और ऐसी प्राकृतिक भाषा को भी स्वयंभू मानता है जो इस 'सत्य' को प्रकट करती है।

'सत्य' की स्वयंप्रभुता की परंपरा के विरुद्ध देरिदा का विखंडन चलता है। वे इसीलिए अपना आत्मकथन स्थापित करते हैं कि 'लेखन वस्तुतः भाषा की पूर्व-शर्त है' और उसे 'वाक् से पूर्वस्थित' मानना चाहिए। देरिदा के लेखन पर उसकी प्राथमिकता पर यह जोर इसीलिए है ताकि 'वाक्' पर परंपरागत चला आता जोर उलट जाए और लेखन की प्राथमिकता को खत्म न किया जा सके। यहीं पर देरिदा सासूर द्वारा प्रयुक्त 'भेद' (डिफरेंस) का सदुपयोग करते हैं।

देरिदा के लिए लेखन एक स्वतंत्र क्रीड़ा (फ्री प्ले) है। लेखन, हर संचार के क्षेत्र में निहित अनिश्चितता का तत्त्व है। जो चीजें वाक् की आत्म सचेतनता में दब जाती हैं, लेखन में उभर जाती हैं। बोलना भाषा की निपुणता का प्रमाण नहीं है। लेखन में यही सिद्ध होता है। लेखन, अर्थ का 'अनंत स्थगन' है, वह भाषा का ऐसा अनुशासन है जो भाषा को हमेशा के लिए आत्मप्रमाणित ज्ञान तथा स्थिर अर्थ के परे ले जाता है। इस प्रकार वाचिक भाषा, मूलतः एक सामान्यीकृत भाषा-भर है, जिसे हम स्वयंभू अर्थ की तत्त्व-मीमांसा में देखते हैं। भाषा हमेशा एक संजाल की तरह होती है जो हमेशा 'खुदी हुई' होती है जिसमें बहुत से प्रसारण और संकेत होते हैं और जिन्हें वक्ता द्वारा कभी पूरी तरह नहीं पकड़ा जाता। सासूर जिसे 'ध्वनि' और 'बोध' की 'प्राकृतिक एकता' मानकर चलते हैं जो वाक् के आत्मज्ञानी होने की गारंटी करता है, वह वस्तुतः एक भ्रम है, धोखा है जो न जाने कब से 'डरावने एवं भितरघाती' लेखन के दमन से पैदा होता है। सासूर द्वारा मानी गई 'प्राकृतिक एकता' पर प्रश्न करना भाषा के नए

अजाने क्षेत्र में जाने जैसा है। इस प्रकार देरिदा के लिए 'लेखन' एक ऐसा कर्म है जो पश्चिमी भाषा-दर्शन एवं विचार के समूचे परंपरागत ढाँचे को न केवल अतिक्रमित करता है बल्कि उसे तोड़ देने की शक्ति भी रखता है।

सासूर या अन्य पश्चिमी भाषा-दार्शनिकों की प्रविधि में लेखन का 'दमन' बहुत गहरे चलता है। यहाँ तक कि यह उसका स्वभाव बन गया है। यह हर कहीं दिखता है। यह उस समझ में दिखता है जिसके अनुसार पश्चिमी संस्कृति को सिर्फ ध्वनिविज्ञान या 'ककहरा' (अकारादि क्रम) से ही लिखा जा सकता है। जो चीजें ध्वनि-वैज्ञानिक ढाँचे में नहीं आती हैं (जैसे बीज गणितीय प्रमेय, चित्रात्मक भाषाएँ) इसके भीतर नहीं ही आतीं। ध्वनि-केंद्रण का यह स्वभाव, उसी समझ का परिणाम है जो पश्चिम दर्शन में मौजूद है, 'जब तक लेखन को वाक् का कम विश्वसनीय, 'दोयम विस्तार' माना जाएगा, तब तक 'लेखन' के दुष्प्रभावों को सीमित किया जा सकेगा।'

पश्चिमी दर्शन में अर्थ के 'स्वयं उपस्थित' होने की चाहना बहुत गहरी है। (यही चाहना तमाम अद्वैतवादी दर्शनों में अपने यहाँ भी है) अर्थ की स्वयं उपस्थिति और ध्वनि-केंद्रिकता में बड़ा गहरा संबंध है। अर्थ की 'स्वयं उपस्थिति' एक वर्चस्ववादी दर्शन को वैधता देती है और ध्वनि-केंद्रिकता भाषाविज्ञान को लेखन के बारे में सोचने का मौका ही नहीं देती। इस प्रकार स्वयं उपस्थिति अर्थ और 'ध्वनि की केंद्रिकता' दोनों ही उस तत्त्व-मीमांसा के दो बड़े औजार हैं जो 'वाक्' की प्राकृतिक प्राथमिकता को बनाए रखती है।

लेखन की प्राथमिकता ढूँढ़ते हुए देरिदा बताते हैं कि इस प्रकार की 'प्राथमिकता' की अवधारणाएँ 'वाक्' की जगह 'लेखन' को रखने मात्र से गिरने लगती हैं। सासूर के 'वाक्' की जगह अगर 'लेखन' रख दिया जाए तो उनकी तमाम अवधारणाएँ उलट जाती हैं। इस तरह के उलटफेर का असर इतना गहरा होता है कि पश्चिमी तत्त्व-मीमांसा ही लड़खड़ा जाती है, साहित्यशास्त्र समेत ज्ञान के हर क्षेत्र में उसका वर्चस्व गिर जाता है, स्वयं उपस्थित, अनुभवात्मक ज्ञान और अर्थ की तत्काल उपस्थिति इत्यादि पर आधारित ज्ञान का हर क्षेत्र संकटग्रस्त हो उठता है। पश्चिमी तर्कवाद जब भी अपनी वैधता का बुनियादी आधार खोजने चलता है, वह संकटग्रस्त हो उठता है। जब भी वह 'टैक्स्ट' या लेखन से परे अपनी वैधता टटोलता है संकटग्रस्त हो उठता है। वह भूल जाता है कि अगर 'अर्थ' आत्मनिर्भर बोधगम्यता प्राप्त कर लेता है तो फिर सारी समस्या ही हल हो जाती है। तब भाषा कोई समस्या नहीं रह जाती। तब भाषा कोई समस्या नहीं पैदा करती। बल्कि वह एक 'आज्ञाकारी सेविका' बन जाती है। वह विचार की वाहिका बन जाती है। (लेकिन क्या ऐसा होता है ? हो सकता है ? अर्थ की 'पूर्व उपस्थिति' एवं 'स्वयंप्रामाणिकता' को जाने बिना भाषा ऐसी सेविका कभी नहीं बन सकती !) देरिदा अपने विखंडन से इस तरह के संचार की पोल खोलकर रख देते हैं। सासूर के टैक्स्ट को देरिदा अपनी इसी 'विखंडनात्मक हिंसा' का शिकार बनाते हैं।

मकसद सिर्फ सासूरीय योजना को नकारने का नहीं है और न उससे उसका

ऐतिहासिक दाय छीनने का ही है बल्कि सासूरीय योजना के उसके 'चरम बिंदु' पर ले जाकर विखंडित कर देने का है और यह दिखाने का है कि किस तरह यह योजना जिन अवधारणाओं पर टिकी है, चरम बिंदु पर पहुँचकर वह उनके खिलाफ ही चली जाती है। यही विखंडन की रणनीति है—टैक्स्ट के निष्कर्षों को उसकी प्रविधियों, हेतुओं से टकरा देना और उसके हेत्वाभास को प्रकट कर देना। इस तरह संरचनावाद को नकारा नहीं जाता बल्कि उसे विखंडन की पूर्वशर्त माना जाता है। सासूर ने संरचनावाद को वहाँ पहुँचा दिया, जहाँ से लेखन की प्राथमिकता अपने आप दिखने लगती है।

इस प्रकार विखंडन सिर्फ किन्हीं 'श्रेणियों' का उलटफेर मात्र नहीं है बल्कि वह दी गई प्राथमिकताओं के क्रम को खोलता है, साथ ही उन 'अवधारणात्मक विरुद्धों' (अपोजीशंस) को भी खोलता है जो उस 'क्रम' को बनाते हैं। किसी भी टैक्स्ट में किए गए क्रम को व्यतिक्रम में बदलना ही काफी नहीं, क्रम बनाने वाले तत्त्वों को खोलना भी जरूरी है जो उस क्रम के लिए जिम्मेदार होते हैं।

देरिदा का विखंडन मूलतः पढ़ने की एक कार्रवाई इसीलिए है क्योंकि यह टैक्स्ट के भीतर ही चलती है और ऐसे टैक्स्ट के भीतर इस तरह चलती है ताकि टैक्स्ट कोई बंद, स्वयंभू, आत्मपूर्ण इकाई न रह सके। देरिदा ने जिन दार्शनिकों का विखंडन किया है, उनके टैक्स्ट के पाठ में देरिदा लगातार खुलापन और संशय बनाए रखते हैं। इसीलिए जब पाठकर्ता उनकी निश्चित पद्धति की तलाश में छटपटाता है तो उसे कोई तरीका या पद्धति हाथ नहीं लगती। देरिदा के विखंडन का सार 'लेखन' को ऐसा 'लेखन' मानने में है जिसमें अर्थ कभी ठहरता नहीं, स्थिर नहीं रहता है। वह लगातार चंचल रहता है। इसीलिए विखंडन हर सिद्धांतिकी के खिलाफ चला जाता है क्योंकि वह अवधारणा में नहीं बोलता, रणनीति बनाता है। यदि विखंडन अवधारणा होता तो उसे किसी एक कुंजी में या मेड-इजी में बदला जा सकता था, जिसमें एक व्यवस्था होती। यदि देरिदा इतनी गुंजाइश छोड़ते तो विखंडन भी वैसी ही सिद्धांतिकी बन जाता जैसी कि 'नव्यसमीक्षा' है और जैसा बनाने के प्रयत्न पश्चिम में खासकर अमरीकी विश्वविद्यालयों में जारी हैं। (थोड़े दिनों बाद यह काम अन्य विश्वविद्यालय भी थोक में शुरू करेंगे। विखंडन ! तेरी ऐसी की तैसी। कहाँ जाएगा बचके ?)

(यह संरचनावाद की बची हुई ताकत ही है जो विखंडन को विश्वविद्यालयों में हर बार कैद करेगी। वह एक मरी हुई पद्धति में बहुत जल्दी बदल दिया जाना है। बाजार की शक्तियाँ उसे एक कमोडिटी में बदल देंगी। वे उसे भी संगठनकारी बना डालेंगी, निष्कर्षवादी बना डालेंगी। वे उसके भीतर सक्रिय 'उपद्रव' को शांत करने का यत्न करेंगी। लोग पूछेंगे कि विखंडन के सूत्र बताइए। मायने बताइए। और वे इस भरोसे से पूछेंगे कि चूँकि हर चीज का एक फिक्स, पक्का और अंतिम अर्थ होता है जो पकड़ में आ जाए तो परीक्षा पास होती है, इस नियम से विखंडन का भी फार्मूला होगा। संरचनावादी दृष्टि हमारे जीवन में जहाँ-जहाँ सक्रिय है, वहाँ-वहाँ यही होगा ! ऐसी पूरी संभावनाएँ हैं !)

देरिदा संरचनावाद के इस वातावरण के प्रति सचेत हैं क्योंकि उन्होंने ही सबसे पहले बताया कि सासूर संरचना को भाषा की 'पूर्व-शर्त' इसीलिए मानते हैं क्योंकि वे मानते हैं कि जहाँ-जहाँ भाषा है, वहाँ सर्वत्र संरचना ही है। देरिदा जानते हैं कि यदि एक बार 'विखंडन' फिक्स हो गया, व्याख्येय हो गया तो वह संरचना में आकर ही गिरेगा और गिरते ही वह अपनी उपद्रवकारी हिला देने वाली शक्ति से रहित हो जाएगा। इसीलिए देरिदा कभी अपनी पदावली को स्थिर नहीं रहने देते। हर बार बदलते चलते हैं, उन्हें 'अस्थिर' किए रहते हैं। वे प्रायः ऐसी पदावली प्रयुक्त करते हैं जिससे एक निश्चित, पक्का अर्थ आसानी से और तुरत न पाया जा सके और जिसे फिर-फिर पाठकर्ता अपने ढंग से प्राप्त करे। इसीलिए उनका एक प्रिय पद है 'डिफरांस'। यह अपने भेद (डिफरेंस) से और ध्वनि साम्य के जरिए जो खेल पैदा करता है उससे उसका अर्थ 'स्थिर' नहीं हो पाता। यह पद दो फ्रांसीसी क्रियाओं 'टु डिफर' और 'टु डैफर' के बीच कहीं बनता है जो दोनों की अर्थवत्ता को ग्रहण करता है लेकिन जो दोनों से परे रहता है। (हिंदी में इन्हें 'व्यतिरेक' (टु डिफर) और 'व्यतिक्रम' (टु डैफर) शब्दों से भी कहा जा सकता है। 'डिफरांस' ("भेदन') के लिए संभवतः 'व्यतिक्रांत' शब्द नजदीक बैठ सकता है जिसमें स्थानभेद तथा कालभेद दोनों सक्रिय हैं।)

सासूर ने जोर दिया था कि भाषा 'भेद' (डिफरेंस) पर चलती है क्योंकि वह अपनी संरचना में ऐसे विशेष 'विरोध' लेकर चलती है जो उसकी मूल संरचना को संभव करते हैं। देरिदा दरअसल इस भेद (डिफरेंस) को 'भेदन (डिफरांस) में बदलकर सासूर को उलटते हैं। वे कहते हैं कि अर्थ का हमेशा स्थगन होता है। भेद का भी स्थगन (भेदन) होता है। वह अनंत 'पूरकों' पर निर्भर है। अनंत पूरकों का सिलसिला ही 'स्थगन' है, भेदन है, डिफरांस है जो भाषा में सतत् सक्रिय रहता है। यह स्थगन व्यंजकों के खेल द्वारा संभव होता है। भेदन व्यापार स्थगन (डिफरांस) पर जोर देता है साथ ही हर पाठ (टैक्स्ट) के भीतर भेद-निर्भर अर्थ के 'पक्केपन' को स्थगित करने का काम, भेदन करने का काम, अस्थिर करने का काम भी करता है।

इसके लिए देरिदा लगातार ऐसी पदावली लाते हैं जो खुली हुई रहती है, किन्हीं निश्चित अर्थों में बंद नहीं होती। उसका कोई आखिरी 'अर्थ' संभव नहीं होता और न उसका कोई अवधारणात्मक 'कूचा' बनता है जहाँ अवधारणा विश्राम पा ले। इस तरह की पदावली का एक अन्य पद है 'पूरक' (सप्लीमेंट) जो स्वयं 'पूरकों' के खेल का हिस्सा है जो अर्थ-वैज्ञानिक निष्कर्षवाद के परे जाता है। (टीका है तो टीका की टीका होगी, फिर टीका होगी तो फिर टीका। यानी अंतिम अर्थ किसी के पास नहीं होगा और हर अर्थ 'पूरक' होगा। 'विखंडन' अर्थ की अनंत शृंखला की 'सिद्धांतिकी' है।)

देरिदा के चिंतन की बुनियाद में 'लेखन' है। उनके लिए लेखन, अपने व्यापक अर्थ में, समस्त सांस्कृतिक कार्य-व्यापारों का स्रोत है और स्वयं लेखन के अपने विधान का एक 'खतरनाक बोध' है, ज्ञान के विधान के बारे में एक खतरनाक बोध है। देरिदा के

लेखन में, 'लेखन के बारे में' ज्ञात होता है और एक आत्म-विस्फोट में लेखन पहुँच जाता है। देरिदा के लिए लेखन वह दबा हुआ खतरनाक तत्त्व है जिसे हर संस्कृति दबाती है। इस तरह लेखन हर तरह के सांस्कृतिक वर्चस्व के विरुद्ध एक विस्फोटक कार्रवाई बन जाता है। यह सांस्कृतिक वर्चस्व चाहे धर्म का हो, इतिहास का हो या उपभोक्ता संस्कृति का। लेखन तमाम तरह की सांस्कृतिक वर्चस्ववादिता के खिलाफ जाता है। देरिदा के अनुसार लेखन मूलतः एक विद्रूपीकृत, बेदखल कर दिए गए, विभ्रामित कर दिए गए 'थीम' की 'ध्वंसात्मक' विशेषता है। वह एक ऐसा कार्य है जो 'अन्यों' पर 'लगातार और स्थायी दबाव' डालता है। 'डरावना' लेखन हर बार काटा जाता है क्योंकि वह 'वाक्' में मौजूद 'आत्मभू' या स्वयंभू की उपस्थिति को खत्म करता चलता है। देरिदा के लिए 'लेखन' एक डरावना और प्रायः चिंताजनक प्रकार्य है जो 'एकार्थ' को हमेशा चुनौती देता चलता है।

लेखन के प्रति ऐसी चुनौतीपूर्ण आग्रह देरिदा के यहाँ अचानक नहीं आता बल्कि 'वाक्' से झगड़ते हुए आता है। यह तब आता है जब देरिदा रूसो की भाषा संबंधी अवधारणाओं का विखंडन करते हैं।

रूसो का मानना था कि भाषा में 'वाक्' प्राथमिक ही होता है। यह 'वाक्' ही सर्वाधिक 'स्वस्थ' और 'प्राकृतिक' तत्त्व है, भाषा की शर्त है। लेखन को रूसो 'संदेह' से देखते हैं। उनके अनुसार लेखन सिर्फ 'डैरीवेटिव' या 'व्युत्पन्न होता है। वह लेखन अभिव्यक्ति का 'दुर्बल' तरीका है। रूसो के लिए प्राकृतिक अभिव्यक्ति 'वाक्' में ही है। लेखन एक व्युत्पन्न और इसलिए दुर्बल प्रविधि है। रूसो की यह मान्यता उनकी उस मान्यता से मेल खाती है जहाँ वे सभ्यता को विकृत मानते हैं। इसके अनुसार भाषा मनुष्य के पतन की सूचक ही बन जाती है। रूसो के अनुसार मनुष्य की भाषा से हम उसके पतन का अनुमान लगा सकते हैं। मनुष्य ने उसे झूठा बनाया है, उसे 'सांस्कृतिक' बनाया है। जितना ऐसा बनाया है, उतना ही मनुष्य भ्रष्ट हुआ है।

रूसो की इस अवधारणा का विखंडन करते हुए देरिदा पाते हैं कि रूसो के विचार में गहरे अंतर्विरोध हैं क्योंकि एक ओर वे 'वाक्' को लेखन से 'प्रथम' मानते हैं दूसरी ओर लेखन के प्राथमिक होने की कामना करते हैं। मसलन रूसो 'लेखन' को 'वाक्' का 'पूरक' भर मानते हैं जो 'वाक्' के मुकाबले दोयम दर्जे का होता है। रूसो के अनुसार, 'वाक्' भी 'प्रकृति' से दूर है। इस तर्क से कला कर्म और लेखन दोयम या तीसरे दर्जे के पूरक बन जाते हैं क्योंकि सत्य तो 'वाक्' में पहले है और उससे पहले उस प्रकृति में है जो 'अकथनीय' है। देरिदा यहीं रूसो के 'पूरक' शब्द को पकड़ते हैं। देरिदा कहते हैं कि लेखन निस्संदेह 'पूरक' है क्योंकि वह सभी तरह के बोधगम्य विमर्शों में होता है। देरिदा दिखाते हैं कि किस प्रकार भाषा के बारे में रूसो की अवधारणाओं में ही 'लेखन' की 'दरकार' छिपी है, लेखन की ध्वंसात्मक ताकत को स्वीकार किया गया है। रूसो का पूरक ही तो ध्वंसात्मक तत्त्व है लेखन का जिसे रूसो स्वीकार करते हैं। रूसो का लेखन खुद एक पूरक बन जाता है जो उनकी स्वयं की अवधारणाओं के

विरुद्ध पड़ जाता है। देरिदा कहते हैं कि रूसो का वह 'अर्थ' नहीं है जो उन्होंने कहना चाहा है।

'वाक्' की प्राथमिकता के बारे में कहते हुए रूसो संगीत को अपने विवेचन का विषय बनाते हैं। रूसो के लिए 'प्राथमिक वाक्' संगीत है। संगीत में जो लय (मैलोडी) है वह गीत के कारण है। और यह गीत 'वाक्' के उत्स का केंद्र है। ज्यों ही वह 'हार्मनी' में आता है, 'धुन' में आता है तो विकृत हो जाता है। उसकी पवित्रता, शुद्धता नष्ट हो जाती है। ज्यों-ज्यों संगीत का विकास हुआ, मैलोडी ने अपना मौलिक रूप खो दिया और 'धुन' (हार्मनी) में बदल गया।

देरिदा ने रूसो को यहीं पकड़ा और बताया कि यहाँ रूसो सिर्फ संगीत का इतिहास नहीं बता रहे बल्कि हर उस संगीत का इतिहास ऐसा बता रहे हैं जो 'आदिम चीख' से कुछ आगे बढ़ा है। 'आदिम चीख' को ऐसे 'भूल जाना' ही उसके विकास का कारण हो सकता है। यदि ऐसा न माना जाए तो 'हार्मनी' या 'लेखन' भला कैसे पैदा माना जाए। इस प्रकार बिना 'हार्मनी' के संगीत रूसो के लिए भी संभव नहीं है क्योंकि 'आदिम चीख' तो विस्मरण में जा चुकी है। इस प्रकार हार्मनी एक अनिवार्य पूरक है जिसके बिना 'मैलोडी' की कल्पना संभव ही नहीं।

'डिक्शनरी ऑफ म्यूजिक' में रूसो मानते हैं कि गीत मनुष्य के 'वाक्' का ही एक बदला हुआ रूप है। इस पर देरिदा पूछते हैं कि यदि ऐसा ही है तब क्या गीत स्वयं 'पूरक' नहीं है ? देरिदा कहते हैं कि रूसो का टैक्स्ट अपने आप ऐसा कहता है और 'आत्मसंदेह' या अपनी 'अपारता' (एपोरिया) में फँस जाता है। देरिदा कहते हैं कि रूसो 'गीत' और 'वाक्' के बीच उस फर्क को नहीं देखते जो कि होता है और उन्हीं के अनुसार होता है। फर्क है तो दोनों में से एक या दूसरा पूरक है, दोयम है। यदि गीत और 'वाक्' का उत्स एक ही है तो क्या वे अलग-अलग नहीं हैं ? और अलग होते ही क्या उनकी प्राथमिकता का क्रम भंग नहीं हो गया ? देरिदा रूसो से पूछते हैं। देरिदा रूसो के टैक्स्ट में कदम-कदम पर ऐसे अंतर्विरोध और अपारताएँ पाते हैं। रूसो की 'प्रकृति' बरक्स 'संस्कृति' में भी यही अंतर्विरोध देरिदा दिखाते हैं। जहाँ कहीं प्रकृति (वाक्) प्रथम है, संस्कृति (लेखन) दोयम, वहीं-वहीं रूसो में एक विचित्र तर्क पैदा होता है जो इन दोनों के 'विरोध' को अभिमुखीकृत (इनवर्ट) कर देता है और दोनों के अर्थ को भ्रम में डालता है। देरिदा के अनुसार, रूसो का भाषा के उत्स को खोजने का जतन अंततः यह मानकर चलने लगता है कि 'वाक्' से भी पहले कुछ था जिसे काटा गया, दबाया गया—कुछ ऐसा था, जिसे पूरा 'अर्थ' लेने से रोका गया।

रूसो के दर्शन की बुनियाद है प्रकृति और संस्कृति में बुनियादी अंतर्विरोध। प्रकृति ही शुद्ध परम अनुभव है, ज्ञान है। संस्कृति में आकर वह 'दूषित' है, अपवित्र है। प्राकृतिक भाषा प्रकृति के नजदीक है। यहीं भाव हैं, जो कृत्रिम भाषा में विद्रूपित होते हैं। कृत्रिम भाषा में भाव अनुशासित होकर विद्रूपित हो जाते हैं। भाव की जगह 'तर्क' प्रमुख हो जाते हैं। सामुदायिक प्राकृतिक जीवन बड़े पैमाने के आर्थिक कर्म से आक्रांत

अत्याचारी को नियंत्रण का मौका देता है। जिनके जरिए वह अपने अत्याचार की शक्ति को नियमित करता है। शुद्ध प्रकृति, 'सच्चिदानंद-सत्य' प्रकृति की यह अवधारणा देरिदा के लिए लेवीस्ट्रास के रोमांटिक लक्षण से ज्यादा नहीं है जो रूसोवादी रहस्यवाद से जुड़ जाती है। 'लेखन' लेवीस्ट्रास के यहाँ 'बाद में लाई गई' निगमनात्मक कार्य-प्रणाली या प्रकार्य-भर है, जो हमेशा उपलब्ध संस्कृति को लिखित संहिताएँ देता है। ये संहिताएँ ही भाषा की हिंसाएँ हैं जो व्याकरण और संबंधों के नाम पर पैदा होती हैं।

'प्रकृति' और 'संस्कृति' के द्वैत में लेवीस्ट्रास 'संस्कृति' को भाषा की तरह की एक हिंसा ही मानते हैं जो कबीलाई समाजों की आदिम पवित्रता को छीन लेती है। देरिदा यहीं कहते हैं कि यह लेवीस्ट्रास का अतीतराग है जो प्रकृति (शुद्ध सच्चिदानंद प्रकृति) को खोज़ने का परिणाम है और जो यह भुलाकर चलती है कि इन अस्तित्वों में संरचनाएँ पहले से काम करती रही हैं।

लेकिन देरिदा लेवीस्ट्रास के लेखन के भीतर से ही उन तत्त्वों को खोजते हैं जो उनकी योजनाओं ने दबा दिए हैं। यही वे रूसो के साथ करते हैं। यही प्रविधि वे सासूर में अपनाते हैं। यानी इनकी संरचनाओं के भीतर दबे तत्त्वों को खोजना और फिर उन दबाने वाले तत्त्वों को खोलना जो कि संरचना की व्यवस्था में मुस्तैद रहते हैं। यही विखंडन है। 'किसी टैक्स्ट' के दमन करने वाले तत्त्वों और 'दमित तत्त्वों' का आमना-सामना करना—यही विखंडन है जिसमें 'दमित तत्त्व' को रेखांकित किया जाना अनिवार्य है।

निस्संदेह, देरिदा की नजर में भी यह 'पढ़ने' की कोई बहुत 'नवीन' प्रणाली नहीं है और न यह 'बाह्य' से टैक्स्ट में हस्तक्षेप है। देरिदा के यहाँ दरअसल कुछ भी 'बाह्य' नहीं है। देरिदा अक्सर उस अवधारणा को चुनौती देते हैं जो मानकर चलती है कि लेखन भाषा से 'अलग' है। या कि 'लेखन' एक ऐसा बाह्य (अवांछित) कर्म है जिसे 'टिकाने' के लिए, शुद्ध करने के लिए उसे 'वाक्केंद्रित' बनाना जरूरी है। लेखन को 'बाह्य' मानने का रिवाज तो प्लेटो से अरस्तू और लेवीस्ट्रास तक आता है। देरिदा के लिए लेखन आभ्यंतर क्रिया है। देरिदा का समस्त लेखन 'लेखन' को उसकी ऐतिहासिक भूमिका प्रदान करने को प्रतिश्रुत है। देरिदा मानते हैं कि लेखन 'वाक्' के भीतर भी है और बाहर टैक्स्ट में भी है।

इस तरह, विखंडन न केवल 'दमित' लेखन का सक्रिय सहयोगी है बल्कि स्वयं एक संप्रेषित लेखन है। इसलिए देरिदा कहते हैं 'टैक्स्ट से बाहर कुछ नहीं है।'

# सहायक ग्रंथ-सूची


- ग्रंड्रिसे/ए क्रिटीक टू द पॉलिटिकल इकोनॉमी/1975
- व्हाट इज ऐनलाइटिनमेंट/इमैनुएल कांट/1970
- हीगेल्स साइंस ऑफ लॉजिक/1969
- बीइंग एंड टाइम/हेडेगर/1962
- द डायलैक्टिक्स ऑफ ऐनलाइटिनमेंट/एडोर्नो-होर्खीमार/1979
- मॉर्डन कल्चर एंड क्रिटिकल थियरी/रिचार्ड्स बर्मेन/1989
- द पोस्ट-मॉर्डन कंडीशन : ए रिपोर्ट ऑन नॉलेज/ज्याँ फ्रांसुआ ल्योतार/1986
- द फेट ऑफ रीजन/एफ. बीसेट/1987
- नॉलेज एंड ह्यूमन नॉलेज/जर्गन हैबरमास/1971
- हैबरमास एंड मॉडर्निटी/रिचार्ड बर्सटीन/1986
- हैबरमास एंड ल्योतार—ऑन पोस्टमॉडर्निटी/रिचार्ड रोर्ती/1984
- द स्ट्रक्चरल ट्रांसफार्मेशन ऑफ द पब्लिक स्फीयर/जर्गन हैबरमास/1989
- कमिंग ऑफ पोस्ट-इंडस्ट्रियल सोसाइटी/डेनियल बैल/1973
- द कल्चरल कंट्राडिक्शन ऑफ कैपीटलिज्म/बैल/1978
- मॉडर्निटी एंड रिवोल्यूशन/पेरी एंडरसन/1984
- मॉर्डिनिज्म एज ए फिलॉसफिकल प्रॉबलम/रॉबर्ट वी पिपन/1991
- ऑल दैट इज सॉलिड मेल्ट्स इनटू एअर/मार्शल बर्मेन/1982
- द मोड ऑफ इन्फोर्मेशन/मार्क पोस्टर/1990
- द टेक्नोलॉजिकल सोसाइटी/एलैल/1964
- इल्यूमिनेशंस/वाल्टर बैंजामिन
- द ओरिजिन ऑफ टोटलिटेरियनिज्म/हनाह आरंत/1951
- द बायस ऑफ कम्यूनिकेशंस/हेरॉल्ड इनिस/1951
- अंडरस्टैंडिंग मीडिया/मार्शल मैक्लूहान/1964
- पावर शिफ्ट/एल्विन टाफलर/1990
- मेगा ट्रैंड्स/जॉन नैस्विट/1982
- वेज ऑफ साइंस/जॉन बर्जर/1972
- द सोसाइटी ऑफ द स्पेक्टेकिल/गाई दबोर/1983
- लेट कैपीटलिज्म/अर्नेस्ट मैंडल/1975
- पोस्ट-मॉडर्निज्म एंड कंज्यूमर सोसाइटी/फ्रेडरिक जेमेसन/1983

- पोस्ट-मॉडर्निज्म : द कल्चरल लॉजिक ऑफ लेट कैपीटलिज्म/फ्रेडरिक जेमेसन/1984
- पोस्ट-मॉडर्न कल्चर/स्टीवेन कोनर/1989
- लाइफ आफ्टर पोस्ट-मॉडर्निज्म/जान फेकेट/1988
- द सिस्टम ऑफ ऑब्जैक्ट्स/ज्याँ बौद्रीआ/1968
- कंज्यूमर सोसाइटी/ज्याँ बौद्रीआ/1970
- बौद्रीआ बैस्टियरी/माइक गेन/1991
- ज्याँ बौद्रीआ : फ्रॉम मार्क्सिज्म टू पोस्ट-माडर्निज्म/डगलस कैलनर/1988
- ज्याँ बौद्रीआ/मार्क पोस्टर/1988
- पोस्ट-मॉडर्निज्म एंड इट्स डिसकंटेंट्स/ई. ए. काप्लान/1988
- पोस्ट-मॉडर्निज्म एंड रि-रीडिंग ऑफ माडर्निटी/फ्रांसिस बार्कर, पीटर हेल्म
- कंस्ट्रक्टिंग पोस्ट-मॉडर्निज्म/बियान मैकहेल/1992
- पोस्ट-मॉडर्न फिक्शन/ब्रियान मैकहेल/1987
- अगेंस्ट पोस्ट-मॉडर्निज्म/एलेक्स केलीनिकोस/1989
- ट्रेवल्स इन हाइपर रीयलिटी/उंबर्टो ईको/1986
- क्रिटिसिज्म एंड कल्चर/सं. रॉबर्ट कान-डेविस/1991
- ए कोर्स इन जनरल लिंग्विस्टिक्स/फर्डीनेंड सासूर/1974
- ए थियरी ऑफ लिटररी प्रोडक्शन/पिएरे माशेरे/1971
- मार्क्सिज्म एंड लिटरेचर/रेमंड विलियंस/1977
- क्रिटिसिज्म एंड आइडियोलॉजी/टेरी ईगलटन/1976
- मार्किसज्म एंड लिटररी क्रिटिसिज्म/टेरी ईगलटन/1971
- माइथोलॉजीज/रोलाँ बार्थ/1977
- प्लैजर ऑफ टैक्स्ट/रोलाँ बार्थ/1976
- ए बार्थ रीडर/सुजान सोंटाग/1981
- आर्कियोलॉजी ऑफ नॉलेज/मिशेल फूको/1972
- ए फूको रीडर/सं. पौल रेनबो/1984
- मैडनैस एंड सिविलाइजेशन/फूको/1965
- ऑन डिकंस्ट्रक्शन/जोनाथन कुलर
- डिकंस्ट्रक्शन एंड द इंटरेस्ट ऑफ थियरी/क्रिस्टोफर नोरिस/1990
- लॉजिक ऑफ डिसइंटीग्रेशन/पीटर डेवस/1987
- फिगरिंग लाकाँ/जूलियट फ्लावर मैक्नोल/1986
- इनथियरी/एजाज अहमद
- इंपीरियलिज्म/जार्ज लिचीम
- कम्युनिस्ट मैनिफेस्टो/मार्क्स-एंगेल्स
- सैप्टिर ऑफ मार्क्स/देरिदा
- ऑफ ग्रामेटोलोजी/देरिदा

●●●